U0148943

物流單證與國際運輸
法 規 釋 義

王 肖 卿 著

國 立 編 譯 館 主 編
文史哲出版社印行

國家圖書館出版品預行編目資料

物流單證與國際運輸法規釋義 / 王肖卿著.--
初版.-- 臺北市：文史哲，民 94
面： 公分.
參考書目：面
ISBN 957-549-625-6(平裝)

1. 國際海商法

579.97   94019551

物流單證與國際運輸法規釋義

著　　者：王　　肖　　卿
主編者：國　立　編　譯　館
臺北市和平東路一段一七九號
電　話：886-2-3322-5558
http://www.nict.gov.tw
著作財產權人：國　立　編　譯　館
出版者：文　史　哲　出　版　社
http://www.lapen.com.tw
登記證字號：行政院新聞局版臺業字五三三七號
發行人：彭　　正　　雄
發行所：文　史　哲　出　版　社
印刷者：文　史　哲　出　版　社
臺北市羅斯福路一段七十二巷四號
郵政劃撥帳號：一六一八○一七五
電話886-2-23511028・傳真886-2-23965656

實價新臺幣六○○元

中華民國九十四年（2005）十月初版

自　序

　　國際貿易的分工及專業化，貨櫃革命帶動的複式運輸，以及由海運統合陸、空運輸的一體化，乃至於啓動物流商機，造成物流的蓬勃發展，這些大的變革都只是二十世紀中期以後，國際經濟發生的具體變化。

　　物流商機的啓動，由單純第一方的產業物流，自行安排原、材料的進貨物流、製成品的銷售物流，不良品及垃圾的回收物流，過程中少不了第二方運輸業的配合。配銷物流的輔助性物流，由於部分的委外，如倉儲之委外、部分加工之委外等，啓發了第三方物流的商機。部分的委外，進而全程的委外經營，是承攬運送、倉儲營業、加工業，包含運輸、倉儲、加工及運輸的設計及安排等作業，是第三方物流，也是創造服務業物流的推動力量，這也是台灣經濟的開創力量之一。第三方物流藉由資訊軟體產業的幫助，經營更加便利、迅速及經濟，是不容忽視的事實，因爲輔助第三方物流的需要，第四方物流的資訊軟體物流亦應運而生，資訊物流的範圍也因此從單純實體物流的輔助，擴大到金融資訊的傳動迅速與商業資訊的交流廣泛，使物流活動因此從實體物流進展到台灣所謂「運籌」物流的階段[1]，物流因而進入了一個更浩瀚的領域。

　　本書只探討因爲國際貨物運輸活動的擴大，所帶動國際法規的變動，並因貨物交接過程中的各種單證，海運提單、空運提單與倉單所代表的意義及運送貨物與保管貨物的責任。本書的法規

---

1 大陸對兩者都稱爲物流。

　　包含國際公約與國際性的標準規章，進而包含具有國際影響力的英、美提單及海運運輸法規，以及大陸合同法與海商法。第七章的「提單實務」，部分取材自我之前出版的「載貨證券」一書，第七章裡頭另有國際承攬公會所訂定的標準條款用於承攬運送人海運單及提單的比較，標準條款也可以說是一種國際性的標準規章，但只應用於承攬運送人簽發的海運單及提單。

　　藉由海運單證的廣泛使用，海運統合陸、空運輸法規，看來是不得不然的趨勢。倉儲部分本書雖列舉聯合國的標準倉儲責任公約，但該公約尚未生效，各國仍以本國的規定為主，像台灣就主要依賴民法的規定。空運的蒙特利爾公約具有相當程度的國際認同，短短三、四年之間已經有五十三個國家批准適用，本書對於以上兩種公約，均有說明。至於平面運輸的鐵路與公路，各個國家不但有各自的國內法，而且多數具有強制適用性，歐洲鐵路與公路運輸法規的觀念，認同的國家相當多，本書已經將其國際最新的海運公約裡融合的部分作介紹，例如新海上貨物運輸公約中的「控制權」與「控制權人」的說法，所以就沒有單獨就鐵路與公路的歐陸公約或個別的國內法，加以探討了。

　　本書之完成，除撰者個人之努力外，航運管理系友謝承宏之校稿、幫忙查對相關資訊，併幫助在原稿上作修正的功勞，助益相當大。本書出版之際，特別在此一併申謝。

王肖卿　謹識

物流單證與國際貨物運輸法規釋義

目　錄

物流單證與國際運輸法規釋義

Transport Documents Concerned
International Conventions and Model Laws

第一章　緒　論

第一節　國際貿易與國際運輸

　　國際貿易顧名思義應指「國與國之間的生意往來」，其目的乃在於互通有無，就理論而言、學者則認為可以透過「國際間之交流往來，擴大商品流通的構面，使物能盡其用、貨能暢其流，進而提昇國際社會的整體福祉」[1]。國際貿易與「物流」之區分則在於「物流」係國際貿易之結果與手段，透過「物流」方式完成國際貿易的交貨任務。所以兩者之定義顯然息息相關，或說「貿易為物流之母」，亦不為過。不過物流經過引申解釋，範圍則更為擴大，如經濟三領域中的流通、生產、消費，就涵蓋了各式各樣的物理性的流動[2]，企業物流中的原料流通、產品配送、甚至垃圾

---

1 蔡孟佳著、「國際貿易實務」、智勝文化事業有限公司出版，2000 年 7 月初版，114 頁。
2 中田信哉著、陳玲玲譯，「物流入門」、大地出版社、2002 年 12 月 1 版 1 刷，15 頁。

回收的逆向物流等，都屬於廣義「物流」的範圍。所以我們習稱的生產物流，或者說是配銷物流，或根據美國物流協會定義的「供應鏈物流」"Supply-chain Logistics"，都僅僅屬於原始狹義定義的物流，也只有這項狹義物流可以用「貿易爲物流之母」這句話來涵蓋。

其次與貿易息息相關的就是運輸，「無運輸則無貿易」，生意做成了，一定要依賴運輸互通有無，國際貿易必定有國際運輸，雖然運輸包括海運、陸運、內水運輸及空運，但國際貨物運輸的百分之九十，均依賴海運。相鄰的兩國間由於地理條件及文化相似，貿易的機會反而不大，距離較遠、地理條件、文化背景比較不同的地方，反而是比較有機會互通有無的。因此歐陸各國陸運較發達，但貿易量一定不如遠距離的亞洲及美洲，而這種遠距離的貿易一定要依賴海、空運輸，空運受限於載量，海運因此成爲國際貿易主要的運輸方式。

但是自從貨櫃運輸自一九六〇年代在國際海運運送中崛起之後，海運運送已不僅限於港到港的運輸這麼簡單，貨櫃經由內陸運輸送到貨櫃集散站，海運業已經由最原始的與內水相通的「轉船運輸」"through transport"、海、陸聯運的「複合運送」"combined transport"，到今天發展成爲海、陸、空聯運的「複式運送」"multi-modal transport"了[3]。

國際貿易涉及兩個國家不同的幣值，需要面對貨款收、付與貨幣兌換的問題，若爲有形的貨物買、賣，進出兩個不同的國境與海關，面臨不同法規。各國政府因政治、經濟、治安，以及外匯收、支政策等之考量，構成不同的貿易政策及管制措施，這些國際貿易所面臨的障礙，並不因是否加入「世界貿易組織」"World

---

3 台灣稱爲「複式運送」，大陸則譯爲「多式聯運」，參看一九八〇月「聯合國貿易發展委員會、國際商會複式運送文件規則」"UNCTAD/ICC Rules for Multi-modal Transport Documents"

Trade Organization"而減輕或取消[4]，因爲觀察各國的貿易保護政策，仍有辦法採取適當的對策來因應。

　　國際運輸的運費，則大都以美元計算，運費收、付的問題，經由貿易條件的訂定，商定由一方支付，實際貨物交付或提單的交付是運費收取的關鍵點，比貨款的收、付更爲明確。此外，國際化運輸由於國際運輸公約的訂定，與各種國際貿易面臨的差異性比較，衝擊比較少，對於經濟大國所提倡建立的「國際貿易組織」，雖然亦有影響，但對於海運措施，各國的保護措施尤其具體[5]，除了在自我開放部分設限外，亦設有保留條款，所以不如國際貿易，受到貿易相對國較大的影響。

第二節　國際運輸與物流

　　如果把物流解釋爲「克服需求與供給之間的時間性與空間性距離」[6]的話，那麼空間距離就可以用「運輸」來填補，從這個意義上來看，最稱職的物流活動就是「運輸」了。

　　物流成本中有一半以上是「運輸」，以物流配送的範圍決定爲「國際運輸」或「國內運輸」，但因應生產國之土地面積，倘該國之土地面積狹小經濟活動必須以從事國際貿易爲主的，就有賴於「國際運輸」始可完成物流活動的需要，例如台灣，經濟活動

---

4 事實上，「國際貿易組織」爲強權國爲打開開發中國家市場所提議的開放政策，進而組織化兌現。由美國積極倡議，已開發國家的熱烈支持下成立。詳見張新平著、「世界貿易組織下之服務貿易」1996 年 3 月，月旦出版社股份有限公司出版，5-8 頁。

5 如台灣，經國際知名長榮海運公司總裁張榮發於應邀到中國海事專科學校演講「海運的重要性」時所言，台灣無國家船隊觀念、無海運政策。參閱 2003 年 11 月 5 日中央社、中國時報、聯合報等頭版。

6 中田信哉著、陳玲玲譯，「物流入門」，大地出版社，2002 年 12 月 1 版 1 刷，78 頁。

及財政來源以國際貿易為主，物流活動的範圍雖然包含「國內運輸」，但整體活動之完成卻以「國際運輸」為填補空間距離的主要方式。

　　國際貿易為了保持競爭優勢，買賣標的物往往以組裝的方式完成，也就是以進行多次的國際貿易行為，來完成組裝。採購較本國製造更便宜的零組件或半成品，甚至組裝完成的國家也並不是貿易出口國，這就是所謂的「某地接單，在另一地出口」說法的由來。例如台灣出口的筆記型電腦，常常是由我方提供「液晶螢幕」"LCD"、美國採購的「中央處理器」"CPU"、日本的「硬碟」"HD"及「記憶體」"RAM"，大陸的「主機板」"MB"及「滑鼠」"Mouse"，最後在西班牙「組裝」"Assembly"，以方便交給德國的買方[7]。經濟學家彼得‧杜拉克曾經說「共同生產」"production sharing"將成為世界經濟整合的普遍形式。不僅電腦如此，全美使用的棒球手套百分之九十五產自日本，但手套使用的卻是美國牛皮，牛皮先送到巴西鞣皮、再運到日本製成手套[8]。這些貿易的過程以一個字詞帶過，就是「物流」。組裝前的貿易行為 —— 零組件整合，少不了國際運輸，而且以最便宜的運輸方式整合，依賴的是運輸設計。組裝後的產品交付，還是要靠運輸來完成。就國際運輸的基本架構而言，包含各種國與國之間的路權、航權與運輸的工具（也就是以往運輸所涵蓋的拖車、鐵路、船舶與飛機等）、運輸公司（即鐵、公路公司、航運與航空公司等），以及他們所帶動之各種運輸方式[9]。做企業的物流系統設計時，在考量不同運輸模式及運送人的特性與限制之下，依企業運輸目標，選擇最合適

---

7 本例說明取材自蔡緣編著，「國際貿易實務與書類」，華泰文化事業公司，2002 年 8 月第 20 版，第 3 頁。
8 案例說明取自 "Megatrends, Ten New Directions Transforming Our Lives" by John Naisbitt。
9 蘇雄義，企業物流導論，華泰文化事業公司，2002 年 9 月 2 版，83-84頁。

的運輸系統方案，包括營運限制的運送區域與運價，財務承諾的運費支付方式，以及營運彈性的自有運輸或委託運輸，這些都是物流與國際運輸的基本關係，由於貨櫃運輸中委託運輸的盛行，造成今日海、空運承攬運送業，以及報關業的蓬勃發展。

　　台灣早期的物流發展，停滯在傳統的倉庫、搬運及島內運輸的層次，這些工作或由生產事業的儲運部門完成，或經委託專屬的貨運公司來完成，國際貿易發達之後，商品的競爭成本逐漸重要，在降低物流成本、增進商品競爭力的壓力之下，約一九七五年之後[10]，台灣才開始重視物流作業，尤其是在物流成本方面，如何藉由運輸的單位化、標準化，並考量最經濟的複式運輸聯結方式，以使整體國際運輸成本達到最小化，以降低產品的成本。經建會將流通運輸服務業納入「服務業發展綱領及行動方案」。物流業將扮演製造業、批發業與零售業等上下游產業之間運輸倉儲的後勤支援角色，物流業的對象範圍依據行政院主計處九十年度修訂的「中華民國行業標準分類」，是以除客運之外的運輸倉儲業為主，包含的行業型態有「鐵路運輸業」、「汽車貨運業」、「海洋水運業」、「民用航空運輸業」、「儲配運輸物流業」、「報關業」、「船務代理業」、「陸上貨運承攬業」、「海洋貨運承攬業」、「航空貨運承攬業」、「陸上運輸輔助業」、「港埠業」、其他「水上運輸輔助業」、「倉儲業」與「快遞服務業」等。集合產業本身的第一方與第二方產品配銷物流，以及行政院主計處核定的以上第三方與第四方物流服務業，在在反映出整體物流業務是將進入一個更蓬勃發展的新紀元。

---

10 蘇雄義，「企業物流導論」，華泰文化事業公司，2002 年 9 月二版，23-27 頁。

第三節　運輸與複式運輸

　　運輸按運送標的物之不同，分成客運與貨運，這其中海運是客、貨分流的，空運以載客為主，載貨為輔，陸運則兩者兼顧。其中海運的自由性及大量運輸特性是航空運輸無法取代的。在論及結合三者的複式運輸時，就只能討論國際貨物的運輸。無法再兼顧客運，因為客運已經屬於完全不同的經營方式與範疇。

　　運輸的方式從歷史的走勢可以觀察出，是以運輸形式及運輸工具來做分類的，因為運輸工具之不同，而有汽車、火車、飛機與船舶，加以船舶分類中的海輪與駁船，海輪再以成本及現實考量，而分成大型的遠洋輪與小型的近洋輪，以功能性的不同而有貨櫃輪與散裝輪，以及其他更多的分類方式。因之而形成有海運、陸運、空運與內陸水運等運輸模式。「管道運輸」"pipe line transport"雖然運送貨物的數量最大、安全性最高，成本又最經濟[11]，但因為屬於特殊貨物，如化學品、糖蜜、石油及液化石油氣等特定液態貨物之運輸型態，所以本書也不予以論述。以免分散本書之主要論點 —— 國際貨物運輸法規 —— 以件雜貨運輸為主的國際貨物運輸。

　　國際上從一九六〇年代興起的貨櫃運輸是海運運輸的革命，甚至亦可以說是整體運輸方式的革命，由於貨物儲存在貨櫃內，藉由不同運輸工具相互連接來完成，將該只貨櫃自啓運地至目的地的運送作業，這個運輸過程雖然沒有適當的翻譯，原文叫做 "intermodal"[12]的字詞，所代表的意義就是「貨物在相同的運具

11　參看張有恆著，「運輸學」，1999 年 7 月初版，11 頁。
12　參看"TERMINOLOGY ON COMBINED TRANSPORT"Prepared by the UN/ECE,The European Conference of Ministers of Transport （ECMT）

中，連續以兩個以上的運輸工具運送」"The movement of goods in one and the same loading unit or road vehicle, which uses successively two or more modes of transport without handling the goods themselves in changing modes."[13]，因此而帶動所謂「複式運送」"Multimodal Transport"的開始。

　　傳統運輸與複式運輸最主要的差異，在於複式運輸牽動了不同運輸領域的運送人，也牽動了不同運輸領域運送人的責任，傳統陸上運輸運送人所負的責任與海上運輸，以及空運運輸運送人所負的責任制度是不相同的，由於國家制海權、制空權等的霸權與民族主義的原則，雖然「海商」活動是商業行為，各國仍不免給予本國運送方相當的保護，空運在貨運方面的發展，目前雖不如海運普及，空運運送人與海運運送人一樣，因為受國際公約的影響，所負的責任多屬於相對責任，而非陸運運送人所負擔的絕對責任，陸運運送人可以舉證免責的空間相當有限。總之，陸運運送人可能發現，財力較強大的海、空運運送人，相對所負責任，反而受到的保障較大，所負的責任反而較小，乍看之下似乎是難以理解的。

　　土地的廣狹是陸運發展的重要條件，領土狹小的國家，陸運的發展當然也受限，海、空運的發展就不受圍於土地。但是海運必須有港口，港口則必須有出海口，出海口不但需要有天然條件的港灣，其他的天然條件還包括：如水深、潮汐、氣候的配合等。例如蘇聯分裂之後，烏克蘭的選舉就帶動俄羅斯將來是否有出海口的問題；如果烏克蘭親美國，將使俄羅斯的出口受限，領土再廣大，沒有出海口就失去了制海權，更別提發展海運了。因此有

---

and the Eurpoean Commission（EC）,New York an Geneva,2001。

13　參看 Economic Commission for Europe（UN/ECE），"Terminology on Combined Transport", prepared by the UN/ECE, The European Conference of Ministers of Transport（ECMT)） and the European Commission（EC）, United Nations, New York and Geneva, 2001。

些時候，出海口還受政治因素的影響呢！與前述的國家制海權、制空權可能影響霸權的說法，不謀而合。空運則必須有機場，設立機場亦須有天然條件：如氣候、風力、風向的配合。因此國際間複式運輸的發展，就是運用各國擁有的天然條件，結合多種運輸工具以完成貨物、尤其指貨櫃貨物的運送。

第四節　運輸單證與運輸法規的關係

根據「聯合國貿易發展委員會」"United Nations Commission on Trade and Development, UNCTAD"的統計，每筆國際貿易均需要涉及二十五個以上不同的業者與政府機關，以及四十種各式政府機關、商業、航運、貿易、保險的單證，才能夠完成，全球每年處理國際貿易單證的費用，包含郵寄、審閱及文件本身等工本費用，約佔國際貿易總金額的百分之七，每年耗費約四千兩百億美金左右。而其中的運輸單證除了是貨物交運與交貨的憑證之外，也是運送契約的證明[14]。尤其倘在未有書面運送契約簽發的情況下，運輸單證可能就是唯一證明有運送契約存在的書面文件了[15]。

運輸單證既然是運送契約的證明，在未簽正式契約的情況下，更是唯一證明有契約存在的書面文件，所以經常被視同契約，尤其貨物交、接的情況下，除了是交、接的證明之外，運送與託運雙方亦必須遵守其中的規定。

作為規範運送的國際公約，除非明文說明，否則原則上不一

14　王肖卿「載貨證券」，五南圖書出版股份有限公司，2001 年 11 月 4 版 1 刷，頁 26-27。
15　參看台灣民法第一百五十三條「當事人互相表示意思一致者，無論其為明示或默示，契約即為成立」。表示契約不一定作成書面。

定會因公約生效時間的先後，或者制定的先後，而像國內法律般的、由後生效的公約取代以前生效的公約，或者由後一公約的生效，而廢止前一公約。公約是否適用於某一航程，或者某一個運輸單證所代表的運送，端看該航程的運送人與託運人雙方的選擇及約定。

在沒有書面運送契約的情況下，運輸單證就是唯一運送契約書面證明，單證上面記載的適用法規或國際公約就是運送與託運雙方必須遵守的原則了。因此運輸單證的記載對於契約的規範相當有影響。單證上記載以哪個運輸公約或哪一國的國內法作為規範運送行為的準則，哪個運輸公約或哪一國的國內法就可以適用在該運送航程了。

運輸單證大都可以轉讓，經轉讓以後的第三者仍須遵守運輸單證上的規定，同樣地，運送方亦應完成之前與託運人的書面承諾，依規定將貨物運送到單證上記載的目的地。雖然運輸單證已有被指控為定型化契約的案例，其上所記載的公約或法律依然構成持有人與運送人之間的履行準則。

在定期航線運輸幾乎都是貨櫃運輸取代傳統雜貨船運送的今天，定期航線的運輸單證，尤其其中有一部分運輸是海運運輸的情況下，運輸單證大都以傳統的海運提單格式來製作複式運輸單證的方式製作，除了在運輸單證標頭上標明「複式運輸單證」"Multi-modal Transport Document"數個字之外，內容增加「收貨地」"Place of Receipt"與「交貨地」"place of Delivery"等凸顯「複式運輸」"Multi-modal Transport"意義的欄位，其簽發者應負「複式運輸運送人」"Multi-modal Transport Carrier"or"Multi-modal Transport Operator"的責任乙節，也是毋庸置疑的了。

國際上使用歷史最久、為國際上共同承認的運輸單證，就是「海運提單」"Bill of Lading"，也就是台灣海商法的「載貨證券」。

在歐洲、甚至連未包含海運在內的複式運送，有時候也都以海運提單作為運輸單證[16]，以海運公約作為契約準則的可能性也就大為增加了，而不論複式運輸的運程有多長，海運仍是其中很重要的環節，就國際間的運輸來說，海運因載貨量大、運程較長、安全性比一樣肩負國際運輸責任的空運來得高、因為運輸量倍數大於空運，當然單位成本比空運相對低得多，這些優點，使海運不但歷史悠久，市場佔有率也最大，因此聯合國對於複式運輸有以海運公約統合各式運輸公約的構想，雖然整合不一定會徹底，但海運的運輸單證在這一波整合國際公約的過程中，仍然功不可沒。

第五節　公共運送與私有運送

「公共運送」"Common Carriage"與「私有運送」"Private Carriage"，可以說是一個翻譯過來的觀念，因為在台灣或大陸「海商法」與「民法」中，都沒有見到這樣的名詞，但是在英、美的法令、書籍裏，則明顯有 Common Carriage 與 Private Carriage、或美國特有的「契約運送」"Contract Carriage"，也就是另外訂有運輸契約的運送。以及「公共運送人」"Common Carrier"與「私有運送人」"Private Carrier"、或美國所謂「契約運送人」"Contract Carrier"的區分。

區別到底在那裡，如果換成中文，應該如何說明，從台灣「民法」"Civil Law"在香港就稱為「普通法」"Common Law"的角度來看，就不難明白了，民法上的「運送」是「公共運送」，相對海商法上的運送，就是「私有運送」了，則民法上的「運送人」是「公共運送人」，海商法上的「運送人」也就是「私有運送人」。

---

[16]　參看 "working report"，2002 on http://www.uneitral.com

以美國一九九八年「海運修正法」第三章，對於「公共運送」
一詞，就有明確的定義，爲「在美國、與外國間，面對一般大眾，
提供水運旅客、與貨物服務之人。」"Common Carrier" means a
person holding itself out to the general public to provide
transportation by water of passengers or cargo between the United
States and a foreign country."，對於「私有運送」或「契約運送」，
則沒有給予定義，但是美國一九九九年的「海上貨物運送法」草
案，倒是比照「漢堡規則」的「運送人」定義，提出「契約運送
人」"Contracting Carrier"的名稱，爲「與託運人簽訂提單的人」。
但是在美國的案例說明裡，則不難發現，即使同樣是海上運送，
仍有「私有運送」與「公共運送」、及「私有運送人」與「公共運
送人」的區分。就其判決意義上可以看出，「私有運送」是大宗運
送，運送人所負之責任較輕。而「公共運送」則相對是件雜貨的
運送，運送人所負的責任則較重。

如果從大宗運送必定簽有「租（傭）船契約」[17]，雖然也一
定亦簽發「提單」，與件雜貨的運送多數沒有「運送契約」，而僅
簽發「提單」來看「運送」，則就一般的認知，因爲「私有運送」
可以利用「契約自由」"Freedom of Contract"的原則，貨方與船方
可以站在平等的地位，商榷契約的條件，進而訂立契約。即使有
不利於「運送人」或不利於「貨方」的條件，也是雙方事前所同
意的。因此契約內容在不違背其他法律或善良風俗的情形下，應
爲有效，自然依據契約決定「私有運送人」所負的責任。而所謂
「公共運送人」應該負較重的責任，則是因爲訂約之初，雙方就
站在不利的對等條件，「提單」也是由運送人一方所印製的，貨方
根本無從選擇，由於沒有契約，貨方當然也無從在「提單」上作

---

17 大陸海商法爲「租船契約」，台灣則習稱「傭船契約」英文都是
　　"Charter Party"。

任何的增刪，所以海商相關法律的制訂均以保護經濟上的弱者爲出發點，這是「提單」條文經常被以牴觸管轄之海商法律判定無效的理由。

我們也可以知道，「私有運送」的契約，如「論時租船契約」簽訂後，很多租船方反而是爲了執行「公共運送」的情形，這種情形之下，租船人與託運人、受貨人之間，就與「提單」之間的法律關係是「公共運送」，就船東與租船人間的關係則是「私有運送」了。

就「公共運送」而言，運送人簽發清潔「提單」，是貨物裝船時情狀良好的證明，因此領貨時之貨損責任，則應由「公共運送人」向「提單持有人」負責，運送人爲免除責任，首先該做的是，舉證「他已盡其應盡的義務」，及「貨損係由於海商法上運送人所免責原因所致」，而藉以免責。

至於「私有運送」，依據「租船契約」所簽發「提單」的「運送人」的責任就不同了，雖然一樣另外簽有清潔「提單」，但「提單」的效力只等於「收據」，貨損發生時，運送人只能就違反「租船契約」的主力近因，負其責任，換句話說，舉證損害原因的責任在於貨方。

以上說明的是一般的原則，作這樣區分的目的，係爲了在法規的適用及解釋上有嚴格及寬鬆的區分在本書第二章將提到的「漢堡規則」裏，大多數舉證責任都在運送人，因此如果「提單」的「至上條款」[18]適用漢堡規則，當然也會影響以上通則的適用了。「漢堡規則」有關舉證責任的規定，則請參考以下第二章的說明。

---

18 參看本說第八章的說明。

第二章　海運單證與國際海上貨物運輸公約

第一節　國際海上貨物運輸公約綜論

　　海運的發展比空運的發展早了好幾個世紀，目前有紀錄的歷史包括一四〇五年的鄭和下西洋、一四九二年的哥倫布發現美洲，以及一四九八年達茄馬到達印度等，顯示十五世紀時航運已經很發達了。但海上運輸真正的歷史到底真正起自何時，目前並無人確切知曉。但我們都知道在一九二四年之前，國際間的運輸責任，可以說完全是運送人自由訂定的，當時的運送人幾乎都是船東，所以所謂「契約自由」的理論，不過是由船東在自己印製的提單上訂入一些幾乎可以完全不負責任的條款而已，甚至還有因船東本身實際過失或疏忽所致的貨損，也可以適用這些不負責任[1]的條款。

　　美國一八九三年的「哈特法」"Hartar Act"可以是第一個黑暗時代的初期規範，但也只有美、加地區有這樣的規範，其他地區則仍為由船東一手遮天的時代。直到一九二四年海牙規則在輿論的壓力下擬定完成之後，經過全世界的陸陸續續批准與適用，海運貨物運輸才有一個依憑的根據。所以所謂國際貨物運輸公約，

1　"COGSA amendments fail to clear out the Augean stables" by RS cooper, 2004 Lloyd's List International, Lloyd's List, Section:Law, page 6.

其實就是抑制「契約自由」不致逾越或說運送人責任不致逾越的公約了。

國際上目前與海運貨物運輸有關且已經生效的國際公約有三個，一個是一九二四年的海牙規則，於一九三一年生效。一個是一九六八年的海牙威士比規則，這兩個公約都是由國際上非政府組織的「國際海事委員會」"Committee Maritime International,CMI"所擬定的。海牙威士比規則是海牙規則的修正公約，海牙規則於施行一段時間之後，新型的貨櫃運輸於六○年代興起，於是又因應需要，於一九六三年在瑞典首都斯德哥耳摩提出修正建議案，在瑞典的老港口「威士比」"Visby"簽字，所以也有人稱為「威士比修正案」"Visby Amendments"，該修正案最後於一九六八年在比利時首都布魯塞爾的外交會議後，通過制定，於一九七七年生效。一九七九年，針對主要在修正海牙威士比規則的賠償單位，再於布魯塞爾提出修正，賠償單位由海牙規則的「朋加雷金法」"Poincare Francs"改為國際貨幣基金的「特別提款權單位」"Special Drawing Right,SDR"、所以也叫做一九七九年「特別提款權議定書」"SDR Protocol"[2]，這一個階段的修正在一九八四年生效。所以一九六八年的「威士比修正案」加上一九七九年的「特別提款權議定書」，兩個修正案、再加上一九二四年的海牙規則，構成如今所謂的海牙威士比規則。我們只要說到海牙威士比規則，其實就已經包含了一九二四年的海牙規則了。

第三個已經生效的國際公約，就是一九七八年的漢堡規則，漢堡規則的生效是晚近的一九九三年十一月一日。但該公約真正的影響力，其實是九○年代帶動各國修正自己國內的「海上貨物運送法」"Carriage of Goods by Sea,COGSA"，使各有關的國內法

---

2 黃裕凱「海上貨物運送單位責任限制－兼評台灣海商法第 70 條」中華海運研究協會編印，編號 817 於 2000 年 5 月 18 日，817-1 頁。

至少達到海牙威士比規則的標準。這種說法是因為漢堡規則雖然生效，卻不為多數船多貨少的海權國家所認同，甚至不一定是海權國家，而是致力發展海運的國家所認同，這些國家或仍站在傳統保護船東運送人的立場，維持海牙規則偏袒船東運送人的立法。或許也因為這些國家多數已經是民主國家，船東運送人財大氣粗，正足以透過國會遊說，影響其國家立法，造就海牙規則歷久不衰的版圖。但漢堡規則的出現，不啻為海運市場的平衡投下一個變數，提醒貨主，激盪貨主產生覺悟，比較懂得爭取自己的權益，因此使各國雖不承認漢堡規則，卻不得不去修正國家立法，使其國內法至少達到海牙威士比規則的標準。大陸正趕上這一波段各國修正國內「海上貨物運送法」的風潮，公佈其第一次訂定的「海商法」，其「海上貨物運輸」一章及其他與運輸契約有關的條文中對漢堡規則的引用最多，可以說是目前最重視貨方權益的國家，也是最重視小託運人的國家。其詳細的立法內容將於第六章再討論。雖然漢堡規則之後又有一個聯合國於一九八〇年制定的聯合國國際複式運送公約，卻一直沒有能夠獲得法定的三十個國家簽字[3]，而未能生效。

　　三個已經生效的國際公約之中，海牙規則及海牙威士比規則的簽約及批准的國家大多屬於海運先進國，海牙規則的批准及加盟的國家，依據「國際海事委員會」的整理，目前的情形如下表，共有九十一個國家及地區，表格中之"r"，代表「承認」
　　"ratification"，"a"，代表「加入（accession）」，大寫的"A"，代表「接受」"acceptance"，兩個大寫的"AA"代表「批准」"approval"，大寫的"S"則代表「確認簽字」"definitive signature"。這些代表字母都來自於公約在「最後條款」"Final Clause"中的文

3　該公約的生效規定特殊寬鬆，只要三十個國家簽字即可，無須寄存批准文件。

字區分，這是因爲要配合各國政治體制不同，對於公約所提交的承認文件亦不同來區分的。但是承認公約的意義則都相同。以下就是「國際海事委員會」整理的表格：

Algeria	(a)	*13.4.1964*
Angola	(a)	*2.2.1952*
Antigua and Barbuda	(a)	*2.12.1930*
Argentina	(a)	*19.4.1961*
Australia* (denunciation — 16.VII.1993)	(a)	*4.7.1955*
Norfolk	(a)	*4.7.1955*
Bahamas	(a)	*2.12.1930*
Barbados	(a)	*2.12.1930*
Belgium	(r)	*2.6.1930*
Belize	(a)	*2.11.1930*
Bolivia	(a)	*28.5.1982*
Cameroon	(a)	*2.12.1930*
Cape Verde	(a)	*2.2.1952*
China		
Hong Kong(1)	(a)	*2.12.1930*
Macao(2)	(r)	*2.2.1952*
Cyprus	(a)	*2.12.1930*
Croatia	(r)	*8.10.1991*
Cuba*	(a)	*25.7.1977*
Denmark* (denunciation — 1.III.1984)	(a)	*1.7.1938*
Dominican Republic	(a)	*2.12.1930*
Ecuador (denunciation — 1.XI.1997)	(a)	*23.3.1977*
Fiji	(a)	*2.12.1930*

Finland (denunciation－1.III.1984)	(a)	*1.7.1939*
France*	(r)	*4.1.1937*
Gambia	(a)	*2.12.1930*
Germany	(r)	*1.7.1939*
Ghana	(a)	*2.12.1930*
Goa	(a)	*2.2.1952*
Greece	(a)	*23.3.1993*
Grenada	(a)	*2.12.1930*
Guyana	(a)	*2.12.1930*
Guinea-Bissau	(a)	*2.2.1952*
Hungary	(r)	*2.6.1930*
Iran	(a)	*26.4.1966*
Ireland*	(a)	*30.1.1962*
Israel	(a)	*5.9.1959*
Italy (denunciation－22.XI.1984)	(r)	*7.10.1938*
Ivory Coast*	(a)	*15.12.1961*
Jamaica	(a)	*2.12.1930*
Japan* (denunciation－1.VI.1992)	(r)	*1.7.1957*
Kenya	(a)	*2.12.1930*
Kiribati	(a)	*2.12.1930*
Kuwait*	(a)	*25.7.1969*
Lebanon (denunciation－1.XI.1997)	(a)	*19.7.1975*
Madagascar	(a)	*13.7.1965*
Malaysia	(a)	*2.12.1930*
Mauritius	(a)	*24.8.1970*
Monaco	(a)	*15.5.1931*

Mozambique	(a)	*2.2.1952*
Nauru*	(a)	*4.7.1955*
Netherlands* (denunciation－26.IV.1982)	(a)	*18.8.1956*
Nigeria	(a)	*2.12.1930*
Norway (denunciation－1.III.1984)	(a)	*1.7.1938*
Papua New Guinea*	(a)	*4.7.1955*
Paraguay	(a)	*22.11.1967*
Peru	(a)	*29.10.1964*
Poland	(r)	*4.8.1937*
Portugal	(a)	*24.12.1931*
Romania (denunciation－18.III.2002)	(r)	*4.8.1937*
Sao Tomé and Principe	(a)	*2.2.1952*
Sarawak	(a)	*3.11.1931*
Senegal	(a)	*14.2.1978*
Seychelles	(a)	*2.12.1930*
Sierra-Leone	(a)	*2.12.1930*
Singapore	(a)	*2.12.1930*
Slovenia	(a)	*25.6.1991*
Solomon Islands	(a)	*2.12.1930*
Somalia	(a)	*2.12.1930*
Spain	(r)	*2.6.1930*
Sri-Lanka	(a)	*2.12.1930*
St. Kitts and Nevis	(a)	*2.12.1930*
St. Lucia	(a)	*2.12.1930*
St. Vincent and the Grenadines	(a)	*2.12.1930*

Sweden (denunciation－1.III.1984)	(a)	*1.7.1938*
Switzerland*	(a)	*28.5.1954*
Syrian Arab Republic	(a)	*1.8.1974*
Tanzania (United Republic of)	(a)	*3.12.1962*
Timor	(a)	*2.2.1952*
Tonga	(a)	*2.12.1930*
Trinidad and Tobago	(a)	*2.12.1930*
Turkey	(a)	*4.7.1955*
Tuvalu	(a)	*2.12.1930*
United Kingdom of Great Britain and Northern Ireland (including Jersey and Isle of Man) (denunciation－13.VI.1977)	(r)	*2.6.1930*
Bermuda, Falkland Islands and dependencies, Turks & Caicos Islands,Cayman Islands, British Virgin Islands, Montserrat, British Antarctic Territories. (denunciation 20.X.1983)		
Anguilla	(a)	*2.12.1930*
Ascension, Saint Helène and Dependencies	(a)	*3.11.1931*
United States of America*	(r)	*29.6.1937*
Zaire	(a)	*17.7.1967*

　　從上表中也可以看出，包括奧地利、丹麥、厄瓜多爾、芬蘭、義大利、日本、黎巴嫩、荷蘭、挪威、羅馬尼亞、瑞典、大英及北愛爾蘭、百慕達、福克蘭及英屬維京群島等地區，都因為承認海牙威士比規則的緣故，已經廢止了海牙規則的適用。

　　海牙威士比規則的一九六八年的「威士比修正案」，目前的批准、承認及加盟的情形則經「國際海事委員會」的整理，如下

列之附表：

Belgium	(r)	*6.9.1978*
Denmark	(r)	*20.11.1975*
China		
Hong Kong(1)		*1.11.1980*
Croatia		*28.10.1998*
Ecuador	(a)	*23.3.1977*
Egypt*	(r)	*31.1.1983*
Finland	(r)	*1.12.1984*
France	(r)	*10.7.1977*
Georgia	(a)	*20.2.1996*
Greece	(a)	*23.3.1993*
Italy	(r)	*22.8.1985*
Lebanon	(a)	*19.7.1975*
Netherlands*	(r)	*26.4.1982*
Norway	(r)	*19.3.1974*
Poland*	(r)	*12.2.1980*
Russian Federation	(a)	*29.4.1999*
Singapore	(a)	*25.4.1972*
Sri-Lanka	(a)	*21.10.1981*
Sweden	(r)	*9.12.1974*
Switzerland	(r)	*11.12.1975*
Syrian Arab Republic	(a)	*1.8.1974*
Tonga	(a)	*13.6.1978*
United Kingdom of Great Britain	(r)	*1.10.1976*
Bermuda	(a)	*1.11.1980*
Gibraltar	(a)	*22.9.1977*
Isle of Man	(a)	*1.10.1976*

British Antarctic Territories, Caimans,Caicos & Turks Islands,Falklands Islands & Dependencies,Montserrat, Virgin Islands (extension)	(a)	20.10.1983

　　一共有二十八個國家及地區，其中需要特別注意的是，雖然圖表中大陸的香港地區於一九八〇年十一月一日在公約上簽字，但是大陸中央政府嗣於一九九七年六月四日發自比利時大使館之信函，說明香港特別行政區自一九九七年七月一日起適用海牙威士比規則，規則中之權利義務爲中華人民共和國政府所承認。但保留公約第 3 條，即重點在於「責任限制」"Limits of Liability"內容的適用。

　　至於海牙威士比規則的一九七九年「布魯塞爾議定書」的簽字、批准、承認及加盟的情形，「國際海事委員會」亦有如下之整理：

Australia	(a)	16.7.1993
Belgium	(r)	7.9.1983
China		
Hong Kong(1)	(a)	20.10.1983
Denmark	(a)	3.11.1983
Finland	(r)	1.12.1984
France	(r)	18.11.1986
Georgia	(a)	20.2.1996
Greece	(a)	23.3.1993
Italy	(r)	22.8.1985
Japan	(r)	1.3.1993
Mexico	(a)	20.5.1994
Netherlands	(r)	18.2.1986

New Zealand	(a)	*20.12.1994*
Norway	(r)	*1.12.1983*
Poland*	(r)	*6.7.1984*
Russian Federation	(a)	*29.4.1999*
Spain	(r)	*6.1.1982*
Sweden	(r)	*14.11.1983*
Switzerland*	(r)	*20.1.1988*
United Kingdom of Great-Britain		
and Northern Ireland	(r)	*2.3.1982*
Bermuda,British Antartic Territories, Virgin Islands, Caimans,Falkland, Islands & Dependencies,Gibraltar,Isle of Man, Montserrat, Caicos &Turks Island (extension)	(a)	*20.10.1983*

　　包括二十四個國家及地區，另外依據「威士比修正案」的適用方式，即前述中國大陸一九九七年六月四日發自比利時大使館之信函，亦同時指出香港特別行政區從一九九七年七月一日起適用「布魯塞爾議定書」，規則中之權利、義務爲中華人民共和國政府所承認。但保留公約第八條有關對於公約解釋上的爭議、交付仲裁或國際法庭之解決方案內容的適用。其他辦理保留適用的還有波蘭保留公約中第三條的適用、瑞士則保留公約中一九二四年部分的第四條第五項等。

　　至於漢堡規則，從國際上批准、承認及加盟的國家名稱，就可以大致上了解公約實質內容的走向，其承認的國家、地區包括如下表：

Austria	(r)	*29.7.1993*

Barbados	(a)	*2.2.1981*
Botswana	(a)	*16.2.1988*
Burkina Faso	(a)	*14.8.1989*
Cameroon	(a)	*21.10.1993*
Chile	(r)	*9.7.1982*
Czech Republic (1)	(r)	*23.6.1995*
Egypt	(r)	*23.4.1979*
Gambia	(r)	*7.2.1996*
Georgia	(a)	*21.3.1996*
Guinea	(r)	*23.1.1991*
Hungary	(r)	*5.7.1984*
Jordan	(a)	*10.5.2001*
Kenya	(a)	*31.7.1989*
Lebanon	(a)	*4.4.1983*
Lesotho	(a)	*26.10.1989*
Malawi	(r)	*18.3.1991*
Morocco	(a)	*12.6.1981*
Nigeria	(a)	*7.11.1988*
Romania	(a)	*7.1.1982*
Saint Vincent and the Grenadines	(a)	*12.9.2000*
Senegal	(r)	*17.3.1986*
Syrian Arab Republic (accession)	(a)	*16.10.2002*
Sierra Leone	(r)	*7.10.1988*
Tanzania, United Republic of	(a)	*24.7.1979*
Tunisia	(a)	*15.9.1980*
Uganda	(a)	*6.7.1979*
Zambia	(a)	*7.10.1991*

　　一共有二十九個國家，其中捷克於簽署漢堡規則之後，於一九九三年六月分裂，改變爲捷克及斯洛伐克兩個共和國，其中捷克共和國於一九九五年六月二十三日持續送件，承認適用漢堡規則。斯洛伐克兩個共和國則沒有這麼做，所以斯洛伐克兩個共和國就不是漢堡規則的批准國。

　　台灣及中國大陸，於九〇年代新修訂的海上貨物運送相關的法規，大多數內容仍以海牙與海牙威士比規則爲主軸。這兩個公約內容相當，所以也被合併稱爲海牙系列規則。提出漢堡規則的國家因爲大多是第三世界國家，之後的批准國家亦大多屬於第三世界國家，目前有些國家新修正的海上貨物運送法雖然也融入部分漢堡規則的觀念，但成分不高。倒是大陸的海商法，其內容及觀念除了採用部分漢堡規則之外、甚至還包括尚未生效的、一九八〇年聯合國國際複式運送公約的觀念。

　　三個公約中，海牙威士比規則由於介於海牙規則與漢堡規則之間，立場比較中庸，已經成爲多數國家，包括英國及歐陸各國、日本、美國、中國大陸、及台灣於九〇年代以後，所修正的海上貨物運送相關法規所主要依循之主軸。現在就把海牙系列公約與海運單證相關的特點，在這裡作一個平舖直敘的分析。

第二節　　海牙與海牙威士比規則

　　海牙與海牙威士比規則都是「國際海事委員會」"Comite Maritime International"起草的國際公約。聯合國在這個時期還沒有專門管理國際貨物運輸法的專責機構[4]。「國際海事委員會」卻

---

4 聯合國專門管理國際貨物運輸法的機構是「國際貿易法委員會」第三工作小組，至 1966 年始成立。詳細內容參看以下註解 40。

早於一八九七年成立，其前身雖然是「國際法律委員會」
"International Law Association；ILA"，但在海商方面，「國際海事委員會」卻可以說獨領風騷。「國際海事委員會」由一群比利時的律師及政界人士組成，最初的目的是爲了彌補國際法商案件反過來爰引一般法律原則在民法法庭審理的缺陷，綜合許多自十七世紀就已經存在的法典、加上一些歐、美等地區具有指標性的海事案例，於十九世紀的後期在「國際法律委員會」作綜合性的研究，經過一八八五年、一八八八年兩次召集全世界的外交會議討論船舶碰撞的法律失敗之後，「國際法律委員會」終於解散。雖然此期間仍有最早的約克、安特衛普共同海損理算規則制定成功的果實，仍不免解散之命運。代之而起的，就是由「國際海事委員會」繼續從事海商法律之研究[5]。

　　一般國際公約是否適用於運輸契約或運輸單證，或者國內法律是否適用於運輸契約或運輸單證，都與運輸契約或運輸單證裡面「至上條款」[6]"Clause Paramount"的內容記載有關，「至上條款」係原則性訂定契約應遵守的至高規範，契約條文與「至上條款」有衝突的，就衝突的部分無效，但其餘部分不受影響，已如本書第一章第四節所述。要析論海牙系列公約，其重點就在與運送責任相關的部分，其實也就是與託運方貨損索賠相關的部分，最主要的就是要從運送人的責任談起。此外，公約適用的範圍：包括適用的航程、適用的貨物種類等，也與貨損理賠的處理適用哪一個公約或哪一國法律的規定有關係。運送人的責任：包括運送人責任的範圍、運送人責任的內容、運送人的責任限制及運送人的免責權等，都是運輸單證與貨損理賠重要的論辯根據，論述如以下的單元。

---

5 見「國際海事委員會」之 www.cmi.com 之 "history of CMI"。
6 大陸稱爲「首要條款」。

一、關於公約的適用

海牙系列公約對於公約的適用不似漢堡規則的強勢，說明如下：

就公約中的「貨物運送」"Carriage of Goods"而言：

公約主要規範從「裝上船」到「卸下船」"covers the period from the time when the goods are loaded on to the time they are discharged from the ship"，也就是海上責任，或習慣上所說的「鉤」到「鉤」責任的部分，可以適用海牙系列公約。

但公約也不排除如運送人、託運人間可以協議，訂定雙方在貨物裝船前、卸船後相關責任的其他約定[7]。所以海牙系列其實在一九七九年的議定書裡，甚至更早在海牙規則第六條，就在公約之外，不否定針對特殊貨物或航程，可以自由訂定其他的規範。但是這些規範並不一定須依據公約既有的責任標準。

公約所適用的活動

依據公約第 II 條的規定，海上運送人所簽訂的契約裡，有關「裝貨」"loading"、「操作」"handling"、「堆放」"stowage"、「運送」"carriage"、「管理」"custody"、「照料」"care"、「卸貨」"discharge"等活動，都是與運送人的權利義務有關，都適用於公約的規定。

公約所適用的單證

海牙系列與漢堡規則雖然都與貨物運送有關，但兩者的一個重要的分野，在於海牙系列只針對「提單」"Bill of Lading"作規定，但看海牙規則的全名 "International Convention for the Unification of Certain Rules of Law relating to Bills of Lading, Hague Rules, Brussels, 25 August 1924"、及海牙威士比規則的全名 "Protocol to Amend the International Convention for the Unification

---

7 參看海牙威士比規則的第 VII 條。

of Certain Rules of Law Relating to Bills of Lading Visby Rules,
Brussels, 23 February 1968" 就知道了，在「運送契約」"contract of
carriage"的定義上，海牙系列都強調「只適用於由『提單或其類
似物權文件』"Bills of Lading or similar document of title"所擔保的
契約」，只要是依「該『提單或其類似物權單證』約定貨物之海上
運送」、以及「依據租船契約所簽發之『提單或其類似物權單證』
自約定運送人與持有人之間的關係開始」，均為公約所適用的單
證，雖然該系列公約於第 VI、第 VII 條亦容許簽訂非商業用途之
契約或裝船前、卸船後的契約，但公約主要承認的單證是「提單」，
這一點是毋庸置疑的。漢堡公約及一九八○年聯合國國際複式運
送公約適用的單證種類就越來越多元化了。

公約適用的國家

海牙系列公約適用國家的規定也不像漢堡規則那麼強勢，訂
定適用的單證僅不同國家間屬於運送相關的「提單」，包括：

1. 簽約國簽發之「提單」。
2. 從簽約國港口出發運送之「提單」。
3. 「提單」所代表的契約，有適用公約的規定。

但是以上的第 3 項還需要簽約國批准適用公約，才能適用公
約，與本章第二節的漢堡規則比較，在公約的適用性上是比較沒
有那麼廣泛與強勢的。

二、公約的關係人

海牙系列公約的「運送人」"Carrier"只有一個，一切的責任、
義務都以「運送人」為主，其餘公約重點提到的「履行輔助人」
則包含「船長」"master"、「代理人」"agent"、，另外在免責條款
中提到「受僱人」"servant"一詞[8]，其實「船長」在喜馬拉雅條款

---

8 「受僱人」"servant"一詞係轉用喜馬拉雅條款的擴大適用範圍。

的適用上就是一種「受僱人」。所以屬於運送人方面、可以適用公約免責及責任限制的人，就整個公約來說，只有「運送人」"Carrier"、「運送人」的「受僱人」"Servant"，以及「運送人」的「代理人」"Agent"三種。其中並不包括亦與輔助履行運送關係較密切的「獨立訂約人」"Independent Contractor"、如「裝卸公司」"Stevedore"，以及簽訂租船契約狀況下、提供運送工具的船東、提供貨櫃集散及儲存的倉儲經營人等[9]，都不包括在內。與漢堡規則增列「實際運送人」"actual carrier"一詞以後，範圍大到包含所有相關輔助履行運送的人，海牙系列公約中，可適用免責與責任限制的對象，其範圍相對較小。另外相對的貨方主要就是「託運人」"Shipper"，由於不像漢堡規則般，貨方也有比較具體性的義務，其他與貨方關係密切的如「受貨人」"consignee"、「運輸單證持有人」"holder"等名稱並未在公約中論列。

三、適用公約的貨物種類

海牙系列公約與漢堡規則另一個不同的地方，就是一九六八年及一九七九年早已是貨櫃船萌芽，以及爾後開始風行的年代，但即使到了一九七九年，「特別提款權議定書」仍未把甲板貨增訂在貨物種類之中，其第 I 條「貨物」"goods"的定義爲指「包含物、具、商品，以及除了活動物及依運送契約載明裝在甲板上、且真正裝在甲板上之物件」。使甲板裝載必須使用公約訂定之外的「契約自由」的做法、由船、貨雙方，自行訂定權利、義務，也使甲板裝載之事實，不敢註記於提單，以致於在一九九三年「信用狀統一慣例」中，只好創造了一個「可能裝甲板」"may be carried on

---

9 海牙威士比後增列的 Article IV bis 2 If such an action is brought against a servant or agent of the carrier (such servant or agent not being an independent contractor), such servant or agent shall be entitled to avail himself of the defences and limits of liability which the carrier is entitled to invoke under these Rules."

deck"的說辭，勉強爲銀行界接受。以免運送人因提單註記「裝甲板」"on deck"，而致無法適用公約有關責任的規定，以及更務實的看法，就是不符合信用狀規定，根本無法交易押匯的情形[10]。

四、運送人的責任

海牙系列公約中屬於運送方的關係人主要的只有一個「運送人」，已如前述，其定義爲「與託運人簽運送契約之人」、包括「船東」或「租船人」，所以以簽發提單的人，爲主要可適用公約相關權利義務的關係人。而可能簽發提單的人，依據當時公約的考慮，僅包含「船東」或「租船人」兩者而已，由於在運送人的責任負擔上，船東與論時租船的租船人總是共同分攤運送人的責任，所以如果依據海牙系列公約的規定，由運送人承擔運送責任，則運送人必然同時需要是「船東」，也是「租船人」，否則就與公約第III 條第 8 項的規定相牴觸了[11]。然而對於後來根據實務需要而發展出來的所謂「承攬運送人」，卻並未提及。因此就「承攬運送人」的部份，只能就該「承攬運送人」是否爲提單的簽發者的角度來解釋其是否應負擔「運送人」[12]的責任。但是由於承攬運送人所簽發之提單中的「喜馬拉雅條款」[13]"Himalaya Clause" 條款並沒

---

10 海運慣例上有「甲板貨由託運人負責」"on deck, shippers' risk"的說法，所以提單有「甲板貨」"on deck"的記載，運送人很可能不必負責甲板貨的毀損、滅失。詳細內容參考王肖卿，《載貨證券》，五南圖書出版股份有限公司，頁 22。

11 參看 Canastrand Industrious Ltd.v.The lara S,1993 2 F.C.553,60 F.T.R.1（1993）（Fed.Ct.Can.Tr.Div），aff'd 176 N.R.31（1994）（Fed.Ct.App.）

12 "Carrier or agent?" by R.G. Edmonson, Commonwealth Business Media, Journal of Commerce, March 15, 2004, page 15

13 Adler v. Dickson 案【1954】2 Lloyd's Rep. 267.該案中 Adler 女士爲 Himalaya 輪上之旅客，由於船上舷梯固定不當，致其從十六呎高處摔落碼頭上而受傷。由於客票上有運送人免責約款,Adler 女士遂轉向 Himalaya 輪船長 Dickson 先生及甲板長提出侵權行爲損害賠償請求。本案英國上訴法院判決認爲，有關貨物運送及旅客運送之法律均允許運送人於契約上，得就其自己，且可爲其所雇用進行履約之

有將「船東」包含在運送人的「受僱人」免責與責任限制的保障在內[14]，而船東的提單卻可以涵括承攬運送人。對於貨損的索賠者而言，進行契約訴訟時，以哪一份契約或單證作為舉證標的，就非常重要了。

責任的範圍

運送人責任的範圍就是「裝上船」到「卸下船」的這一段航程。除非與貨方有另行協議裝船前及卸船後的協定。但是所謂協定，必須在提單或類似單證中有紀錄的才可以，例如像提單本身就是「複式運送提單」"multi-modal transport bill of lading"的情形才可以，因為海牙規則本身只規範提單，或者與提單相類似的單證。

責任的內容

貨物因「毀損」"damage"、「滅失」"loss"所造成的損失，是海牙系列公約規定運送人負責的主要項目，保險理論上「短少」"shortage"、「偷竊」"theft"、「未交貨」"non-delivery"、「誤交貨」"mis-delivery"等，都屬於「滅失」"loss"的範圍，但在運送的理論上，則尚有疑義[15]。

責任的限制

一九七九年海牙威士比規則的布魯塞爾議定書中，運送人賠償責任限制所採用的「國際貨幣基金特別提款權單位」，以每一件666.67特別提款權的賠付標準。然而現在已經是九〇年代以後，

人為約定，然此項約定必須明確，無論是明示或默示。然於本案，客票上並未明示或默示將運送人之受僱人或代理人納入是項約定，因此 Dickson 船長無法享受客票上免責條款之利益。

14 一般承攬運送人所簽發之提單中的該類內容，以國際貨運承攬商協會的提單為例：包括「依據本公會標準條款，承攬運送人應對其受僱人、代理人在其僱用範圍內的行為、疏失負責，一如其本人的行為、疏失」。

15 參考 Jones v. The Flying Clipper, 116F.Supp.386,387, 1954 AMC 25,261（S.D.N.Y 1955），以及 Italia Di Navigazione, S.p.A. M.V. Hermes I, 724 F.2d 21,22, 1984 AMC 1676, 1678（2d cir. 1983）。

按目前全世界修正後相關的海上貨物運送法的標準，如布魯塞爾議定書中增訂了每公斤 2 單位特別提款權的賠償選擇，以與每一件 666.67 特別提款權的賠付標準相比較哪一個金額較大作為適用標準，也是創舉。至於後來所通過的漢堡規則、一九八〇的聯合國國際複式運送公約及二〇〇四年的新公約，在數字上雖然改變，但也都持續使用這個有賠償選擇的標準，責任金額雖有提高，但兩個賠償選擇方案則是源自海牙威士比規則的。

特別提款權換算標準，以及賠償根據的計算，也是源於海牙威士比規則，在海牙威士比規則第 IV 條第 5 項之(b)款及(d)款各有如下之規定：

1．5(b)款訂定貨物之賠償以卸船地、卸船時的實際價值為準。並訂有交易價標準、無交易價時依市價、無交易價亦無市價時，應參考同種類、同品質貨物的正常價值，作為賠償標準的規定。

2．在 5(d)款就說明特別提款權單位換算成國內貨幣的日期，以承審法院決定的換算日期作為決定匯率換算的標準。

以上這些標準都是在海牙系列時期決定的原則，後來的公約也都繼續沿用這兩個標準。

但是在這裡也要特別說明在二〇〇四年五月二十日才經英國樞密院判決的一宗案例，與海牙規則的賠償標準有關，與賠償責任明確的海牙威士比規則則沒有關係。

案例發生於一九九九年由韓國釜山往紐西蘭"Tauranga"港的一件滾筒式包裝的電鍍馬口鐵貨載，由代表船方的"Tasman Orient Line"所簽發予代表貨方的"Dairy Containers"之提單中載明裝載的船舶船名是「塔斯曼發現者號」"Tasaman Discoverer"，該提單適用海牙規則，但對於賠償責任限制的文字則為「每件賠償責任以不超過 100 英鎊為原則」，雙方可以以金價或當地貨幣折算賠償

責任限制。由於海牙規則第 IV 條第 5 項原始文字的賠償責任限制規定是「每件 100 英鎊」"100 pounds Sterling per package"，但是公約第 IX 條又有「幣值以金價為準」"monetary value based on gold value"的文字，所以"Tasaman Discoverer"的審理法官參考之前發生於一九八八年的"Rosa S"案[16]、與一九八九年的"Brown Boveri(Asutralia) v. Baltic Shipping Co.的案子[17]，就已經有「所謂 100 鎊是指 100 英鎊的純金價值，也就是一九二四年相等於 100 英鎊的黃金價值」。因為通貨膨脹的關係，現在 "Tasaman Discoverer"的初審，判決約等於現今的「8000 元美金」。

但在二審，以及最後英國「樞密院」"Privy Council"，均考量該提單不但有明確的文字，也有貨幣單位的規定，「每件賠償責任以不超過 100 英鎊為原則」，而且提單還特別註明為「合法的英國貨幣」"lawful money of the United Kingdom"，於二〇〇四年五月二十日判決駁回初審法院的每件 8,000 美金之賠償標準[18]。

五、運送人的免責

運送人的法定免責起源於海牙規則，而於漢堡規則時，全數被取消，因而引起舉世對於運送人法定免責權的注意。除法定免

---

16 2 LLR.574。
17 93 ALR 171。
18 The Judicial Committee of the Privy Council is the court of final appeal for the UK overseas territories and Crown dependencies, and for those Commonwealth countries that have retained the appeal to Her Majesty in Council or, in the case of...參看
www.privy-council.org.uk/output/page5.asp-。以及-
http://www.onlinedmc.co.uk/dairy_containers_v_tasman_orient_line_(privy_council).htm
Dairy Containers Ltd v Tasman Orient Line CV（The"Tasman Discoverer"）
The UK Privy Council, on appeal from the Court of Appeal of New Zealand: Lords Bingham, Hoffman, Phillips and Carswell, and Dame Sian Elias: 20 May 2004。

責之外，海牙系列公約還有其他如託運人虛報貨物的性質及價值時，或託運人未申報之危險品，或者申報後之危險品裝載後出現危險性，可能傷及人員健康或財務損害時，運送人不僅對於危險品的棄置、銷毀處理，可以不負賠償責任，對於虛報貨物性質、或者虛報價值的貨物，其毀損、滅失也是不負責的[19]。

在法定的免責方面，很直截了當的前提規定，只有「運送人與船舶都不負責由以下原因造成的毀損、滅失」。由於二〇〇四年新版公約字斟句酌的考量法定免責的前提，海牙規則時代的運送人免責在比較之下，就顯得直接而且強勢。現在先就台灣海商法，當初依據以海牙規則為版本所擬訂的一九三六年美國「海上貨物運送法」，所翻譯的法定免責文字與海牙規則文字作比較來說明：

船長、海員、引水人或運送人之受僱人，於航行或管理船舶之行為而有過失。

這是我國海商法上的規定，但海牙規則原文內容更多，包括「行為」"Act"的本身、「疏忽」"neglect"的本身，或者「過失」"Fault"的本身等，不僅限於因「行為而有過失」，因為不行為亦有造成「過失」之可能。

海上或航路上之危險、災難或意外事故。

事實上，台灣海商法只翻譯海牙規則條文文字的一半，海牙規則中則還有：或其他「可航行之水域」"or other navigable waters"。

非由於運送人本人之故意或過失所生之火災。

天災。

戰爭行為。

暴動。

公共敵人之行為。

---

19 參看海牙及海牙威士比規則第 IV 條 5(h)款。

　　海牙規則原文是"public enemy"，應該指的是「海上劫掠」或「海盜」。

　　有權力者之拘捕、限制或依司法程序之扣押。海牙規則原文是"Arrest or restraint or princes,rulers or people,or seizure under legal process"，"Arrest or restraint"及"seizure"則應該是我國法律上的「扣押」或「假扣押」[20]。

　　檢疫限制。

　　罷工或其他勞動事故。

　　海牙規則原文中還有「無論任何原因」"from whatever cause"，以及「無論部分或全面性的」"whether partial or general"，所以海牙規則原文的內容更廣。

　　救助或意圖救助海上人命或財產。

　　包裝不固。海牙規則原文為「包裝不足」"Insufficiency of packing"。

　　標誌不足或不符。

　　海牙規則原文為「不當」"inadequacy"。而非「不符」

　　因貨物之固有瑕疵、品質或特性所致之耗損或其他毀損滅失。這句話與原文的免責原因相較，不如海牙規則細緻之處，如「散裝貨之耗損、其他重量的耗損」"Wastage in bulk or weight"均未譯出，且「潛在瑕疵」"inherent defect"與「固有瑕疵」之間，就字面看也有距離。

　　貨物所有人、託運人或其代理人、代表人之行為或不行為。

　　船舶雖經注意仍不能發現之隱有瑕疵。

　　其他非因運送人或船舶所有人本人之故意或過失及非因其代理人、受僱人之過失所致者。

---

20 張特生，「海商法實務問題專論」，五南圖書出版有限公司，1998年2月初版二刷，頁6。

在海牙規則原文中，對於「過失」乙節，特別強調是「實際過失」"actual fault"，而且特別說明有運送人「個人原因」的因素在內，即運送人本身介入的過失，原文是"privity"，而且隱含如欲按本款之規定主張免責，應由獲益的一方、也就是可以獲得免責的一方，即「運送人」來負舉證責任，如原文之"the burden of proof shall be on the person claiming the benefit of this exception to show……"。

至於其他的法定免責，就沒有說明應該由哪一方去舉證，留下的質疑，到了漢堡規則之「火災」一項由貨方舉證的說法，並在漢堡規則後附之「共同了解文件」"Common Understanding"中註明「茲共同了解並同意，依據本公約，運送人是在假設有過失及疏忽的原則下負責。也就是說舉證責任由運送人負擔」。[21]產生了似乎海牙時代的舉證責任完全應該由貨方承擔的疑慮。

除了法定免責之外，海牙及海牙威士比規則都還有以下免責的規定：

偏航的免責

海牙系列規則都有「為救助或意圖救助海上人命、財產，或因其他正當理由偏航者，不得認為違反運送契約，其因而發生毀損或滅失時，船舶所有人或運送人不負賠償責任」"Any deviation in saving or attempting to save life or property at sea or any reasonable deviation shall not be deemed to be an infringement or breach of these Rules or of the contract of carriage, and the carrier shall not be liable for any loss or damage resulting therefrom"，但漢

21　其原文文字如下"Common understanding adopted by the United Nations Conference on the Carriage of Goods by Sea""It is the common understanding that the liability of the carrier under this Convention is based on the principle of presumed fault or neglect. This means that as a rule, the burden of proof rests on the carrier but with respect to certain cases, the provisions of the Convention modify this rule."

堡規則時就已經不再提「偏航」，只要為設法救助海上生命、財產，造成貨物毀損、滅失或遲延交付，船舶所有人或運送人就可以不負賠償責任[22]。

貨物申報不實的免責

關於貨物內容之申報屬於託運人的義務，在海牙規則第 III 條第 5 項有關提單的法定記載事項中，便有「依照託運人書面通知之貨物件數或重量，或其包裝之種類、個數及標誌」之記載。因此海牙規則基本上有四大項申報義務，以使託運人去配合：

1.知悉為違禁物未申報之免責

這是根據公約第 IV 條第 6 項的規定。該規定中違禁物及危險品不論是否事先申報，運送人均有權於該違禁物及危險品發生影響人員健康、貨物、安全有關之狀況時，予以處置、使其無害，而不必對託運人負什麼責任。但是事前申報與否的差別僅在於託運人無須負擔棄置之費用而已。

2.易燃性、易爆性、危險性的貨物未申報之處分及免責

本項免責在海牙系列公約中均與以上違禁物並列，運送人的免責規定亦相同。

3.託運人故意虛報貨物性質或價值的免責

這是公約第 IV 條第 5 項(h)款的規定，提單中貨物的性質或價值如為託運人所「明知而誤報」"knowingly mis-stated"，則運送人與船舶對於該貨物在運送期間任何的毀損、滅失，都不用負責了。

六、運送人責任的解除

談到運送人的責任何時可以解除，鑒於「鉤」對「鉤」責任的範圍，海牙系列公約有以下幾個解除責任的時間關鍵點：

1．貨物卸下船時

---

22 漢堡規則第五條第六項。且「遲延交付」的責任是漢堡規則才有的。

2．貨損情況未在規定期限內通知時

3．訴訟未在有效期間的一年內提起時

對於以上 1、2 項的責任，只能說當海船卸貨後、未見貨損之通知，或未要求作貨損之公證檢定，初步確定為運送人已經依據提單交貨[23]。託運人未於公約訂定的交貨或者應交貨後的一年內提起訴訟，運送人及船舶方能解除其責任[24]。

海牙規則中確立了許多運送責任的基本原則，雖然年代久遠，卻是全世界船、貨責任的最原始的責任架構，直到二十一世紀，新的國際公約仍無法脫離其考量的規範。

第三節　漢堡規則

由於複式運送之發展，運輸單證的類別已逐漸多元化了，除了「提單」"Bill of Lading"之外，「海運單」"Sea Waybill"、「電子提單」"Electronic Bill of Lading"、「電子海運單」"Electronic Sea Waybill"之使用亦逐漸風行[25]，由於貨櫃運輸的關係，甲板運送的運送責任亦予以正視。「聯合國貿易法委員會」[26]"United Nations

---

23 參看海牙系列公約的第 III 條第 6 項。該項中說明"...such removal shall be prima facie evidence of the delivery by the carrier of the goods as described in the bill of lading."

24 同上。該項中說明"...The carrier and the ship shall in any event be discharged from all liability whatsoever in respect of the goods, unless suit is brought within one year......"

25 由於使用電子運輸單證，不但公司內部要電子化，相對貿易業務之關係人也要電子化，因此使用狀況有限，目前船方統計全世界客戶約千餘家左右。

26 「聯合國貿易法委員會」成立於 1966 年才設立，為解決國際貿易法律之差異及障礙而設。為聯合國貿易法領域之核心機構。由大會選出的六十個成員國組成，六年一任，每三年交替更換一半的成員。成員代表世界不同的地理區域。秘書處下設工作組及委員會，國際運輸法的修定屬於第三工作組的任務。

Commission on International Trade Law,UNCITL"卻在這個時刻，在開發中，以及未開發國家的提案及壓力下，擬定漢堡規則，漢堡規則不再使用「與提單有關」"…relating to Bills of Lading" 的名義，而逕行改用「海上貨物運送之聯合國公約」"United Nations Convention on the Carriage of Goods by Sea"的名稱。漢堡規則由於最後一次審定公約的聯合國海上運送外交會議一九七八年三月在漢堡開會，由德國聯邦政府主持會議的關係，所以這個公約也簡稱「漢堡規則」"Hamburg Rules"，該次會議有七十八個國家與會，公約規定於完成二十個國家批准、接受之後的次一年次一個月的一號生效，嗣後十三年間迄一九九二年十月為止，有二十個國家的首先代表簽字、批准、接受該公約，這些國家包括；巴貝多、波札那共和國、布吉納法索、智利、埃及、蓋亞那、匈牙利、肯亞、黎巴嫩、賴索托、馬拉威、摩洛哥、奈及利亞、羅馬尼亞、塞內加爾、獅子山國、坦桑尼亞、突尼西亞、烏干達、尚比亞等二十國，公約遂於一九九三年十一月一日於簽約國之間生效。再次個別列出這些國家名稱的原因，是因為強調其中多數是非洲國家，甚至內陸鎖國。因此證明公約是第三世界國家，也就是貨主國家的要求。到目前為止，陸續加入的、也是內陸鎖國居多，包括奧地利、喀麥隆、捷克共和國、喬治亞、甘比亞、約旦、聖文森及格瑞那達等，所以到二〇〇四年，一共是二十九個國家及地區參與這個公約。漢堡規則的擬定及生效有以下幾個意義。

一、漢堡規則的擬定及迅速生效代表貨主國的覺醒

貨主國的覺醒也代表海運市場新秩序的調整及建立，這是當時的趨勢，在漢堡會議皆通過的「了解文件」"Common understanding adopted by the United Nations Conference"中，就說明「依據本公約，運送人責任應基於假設有『過失』及有『疏忽』

的前提之下」[27]，以及「其意義即指『運送人應負舉證責任』」[28]，根據這個「了解文件」，就可以了解，這是一份比較倒向託運方的公約，所以規則於一九七八年完稿時，不論是海運主權國、各國的海運學者，都斷然地說，這樣顛覆前兩個公約的公約要能夠生效，恐怕將遙遙無期。但是歷時僅有十三年，漢堡規則已經於一九九一年十月完成二十個法定國家的簽字批准手續，而於一九九二年十一月一日於簽約國間生效了，由於漢堡規則代表的是運送人與貨主間權利義務關係的一百八十度大轉變；即傳統的海牙及海牙威士比規則過度保護運送人的情形、轉變為託運人這一方比較受到保障，因此本公約的迅速生效，代表託運人方面的覺醒，意義非常重大。

二、將漢堡規則與海牙系列規則比較後，更可以了解運送人責任的變化

自海運伊始、海牙規則之擬定，依循海牙規則模式相似的海牙威士比規則施行以迄，其時間已經長達幾個世紀，在各國均已熟習這種一面倒的運送人享特權的模式之後，漢堡規則的生效，會有一時令人無法適應的感覺。

漢堡規則中有許多運送人新增加的責任：如遲到的責任、創新的條款：如「甲板貨」與「活動物」包含在「貨物」定義內，而不再享有訂定契約的自由等，都是海牙系列規則時代所沒有的，相互對照公約中相同的條款，在內容上有截然不同的改變：如運送人基本義務變成默示保證、法定免責權的取消，以及小的改動：如訴訟時效的一年而改為兩年等。本節在介紹漢堡規則的同時，也拿海牙與海牙威士比規則與漢堡規則一起比較，可以增

---

27 其英文原文為 "...the liability of the carrier under this Convention is based on the principle of presumed fault or neglect"。
28 其英文原文為 "means...the burden of proof rests on the carrier..."。

進對於漢堡規則的瞭解。

三、漢堡規則的適用範圍與影響較廣泛

　　漢堡規則中有許多強迫適用的規定，是海牙規則的時代所沒有的，這使得漢堡規則的適用範圍較廣，自運輸單證只針對「提單」以迄漢堡規則所規範的適用於「不同國家間所有的海運運送契約」"all contracts of carriage by sea between two different states"，而所謂不同國家，包括如「裝貨港」、「卸貨港」、「選擇的卸貨港」、「運輸單證簽發地」、以及「運輸單證註明使用本公約」等規定，使公約雖僅在某些特定的第三世界國家間生效，其影響所及，已經使許多未參與批准的國家也不免受到影響，貿易兩國間，如果有一個國家是漢堡規則的簽字國，且交易量又大的話，不免有修改提單「至上條款」"Clause Paramount"，以強迫適用漢堡規則的壓力，而且也由於簽字國大多是生產國，也就是出口國，提單又在裝貨港簽發的，這種情形非常普遍，對於漢堡規則的瞭解，即使是不承認漢堡規則的國家，也應該有必要的。茲將漢堡規則的特點在以下內容中作分析：

一、漢堡規則的適用

漢堡規則適用之航程

　　依據漢堡規則第 2 條，漢堡規則可以適用於以下兩國間之運送契約，包括：

1. 運送契約的裝貨港是簽約國。
2. 運送契約的卸貨港是簽約國。
3. 運送契約的嗣後選擇的卸貨港之一、即實際卸貨港在簽約國內。
4. 或其他代表運送契約的運輸單證係在簽約國簽發。

5．契約規定適用漢堡規則或因該國家法律同意適用漢堡規則。

以上的規定有一個關鍵的地方，就是漢堡規則並不單單以提單或其他代表運送契約的「運輸單證」為標準，所包括的還有因海運運送契約，以及提單或其他代表運送契約的「運輸單證」在內，因此適用的範圍更廣。而且又可以因為適用上的需要，而以個別航程之實際卸貨港在簽約國內作為適用之理由，假定裝貨港與卸貨港恰好在兩個適用不同公約的國家，如卸貨港在英國：適用海牙威士比規則、裝貨港在埃及：適用漢堡規則，當這種情形時，則有賴於運送契約或提單上的記載以作為確認所適用之管轄法律的依據。而由於這些漢堡規則的簽字國多是生產國，也就是提單簽發的地方，「至上條款」"Clause Paramount"的內容多少都會牽涉到漢堡規則的適用，不然就是在「司法管轄」"Jurisdiction"條款中，會以決定司法審判的地點，作為漢堡規則適用的理由。因為在英國提起訴訟，多半將適用海牙威士比規則，但是如果在埃及提起訴訟，則當然應該適用漢堡規則。海牙威士比的「特別提款權議定書」裡，有關公約適用性的文字雖與海牙威士比規則的一九六八年修正案類似，但因海牙威士比規則本文只適用於「提單」或類似單證，因此適用的場合就沒有那麼普遍。

二、漢堡規則有關司法管轄之規定

漢堡規則給予貨方原告許多選擇權，可以在任何地點進行訴訟[29]：

運送人的主要營業處所、或習慣性的居住所。

運送契約簽發之地點，該地點為被告營業地點、或設有分公司、代理行，或運送契約係在該地簽發。

---

29 漢堡規則第 21 條。

裝貨港或卸貨港。

運送契約上訂明可進行訴訟的地點。此外，凡本船、或同一公司船隊有可能在簽約國之一被扣押的，原告也可以在該國或該地提起訴訟。以及

以上規定並不得妨礙原告自行對於訴訟地點的選擇。

因此漢堡規則確實給予原告，通常是貨方許多的訴訟地點選擇權。除此之外，漢堡規則也訂定原告有意願進行仲裁時，有類似地點之選擇權，而且也可規定了在糾紛發生時，臨時訂定仲裁地點的選擇。

由於海牙系列公約根本沒有關於仲裁的規定，加上提單背面一般都不會訂定有仲裁條款。而縱使提單之仲裁條款有仲裁地點之規定，原告仍可依漢堡規則適用航程之規定去申請在簽約國進行仲裁[30]。漢堡規則也有意確認，即使在非簽約國提起訴訟的，漢堡規則的條文也可適用;在漢堡規則第 23 條第 1 項及第 3 項中規定，凡依漢堡規則訂定的運送契約，均須在契約中載明「本契約依據漢堡規則，凡任何相反之內容，有減損託運人、或受貨人依本契約所得享受利益之規定均無效」，以及依第 23 條第 4 項「索賠人因本條規定爲無效之條款所受之損害、或因提單如以上疏忽未註明所受之損害，運送人應依公約有關毀損、滅失遲延之規定，支付賠償金。……」，當公約如此要求提單有這樣一個條款的說明時，即使在可適用海牙、或海牙威士比規則的國家也會受到適用漢堡規則的壓力了。因爲在海牙、及海牙威士比規則的第 V 條有一個比較自由的約定，允許運送人主動「放棄權利」或主動「增加義務」的規定，且契約文件中如沒有第 23 條 1 項及第 3 項之附註，依照漢堡規則第 23 條第 1 項，運送人因疏忽而未列入上項陳述，須補償貨方在非批准國提起訴訟所喪失之權利，也就是因在

---

30 漢堡規則第 22 條。

非批准國提起訴訟所遭致之損失。

三、漢堡規則所適用之契約

　　海牙及海牙威士比規則主要適用於提單、類似單證、及其他至上條款適用海牙威士比規則的運輸單證，漢堡規則之適用範圍則比較前兩個公約的適用範圍大，適用於已簽發之任何形式的海上運送契約及未予書面化的契約，只要該單證能證明收貨、交運的事實就可以了，所以表面上似乎是任何形式與海上運送相關的運送契約，都可以適用漢堡規則。但公約也說明，惟一的例外，是「租船契約」"Charter Party"。所以漢堡規則所例外的，其實是租船契約所代表的「不定期運送契約」"Tramp Contract"，這一點與海牙及海牙威士比規則的訴求是相同的。三個公約有關於排除「租船契約」的規定也足以證明，國際貨物運輸公約其實不論其文字上是否包含「運送契約」"Contract of Carriage"，或者「運輸單證」"Transport Document"，都還是以「定期運送」的「運輸單證」"Transport Document"或「定期船契約」"Liner Contract"為主。

四、漢堡規則可適用的貨物種類

　　漢堡規則所適用的貨物種類，明文說明可適用於「貨櫃、墊板或裝載於類似物件內之貨物」"Consolidated in a Container, pallet or similar article of transport"、以及「活動物」"Live Animals"的運送。「活動物」在海牙、及海牙威士比規則是明文排除在外的貨物。但另一項海牙、及海牙威士比規則明文排除在外的貨物，則直接點名是「契約記載裝於甲板、且實際上裝載於甲板的貨物」"goods carried on deck by contract of carriage is stated and is so carried"，我們常常簡約的說是「甲板貨」"deck cargo"。

　　漢堡規則第 9 條規定，運送人可因託運人同意、貿易習慣、

或法律規定，有權將貨物裝載於甲板上，如運送人與託運人之間已同意將貨物裝載於甲板時，應將「甲板裝載」、或者「可能裝載於甲板上」的事實記載於提單，違反以上兩項 —— 包括「未經同意裝載於甲板上」、及「未在提單上記載『裝載於甲板上』、或者『可能裝載於甲板上』的事實時」，運送人應負責舉證確實有「甲板裝載」的協議，但是這種協議也不能對抗善意取得提單的第三者，甚至包括受貨人在內。也就是說，即使提單上已經記載「甲板裝載」、或者「可能裝載甲板」，而貨物因「甲板裝載」的事實，遭遇毀損、滅失或遲延交付的損失時，運送人依然不能夠憑此記載，就免除對於包括受貨人在內的第三人，造成損失之賠償。或者運送人雖然舉證有雙方「甲板裝載」之事前協議，但貨物因「甲板裝載」的事實，遭遇毀損、滅失或遲延交付的損失時，運送人也不能夠憑此協議，就免除對於包括受貨人在內的第三人，造成損失之賠償，而只能享有漢堡規則賦予運送人責任限制的保障而已。這是漢堡規則對於「甲板裝載」的規定。至於漢堡規則對於「貨物」定義中，包括「貨櫃、墊板或裝載於類似物件內之貨物」的說明，應該只是說明「貨物」包含這些「貨櫃、墊板或裝載於類似物件」的機具，而且這些機具必須是「託運人提供的」"supplied by the shipper"，以利運送人賠償責任限制的適用，與甲板裝載的運送責任規定其實是不相關聯的。

如果提單沒有記載「甲板裝載」、或者運送人未能舉證船、貨雙方有協議，而將貨物裝載於甲板上，純粹因裝甲板所致毀損、滅失、或遲延之損失，運送人甚至失去漢堡規則賦予之舉證「已採取措施避免事故及其後果之發生」的權利，而須逐行負責。甚至視個案細節，可能還會喪失責任限制之保障。此外，如有協議，明文貨物不得載於甲板上，而仍舊裝載於甲板上時，則運送人將被視為有故意造成毀損、滅失、或遲延之行為或疏忽，而不再享

有免責或責任限制的利益。這種情形在實務上卻是常常發生的。

運送人常常因為商業考量，將託運人訂艙時註明必須裝在「甲板下」"under deck"的貨物，於實際裝船時卻不經意的裝載在「甲板上」"on deck"，於提單記載時又因為配合貨方訂艙時的需求，在提單中隨便的註記「甲板下」"under deck"。等到貨損發生了，由於註記內容與實際情況根本不相同，不但導致運送人喪失責任限制之利益，甚至也不敢去舉證實際上裝載「甲板上」的事實去抗辯。所以漢堡規則雖然包含有關「甲板裝載」的規定，其實運送人受到的壓力並不比海牙系列時期、將「甲板貨」明文除外，由雙方自行另訂協議解決責任的時期為輕鬆。只是因為時空的不同，加上貨櫃運輸的發展，甲板裝載現在已經成為運送上的常態，運送人的困擾因此更增加了。

至於活動物的運送，運送人不必負責因活動物特殊的性質所致的毀損、滅失、或遲延；依據漢堡規則第 5 條(5)項，只要運送人能證明已經按照託運人的指示進行運送，且非因運送人疏忽、或錯誤所致之損害，以及沒有「運送人、其受僱人及代理人」有疏忽、或錯誤的反證，運送人即可獲得免責。所以「活動物」列入漢堡規則，運送人的責任是因此比較容易減輕或免除的。

五、漢堡規則其他與海牙威士比規則原則上不同的地方

一九七八年的漢堡規則完全不同於之前的一九二四年海牙規則或一九六八年乃至一九七九年的海牙威士比規則，以海牙威士比規則來說，嚴格說來，海牙威士比規則只是對於一九二四年的海牙規則作了一些非原則性的修正，例如像前述之貨損賠償標準多了公斤制的選擇，以及貨損理賠的時效方面，海牙威士比規則加了「經雙方同意，可以延長」，而事實上，海牙規則的一年理賠時效，本來就可以經由議定原則，在船、貨雙方同意下獲得延

長，因此漢堡規則的貨損理賠時效由一年變爲兩年，雙方同意當然還可以作延長，這些改變，都不屬於原則性的改變。但漢堡規則之不同，就是原則上根本的改變了，以下就針對這些原則性的、或者原則上擴大的、延伸的變化，予以說明：

責任期間

依據漢堡規則第 4 條、運送人對貨方之責任已延伸自裝貨港「接管貨物」"take in charge"時起、包含「運送過程」"during the carriage"直到「卸貨港」爲止之全部期間。海牙與海牙威士比規則的「鉤」對「鉤」，就不必強調「接管貨物」與否。對於「接管貨物」"take in charge"一詞，漢堡規則有以下幾個特定的解釋，以下情形可以均可被視爲已經「接管貨物」：

1. 從以下關係人等「收到」"take over"貨物：

任何人，或代表託運人的人。

機關、或依據裝貨港的法律或規定，貨物應由其交付運送的第三者。

2. 直到符合以下情形之「交貨」"delivery"時爲止：

交給受貨人。

沒有人從運送人那裏接受貨物時，將貨物置於依據契約、法律或卸貨港之特殊狀況，將貨物交給受貨人可以處置之地點。

將貨物交給有關機關、或依據卸貨港的法律或規定，貨物應交付的第三者。

所以依據漢堡規則，運送人的責任期間應該是「接管貨物」"in charge"、「運送過程」"during the carriage"乃至依「卸貨港」規定、「交貨」爲止之全部期間。

責任之基礎

漢堡規則中運送人是在「假設有過失」"presumed at fault"的

基礎上負其責任，除非運送人能證明其本人、受僱人、或代理人已盡合理之努力，避免損害之發生，否則運送人即應負責，這一個規定幾乎完全與海牙威士比規則完全相反，特別是包括以前所熟悉的所謂包括航行疏忽在內的法定免責權，早已不得作為運送人免責的理由，但這個「設有過失」的基礎也有唯一一個例外，火災的責任；如果貨物毀損、滅失、或遲延是因火災引起的，規定由貨方原告來舉證，能證明該火災或因火災引起的毀損、滅失或遲延是因運送人的錯誤所致，運送人才應負責[31]。在這一個應負責的基礎上，運送人還有義務去證明，發生火災之後，其受僱人、代理人已採取一切有利措施，以撲滅火災、並避免、或減輕後果損失之蔓延。同時特別規定發生在「船上的火災」"fire on board the ship"因應船、貨雙方要求，應該做火災原因及狀況之鑑定[32]。以上這些都是漢堡規則對於「火災」之特殊規定。美國新修的海上貨物運輸法草案則把「船上的火災」直接列為免責項目之一。這個草案的影響，使二○○四年的新公約也做同樣的規定，將於後續章節中做說明。

責任之限制

運送人可就以下責任較大者負其責任[33]：

每件或每一海運單位以特別提款權 835 單位為準。835 單位或者按毀損或滅失貨物毛重每公斤特別提款權 2.5 單位計算。這項責任限制範圍約除了採用海牙威士比規則公斤制的選擇權之外，賠償標準還比海牙威士比規則提高了百分之廿五。

此外，依據漢堡規則第 8 條，運送人如果有行為、疏忽、故意造成毀損、滅失、或遲延、或運送人雖為無意，卻明知可能造

31　漢堡規則第 5 條 4 項(a)款(i)目。
32　漢堡規則第 5 條 4 項(b)款特別說明船上火災鑑定是依據海運慣例。
33　漢堡規則第 6 條。

成毀損、滅失、或遲延時，其責任限制的權利就喪失了[34]。

關於遲延的責任

遲延的責任是漢堡規則新增加的運送責任，以前這個責任海運是沒有的。也就是說，漢堡規則之前，海牙與海牙威士比規則時期，運送人不必負遲延的責任，但經舉證有十分具體的事實，例如為裝運其他貨物而彎靠其他港口，經舉證證明為不合理的偏航，違反了運送人的基本責任，運送人須按一般原則負責，因此就引發可能有爭議的空間[35]。漢堡規則第 5 條 2 項，對於「交貨遲延」一點，有非常明確的定義，包含：

1. 未於海上運送契約所明定的時間內送達。

2. 未能於一負責之運送人正常可能之合理時間內送達。

此外，以上兩種構成遲延狀況的屆滿六十個連續日，未將貨物送達提單指定的港口者，貨物即可視為已經滅失。[36]

遲延的賠償責任為遲延貨物運費的兩倍半，但以整批貨物運送契約的總運費為限[37]，以較低者為準，但是漢堡規則第 6 條 1 項(c)款規定，運送人對於毀損，滅失、遲延的賠償責任總和不得超過滅失的總賠償額。

運送人的身分

依據漢堡規則，只要以本人、或以本人名義與託運人訂立運送契約之人，就是「運送人」。海牙或海牙威士比規則也有相同的定義，但是漢堡規則的運送人定義一分為二。有「運送人」，也另有「實際運送人」。為利於分辨，國外習慣以「訂約運送人」

---

34 漢堡規則第 8 條第 1 項。
35 例如參考台灣民法第六百三十二條「託運物品應於約定期間內運送之。無約定者，依習慣。無約定亦無習慣者，應於相當期間內運送之。前項所稱相當期間之決定，應顧及各該運送之特殊情形」。可見無約定並不表示完全不須負責。
36 漢堡規則第 5 條 2 項。
37 漢堡規則第 6 條 1 項(b)款。

"Contractual Carrier"稱呼「運送人」"Carrier"。以與公約另一定義的「實際運送人」"Actual Carrier"區分，漢堡規則在第 1 條 2 項中定義「實際運送人」"Actual Carrier"爲「受運送人委託履行全部或部分運送之人或其他受委託履行運送的人」[38]，由於其第一部分的「受委託」係指受簽約運送人委託，但第二部分「其他受委託履行運送的人」，就沒有指定是受什麼人的委託了。解釋起來，「實際運送人」的範圍可能大大超過海牙威士比時代，因爲喜馬拉雅條款，而擴大解釋的「代理人」及「受僱人」範疇。甚至一般提單可能有的「租與條款」"Demise Clause"[39]，表彰論時租船中，船東對提單，應永遠負責的條款，都不再需要訂定了。因爲在定期航線的船東用論時方式租用船舶的情形下，租船人採用船東抬頭的提單，其下方則爲船長之簽字，不論租船契約上有沒有訂定船長係代表船東[40]簽字，船東立刻成爲漢堡規則的「實際運送人」。甚至提單是租船人的抬頭，則船東亦應以「實際運送人」的身分負責。因爲在漢堡規則裡，「實際運送人」亦應負責貨物之毀損、滅失、及遲延，同時也受免責、及責任限制之保障[41]。

　　在論時租船契約裡，雖然船東與租船人共同分攤運送的責任，但純就漢堡規則規範的載貨運輸單證而言，簽約「運送人」對於運送責任是要全權負責的，甚至對於「實際運送人」本人、其受僱人、代理人的行爲、疏失也要負責[42]。但兩者同時都要負責時，就應該負共同連帶責任，既稱共同連帶，運送人亦有可能

38　原文爲"Actual carrier means any person to whom the performance of carriage of the goods or of part of the carriage has been entrusted by the carrier and includes any other person to whom such performance has been entrusted"。

39　本條係指「若船舶非空船租賃而來，則原船東須對本提單負責」內容類似。

40　依據漢堡規則第 14 條第 2 項。

41　漢堡規則第 10 條。

42　漢堡規則第 10 條第 1 項。

應負起總責任。這種擴大「運送人」解釋的規定，對於貨方提起告訴時，更容易掌握，所以應該是對貨方有利的規定。

提單之內容

託運人有權要求簽發提單，依據漢堡規則第 15 條，託運人有權要求提單中如下之記載：

1. 貨物性質、必要之主標誌、危險之敘述、包件數量、重量、及託運人提供的其他特徵。
2. 貨物之表面情狀。
3. 運送人名稱及主要營業處所。
4. 託運人名稱。
5. 託運人指名之受貨人。
6. 裝貨港及運送人之收貨日期。
7. 卸貨港。
8. 正本提單之份數。
9. 提單之簽發地點。
10. 運送人或其代表人之簽字。
11. 受貨人應付之運費金額，或其他指示運費付款事項。
12. 註明「凡任何不利託運人或受貨人依本公約所得享受利益的約定一律無效」之記載。
13. 有關貨物可能裝甲板之記載。
14. 如雙方同意，可註明卸貨港交貨之日期或期間。
15. 如雙方同意，可載明願提高責任限制之金額之內容。

與海牙、及海牙威士比規則比較，法定記載事項是多得多了，但也在同條的第 3 項說明「缺少一項或多項，不影響提單的法律性質」[43]。海牙規則及海牙威士比規則的提單內容只規定應

---

43 原文是"The absence in the bill of lading of one or more particulars referred to in this Article does not affect the legal character of the document as a bill of lading……"。

記載該公約第 III 條第(a)項之包括「主標誌」"leading marks"、「包件數量」"number of packages or pieces, or the quantity, or weight"、及「表面情狀」"apparent order or condition"三者。但三者應該都屬於要式的記載。

漢堡規則提單內容中的說明如第 3 項的「運送人名稱及主營業處所」的記載應與前述之司法管轄規定有關。而第 12 項的「註明『凡任何不利託運人或受貨人依本公約所得享受利益的約定一律無效』之記載」亦係因應適用上的方便，均有利於本公約規則之適用。至於「交貨日期加註」，則是創新之規定，有利於課運送人「遲延」責任之成立。

貨損理賠之告訴時效與追償索賠的規定

漢堡規則之貨損告訴時效已自海牙及海牙威士比規則的一年直接延長爲二年，自交貨日或應交貨之日起算。其他與此一時效有關的規定也比海牙威士比時期詳盡。包括「起算應自交貨日開始，交貨日之最後一日的本身並不計算在二年的期間內」、「訴訟有效期間可以藉由書面向原告索賠者宣布」而延伸，「書面宣布可以一個接一個」而不斷延伸訴訟效期等。此外，該負責的人如果嗣後需要追償損害時，自司法送達賠償通知日起九十天內，或如果是逕行賠償，則自逕行賠償日起算的九十天內，可以提起追償訴訟。這個延伸訴訟期限及追償訴訟的詳盡規定，比之海牙威士比規則裡面的文字，可以說比較周延。延伸訴訟期限的「延伸」，在雙方同意下，可以在訴訟提起之後，藉雙方議定「延伸」，表達的方式應如何表達，漢堡規則說明是「書面宣布」，海牙威士比規則就沒在公約中說明。至於「追償訴訟」，海牙威士比規則規定的天數是在三個月內，起算方式與漢堡規則相同，但九十天與三個月比較，當然是九十天的規定明確多了。

運送人之責任限制、免責等規定亦適用於侵權訴訟

本條延伸運送人免責及責任限制之適用範圍,而且包含其代理人、受僱人、運送人、實際運送人在內。以上包含其代理人、受僱人、運送人、實際運送人在內之總責任額,將不超過本規則規定的總責任額[44]為限。

由於增列實際運送人,而且因為實際運送人本身的意義按漢堡規則在對象上可以幾乎無所不包含在內的緣故,再加上實際運送人的代理人、受僱人都適用同一個責任限制額,使這個總責任額的限制所適用的範圍擴大得更寬廣。貨方不論對任何關係人追償貨物損害,都不能超過同一個責任限制額。加上侵權訴訟也適用同一個責任限額,所以貨方的訴訟對象不論是哪一個人、或不論提起哪一種訴訟,所獲得的賠償金額都不超過這一個責任限制。這與以前按照海牙威士比規則時,只有規範到一種運送人,也不包括侵權訴訟的情況,是非常不一樣的,貨方找運送人或輔助(履行)運送人訴賠、進行契約訴訟或侵權訴訟,因此所獲得的賠償金額可能都不相同。漢堡規則讓這種情形單一化,讓貨方在訴請賠償時,不必技術性的作選擇。

轉運運送

漢堡規則特別增列了「轉船運送」"through carriage"的規定,其內容為「雖然運送人依本第 10 條第 1 項規定、應承擔實際運送人的行為及疏忽,依然可以對於運送的特定部份交由指定的第三者來履行,並規定運送人不負責該段航程的毀損、滅失、或交貨遲延」,但是損害發生於該段航程的舉證責任,仍須由運送人負責,而且司法不得對該實際運送人執行時,還是由運送人負責全程[45]。

---

44 漢堡規則第 10 條 5 項。
45 漢堡規則第 11 條。

　　一九六〇年代國際上早已是貨櫃運輸的年代，貨櫃運輸所帶動的複式運送使「轉運」的情形成為無可避免，漢堡規則與後期的海牙威士比年代相差不遠，海牙威士比的特別提款權議定書的訂定甚至時間更後於漢堡規則，但對於運送裝船前、卸船後的責任只具體而微的提到「不排除可以另訂契約」的規定而已[46]，漢堡規則全文雖然沒有提出「複式運送」這個名詞，對運送人的責任方面，卻已經針對「複式運送」的責任，有了較為原則性的劃分。

貨損保證書的身分釐清

　　貨損保證書的歷史至少應該溯自有提單開始，但是在立法理論上，卻一直否認有貨損保證書的存在，甚至還有因舉證有貨損保證書的存在，使運送人無法自圓其「何以又同時簽發清潔提單」的矛盾，而須冤枉賠償受貨人之案例，而因貨損保證書沒有法律效力，在同時存在「清潔提單」的情況下，發生無法向託運人追償「償還請求（行為）權」"recourse action"的情形。

　　漢堡規則徹底改變了這一個矛盾的現象，不但在漢堡規則第17條承認貨損保證書的存在，而且不論提單轉讓與否，託運人都必須因簽發貨損保證書，對運送人負責。

　　當然對於託運人以外的第三者、善意取得「清潔提單」的人，貨損保證書是沒有效力的。這些在漢堡規則擬定之前，本來就是海運的慣例，只是漢堡規則將其形諸文字，使貨損保證書在法律上有效力。但漢堡規則對於託運人簽訂貨損保證書有一個前提，就是簽訂貨損保證書當時，必須船貨雙方沒有共同詐欺的意圖，否則運送人不僅對於第三者或受貨人須負責賠償，甚至對於託運人也沒有追償的權利[47]。

46　參看本章第一節一之(一)之說明。
47　漢堡規則第 17 條 2 項及第 3 項。

提單中保留條款的證據力

漢堡規則的第 16 條是「提單的保留條款」"Bill of Lading: reservation"，但實際上是試圖把所有語帶保留的記載給予明確化的解釋，這些語焉不詳的說明是以前海牙時代就有的，現在把它綜合在一個條文裡：

1. 其第 1 項是有關貨物主標誌、數量、件數、重量的記載如果運送人懷疑其正確性，或者沒有合理的方法予以檢測，則應該把這樣的事實，記載在提單上。反過來說，如果沒有這樣的記載，而提單照樣依據託運人的申報，就記下貨物主標誌、數量、件數、重量等資料，就表示運送人已經確認了這些貨物的資料？

2. 對於貨物的表面情狀沒有其他的說明，則表示表面情狀良好。

3. 提單有關運費之記載，如果沒有「保留」的文字，或者沒有特別註明「運費將由受貨人負擔」，或沒有「提到裝貨港有延滯費」時，就是受貨人不必負擔運費或延滯費的表見證據。此外，運送人也不能再對第三者，包括受貨人舉反證推翻這項記載。

此外，在本保留條款的第 3 項還特別聲明，如果運送人對於第 1 項的記載，沒有「懷疑其正確性，或者沒有合理的方法予以實際檢測」這樣的保留文字出現，就表示要依提單上的記載來運送，而且對於第三者，也不能再提反證。提反證的意思是說，不能在第三者面前，提出證明「曾經懷疑過其正確性」，或者「不是沒有合理的方法予以實際檢測，而是因某些原因未予檢測」而已。因此漢堡規則把這些以前原則性的規定，整理到一個條文，並以明確的文字，加重提單證據力[48]的說明。

---

48 漢堡規則第 16 條。

貨損通知時限的延長

　　貨損通知的延長，由海牙及海牙威士比規則所規定的「當天」，貨損情況不明確時的「三天」內、修改爲「交貨之後一個工作日」及「交貨後的十五天內」，否則視爲「已交清貨物」。此外，因爲海牙及海牙威士比規則並沒有運送人應負遲延交貨的責任，所以漢堡規則另外增加了「遲延交付貨物的六十天內」，應該提書面通知，通知因遲延交貨產生損失的規定。另外漢堡規則還比海牙威士比以前的時期增加了一個規定，這個規定是反過來運送人有滅失、毀損的損失時，運送人方面也「應該通知託運人」的規定。漢堡規則第 19 條「因爲託運人之疏忽、過失，造成運送人有滅失、毀損的損失時，應於公約規定的交貨後九十天內，由運送人給託運人通知」、作爲運送人有滅失、毀損的表件證據[49]，否則視爲運送人沒有因託運人過失遭致滅失或毀損。

六、結　論

　　總之，漢堡規則的生效，代表傳統的市場結構，已經由過度保障運送人的狀況，改變爲保障託運人，船方的責任加重受影響的，一是會提高運費來彌補、另一個就是運送人責任保險費的提高，市場的消長循環本來是一種自然的現象，只是長久享受航運國優勢的傳統運送人，有暫時無法適應的感覺罷了。二〇〇四年國際貨物運輸公約的擬定，應該就是傳統海運國的一個反撲現象了。

---

49 漢堡規則第 19 條。

第四節　最新年版國際貨物運輸公約草案之評析

　　國際貨物運輸公約的修改，除了為因應複雜多變的國際複式運輸型態之外，因應船東組成架構的改變[50]、受各種複式運送過程的影響，運送人責任之釐清也是一個重點。新的國際貨物運輸公約由「聯合國貿易法委員會」於一九九六年起投入修改工程，授權非政府組織的「國際海事委員會」蒐集資料並整合，二〇〇一年二月的聯合國新加坡會議整理列出了許多重大修正方向，之後「國際海事委員會」於二〇〇一年將運輸公約之草稿提交給「聯合國貿易法委員會」，再由「聯合國貿易法委員會」將草稿名稱改為「臨時草稿」。

　　公約讓許多以前的默示保證、航運慣例，予以明文化，將「複式運送」"Multi-modal Transport"的責任予以釐清。但整體來說，卻是比較偏向走回運送人責任較寬鬆的老路，相對的，對於漢堡規則要求託運人亦相對須向運送人負責的規定亦予以維持。作者曾根據二〇〇二年版的草約，發表過「國際貨物運輸公約的新趨勢」一文，英文標題就是"The Reverse Moving of International Transport Law"來評析新公約，但是在二〇〇四年，發現以前的看法過度偏頗，尤其二〇〇四年五月之後，公約的大體方向、爭議點已幾乎明朗化了，許多前一陣子留待選擇的方案亦已大致確定，本節將針對二〇〇四年版的公約草案加以討論。

　　二〇〇二年在新加坡召開的聯合國大會已經確立了新公約

---

50 聯合國貿易法委員會 2003 年工作報告
UN Doc.UNCTAD/SDTE/TLB2003/1（2003）公佈在
http://www.uncitral.org/english/workinggroups/wg<unscord>2/unctadreport-pdf

的定位，是「公約」"Convention"，不是「標準章規」"Model Law"。
運送人責任涵蓋「戶到戶」，也就是一貫責任的原則，公約的適用
範圍、運送人責任的基礎、船貨交叉舉證的方式等，都已經確立。
但是「履行方」"performing party"[51]的定義上，在二○○四年五月
份的工作小組會議中有了新變化、運送人責任限制及適用也訂了
更明確的轉向，二○○四年新公約既已面臨抉擇與定案的壓力
[52]，此時評析新公約，也算是表達無法參加國際會議的第三世界
的聲音了。

一、公約背景及內容綜論

　　新的國際貨物運輸公約雖然還有一小部分未達成共識，依據
二○○三年年底公佈的公約及二○○四年五月公佈的定案資料，
新公約大致應算有一個完整的眉目了。新公約從一九九六年就已
經著手進行，二○○一年第一次公布公約的「臨時草稿」，其次陸
續有二○○二及二○○三的版本，但以二○○三的版本變動最
多，並特意在若干重要的條款留下許多的選擇方案。公約[53]本身
除了在聯合國召開過三十七次的大小會議之外，特別工作小組迄
目前為止也分別在紐約及維也納召開過十三次會議，加上代表委
員之間電子郵件的相互溝通，基本上已經達成了許多共識，但是
所謂「共識」，其實主要也只是海運先進國家、即海運強權國家之
間的共識。這是作者個人對歷次各式國際公約的認知與看法。

　　根據二○○二年版的公約，作者曾在台北市產物保險公會研

---

51 新公約第 1 條（e）項將漢堡規則中的實際運送人更名為「履行方」
　　"performing party"。
52 根據新公約工作小組報告，參看
　　www.uncittral.org-groupIII-Transport Law。尤其以美國政府對於新
　　公約應於 2004 年底定案的壓力最大。
53 在新加坡所召開第三十四屆年度大會討論後，經多數與會代表的同
　　意，決定以公約型態呈現。

討會中提出「二○○二年國際貨物運輸法的新趨勢」，這個新趨勢就運送人的責任來看，其實是「在往回走」，向海牙及海牙威士比規則靠攏。新公約內容摒棄漢堡規則的「實際運送人」"Actual Carrier"說法，代之以「履行方」"Performing Party"[54]，在「履行方」方面，又於二○○四年增訂「海運履行方」"Marine Performing Party"及「非海運履行方」"Non-Marine Performing Party"兩種分類，使「非海運履行方」不得享運送人責任限制的好處來看，新公約還是與海牙系列規則有同中求異的改變，以因應今日的「複式運送」"Multi-modal Transport"的運輸型態。新公約的重點主要仍在運送人責任有關的部分。

國際貨物運輸因為複式運輸的發展而使運輸過程經常包含海運、內陸水運、陸運及空運，複式運輸發展的極致就是網狀運輸、或稱立體運輸。再進一步，運輸就完全由貨物的流向來主導，也就是所謂國際「物流」的由來。然而現行的運輸法規仍舊多為個別適用國際海運、國際空運之公約，以及比較屬於區域性質的鐵、公路公約及涉及內陸水運之國際多邊條約及國內法律等。這樣各行其是的法律結構其實已經逐漸無法因應實際上商業活動的需要了。

網狀的複式運送對於貨方而言，本來就有許多不利之處，包括：封條完好的貨櫃，到底在哪一個階段造成貨損，難以辨識。貨損有可能是經過歷次累積的摔跌、擠壓、而不是一次造成的，貨方到底要找哪一個運送者負責，是有困難的。何況不同的運送人根據不同的運輸公約就可能承擔不同程度的責任，甚至還有「該負責任」及「可以免責」的區分。這種情形對於貨方顯然就造成一種不公平。適用不同運輸公約的時候，還會有間隙，也就是說，在運送的責任上，會有三不管的法律空隙。不同運輸公約中的運

---

54 公約公佈的中文版採大陸翻譯為「履行方」。

送人責任須仰賴複式運送人與其他的輔助運送人、或稱履行運送人所商訂的契約，這種轉運契約的條件，貨方並無緣介入，但其中所商定的條件，有屬不利於貨方的條件卻是要由貨方來承受的。這些理由使貨方亦同意促成新公約的研訂。

　　在複式運送中，海運由於所佔運輸過程的比例較重，運輸單證多是使用傳統海運所使用的提單或類似物權單證[55]，也由於使用海運的複式運輸單證的關係，所以在許多複式運送情形下，簽發運輸單證之運送人的責任便經常須涵蓋全程運輸，而自然形成國際貨物運輸需要由海運公約統合的趨勢。

　　漢堡規則於一九九二年十一月一日生效以來，由於完全顛覆傳統的船、貨關係，造成船、貨關係的緊張，但亦刺激各國於八、九○年代紛紛修改國內法律，至少已經將運送人責任提高到一九六八年海牙威士比規則的標準，現實一點說，爲本國船隊的發展，重視海權的國家仍無法接受漢堡規則對於運送人責任的嚴苛要求。美國「海上貨物運送法」"Carriage of Goods by Sea Act"自一九九九年九月二十四日第六次定稿以來，由於其所訂定的司法管轄權強制管轄的關係，引起國際上兩極化的批判不斷[56]，而延宕其通過的時程，但是美國透過積極參與本次國際公約的訂定，已經將以往其國內法律不合理，影響其與貿易相對國的契約，以致遭到國際批判的若干規定，透過其本身參與集體協商，而表達在

55　爲本次修訂公約的聯合國貿易法委員會發現，即使無海運航程在內，大部分歐洲運送人仍簽發海運單證作爲收貨證明。見公約（A/CN.9/544）文件。

56　"Tetley's Law and other Nonsense"之"Appendix C" of "U.S.COGSA and other develops", "National and International bodies opposed to the proposed U.S.COGSA,99" 包括 "European Commission", "U.K. Government, Department of Environment, Transport and Regions", "British M.L.A.to the U.K.Government", "Canadian M.L.A to the U.K. Government", "Canadian International Freight Forwarders' Association", "Shipping Federation of Canada"etc. composed by William Tetley on February 22,2001 on **http://tetley.law.mcgill.ca/comment.htm** 。

新公約的內容裡，也就是利用新公約，展現其國際影響力，使新公約處處可見美國「海上貨物運送法」的影子。

聯合國於漢堡規則之後，本來有一個一九八〇年五月二十四日在日內瓦定稿的「國際複式運送公約」"United Nations Convention on International Multimodal Transport of Goods of 1980"，所以聯合國本來就有意針對複式運送統合立法，但是該公約卻在國際間無法取得共識，而遲遲無法生效。該公約本來完全針對「複式運送」，立意良好，但是卻由於對運送人的責任要求甚至比漢堡規則還要高，所以在承認及施行上，就有海權先進國家的阻力，妨礙其生效。所以迄今仍只有智利、馬拉威、墨西哥、摩洛哥、挪威、賽內加爾、委內瑞拉等七個國家的批准及承認，離生效已經越來越沒有希望了。所以要求儘快另行制定統一國際運輸法規。新公約由擬定漢堡規則的「聯合國國際貿易法委員會」"United Nations Commission on International Trade Law, UNCITRAL"主導，與原來擬定海牙、海牙威士比規則及一九七九年特別提款權議定書的「國際海事委員會」"Committee Maritime International, CMI"合作，新的國際貨物運輸法將對於未來複式運送的發展影響深遠，是無可置疑的，以下就是本文的評析。

二、公約全名是「全部或部分途程 為海運之國際貨物運輸公約」

聯合國國際貿易法委員會於二〇〇四年五月在紐約舉行的工作小組會議有五十五個國家及十餘個政府間與非政府國際組織參與[57]，而公約名稱亦已決定為「全部或部分途程為海運之國際貨物運輸公約」"Draft Instrument on the Carriage of Goods wholly

---

57 參考"Introduction" on the "Report of Working Group III（Transport Law）on the work of its thirteenth session（New York, 3-14 May 2004）v.04-54157（E）080604, 090604。

or Partly by Sea"。

　　新的國際貨物運輸法規因應趨勢的要求，本來主要偏重在複式運送法規的整合，所以最初考慮的觀點亦著重於以下五大項：

　　　　海運與其他運輸方式的關聯性。

　　　　運輸單證於買、賣雙方、船、貨雙方的關聯性。

　　　　運輸單證在銀行之流通性。

　　　　運輸法規與貿易法規之相容性。

　　　　輔助契約包括承攬運送契約與運送契約之關係。

　　經過無數次會議的討論，業已加強了其他方面的內容，這些內容包括：

　　　　複式運送人有關海運責任的強制性、其他陸、空聯運責任的有限強制性。同時也定義所謂「複式運送」，是指包含海運在內的聯運。以及不定義「複式運送」，而藉由公約名稱的「全部或部分途程爲海運」"wholly or partly by sea" 的方式規範「複式運送」。

　　　　運輸責任的一致性，即貨物損害不論發生在哪個階段，都適用一個單一的標準，這個議題達到最多的共識，如果遇到有強制性的國內法，還是予以尊重。

　　　　運送人的自由條款，尤其是代表託運人洽訂契約的條款，已經予以抑制。

　　　　新的運輸公約型態把運送人的責任與託運人的責任視爲零和，也就是說，不是運送人的責任，就是託運人的責任。反過來說，不是託運人的責任，就是運送人的責任。以避免責任之空隙。

　　　　運送人的責任採嚴格責任制，雖然以有過失爲基礎，但過失是列舉規定，而且當貨方原告舉證運送人有過失時，再由運送人舉證無過失，這種循環舉證方式，已經又回到海

牙系列公約的時代，不同於所謂的「嚴格責任制」"Strict Liability System"，原則上不准有舉證推翻的空間，更何況運送人責任又回到海牙系列公約時期的責任制，即運送人再度可以有機會獲得免責的保障。

喜馬拉雅的免責適用範圍儘量擴大，但履行運送人 —— 即新公約中所謂的「履行方」的範圍，則採取有限度的擴大。

遲延責任如果不是貨方事先特定要求列入載貨單證，運送人不該負責，而且漢堡規則中規定的，遲延六十天視為滅失的規定太重了，考慮予以取消。

受僱人或代理人的過失，不應該因此使運送人喪失權利或責任限制的保障。

託運人不與運送人一樣，託運人向來沒有責任限制的保障，但應給予託運人與運送人相同的短期時效權利。

運輸單證包括提單、海運單等，由於電子商務的發展，其轉讓權、財產權，及因轉讓產生的權利義務關係、單證於交貨時該不該繳回等問題的確認[58]等。

三、公約章節

新公約內容排列經歷二〇〇一與二〇〇二兩個版本的排列之後，於二〇〇三年做了完全不同的排列，二〇〇四年顯然在章節排列上沒有再做更動，維持二〇〇三年公約分「章」、"Chapter"、其次分「條」"Article"的排列法，共有 19 章 89 條，第 1 章「通則」"General Provisions"，分別包括「定義」"Definitions" 與「適用範圍」"Scope of Application"兩條、第 2 章「電子通訊」"Electronic Communication"，包括第 3 至第 6 條、第 3 章「責任

---

58 王肖卿，〈國際運輸法規的新趨勢〉，《保險大道》，2002 年 9 月，第 32 期，11-38 頁。係綜合歷次會議之總結報告書而來。

期間」"Period of Responsibility"，包括第 7 至第 9 條，第 8 條為「海運之前或之後的運送」"Carriage Preceding or subsequent to sea carriage"、第 9 條為「運送與送達之契約」"Mixed contracts of carriage and forwarding"，其餘條文則無標題、第 4 章「運送人的義務」"Obligations of Carrier"，包括第 10 至第 13 條，第 13 條為「海運運程之額外義務」"Additional obligations applicable to the voyage by sea"其餘條文無標題、第 5 章「運送人的責任」"Liability of Carrier"，包括第 14 至第 21 條，14 條為「責任的基礎」"Basis of liability"、第 15 條為「履行方的責任」"Liability of performing parties"、第 16 條「遲延」"Delay"、第 17 條「賠償之計算」"Calculation of Compensation"、第 18 條 「責任限制」"Limits of liability"、第 19 條「喪失責任限制的權利」"Loss of the right to limit liability"、第 20 條 「毀損、滅失、遲延的通知」"Notice of loss, damage, or delay"、第 21 條 「非契約之索賠」"Non-contractual claims"、第 6 章「海上運送之額外規定」"Additional provisions relating to carriage by sea"的第 22 至 24 條，包括第 22 條的「運送人的責任」"Liability of the carrier"、第 23 條「偏航」"Deviation"、第 24 條「甲板貨」"Deck cargo"等，均屬於複式運送海上運輸所獨具的內容、第 7 章「託運人的義務」"Obligations of the shipper"的第 25 至 32 條均無標題、第 8 章「運輸單證及電子紀錄」"Transport documents and electronic records"的第 33 至 40 條，包括第 33 條的「運輸單證或電子紀錄之簽發」"Issuance of the transport document or the electronic record"、第 34 條「契約細則」"Contract particulars"、第 35 條「簽字」"Signature"、第 36 條「契約細則之不足」"Deficiencies in the contract particulars"、第 37 條「規範契約細則中之貨物描述」"Qualifying the description of the goods in the contract particulars"、第 38 條「合理的查證及誠信原

則」"Reasonable means of checking and good faith"、第 39 條「表見證據及結論證據」"Prima facie and conclusive evidence"、第 40 條「合格條款中之證據效果」"Evidentiary effect of qualifying clauses"等、第 9 章的「運費」"Freight"的 41 至 45 條亦無標題、第 10 章的「交貨予受貨人」"Delivery to the consignee"的 46-52 條[59]、第 11 章「控制權」"Right of control"的 53 至 58 條、第 12 章「權利之轉讓」"Transfer of rights"的 59 至 62 條、第 13 章「訴訟權」"Right of suit"的 63 至 65 條、第 14 章「訴訟時效」"Time for suit"的 66 至 71 條、第 15 章「司法管轄」"Jurisdiction"的 72 至 75 及第 75 條增補條文、第 16 章「仲裁」"Arbitration"的 76-80 及第 80 條增補條文、第 17 章「共同海損」"General Average"的 81 至 82 條、第 18 章「其他公約」"Other conventions"的 83 至 87 條、第 19 章「契約自由之抑制」"Limits of contractual freedom" 之 88 與 89 條等。

四、「適用範圍」

新公約也摒除僅以「提單」代表「運輸單證」的做法。在定義上有「運送契約」與「運輸單證」的區分之外,「運輸單證」指所有依據「運送契約」所簽發的單證[60],但卻另增加「契約細則」"contract particulars"一詞。在「契約細則」的定義中,以「在運輸單證或電子紀錄上所記載之運送契約或貨物有關『條款』 "terms"、『註記』 "notations"、『簽名』 "signatures"及『背書』 "endorsements"等的資訊」。「適用範圍」的規定亦包含在「運送契約」上訂定。或在「契約細則」中包含收、交貨地點在簽約國內, 以及「運送契約」在簽約國訂定或「契約細則」記載「運輸單證」

---

59 僅說明第 x-x 條的地方表示無條目名稱。
60 新公約亦包含依據運送契約所簽發的「電子紀錄」"Electronic record",因與本文之論述無關,故不提。

或「電子紀錄」在簽約國簽發的情形下適用的規定。實務上，尤其這種含「條款」、「註記」、「簽名」及「背書」等資訊的文件，目前在複式運送中最普及的、也唯有「提單」或其類似單證[61]而已。所以新公約嚴格來說，適用的範圍在深度的方面已經包含所有的「運送契約」及「電子紀錄」"Electronic Record"的適用。但其廣度方面就不一定比漢堡規則更寬廣。

新公約第 19 章「契約自由的抑制」"Limits of Contractual Freedom"的第 89 條，也在提供公約規範之外，開放兩個項目供適用的人自由訂定。由於依據美國國內法，這項契約規範的例外，傷害了「無船公共運送人」"non-vessel operating common carrier"[62]的經營，因此首先引起「國際貨運承攬商協會」"FIATA"的關切。這一段也是大陸在二○○四年四月書面建議刪除的部分。雖然是對於新公約同一條款的意見，但大陸建議取消的理由卻與「國際貨運承攬商協會」的看法是完全不同的，請看下面單元的析論。

二○○三年公佈的公約版本，在適用範圍的部分本來列了三個方案，到了二○○四年五月會議之後，適用範圍已經定案為一個，首先依公約定義有關的「運送契約」來看，該「運送契約」意指「依據該契約，運送人收受運費，有義務以海運的方式執行自一國至另一國間之運送，該契約亦包含運送人於海運之前或之後以他種方式的運送」[63]。此外，新公約與以往的國際公約都一

---

61 「海運單」都不一定有「背書」的記載。參照「國際海事委員會海運單統一規則」"CMI Uniform Rules for Sea Waybills"第 6 條「控制權」"Right of Control"的規定。

62 美國海運修正法的「無船公共運送人」"NVOCC"為美國 1984 年「海運法」賦予之新名詞，1998 年海運修正法再增列「海上運輸中間人」"OTI"一詞，其下包含「無船公共運送人」及「承攬人」"Freight Forwarder"，三個名詞均為國際熟知的「承攬運送人」"Freight Forwarder"。詳請參考王肖卿撰「海運承攬運送業的管理」、「貳、海運承攬運送業的身分辨正」核保學報第十二卷、中華民國產物保險核保學會、2004 年 3 月。

63 參看 Chapter 1 "General Provisions", Article 1"Definition" (a)。

樣的地方，就是它申明「公約不管船舶、運送人、履行方、託運人、受貨人或其他相關人等的國籍」，均一體適用。以及「公約不適用於租船契約、運費協定、計量契約或類似之協定」[64]。適用範圍包括：

> 「運送契約」或「契約細則」之「收貨地點」或「裝貨港」在簽約國內。
>
> 「運送契約」或「契約細則」之「交貨地點」，與「卸貨港」在簽約國內。以及
>
> 「實際交貨地點」爲「運送契約」或「契約細則」之「選擇之交貨地點」之一，且位於簽約國內。或
>
> 「運送契約」規定適用本公約，或該國的法律賦予本公約適法性等。

均作爲適用該公約的理由。公約的適用範圍既廣，也很強勢。

雖然新公約定位爲複式運送的公約，但不論與陸運、空運或內陸水運，均從未有過諮詢或商議，亦未曾在商討過程中邀約其他運輸公約的制定團體參與[65]。其他貨物運輸公約，除空運外，如內陸水運、鐵、公路公約，都是從地區性的多邊協定發展而來的，如歐洲鐵路公約、歐洲公路公約，甚至內水運輸公約，也都只是聯合國「歐洲經濟委員會」"United Nations Economic Commission for Europe,UNECE"及「萊茵、多瑙河中央航行委員會」"Central Commission for the Navigation of the Rhine and Danube Commission"制定的，這些公約在聯合國登記之後，雖然有人說可以視同爲國際性的公約，但是地區性的背景，如一九五六年及一九八〇年的「公路公約」"Convention on the Contract for the Inter-national Carriage of Goods by Road, CMR"，就是以依據

---

64 這些契約大都爲雙面契約，爲尊重契約自由的原則，依據英美法而多不予規範。

65 見聯合國貿易法委員會網站 www.uncitral.org

「各國法律」的方式，處理哪個運送人應該依法被訴的問題，在運送責任上就產生了與國際公約「不一樣」的地方，這些問題在二〇〇四年五月的紐約會議之後，業已以「如運送人無法確定損害發生的時段，以適用國際或國內法律不同強制規定之最高責任限額為原則」[66]。總算不失為解決複式責任限制的可行辦法[67]。

除此之外，新公約在第 18 章的「其他公約」部分，更強調在本公約生效前的其他公約、且為海運以外之運送時，強制適用的公約，本公約「不影響其他不同種類運輸公約之強制管轄」、但遇有與本公約不相容的雙邊或單邊協定，「雙邊條約與本公約牴觸的，本公約優先」以及「本公約不妨害其他公約或國內法對於運送人、履行方有關責任限制的權利及義務之規定」。

這次修定公約的主軸在「戶到戶」運輸責任的確認，由於現在的責任制度架構，偏重在「毀損滅失發生的階段」，從而追蹤「哪個運送人該負責」及「該負什麼責」的確認，其困難就在於確認「運送人」及「司法管轄」的問題，這也引起「國際海運保險協會」"International Union of Marine Insurance,IUMI"的關切，因為這通常是貨物保險人「回復追索」"recovery or recourse action"的重點[68]。本次適用範圍的討論，業已彙集了裝卸公司、碼頭營運人、卡車公司、鐵路以及倉儲管理人的意見，就「國際海運保險協會」的意見，假使在適用範圍上無法達成一致的意見，寧可縮小適用範圍，並使得應該負責的運送人負責可能適用的不同運輸公約中最高的責任，以成全「償還請求訴訟」的簡單化。

---

66 原文是"if the carrier cannot establish whether the goods were lost or damaged during the sea carriage or during the carriage preceding or subsequent to the sea carriage, the highest limit of liability in the international and national mandatory provision that govern the different parts of the transport shall apply."

67 參看新公約 Chapter 5 "Liability of carrier", Article 18"Limits of Liability", (2)。

68 參看聯合國貿易法委員會 UNCITL a/cn.9/WG.III/WP.28/Add.1

因此適用範圍的規定搭配第 8 條「海運之前或之後的運送」"Carriage preceding or subsequent to sea carriage"來看，當毀損、滅失或遲延在

(a) 運送人或履行方收貨起至裝到船上爲止；

(b) 自船上卸貨至交給受貨人爲止；

的期間內發生、且該毀損、滅失或遲延有國際公約或國內法之規範，則該國際公約或國內法只要具有強制適用的性質，該國際公約或國內法就優先於本公約之所有規定。這就第一個落實了「國際海運保險協會」的訴求。再搭配以上的第18條第2項，「……如無法確定是否貨物之毀損、滅失係於海運途中、或爲海運之前或之後，國際或國內關於管轄不同運輸的最高責任限制應適用」。因此文字如何變化，其實不影響主要訴求 —— 也就是「戶到戶」運輸責任一致化的達成。

五、「運送人」與「履行方」之責任

「運送人」與「履行方」

「運送人」與「託運人」的責任，是任何貨物運輸公約的重點，但是在談「運送人」與「託運人」責任之前，首先要澄清「運送人」與「託運人」的定義，在「運送人」方面，範圍包括「運送人」與「履行方」兩者。

從務實面來看，公約之修改本來有一部分是因爲舊公約已經不能因應海運結構的快速變化而來，因爲今日海運參與者的結構變化中，已經增加了許多關係人，這些關係人在海牙系列時代，僅限定爲「船東」或「租船人」"……including the owner or the charterer……"的規定，已經不敷使用，也不限於漢堡規則所標榜的「爲其訂定或以其名義與託運人訂定海運運送契約」"by whom or in whose name a contract of carriage of goods by sea has been concluded with a shipper"那麼單純，因為在實務上，已經多出了「艙位承租人」"slot chartered"、集貨子船與母船間「連續運送契約的運送人」"connecting carriage carrier"、屬於承攬運送的「無船公共運送人」"non-vessel operating common carrier"，以及因應船東責任擴大、為逃避船東責任而成立的「管理公司」"managing company"，加上傳統海運就有的「委託代營公司」"managing operating company"等等，這些公司既不在原始的「船東」或「租船人」定義範圍之內，也不一定是「為其訂定或以其名義與託運人訂定海運運送契約」的人。至於漢堡規則增列的「實際運送人」"Actual Carrier" 一詞，在本公約中已被刪除，乍看之下以為本公約回復到海牙及海牙威士比時期「運送人」只有一個的情形。

但「實際運送人」"Actual Carrier"一詞取消之後，反而將一九九九年美國海上貨物運送法草案中的「履行運送人」"Performing Carrier" 一詞，以「履行方」[69]"Performing Party"的名義出現。其定義包括「指除運送人之外依據運送契約、實質上履行、或有義務實質上履行運送人義務之人」。作業內容則包括貨物之「運送、操作、管理或堆存」。其行為「直接、間接在運送人要求之下、運送人監督之下或控制之下」。此外，「履行方」一詞「包括『海運履行方』"Maritime Performing parties"與『非海運履行方』"non-maritime performing parties"，其定義如新公約第 1 條之(f)項及(g)項之解釋」主要內容為「履行運送人義務的人」，但「不含為託運人或受貨人工作、或代託運人或受貨人工作之人（運送人之外）的受僱人、代理人、訂約人或次訂約人」。在定義中排除與「託運人或受貨人直接有關係的人」"retained by a shipper or a consignee"，或者是這些人的職員、受僱人、代理人、訂契約或

---

69 "performing party"一詞，撰者原譯為「履行者」為配合國際公約的中文版翻譯之工作報告，一致改為「履行方」。

訂次契約的人[70]，與美國一九九九年海上貨物運送法草案的內容幾乎完全相同[71]，這本來是特意排除只簽貨物收據或代簽船東名義提單的承攬運送人，即美國一九九八年海運修正法中之「貨物承攬運送人」"Freight Forwarder"[72]。該項排除的做法曾引起「國際貨運承攬商協會」的發函抗議[73]，本次新公約卻在「國際貨運承攬商協會」參與的情形下，於國際公約中過關。這與利益團體之協調磋商，應有關係。

至於「海運履行方」之定義，則指「在『貨物到達裝貨港』、或當有轉船情形時的『到達的第一個裝貨港』開始，迄『貨物離開卸貨港』、或當有轉船情形時的『最後一個卸貨港離開』之期間中，履行運送人義務之人」，以及「在履行運送人義務：包括貨物離開某港及到達另一裝貨港之間的『內陸服務』，亦可視為海運履行方」。而「非海運履行方」之定義，則指「貨物到達裝貨港『之前』或貨物離開卸貨港『之後』，履行運送人義務之人」。綜合以上的定義，可以總結如下：

1. 「運送人」即「簽約運送人」，負責全程運送。包括簽發自己名義提單的「承攬運送人」。

2. 「海運履行方」履行全程中屬於水運及內陸運送：包含內水及內陸部分之運送人責任的人。

---

70 同前註。

71 只少了"……or procures to be performed any of a contracting carrier's responsibilities under……"

72 美國 1998 年海運法規將國際上所稱之 Freight Forwarder 分類為無船公共運送人 NVOCC－簽發自己名義的提單及 Freight Forwarder－簽發船公司抬頭的提單兩種。後者在全世界僅存約百分之五。而兩種分類在國際上均稱為 Freight Forwarder。

73 見 **www.fiata.org** 網站及 Tetley's Law and other "Nonsense" 之 "Appendix C" of "U.S. COGSA and other develops", "National and International bodies opposed to the proposed U.S. COGSA,99" William Tetley on February 22, 2001 on **http://tetley.law.mcgill.ca/comment.htm** 。

3.「非海運履行方」履行全程中特別指海運開始前或海運卸貨之後的運送人責任的人。

4.排除受貨方託運人或受貨人委託，辦理貨運業務的報關行或僅代簽發船東名義提單的承攬運送人。

以上這四個總結的定義之中，到底前述的「艙位承租人」、「連續運送契約的運送人」、「無船公共運送人」，以及「管理公司」、「委託代營公司」，加上傳統的裝卸公司等，是否包含在內？其實大有疑問，如裝卸公司曾被美國高等法院認定為「整體運送契約的外人」"a complete stranger to the contract of carriage"[74]，即使參考「喜馬拉雅條款」"Himalaya Clause" 公佈之後，裝卸公司仍排除在該條條款容許的「受僱人」"servant"與「代理人」"agent"範圍之外[75]。「無船公共運送人」亦曾在案件中被視為「貨方代理人」"cargo owner's agent"[76]，但新公約的「簽約運送人」已為「無船公共運送人」取得了合法的「運送人」地位，其他的「艙位承租人」、「連續運送契約的運送人」、「管理公司」、「委託代營公司」等，可能要看是否為「簽約運送人」，以及在運送契約中參與活動的程度、貨損是否發生在其參與活動的期間內等，三個重點來觀察，以判定是否可歸類為「運送人」、「海運履行方」或「非海運履行方」了。

至於新公約的責任制度，目前定案的部分是「海運履行方」可享「運送人」責任限制的保障，「非海運履行方」不能享有「運

---

74 參看 Wilson v. Darling Island Stevedoring & Lighter age Co，1956 年案。

75 2004 年從新擬定的「新喜馬拉雅條款」"Modern Himalaya Clause" 則已經包含「獨立簽約人」"Independent Contractor"，似乎即指裝卸公司。

76 參看 kukje Hwajae Ins. Co. v M/V Hyundai Liberty, 294 F 3d 1171, 1176, 2002 AMC 1598, 1603（9TH Circuit 2002）The cargo owner may treat the NVOCC as a common carrier for purposes of COGSA, but underlying carriers …treat　the NVOCC as the cargo owner's agent"

送人」責任限制的保障，但三者的責任又是「共同連帶」責任。此外，「履行方」的分類迄至二〇〇四年五月始定案，因此必須非常清楚的分辨「運送人」、「海運履行方」、與「非海運履行方」，才能了解新的責任制度及其影響。

「運送人」與「履行方」的責任內容

兩者的責任內容仍與漢堡規則一樣，運送方應負責「由於『毀損』、『滅失』與『遲延交付』造成的損失」"Loss resulting from loss of or damage to the goods as well as from delay in delivery"，但「遲延交付」的定義已經由漢堡規則「在卸貨港交付」之遲延[77]，改為「在目的地交付」之遲延[78]，這是一個相當重大的改變。

在「履行方」"Performing Party"的責任上，公約第 15 條第 1 項規定，「履行方」除了與漢堡規則「實際運送人」"Actual Carrier"一樣，在管控貨物與履行運送的時段，與「運送人」盡同樣的義務與責任，亦享同樣的權利與免責外，如果「運送人」在契約訂定上，同意負擔超過本公約所規定的責任或限制責任，除非「履行方」"Performing Party"明文同意或有默示意思表示，否則「履行方」"Performing Party"不須受該契約之制約[79]，只需要負本公約賦予「運送人」的責任即可[80]。表示「履行方」縱為履行非海運過程之責任時，亦適用本公約責任之規定，顯示「運送人」責任涵蓋整個複式運送過程。「履行方」則就各相關運程對「運送人」負責。

此外，本公約亦強調「運送人」應對於「履行方」的本人、

---

77 漢堡規則第 5 條第 2 項，原文為"Delay in delivery occurs when the goods have not been delivered at the port of discharge......"。

78 本公約第 16 條第 1 項，原文為"Delay in delivery occurs when the goods have not been delivered at the place of destination......"。

79 「國際海運保險協會」曾在 2002 年 9 月以問卷答覆方式反對運送人以「代理人」的名義代定履行運送契約。

80 參照 Draft instrument on the COGSA,2003 之第 15 條「履行方之責任」第 2 項。

其受僱人、次訂約人、其代理人在運送人直接或間接之要求、監督及控制下，爲履行契約的行爲及疏忽負責。當訴訟對「運送人」以外、包括「履行方」提出時，包括「履行方」及「運送人」以外的人，均得享「運送人」免責與責任限制的權利[81]，同時「履行方」亦將負責任何依據運送契約代表其履行運送人責任之人的行爲及疏忽，包括其次訂約人、受僱人及代理人[82]。這一個規定其實是第 34 次「國際海事委員會」新加坡會議的一個共識；在責任上限縮喜馬拉雅條款的適用，使輔助運送行爲的業者只有在「運送」"Carriage"、「搬移」"Handling"、「管理」"Custody" 及「堆存」"Storage"貨物四種作業範圍內參與之人方予以列入，而使其比較間接的、如製作運輸單證的公司、貨櫃集散站的保全公司、或修船塢，及其直接及間接的受僱人、次訂約人、代理人等，摒除在「履行方」定義之外。

在漢堡規則「實際運送人」"Actual Carrier" 的定義中，由於規定不如本公約嚴謹，經解釋顯然除以上所說的間接履行運送人之外，亦可以包括出租船舶的船東[83]。本公約因將「履行方」定義限制如前述之「運送」、「搬移」、「管理」及「堆存」四項作爲，且四項作爲必須直接、間接在運送人的要求、監督之下，其後的第 36 條第 3 項又有「登記船東」"Registered Owner"的責任。有「當契約細則記載不足，無以辨識『運送人』時，『登記船東』應負『運送人』責任」的相關規定，因此本公約的「履行方」是否仍像漢堡規則一樣，包含出租船舶的船東，已有疑義。

「運送人」責任的基礎與舉證

「運送人」責任的基礎，按該公約在原則上是「過失」責任。

---

81 參照 Draft instrument on the COGSA,2003 之 15「履行方之責任」3 項。

82 參照 Draft instrument on the COGSA,2003 之 15「履行方之責任」4 項。

83 參看 United Nations Convention on the COGSA,1978，Article 1.2。

二〇〇三年提供的三個方案目前已經定案為一個。依據第 14 條第 1 項。「假如原告舉證：

1. 有「毀損」、「滅失」與「遲延交付」的情形。或
2. 其發生、造成或致成「毀損」、「滅失」與「遲延交付」原因之一係在運送人的責任期間內。

注意以上舉證的兩種情形的連接詞是「或」，因此只要舉證其中一種情形，「運送人」就必須負責。「運送人」責任的基礎可以歸類是「嚴格責任」"strict liability"。但同一「1」項還有下面一句話：「除非運送人證明『毀損』、『滅失』與『遲延交付』非其本人、亦非其 14 條「附加」"bis"之人（指履行方及其次訂約人）造成『毀損』、『滅失』與『遲延交付』」，就本項而言，其意義並未全部敘述完成，應說明的下一句話應該是「則運送人可以不負責」，或「則應依據以下第 2 項的規定」負責，新公約擬定的工作小組因此也有人建議，應該附加比較明確的一句話[84]在後面，以避免產生誤解。就整句話來看，前半部分看似「嚴格」責任，但運送人可以舉證推翻，因此是屬於有條件的「嚴格」責任。

其次，同 14 條第 2 項即指當運送人推翻貨方舉證，即當「運送人證明『毀損』、『滅失』與『遲延交付』非其本人、亦非其 14 條「附加」"bis"之人（指履行方及其次訂約人）造成『毀損』、『滅失』與『遲延交付』」時、以及在不妨害第 3 項規定的情形下（第 3 項是運送人對於船舶適航性的基本義務），同時另行舉證貨損是由於以下免責原因[85]所造成時，則運送人僅在「原告舉證」有以下的情況時需負責：

1. 係運送人的過失、或第 14 條「附加」"bis"之人（指履行方及其次訂約人）過失造成的事實，該事實為運送人依

---

84 依據聯合國貿易法委員會(A/CN.9/544)工作報告
www.uncitral.org-workinggroupIII 之附註 27。
85 見本文本節第（四）部分。

據本項所賴以免責的事實。或

2.為本項所列事實以外之事件所造成的「毀損」、「滅失」與「遲延交付」，在這種情形下，責任應依據第 1 項決定。

另依業經定案的本條第 3 項，「一旦原告舉證證實有、『毀損』、『滅失』與『遲延交付』是因此造成的、或『毀損』、『滅失』與『遲延交付』可能是因此造成的：[86]

1.船舶沒有安全航行的能力。

2.不適當之人員配置、船舶設備及供應。

3.有未使貨艙、及其他供載運貨物部分(包含貨櫃)適合於受載、運送與保存之事實。

則運送人應依據第 1 項來負責，除非經運送人證明：

1.運送人本人已配合第 13 條(1)項已盡其應盡之義務。或

2.「毀損」、「滅失」與「遲延交付」並非以上三種情形之一造成的。

同 14 條第 4 項說明「一旦有運送人過失或第 14 條「附加」"bis"之人(指履行方及其次訂約人)過失為造成『毀損』、『滅失』與『遲延交付』之原因，加上運送人無須負責的原因，共同造成『毀損』、『滅失』與『遲延交付』時，在不妨害運送人權利與第 18 條責任限制的情況下，將由法院決定運送人及履行方及其次訂約人的過失佔多少比例，法院如無法確定真實的比例、或決定以對半方式，決定比例時，即以對半方式決定比例」。

以上這些相互舉證的方式非常輾轉重複、容易混淆，經整理之後排列如下：

1.先由貨方舉證貨損之發生、或貨損發生在運送人負責之期間內，則運送人應負責。

---

86 以下所列出來的，依據原來的草案，指明是運送人的基本「義務」"obligation"，而非運送人的「責任」"liability"。

2. 當運送人舉反證、貨損非其本人或其履行方的原因構成，以及其未有未盡其應盡義務之事實時，運送人可以經由舉證「免責原因」之理由而獲得免責。

3. 當運送人舉反證「免責原因」時，貨方亦可以再舉證係運送人的過失或係其履行方或其次契約人的原因造成貨損，而推翻運送方免責之舉證。

4. 當貨方舉證運送方，包括運送人或履行方，有基本義務之違反時，運送方仍有舉反證，證明運送方已盡配合基本義務的機會，或者貨損非該三種基本義務的原因造成的，因以免責。

5. 結論為運送方就其責任由法院裁決依比例負責，責任比例法院無法決定時，運送人負責一半。

以上負責及舉證的規定，業已由工作小組確定，雖然是嚴格責任，但運送方可以舉反證推翻，而且還有機會就免責原因加以舉證，而獲得免責。與漢堡規比較，因漢堡規則根本上運送人就沒有舉證免責的規定，所以運送人依據本公約，責任已經減輕，但與海牙系列相比，免責之舉證設定許多先決條件，包括：

1. 舉證貨損非其本人或履行方之原因。

2. 舉證沒有違反基本義務之事實。

3. 然後還必須舉證貨損係因免責原因所致，才能免責。

4. 此外，貨方仍可以舉反證，以推翻運送方免責之舉證。

這些相互舉證以推翻前一舉證的規定，其實是一般司法程序上之必然，至於在台灣，公約第一階段舉證推翻的規定，民法六百三十四條就已經有相當明確的文字。至於經由國際公約訂定之後，舉證的規定更確定，或者反使舉證必須符合許多先決條件而更困難，則有待於案例之發生，始得以了解了。

此外，特別屬於「海上運送人」的額外責任，必須面臨的事

項，在於符合所謂的「基本義務」。該所謂的「基本義務」，其實存在於海牙系列公約之中，而在漢堡規則時代，文字上不提，僅留下概括性的「達成合理、盡力的要求」"took all measures that could reasonably be required"而已。新公約雖回復舊的船舶適航「基本義務」的具體說明，但其第 13 條的基本義務業已改成「開航時、航程中，盡應盡之義務，以使、並維持船舶安全航行之能力」、「適當的人員配置，並在整個航程中保持人員配置、船舶配置及供應」、「使、並維持貨艙及其他適於裝貨的部分；包括貨櫃……」，而這其中的「航程中」"during the voyage by sea"、「使、並維持」"make and keep"、「整個航程」"throughout the voyage"等，都是新公約增列的，因此海上運送人基本義務已非往昔「於航程開始時」"before and at the beginning of the voyage"具有安全航行的能力而已。甚至與台灣海商法第六十二條及國際公約所增列的「船舶於發航後因突失航行能力所致之毀損或滅失，運送人不負賠償責任」的規定，更是大相逕庭了。

此外，新公約也增訂「共同海損」更明確合法化的規定，於第 13 條第 2 項中，將「在共同冒險中拯救人命或財物時，運送人可以合理的「犧牲」"Sacrifice"[87]貨物，這個規定對於歷年國際間對於共同海損存廢的爭議，於新公約在「運送人義務」規定上將其明確化[88]之後，暫時的杜絕了。但是新公約仍延續漢堡規則中對於「共同海損」所做的特殊說明，包括：

1. 公約不禁止運送契約或國內法律關於「共同海損」理算規則之適用[89]。

---

[87] 參看 York-Antwerp Rules, 1994, Rule 1"Jettison of Cargo"拋海貨物的犧牲是為拯救船貨「共同海損」行為中，最常見的行為。

[88] 雖然漢堡規則第 24 條也有「本公約不影響共同海損理算規定」的文字，但未有此規定明確。

[89] 運送契約中經常有適用哪一個理算規則之規定，最常適用的理算規則是約克、安特衛普規則。若干國家如中國大陸即有自己的理算規

　　2．在不影響公約對於運送人責任訴訟期限的情形下，公約
　　　對於運送人貨物毀損、滅失責任之規定，也決定了受貨
　　　人是否有權拒絕分攤「共同海損」，以及運送人是否應補
　　　償受貨人對於分攤額及救助費用的責任。

　　3．有關「共同海損」的訴訟，應於司法程序或仲裁程序未
　　　於理算書簽發之日起的一年內未提起而終止。

　　以上規定的第三項[90]時效規定，是本次公約較漢堡規則新增
的規定，理由是共同海損時效不應與貨損訴訟的時效混為一談，
而應單獨規定，予以釐清。第 2 項[91]的規定，漢堡規則係「在不
影響責任限制的情形下」，本公約則為「在不影響公約對於運送人
責任訴訟期限的情形下」，其實漢堡規則的規定根本不必說明，為
理所當然。因為共同海損在理算之後，其對於犧牲或費用的分攤
係就參與共同冒險的財產價值比例來計算分攤額，運送人的責任
限制則係就每一項貨損的賠償最高限制做規定，兩者本來就是不
相干的。至於本公約既然在第 3 部分已經另訂訴訟時效，是否有
必要再說明「在不影響公約對於運送人責任訴訟期限的情形下」
[92]，值得商榷，因此這一段話也依然在括弧內，表示依然有討論
的空間。

新公約中的運送人法定「免責」規定

　　運送人的法定免責在 1978 年以前，被視為理所當然的權利，
到漢堡規則訂定、運送人法定免責被全部取消之後，相關當事人
才恍然了解到運送人並不應平白獲得免責保障的認知。但九○年
代以後各國修正的「海上貨物運送法」"Carriage of Goods by Sea
Act"，雖然賠償限制等規定多數均以提昇到海牙威士比規則的布

　　則。
90 即新公約 82 條第 2 項。
91 即新公約 82 條第 1 項。
92 新公約 66 及 67 條對於運送人貨損責任時效為自交貨日起算之一年
　　內。

魯塞爾議定書的標準，卻多仍保留運送人之免責權，此係各國為發展海權、鼓勵從事海上運送的緣故，當不必贅言。

在漢堡規則取消運送人法定免責之後的二十餘年，新公約再次回復運送人的該項權利，當然值得大肆討論。

首先值得一提的是新公約中的免責規定，係「推定」"presumption"免責，而非以往責任解除之「法定」免責"exoneration"。其次，由於新公約的責任制度是由運送人概括性的負責，所以凡是無法舉證貨損在哪裡發生、或如何發生的部分，原則上運送人都應該負責。而若干引起國際爭議的「免責項目」，如「航行錯誤」"Error in Navigation"已被移除。若干免責已如前所述，僅限用於海上運送人的「海上免責」，不適用於其他航段的免責項目等。析論如下：

1．新公約的「免責」係「推定」"presumption"

運送人對於新公約的「免責」舉證之前須符合若干先決條件，包括先證明貨損非其本人或其代理人、受僱人或履行方的原因構成，其次再證明貨損之發生運送人沒有未盡其前述三個「基本義務」，即適航性應盡義務之違反時，才有舉證「免責」的機會。

這裡有一個疑問？因為適航性的「基本義務」在新公約中係專屬於「海上航程的義務」[93]，雖然並未說明專屬於海上運送人或船東[94]。惟當承攬運送人從事無船公共運送時，除慎選船東運送人之外，對於適航性的保證義務是否有能力承擔？是大有疑問的，但公約既然已經賦予承攬運送人該義務，這項嚴格義務的要求，對於貨方倒是有利的。起碼承攬運送人會更注意的挑選運輸工具所有人。

---

[93] 新公約第 13 條之標題即為「適用於海上航程的額外義務」"Additional obligations applicable to the voyage by sea"。

[94] 公約第 36 條第 3 項，有「登記船東」"registered owner"無法置外於責任的規定。見於本文「登記船東將負運送契約無可推卸的責任」段落之說明。

另外即使當運送人在達成先決條件,並舉證其「免責」後,貨方仍有機會再舉證係運送人的過失,例如適航性的三個基本義務有違反,造成貨損,或係其履行方或其次訂約人的原因造成貨損,而推翻運送方免責之舉證。所以說新公約的「免責」係「推定免責」、而非原來無可推翻的、屬於責任解除的「法定免責」,當無疑義。

2.「免責」項目與「航行錯誤」"error in navigation"

所有的「免責」項目都是一九二四年,公約與一般國家民法中整理出來的妥協項目,如「天災」"act of God"「戰爭」"war"等。新公約加入了「恐怖份子」"terrorism"造成的貨損,這是九一一之後,美國主導下的流行項目,連兵險保險單也已列入該項目。其他的「免責」項目多數仍保留海牙公約時的舊規定。「航行疏忽」在新公約中是最被討論的項目,其被反對理由之一,是由於「運送人舉證船員疏忽」太容易,其次反對的、就是喜馬拉雅案件之後,運送人到底該不該爲其代理人、受僱人負責的商討,如果答案是肯定的,則代理、受僱人的行爲及疏忽、過失造成的貨損,爲什麼運送人還可以免責?贊成的意見列舉因爲海上風險瞬息萬變,遇到惡劣天候,完全取決於船長當時的判斷,則運送人是否應爲其過失、疏忽的判斷來負責?但最後的結論,還是以運送人舉證太容易的理由,把「航行疏忽」的免責給移除了。

經過二〇〇四年會議之後,運送人目前僅存的免責如下:

天災、戰爭、敵意行爲、武裝衝突、海盜行爲、恐怖主義、暴亂和民變。

檢疫限制:政府、公共當局、君主或人民的干涉或妨礙,包括依據法律程序的干預。

託運人、控制權人或受貨人之行爲或不行爲。

罷工、關廠、停工或勞工管制。

貨物固有品質、缺陷或瑕疵造成的體積或重量的耗損或其他滅失或損害。

包裝或標誌之不足或缺陷。

船舶雖經注意仍無法發現的潛在瑕疵。

由託運人、控制權人、或受貨人，或者是代表託運人、控制權人、或受貨人的操作、裝貨、堆裝或卸貨所致。

運送人或履約方在貨物對人身、財產或環境造成危害或被犧牲時根據第 12 條、第 13 條第　項所賦予處理權利之行為。

非由於運送人的實際過失或私下行為，或運送之受僱人、代理人的過失或疏忽所引起之其他原因，但要求適用本條免責權的人應負責舉證，證明有關的滅失或損害既非運送人的實際過失或私下行為，亦非運送之受僱人、代理人的過失或疏忽所致，才可以免責。

從以上的免責項目來看，洋洋灑灑的還有十項，幾乎多數仍保留海牙公約時代的免責，但是像第　項的「天災」，就有參與擬定公約的代表認為，既為人力無以抗拒的「天災」，運送人不負責任應為理所當然，不必刻意列舉，但是主張維持舊公約標準的人，就認為如果不列進去，一定會產生：難道「天災」已經不能「免責」的疑慮？至於被取消免責理由的「船上火災」、「救助或意圖救助海上的人命財產」以及「海上、航路上或可航行水域的危險或意外事故」等項目，則已經專列在第 6 章屬於「海上運送之額外規定」"Additional Provisions relating to Carriage by Sea"中的免責事由中了。至於「偏航」"Deviation"，及「甲板裝載」"deck cargo"則早已另訂條款，尤其甲板裝載的責任，是本次公約最有建設性的項目，將於後續說明中評析之。

以上第　項免責原因可以廣義的解釋為託運方的原因，因此

運送人可以免責，但嚴格說來還是屬於運送人新增的免責。就「由託運人、控制權人或受貨人或代表託運人、控制權人或受貨人所爲之搬移、裝貨、堆裝或卸貨」的文字分析，實務上不定期航運的相關裝、卸貨條件幾乎全部由託運人或受貨人負責相關費用，但安排包括裝貨、堆裝或卸貨等工作的責任，則須依據運輸條件，或者由託運方，或者由運送方來負責。而定期航運的裝貨、堆裝或卸貨作業，則幾乎全部由運送方負責費用，並安排裝、卸等相關作業，在這種情形下，何謂「由託運人、控制權人或受貨人所爲之搬移、裝貨、堆裝或卸貨」？以及何謂「或代表託運人、控制權人或受貨人所爲之操作」？是以裝、卸等費用的負擔爲準則嗎？或者以名義上由託運方負責，作爲「代表託運人、控制權人或受貨人所爲」的理由？責任的分際及釐清就相當重要。新公約生效之後，運、託雙方，都應該注意運送人「費率表」"Tarriff"中，附帶相關裝、卸貨條件的說明。

第　項其實也可以算是新增加的項目。第　項的免責原因，運送人或履行方依據草案第 12 條、13　條所賦予之共同海損作決定的行爲，造成貨物之「犧牲」"sacrifice"[95]，也可以在舉證之後，獲得推定免責的權利，因爲共同海損被列入新公約，作爲運送人義務之一，所以這個免責，自然也被認定爲運送方的免責項目，但因爲是推定免責，所以包含共同海損行爲本身，都有被推定爲不成立的可能。

3．海上運送的「免責」項目

「海上免責」的專屬項目可能還有討論的空間，不過目前已經定案的包括：

　　　船上火災，除非係由於運送人之過失、

---

95 一據國際共同認定的理算規則，共同海損的法定損失有兩大項，一是「犧牲」"sacrifice"，即爲共同海損行爲所作的付出，一爲「費用」"expenditure"，即爲共同海損行爲額外支出之費用。

救助或意圖救助海上的人命財產。

合理的企圖避免環境造成的損害。

海上、航路上或可航行水域的危險或意外事故。

本公約的海上運送人的「海上責任」方面，特別有海上意外的免責，海上運送人只要「船上火災」非「運送人之過失或個人原因」，運送人就可以完全不負責任。至於「爲救助或意圖救助海上的人命、財產」、「合理的企圖避免環境造成的損害」，以及「海上或航路上的風險、危害及意外」三者，包括其他運輸之的舉證歸屬規定都可以適用。船上發生火災，運送人無須舉證火災原因，就不必負責，除非貨方舉證「係由運送人之過失或個人原因」所致。因此海上運送人傳統上的優勢只剩下「船上火災」一則，試想要貨方去舉證「係由運送人之過失或個人原因所致」是很困難的，所以，海上運送人幾乎可以不必擔心去負責船上火災。

4．「偏航」"Deviation"的特殊規定

傳統海牙系列公約中對於「因救助或意圖救助海上人命財產之『偏航』"Deviation"所造成貨損」，運送人可以免責。新公約中除了專列於前述海上免責的額外項目之外，亦另訂定「偏航」可以免責的規定。在「偏航」的條款中，還訂有「或其他合理的偏航」運送人也可以不負責毀損、滅失或遲延交付，以及「依據國內法，當『偏航』本身構成航行義務之違反時，該違反僅在配合本公約解釋時方有效」。

新增的「或其他合理的偏航」"any other reasonable deviation"，目前仍在括弧中，因爲「其他合理的」這幾個字，還需要進一步嚴謹的定義，以免文字被過度的演繹了。至於後一段新增的「依據國內法，當『偏航』本身構成航行義務之違反時，該違反僅在配合本公約解釋時方有效」，其實比較白話的說法應該是「依據國內法，當『偏航』本身構成航行義務之違反時，該國

內法的違反不致於剝奪本公約賦予運送人或履行方任何免責或責任限制的權利」。如果用的是這麼白話的語言,那麼前一項運送人於「因救助或意圖救助海上人命財產之『偏航』"Deviation"所造成貨損得以免責」的規定還是不是有必要,就值得商榷了。

參考「偏航」的英文"deviation"一詞,台灣的說法是「偏航」,大陸是「繞航」。其實這是"deviation"一詞狹義的解釋"deviation"一詞除了「偏航」的意義以外,依據案例的解釋,還代表「不合理的遲延」"unreasonable delay"[96],以及「不依順序靠港」"not in the order designated"[97]之意。美國法院更數度因案例發展出「未經授權的貨物裝在甲板上」"Unauthorized Stowage on Deck"[98]、「交貨遲延」"Delayed Delivery"[99]、「過站不停」"Over-carriage"[100]等許多所謂「準偏航」"Quasi Deviation"的意義。甚至「轉船」:Transhipment[101]、「替代船裝運」"Substitute Ship"[102]、「拖帶運送」"Towage"[103]、例如裝卸工人或其他獨立受僱人之「故意破壞」"Intentional Destruction"[104]、等也都曾被列入「準偏航」之考慮。

---

96 英國 1906 年保險法第 48 條。

97 英國 1906 年保險法第 47 條。

98 St. Johns N.F. Shipping Corp.v. S.A.Companhia Geral Commercial do Rio de Janeiro263 U.S.at 124 1923 AMC at 1132。

99 Maggio v.Mexico Arizona Trading Co.(The Hermosa)57 F2d 20, 22, 1932 AMC541,545(9th Circuit 1932)and Citta di Messina,169 F.at 474。

100 指將貨物過目的港不停,輾轉再次靠港時才卸貨之意。Foskyn & Co. v. Silver Line(The Silvercypress), 63 F. Supp. 452, 453, 1943 AMC 224, 225(S.D.N.Y. 1943)AND AFTERWARD 143 f.2D 462(2d Circuit, 1944)。

101 Yang Machine Tool Co.v.Sea Land Service Inc.,58 F3d 1350,1351(9th Circuit 1995)。

102 Re-Floreana,65F Supp.2d 489 and 492,1999 AMC at 2933。

103 Charbonnier v.United States(The Pinellas)45 F. 2d 166, 1929 AMC 1301e.d.s.c.1929,afterward 45F.2d 174,1930 AMC 1875(4th Circuit, 1930)。

104 Vision Air Flight Service, Inc. v. M.V. National Pride, 155 F. 3d 1165, 1174(9th Circuit 1998)

加拿大的Tetley and Cleven 兩位教授曾給「準偏航」下一個定義，即「故意偏離運程」"an intentional departure from the whole course of the voyage"，並指出因此只要「使貨物面對比原來訂約時更巨大的風險」的情形，都屬於「準偏航」之範圍。而運送人既然違反了原來的承諾，就應該剝奪運送人所有的免責與責任限制權利。

　　狹義的「偏航」即地理上的「偏航」，一般民法及保險法均指「在沒有必要及合理的理由情形下，偏離尋常、正規的航線、或契約上指定的航線、或契約未指定航線時，偏離習慣上航行的航線」[105]航行之意。公約向來允許兩種情形是合理的「偏航」，一是為救助海上的人命或財產，第二種情況比較模糊，是「或其他合理的偏航」"or any other reasonable deviation"[106]。此外，新公約還規定：如果國內法律將「偏航」列為運送人義務之違反時，僅在該國內規定與本公約規定一致時才有效[107]。「與本公約規定一致」就只有以上兩種情形。那麼什麼情形是「或其他『合理』的偏航」呢？

　　美國一九三六年的「海上貨物運送法」"Carriage of Goods by Sea,1936"對於不合理的偏航曾列舉「為裝卸貨物與旅客」"for the purpose of loading or unloading cargo or passengers"的偏航，這是一樣源於海牙規則的美國「海上貨物運送法」對於「偏航」定義所增加的一個解釋，另一個同樣源於海牙規則的英國一九七一年「海上貨物運送法」就沒有這樣的列舉。總之，美國的立法意旨

---

105 英國 1906 年保險法第 47 條的定義。

106 海牙及海牙威士比規則第 IV 條 2 項(i)款、第 IV 條 4 項、漢堡規則第 5 條 6 項。

107 這可能是美國代表的意見，因為美國醞釀刪除「運送人不得偏航」的義務已久。見"Deviation then and now"by Margaret M.Lennon on St John's Law Review, Brooklyn: Sprint 2002,Vol 76,Issue 2,page 437, 19 pages。"The Quasi-deviation Doctrine" by Theodora Nikaki on Journal of Maritime Law and Commerce, January, 2004 and issued by Jefferson Law Book Company。

是為多照顧託運人，依據這個列舉，可以解釋為「為營利行為的偏航就是不合理偏航」的「表見」"prima facie"證據。但是至少英國或美國都不同意「不合理偏航」，認為「不合理偏航」，造成貨物的危險性增加，因此而應剝奪運送人責任限制權利的案例，在英國與美國都很多[108]，因此根據案例總結[109]一句，「偏航」之構成，在於「故意」"intentional"及「不合理」"unreasonable"，因為「故意」加上「合理」，又構成公約允許的「共同海損」了[110]。

「偏航」定義之所以如此難決定，就因為在運送人責任限制的規定上多有「行為或疏忽，故意造成該滅失、毀損，或明知、卻不經意的造成滅失、毀損」時，運送人即無權限制責任的關係[111]。所以案例說明特別指名為「故意」，就是這個道理，除了「故意」之外，損害的造成與「偏航」本身有沒有因果關係，也是運送人因此喪失免責權的另一個考慮[112]。

---

108 美國案例如 1954AMC259,266（S.D.N.Y.1953）,which is the leading case;Encyclopaedia Britannica,Inc. v. S.S. Hong Kong Producer, 422 F.2d 7,18, 1969 AMC 1741,1756（2d Cir.1969）;Spartus Corp.v. S.S. Yafo, 590 F.2d 1310, 1313,1979 AMC 2294, 2297-98（5th Cir. 1979）; Nemeth v.Gen'l S.S.Corp.l, 694 F 2d 609, 612-3, 1983 AMC 885, 888-91（9th Circuit, 1982））;Unimac Co.,v.C.F. Ocean Service,Inc., 43 F.3d 1434, 1427 at n.5, 1995 AMC 1484, 1488 AT N.5（11TH Circuit, 1995）;Caterpillar Overseas, S.A. v. Marine Transp., Inc., 900 F.2d 714,720-21, 1991 AMC 75 83083(4th Circuit 1990); Atl. Mut. Ins. Co., v. Poseidon Schiffahrt, 313 F.2d 872, 874-75, 1963 AMC 665 668-69（7th Circuit, 1963）。英國案例如 Foscolo, Mango & Co., Ltd., v. Stag Line（The Ixia）, 1932 A.C. 328, 340, 41 Lloyd's L. Rep. 165, 170（1931）（H.L）；以及 Charles Debattista, "Fundamental Breach and Deviation in the Carriage of Goods by Sea, 1989, J. Bus L. 22。

109 "Deviation" by Roger Lee on the Law of Maritime, 47 Tul.L Review, 154,164, 1972。

110 Clause Paramount of York Antwerp Rules, 1994。

111 這只是漢堡規則的規定，海牙規則並沒有這樣明確的說明。

112 例如像 Lagerloef Trading Co.v.United States, 43 F.2d 871, 872, 1930 AMC（S.D.N.Y.1930）就提到以「偏航」是否造成了偶發的風險，不一定是海上的一般風險，如「偏航」而遭到惡劣天候、「不偏航」遇不到等。其他類似的案例還有 General Electric Co.,International

　　但是提單裡的「自由條款」"Liberty Clause"卻是「偏航」規定的一大反諷，案例解釋公約，雖構成「不合理『偏航』，運送人可能喪失免責權」的後果，但是提單裡的「自由條款」卻公然明訂允許運送人可以在條款範圍內「偏航」，如責任險國際集團擬定的「自由加油條款」"（P&I）Bunker Deviation Clause"，允許「船舶視加油的需要，可以偏航來加油。」[113]，其他如裝載危險性質的貨物、因貨物的需要而轉船等自由條款等，都允許自由選擇航線，甚至在 Hellenic Lines Ltd. v. United States 的案子裡，還遇到「自由條款」的內容是允許運送人選擇自己考量為安全的港口卸載，而託運人則必須以自己的費用、風險在該地點接受交貨的規定。這些都是偏離預定航程，也都屬於定義範圍內的「偏航」。這些「自由條款」以往被判定無效的情形很多，因此在 Berkshire Fashions, Inc.,v.MY.,Hakusan 案號 1137 的案子裡，美國的第三巡迴法院就乾脆解釋「凡是允許不合理偏航的自由條款都無效」，但是「合理」、「不合理」還是得看個案的情形，無法去做一個百分之百的定論，因此「自由條款」是公約不允許的、不合理「偏航」的提單條款，也是偏航法定規範的一個變數。

　　5．「甲板裝載」"deck cargo"的特殊規定

　　新公約關於「甲板裝載」"deck cargo"的規定，首先聲明「只有在三種情形下，貨物可以裝在甲板上：

　　　　依據法律或行政命令。

　　　　裝在貨櫃中、擺放貨櫃船的甲板上。

　　　　除以上兩種情形外，應為依據運送契約、配合海關、特殊

Sales Division v.S.S.Nancy Lykes, 706 F2d 80,85,1983 AMC 1947,（2d Circuit 1983）等。

113 原文是"The vessel……shall have liberty as part of the contract voyage and at any stage thereof to proceed to any port or ports… whether such ports are on or off the direct and/or customary route or routes to…and there take oil bunkers…"

的運用、貿易慣例或因航運種類或商業習慣所許者」[114]。

由於「甲板裝載」業已定義爲屬於以上三種情形之下，所以當「甲板裝載」時，運送人只負責「以上第 2 種」情形下之「甲板裝載」的毀損、滅失或遲延交付，屬於上三種情形之外的「甲板裝載」，而且毀損、滅失或遲延交付之原因，爲因「甲板裝載」所造成的，運送人也應該負責。

將「甲板裝載」的情形予以分類，再釐定負責之分際，應該是新公約解決「甲板裝載」責任問題最大的貢獻了。

關於「履行方」的責任

針對「履行方」應盡本公約運送人的責任及義務，亦享有本公約運送人的權利及免責部分之外，由於二〇〇四年的紐約會議已將「履行方」分成了「海運履行方」"maritime performing parties"與「非海運履行方」"non-maritime performing parties"兩者，舊版公約第 15 條標題「履行方的責任」"Liability of performing parties"業已改變爲「海運履行方的責任」"Liability of maritime performing parties"，代表公約有意讓運送人代「海運履行方」負責任，至於「非海運履行方」是否亦可享有本公約運送人的責任限制權利及免責，可能要配合公約第 8 條「海運之前之後的運送」"Carriage preceding or subsequent to sea carriage"、第 9 條「混合運送及承攬運送的契約」"Mixed contracts of carriage and forwarding"、以及第 18 條「責任限制」"Limits of liability"第 2 項一起看，才有意義。

第 8 條規定中有「當貨損發生在海運之前或之後，這段期間有其他國際公約或國內法適用於運送人責任、責任限制或訴訟期限之強制適用規定、私契約不得訂定相反的規定時」，「該其他國際公約或國內法應優先適用」。第 18 條「責任限制」第 2 項則有「當運送人無法確立貨物之滅失或毀損係發生於海上運送、或海

---

114 參看新公約第 24 條第 1 項、第 2 項。

運之前或之後的運送，其他針對某一不同運輸種類的國際公約或強制適用之國內法的最高責任限制規定將適用」。第 9 條「混合運送及承攬運送的契約」中則有「運送契約內明文同意運送人可以以代理的身分，將運輸中的某一部分安排由其他一個或多個運送人運送」，並「慎選運送人」。在這三個規定中可以看出：

1. 「履行方」分成「海運履行方」與「非海運履行方」的目的，就在於運送人權利與責任僅與「海運履行方」同步。不涉及「非海運履行方」。

2. 新公約雖然自始即未與其他國際公約做協調，但在運送人責任的相關規定上，顯然尊重其他規範不同運輸種類的國際公約或國內法[115]之規定。責任限制是適用其他公約或國內法之最高責任限制。

3. 運送人以代理的身分安排其他運送時，公約賦予慎選其他運送人之責任，該責任可經由舉證，請其負責。

二〇〇四年的紐約會議既已擇定「運送人應為海運履行方負責」、「運送人應為海運履行方之次訂約人、受僱人、代理人負責」，「只要海運履行方之次訂約人、受僱人、代理人之行為、疏忽係依據運送契約、僱用契約及代理契約」，且「海運履行方之次訂約人、受僱人、代理人之行為、疏忽視同運送人之行為、疏忽」。二〇〇四年的紐約會議也在二〇〇三年版的兩個方案中擇定了「海運履行方依據本公約，同樣接受賦予運送人的責任及義務，亦享有本公約運送人的權利及免責」，「如果造成毀損、滅失及遲延交付的原因發生在海運履行方保管貨物的期間」，或在其依運送契約「參與履行活動的期間」，「海運履行方不必就運送人因簽訂超出本公約所賦予運送人義務責任、或超出責任限額以外的責任而負

---

115 尊重其他規範不同運輸種類的國際公約或「國內法」的規定中，尊重其他「國內法」的規定似乎沒有道理，這一點應該是美國建議的，因為只有美國的「國內法」是強制適用。

責」，除非「海運履行方明文同意接受該責任或海運履行方明文同意該超出本公約的責任限制的責任」。

但是依據同一第 15 條的第 4 項第 5 項，「海運履行方」與「非海運履行方」似又有責任混淆之處，雖然同屬第 15 條「海運履行方的責任」，但就第 4 項內容「如果向運送人以外的任何人：第 14 條後附著之人及本條第 3 項的人」提起訴訟，「該『任何人』均可享運送人責任限制與免責的利益」。而第 5 項則規定「如果有一個以上的海運履行方應負責貨物的毀損、滅失及遲延交付，其責任在公約限制範圍內，應為共同連帶責任」。第 6 項則重申「責任額不超過公約的責任限制」。以上第 4 項中的「任何人」"any person"包括 14 條後附之人，所指的「任何履行方」"any performing party"、「任何其他人：包含履行方的次訂約人、受僱人及代理人」[116]，「渠等依據運送契約履行或有義務履行運送人之責任，其行為規範直接、間接在運送人要求或運送人管、控之下，只要履行方與其他人的行為、疏忽在其契約、僱傭契約及代理契約範圍內，視同運送人的行為、疏忽」、以及本條第 3 項的人「代表履行方履行運送契約中運送人責任之人」，用的字詞是「履行方」"performing party"，未強調是「海運履行方」"maritime performing party"，也包含了「履行方的次訂約人、受僱人及代理人」。

因此綜合整個可承受「運送人的責任及義務」，亦享有本公約「運送人的權利及免責」的人，應該是「海運履行方」、任何「履行方」及「運送人」與「海運履行方、履行方之次訂約人、受僱人、代理人」都包括在內。但是在「共同連帶責任」的規定裡則僅限於「海運履行方」。而重申的第 6 項「責任額不超過公約的責任限制」裡，則指「所有被提起訴訟的人」，也就是前述所有的人。

---

116 原文是"any other person, including a performing party's subcontractors, employees, employees and agents"

這影響到有關「提起訴訟」、「責任限制範圍內之責任」，以及「共同連帶」責任的分攤問題。在第 15 條標題業經改變爲「海運履行方的責任」情形下，其第 6 項「責任限制」以不超過本公約的總「責任限制」爲限。但第 5 項「共同連帶」責任的規定又僅限於「海運履行方」。確定了這一部分，責任應回溯前述第 8 條「當貨損發生在海運之前或之後……，其他國際公約或國內法應優先適用」。以及第 18 條第 2 項「當運送人無法確立貨物之滅失或毀損係發生於海上運送、或海運之前或之後的運送，國際公約或強制適用之國內法的最高責任限制規定將適用」。因此假設「非海運履行方」適用了其他國際公約的更高責任限制，則此處的「共同連帶責任」將不再有任何意義，因爲依據「共同連帶責任」的意思，「因連帶債務人中之一人爲清償、而債務消滅者，他債務人亦同免其責任[117]」。但是如果此項「責任限制」不及於「非海運履行方」，則在「非海運履行方」償付了更高債務之後，其他「海運履行方」、「運送人」與「海運履行方、非海運履行方之次訂約人、受僱人、代理人」是不是都可以免除債務就有問題？所以這個涉及「共同連帶責任」的部分，不但不是對「海運履行方」有利的規定，反而變成一個不利的規定了。文字上是否要重新斟酌，是否應該包含「非海運履行方」？或者責任限制的規定應擺在其他運送人的規定裡，都應該重新考慮。

此外，總責任額在其第 15 條第 5 項及第 6 項中兩次被提及，一次以「在責任限制下應負共同連帶責任」。一次則重申「責任限制以不超過本公約的總責任限制」爲限。則「非海運履行方」依據第 8 條及第 18 條，「應適用其他國際公約或國內法的更高責任限制」規定時，是否即已因此免除了其他相關人員的責任，則「責任限制以不超過本公約的總責任限制」在此還有什麼意義？因爲

---

117 參考我國民法第 274 條。

第 18 條乃是「當運送人無法確立貨物之滅失或毀損係發生於海上運送、或海運之前或之後的運送」時，亦應適用「其他國際公約或國內法的更高責任限制」，自然也包含了「海上運送」的部分。

六、關於登記船東及其責任

新公約規定當契約細則未詳盡說明、以致於無法依據運送契約找出應負責的運送人提起訴訟時，登記船東應全權負責的規定，我曾在二○○二年上海舉行的兩岸海商法研討會發表過「船東越來越難混了」"Ship owners are much Harder to Survive"的論文，當時用的是二○○一年第一版公約，把以上「登記船東應全權負責」的規定包含在括弧內，還尚待討論。到了二○○二、二○○三，這一個部分並未再予修改，大約列在公約中已成定局。這一段讓「登記船東負責」的規定現在公約第 36 條第 3 項，這一條的標題其實屬於「契約細則中的不足」"Deficiencies in the contract particulars"，「不足」之處有三種情形，包括「裝船日期」記載之「不足」、「『不足』以辨識運送人」，以及「表面情狀」敘述之「不足」，並說明三者均不影響運送契約的有效性。所以這個「不足」的規定是延續漢堡規則「載貨證券內容之缺乏」而來，做更詳細的說明而已。這也是新公約對於貨方最有利的地方，委託裝載的貨方不論裝載於船東自有的船舶，或船東運送人租來的船舶，或經由承攬運送人安排裝載的船舶，依據新公約的規定「如果契約細則無法辨識運送人，則只要貨物裝在『指名的』"named"船上，則推定登記船東爲運送人」。

這個規定的意義及背景，必須先說明如下：

「未能辨識運送人」的情形多發生於簽發「簡式提單」[118]"Short Form Bill of Lading"、或現在貨櫃運輸的「合作聯

---

118 短式載貨證券指正面無抬頭名義、背面無條款的載貨證券，因爲多

營」"joint venture"的情形。而「簡式提單」則多於租船的情形下簽發。而「合作聯營」，則簽發提單的一方，與提供船舶的一方有時候並不相同，兩種情形都使貨方難以分辨運送人。

「不定期運送」"Tramp Service"的三種租船之中，簡式提單的運送人無法辨識的情形多發生於「論程租船」"Voyage Charter"。因為該種租船的船東通常就是提單的運送人，而租船人則通常就是提單的託運人，但是因為提單可以轉讓的關係，提單持有人與運送人之間，因為提單轉讓而致無法辨識運送人。「合作聯營」也會產生類似的狀況。

任何一種租船，合約上都有允許的分租"sub-charter"規定，以致於可能無法辨識運送人。

以上任種一種情形，都會讓貨方感到困擾。

本公約訂定當契約細則對於運送人的陳述不夠明確，船東不論以哪一種方式經營船舶，只要運送契約或提單上有船名，當運送人在契約上無法辨識，該船舶的登記船東就必須出面，對運送負責。對於船東來說有些許不公平，因為租船比自行經營的運送收入要少，卻必須與自行經營運送一樣，承擔運送人的責任。而「合作聯營」也有聯營雙方各自的權利、義務的規定，單就提供船舶的一方來負責，也不盡公平。然而這些不公平對於貨方來說，則無疑是一個好消息。

但是新的問題在於現在的船東組織結構已不同於往昔，由於船舶所有人責任經由立法、國際公約[119]有關限制海事賠償責任的許多例外規定，而不斷提升，加上「對物訴訟」的程序法規定，

屬於定型化的文件，通常用於「租船載落證券」"Charter Party Bill of Lading"。

119 美國 1990 年石油污染法、台灣海商法第 22 條運送人責任限制之例外規定。以及海事求償責任限制公約第三條之例外規定等。

讓擁有多船的船東改爲藉由成立管理公司，或者透過管理公司經
營船舶的方式，經營管理船舶，真正的船東則將一船分屬成個別
成立的公司，以分設公司的方式，分散所有權風險[120]。因此要求
登記船東負責，將可能發現出面的的船東會是財務薄弱的一船公
司，而非以往財力雄厚的船團公司，所能負責的、在沒有抵押借
款的最佳情形下，也唯有該船的船價而已。

七、「委託人」、「持有人」、「受貨人」、 「託運人」與「控制權人」

本公約中定義代表貨方的人有「發貨人」"Consignor"、「託
運人」"Shipper"、「持有人」"Holder"、「受貨人」"Consignee"與
「控制權人」"Controlling Party"四個。「委託人」依新公約中的定
義，只是「指將貨物交給運送人或履行方運送之人」，之後的公約
規定上較少被述及這個名詞，所以他只是一個負責交貨給運送方
的人而已，不但與目前實務上"Consignor"一詞的意義有出入[121]，
與國際的標準規則[122]及已擬訂的國際公約[123]有出入，這些標準規
則與公約中的"Consignor"一詞都是指「與運送人訂約之人」，亦
即與新公約的「託運人」"Shipper"定義相同。「託運人」在新公
約中則是指與運送人訂立運送契約之人，爲契約的關係人，所以
在公約裡要求「託運人」"Shipper"需要盡許多義務，而「委託人」
"consignor"則在公約中沒有這些義務。「持有人」"Holder"爲「此
刻持有可轉讓文件或唯一可進入、掌控可轉讓電子紀錄之人」。而

---

120 參考"A Review of the first Decade", 24 Tulan Mar.L.J.481, 524 之註
    307（2000）by Lawrence I.Kiern。
121 實務上的"Consignor"多爲海運單和空運提單上的「託運人」，與
    "Shipper"一詞同義。
122 例如「聯合國貿易發展委員會/國際商會複式運送文件規則」
    UNCTAC/ICC Rules on Multi-modal transport documents。
123 United Nations Convention on International Multimodal Transport of
    Goods, 1980。

「受貨人」則係依據運送契約、運輸單證或電子紀錄，有權接受貨物之人。至於「控制權人」"Controlling Party"一詞，其實來自歐洲鐵路公約與內水公約，但是在海運公約中卻是首次出現，是指「依據公約第 50 條，有權執行控制權的人」，所謂的「控制權」，其實就是控制貨物的「交貨」"delivery"，也就是對貨物「所有權」或稱「物權」的控制權。依據公約，以上所說的「託運人」、「受貨人」都有可能是「控制權人」。與以往不同的地方，在於以往以運輸單證來代表「所有權」或「物權」，所以交貨時應繳回提單，現在則藉運輸單證之轉讓來控制「所有權」或「物權」的移轉，因此，交貨時應否繳回提單，已經經由「控制權」的規定而有所默示。

　　作為「物權證書」的提單經由各種方式；如持有、如受轉讓，都有可能獲得「物」的「控制權」，因此而成為「控制權人」。本公約新增的「控制權」"Right of Control"，具體一點說，因為運輸單證 —— 以提單為例，以往所表彰的是貨物所有權的「物權」[124]，其託運人、持有人、受貨人都是各個階段的貨物「所有權」的主張人，本公約改稱為「控制權」與「控制權人」的名詞。並於公約中說明，「控制權人」是可以變更「所有權」的，這就是本公約中「控制權」——「控制財產 —— 貨物的所有權」的意義了，提單移轉原始所表彰的是「物權」：提單本身即「物」之權，如今以「控制權」代之，其隱含的意義，與「所有權」或「物權」本身，已經有了區分，一個定單證本身代表「所有權」或「物權」，新公約則是由單證「控制權人」為控制「所有權」或「物權」的

124　張新平著《海商法》五南圖書出版公司、2001 年 11 月四版一刷、頁 174。張特生《海商法實務問題專論》五南圖書出版公司，1998 年 2 月初版 1 刷、頁 167-176。其他亦見田中誠二《海商法詳論》頁 389-393。施智謀《海商法》頁 253-254。楊仁壽《海商法論》頁 347-350。吳智《海商法論》頁 142。張東亮《海商法新論》頁 304-306。

移轉,所以才會說交貨時應否繳回單證,已經經由「控制權」的規定而有所默示。

因為「控制權」"Right of Control"及「控制權人」"Controlling party"兩個名稱雖來自鐵、公路公約、內水公約的名詞及空運公約的觀念,但值得注意的是,以上這幾種公約中的單證在交貨時都是不用繳回的,而海運單證在傳統上、國際及國內法的規定裡,都必須繳回,也就是具有繳回性。對於海運公約來說,這是新增的規定,也是新增的觀念。新的觀念是單證只代表控制「物」的權,而非「物權」本身。新公約第 11 章「控制權」"Right of Control"的內容大部分於二〇〇三年版本中已經定案,不再有爭議,茲摘要控制權的內容如下:

「控制權」是指依據運輸契約、與運送人協議、給予運送人指示的權利,這些權利包括:

不違背運輸契約情形下、更改貨物內容的指示。

到目的地前要求交貨的指示。

更改受貨人(包括控制權人)的指示。

與運送人協議更改運輸契約的指示。

所以所謂「控制權」,其實就是以往「記名單證」中「發貨人」"Consignor"的權利。或運輸單證轉讓之後,「持有人」的權利。公約也明文規定「控制權人」在未簽發可轉讓運輸單證下就是託運人,或經與受貨人商議之後,轉讓給受貨人。而在簽發可轉讓運輸單證下,「持有人」就是「控制權人」。

因此「控制權」與「控制權人」其實只是要把傳統航運的默示保證及慣例予以明文化而已。

海運作業提貨應提交正本運輸單證的做法,在「海運單」"Sea Waybill"出現之後就已經面臨考驗,海運單是比照「空運提單」"Air Waybill"來設計的,空運由於速度快,縱使空運單證多數不像海

運單證一樣，經常需要在銀行押匯墊支貨款，耽誤時間的理由外，貨運到目的地，空運單證尚未送達的情形更常發生。在複式運送逐漸流行之後，海運上的海運單也應運而生，雖然大陸國家除美國外[125]，海運單已經很流行，但是除了英國一九九二年的「提單法」提到「海運單」之外，其他各國法規均未具體提到「海運單」這個名稱[126]，本公約本欲將海運單的名稱列入，最後仍比照美國二〇〇〇年提單法，只有「不可轉讓之運輸單證」"Non-negotiable transport document"，而不明列「海運單」"Sea Waybill"或「提單」"Bill of Lading"。

　　雖然如此，使用「轉讓運輸單證」"Negotiable transport document"提貨，應提交正本單證的做法，運送人在本公約中已經獲得多重選擇的權利。在本公約第 49 條的正常交貨之外，還有©項的「依託運人或控制權人的指示交貨」，不須繳回正本運輸單證。但是「如果轉讓運輸單證未繳回，運送人即已交貨，在運送人已交貨予依據運輸契約以外之其他契約或協議的受貨人之後，持有運輸單證的轉讓運輸單證持有人，只能獲得對抗運送人的權利」。除非持有人設法舉證「持有人根本不知道或不可能知道該項交貨」，這個規定其實主要在解決越來越蔓延的論時租船契約中「無正本提單放貨條款」[127]的問題，雖然「無正本提單放貨條款」

125 美國實務上較常使用「記名提單」"straight Bill of Lading"。
126 台灣及大陸海商法及合同法均沒有海運單，美國海運提單法及海上貨物運送法也只有「不可轉讓提單」"Non-negotiable Bill of Lading"。
127 該種條款內容多如下：
"Charterers to endeavor their best to present the original Bills of Lading for discharge cargo. If original bills of Lading unavailable at discharging port, entire cargo should be released against charterers single Letter of Indemnity in Owners P and I club wording. But original Bills of Lading to be presented to Owners office within two months after completion of discharge. Masters will release cargo to the consignees named in the LOI. Charterers hereby state that they indemnify Owners against all consequences arising from Owners confirmation to Charterers request in discharging cargo against the

是船東因應航運市場不景氣或礙於實務的運作，而不得不接受的條款，船東也明知該條款背負了極大的後續潛在風險，因放貨不以正本載貨證券作憑據，僅以租船人出具之保證書作憑據，雖然保證書上說明租船人於若干時間內繳回正本單證 —— 提單，租船人也保證使運送人免除一切賠償，但實際上若是租船人事後置若罔聞，運送人根本上束手無策，實務上這種情形也是前車可鑑[128]，這個規定雖是善意為船東或運送人解決問題，但這個規定卻也讓運輸單證不論表見證據、最終證據的效果都大打折扣，定案前應再三思。

對於「託運人」的責任，在海牙及海牙威士比規則的時代較為人所熟知的包括：

對於聲報貨物內容、標誌、件數、數量、重量正確性之保證義務，並負因通知不正確時，運送人損失之補償責任[129]。

貨損的通知義務[130]。

貨物危險性質之通知義務，並負責因未通知時，船舶直接間接受損及費用之賠償責任[131]等。並包括了

默示的運費支付義務。

到了漢堡規則時代，託運人義務較為具體地明定於漢堡規則

Letter of Indemnity without production of the original Bills of Lading."

128 依據筆者自己處理過的經驗，接受此一條款後，幾乎每一港口都是無正本提單放貨，而且一直等到租約到期都不見正本載貨證券回籠。本文寫作時，再經詢問台灣著名經紀人訊昌公司(Maxmart Shipping & Trading Co., Ltd.)的統計，訂定此條款而使船東或運送人賠款的案子層出不窮，該公司經手案例中亦有賠償上萬美金之前例。

129 海牙及海牙規則的第 3 條第（5）項（Article 3（5））。威士比規則的第 III 條第 5 項（Article III.5）。

130 參考本文第「十一」、海牙及海牙規則的第 III 條第（6）項（Article 3（6））。威士比規則的第 III 條第 6 項（Article III.6）。

131 海牙及海牙規則的第 4 條第（6）項（Article 4（6））。威士比規則的第 IV 條第 6 項（Article IV.6）。

的第 III 部分「託運人的責任」"Liability of the Shipper"，其中有兩個條文，除第 13 條係有關危險品的申報及標示義務、並須負責未標示及未通知造成損害之賠償責任外，在第 12 條也很具體的要求託運人以「過失」"fault"責任為基礎在託運人有過失的情形下，對運送人及實際運送人負毀損滅失的責任。

　　本公約則對於「託運人」的義務有更嚴格的要求，包括：

　　　　提供耐得住運送（包括耐得住裝、卸、搬移、堆裝、繫固）之貨物，俾使這些貨物在運送過程中不致造成受傷或損害。負責貨物在整個運輸途程中都能維持耐得住依運輸契約需要的各項運送作業（含裝貨、搬移、堆裝、繫固、穩定及卸貨），並須對在運送過程中造成船體及其他貨物損害及人員受傷負責。

　　　　如為整裝貨櫃，託運人應負責拖車及貨櫃內之堆裝、繫固、穩定，以保證使用拖車及貨櫃裝貨、操作及卸貨之安全，並負責造成貨物損害及人員受傷的責任。

　　　　託運人應提供運送人相關資訊、指示、文件，包括：

1. 貨物之操作方法、搬運方法及預防措施，運送人已知或應知者除外，
2. 運送應配合政府當局的規定及要求，包括如何報備、如何申請、如何獲得許可證件等，
3. 運輸單證上的相關內容：包括貨物內容、標誌、件數、數量、重量及託運人名稱、受貨人名稱或待指示之註記等。

　　託運人對於運送人、控制權人、受貨人因依賴以上通知之原因造成運送人之損失及損害，應負賠償責任。

　　　　除非證明無法避免、無法預防，託運人對於運送人因貨物造成的損失、損害及人員受傷負責。

對於以上第 項責任：

1. 「託運人」與「運送人」負責任的對象，都同時包括「受貨人」及「控制權人」。

2. 「託運人」與「運送人」之間對於未提供指令或未配合指令的責任，都是相互負責。以及

3. 當「毀損、滅失或受傷係因爲運送人與託運人均未能配合相關的義務時，運送人與託運人應共同連帶對受貨人及控制權人負責」。

根據以上的規定可以發現，託運人是運輸服務的客戶，屬於消費者，但海上運輸運送人負的責任是相對責任，因此要求託運人也要負一定的責任。假如因裝、卸作業時，標示不明或貨物的瑕疵，「託運人」須對人員傷亡負責，這是在舊公約中是從未聽聞的規定。而「共同連帶負責」的觀念，卻早見於美國一九九九年的貨物運輸法草案[132]。

託運人並應對參與運輸履行人之行爲疏忽負責，包括次訂約人、受僱人、代理人在契約、僱用契約、代理契約之內的行爲，無論直接間接行爲均包括在內。亦即託運人與運送人一樣，是整個運輸過程中代表貨方負全部責任的人。

在運費的支付方面，託運人對於契約細則中「運費預付」"Freight Prepaid"的陳述，固然有付運費的義務，對於「運費到付」"Freight Collect" 的陳述，本公約說「造成受貨人可能有支付運費的責任」，反之，如果「受貨人可能不支付運費」時，可能仍是「託運人」的責任，以及「任何持有人或受貨人如果接受交貨或執行有關貨物的權利時，就應負責付運費」。

---

132 王肖卿：《載貨證券》，五南圖書出版公司、2001 年 11 月，頁 127-128。

明文規定託運人應承擔受領貨物之義務受貨權原屬於受貨人；在簽發轉讓運輸單證的情形下，運輸單證的持有人就是受貨人[133]。在簽發不可轉讓運輸單證的情形下，則由託運人或控制權人指定受貨人[134]。在第一種情形，如果轉讓運輸單證的持有人不提貨，託運人或控制權人應給運送人其他交貨之指示[135]，這個規定配合第 54 條第◎項控制權行使的規定，向運送人提出控制權主張或交貨指示時，必須提交全套的運輸單證正本，這類交貨指示當然也包含不在目的港提貨的要求[136]。而第二種情形，如果非轉讓運輸單證的託運人或控制權人指定的人不提貨，則託運人或控制權人應負責提貨[137]，這種情形就使提領貨物的義務更明確，對運送人而言，因沒有人前來提領貨物造成的困擾也可以比較單純的解決了。

　　綜合以上情形，當受貨人不提貨或拒絕提貨時，不論是給予新指示或負責提貨都是託運人的責任，以往這項責任未見諸明文，但經參考案例，亦應都屬於託運人的默示責任。

　　除了以上特別正面訂定的託運人義務外，特別要提醒的是在本公約第 14 條第 2 項第(c)(f)(g)(h)款「運送人責任之基礎」"Basis of Liability"之免責條款中把託運人的行為、疏忽、包裝或標誌不足或瑕疵、貨物潛在瑕疵造成之耗損、託運人代理人之裝卸；包括操作、堆裝、裝、卸，甚至連運送人因避免貨物實際危險或環境傷害之後續動作造成的貨物損害都可以免責[138]，所以即使以上

133　本公約第 49 條第(a)(b)項。
134　本公約第 48 條第(a)(b)項。
135　本公約第 49 條第(b)項。
136　本公約第 53 條第(b)項。
137　本公約第 31 條。
138　本公約第 14 條第 2 項第(e)款，該款條文在擬定時曾出現將託運人與運送人兩者同時列入的建議，最後卻只保留了運送人一項。請參考第十二次工作小組報告（Vienna, 6-17 October 2003）

相關責任並無須託運人去負擔額外的費用或責任，託運人所屬貨物有損失，也是無法獲得賠償的，尤其運送人因為避免環境傷害之動作，包括這些動作的行為、疏忽及過失造成的貨物損害也要託運人來承擔。

不過在本公約第 34 條有關「運輸單證的內容」裡，僅要求應「表明運送人」，卻未要求亦應「表明託運人」[139]，其實由於運輸單證是由運送人印刷及開立的，留下這一個缺口留待實務去解決，也可以說是一種聰明的做法。

綜合以上對於託運人嚴格義務的要求，符合本文所說過的零和原則，但就另一方面來看，雖然託運人與運送人一樣，都是整個運輸過程中代表一方，負全部責任的人，明文賦予相關責任，於理似無不合，但就運送人提供運送服務，託運人繳付運費，享受服務一節來看，實際上託運人卻是客戶。要客戶承受對等責任 ── 例如託運人與運送人一樣，相對索償時限都是一年[140]，甚至更嚴格之責任 ── 例如託運人對於所負責任，沒有訂定責任限制，運送人則訂有責任限制等，真的很不公平。

八、運輸單證的內容更為精簡

海牙及海牙威士比規則有關運輸單證的內容較簡單，共計只有主標誌、貨物件數及數量，以及貨物表面情狀等三項，漢堡規則則太複雜了，共有十四項，而且既然「內容缺了一項至多項，亦不影響運輸單證的法律性質[141]」，列上許多實務上根本不常列入的項目，也沒有什麼意義，新公約則修正得較為合理，對於運輸單證的內容僅列名五項，除了原海牙及海牙威士比規則規定的三項內容 ──「貨物的主要標誌」、「件數、數量及重量」，以及「表

---

139 本公約第 34 條第 1 項(e)款。
140 本公約第 66 條。
141 漢堡規則第 15 條第 1 項第(a)-(o)款。

面情狀」外，增列了「日期」（包括「收貨日期」、「裝船日期」）以及「運輸單證之簽發日期」。「運送人」有關的部分則包含「運送人名稱」及「運送人簽字」等共五個大項[142]，雖然與漢堡規則類似，也有「缺了一項至多項或一項至多項有不精確之處，亦不影響運輸單證的法律性質[143]」的規定，但這五個項目在實務上倒是運輸單證上常常不可少的項目，所以單證內容的規定比漢堡規則來得實際。

這五個項目的記載方法與分類也各有不同的說明，如所謂「表面情狀」的意義係基於「貨物外表的狀況」[144]或「運送人在簽運輸單證前實際進行的查驗」[145]，而「表面情狀未說明即代表表面情狀良好」[146]。「運送人簽字」應由「運送人或其授權之人簽字」[147]。

在傳統運送公約──包括海牙及海牙威士比規則，以及漢堡規則無法解決的運輸單證記載，如非貨櫃貨「託運人提供的貨物數量無法查證」，指的是「實際上無法查證」及「商務上無法查證」[148]，這個「商務上無法查證」是一九九九年「美國海上貨物運送法」草案中的文字，依其字意應該也包括如查驗費太貴等情形。在貨櫃貨方面，則除了進行開櫃查驗，否則應按照託運人申報的貨物主標誌、件數、數量及重量記載[149]。尤其還有一個取法美國一九九九年「海上貨物運送法」草案的規定，對於運送人責任的確認，無疑是對運送人相當有利的，其規定是：倘「貨櫃貨到達

---

142 本公約第 34 條第 1 項。
143 本公約第 36 條第 1 項。
144 本公約第 34 條第 2 項第(a)款。
145 本公約第 34 條第 2 項(b)款。
146 本公約第 34 條第 2 項第 3 款(a)目(8.2.3(a))。
147 本公約第 35 條。
148 本公約第 37 條第©項第(ii)款。
149 本公約第 37 條第(b)項第及 1999 美國海上貨物運送法公約"Staff Working Draft of Carriage of Goods by Sea, 19995 第 7 條(f)項第(2)款。

目的地時，貨櫃密封且未受損，而且沒有運送人或履行方收貨後曾開封之證明」時，視其運輸單證之記載爲有效。但是這一段文字目前仍保持括弧狀態，也就是還有議者認爲，「如果密封但內部受損」的諸多考慮，所以仍留待討論。

九、將運費予以定義

自有國際貨物運輸公約以來，新公約是第一次看到將「運費」一詞列入定義[150]，雖然運送人提供運輸服務、貨方 —— 託運人支付運費乃一種默示義務。本公約第 9 章將運費傳統上、慣例上支付運費之權利、義務關係全部以明文條列清楚，應該可以減少海運後進國家的許多訟爭。包括如下：

慣例上「運費」的意義包括：

「運費」包括「空艙運費」[151]。

以「交付貨物」"Cargo Delivery"爲「賺得」earned[152]。

可以以運輸契約約定的方式，提前「賺得」"earned"[153]。

運費之負擔應由託運人全權負責[154]。

「運費預付」應由託運人付款[155]。

「運費到付」可能須由受貨人付款[156]。

---

150 包括 1924 年海牙規則、1968 年海牙威士比規則、1978 年漢堡規則及 1980 年的國際複式運送公約均未在定義上及解釋上談及運費。
151 本公約第 41 條第 1 項。「空艙運費」"dead freight"指的是當貨物未達合約數量時，貨方給船方之賠償，金額爲合約數量與實際數量的差額，但應扣除少裝貨不必支出之費用，即差額部分的淨運費。
152 本公約第 42 條。「賺得」爲指若運費已收取，但未交貨時，應予退還，因此而運送契約中常見有「縱使貨物滅失，亦不退還」"freight is not returnable whether cargo lost or not lost"的條款。
153 本公約第 41 條第 1 項。
154 本公約第 43 條第 1 項。
155 本公約第 44 條第 1 項。如轉讓文件中有「運費預付」的文字，即指除託運人以外之運輸單證持有人不必付運費。
156 本公約第 44 條第 2 項。如轉讓文件中有「運費到付」的文字，即指受貨人可能須付運費

運送人就未收到之運費，對於貨物有留置權及拍賣權[157]。

十、轉讓運輸單證持有人的訴訟權

　　這一個有關持有人權益的規定，應該受英國一九九二年提單的影響很大，在該英國提單中，確立了一個「提單持有人」"Bill of Lading Holder"的法律地位。只有「提單持有人」可以主張相關「提單」的權益，其他人關係受有損害均需透過「載貨證券持有人」進行訴訟，因此使運送人一次只需要面對一個請求權人，讓訴訟對象的問題單純化了，自然很受運送人的歡迎。但是也有一個缺點，就是如果「持有人」並未真正受到損害時，索賠的動作自然不會那麼積極，可能因此而傷害到真正受害者的權益[158]。本公約則以考量到貨方在這方面的權益，所以比英國一九九二年提單的設計還要來得好。

　　本公約在訴訟權的規定裡，首先說明不論可轉讓與不可轉讓的運輸單證中，能對運送方提起訴訟的人包括：

　　託運人，或

　　受貨人，或

　　因違反運送契約造成託運人或受貨人受有損害，已獲得轉讓權利的第三者，或

　　依據國內法律，合法取得代位求償權的第三者[159]。

　　但是如果是轉讓運輸單證的持有人，不必證明因違反運送契約受有損害，就可以直接向運送方 —— 包括運送人或履行方進行訴訟，如果本身未受有損害，也可以代表受損害的一方，向運送

157　本公約第 45 條第 2 項。

158　王肖卿，《載貨證券》，五南圖書出版公司，2001 年 11 月，頁 127-128。

159　本公約第 63 條。

方進行訴訟[160]。

　　為了遇有前述持有人因未遭損害，以致於訴訟動作不積極的情形，本公約比英國一九九二年海運提單法增訂了一項，當原告是託運人、受貨人或前述　　或　　兩項所提到的第三者而為受害者時，可以以舉證證明轉讓運輸單證的持有人無損害，而本身有損害情形下，主張本身有訴訟權。

　　這個新規定相當程度的解決了公平主張訴訟權的問題。

十一、理賠之訴訟及仲裁時效又回復為一年

　　漢堡規則將原來國際公約的一年訴訟時效延長為兩年，此外，漢堡規則所增列的仲裁條款，亦給予與訴訟時效相同的兩年為仲裁時效。本公約則將漢堡規則貨方原告所爭取的兩年時效又回復為一年。甚至是託運人應負責的部分，運送人可以求償的時效，亦規定為一年。雖然本公約對於時效的規定，採用了漢堡規則及海牙威士比規則的相同規定，即在時效屆滿前，准許被告以書面同意原告的方式宣佈，予以延長，而且延長的次數可以不只一次，也沒有限定最長的時效年限[161]。

　　追償時效是漢堡規則及一九七九年海牙威士比規則於特別提款權布魯塞爾公約所追加的時效規定，也是一個比較新的觀念及規定，是指應負責理賠之人——通常是運送人，於賠償之後向第三者「回復追償」"recovery or recourse action"的時效，雖然國際公約都明白規定應給予前段賠償定案之後，至少三個月的時

---

160 本公約第 63 條第(d)項。
161 參考本公約第 14 條第 1 項及第 3 項、漢堡規則第 20 條第 1 項及第 4 項、海牙規則及海牙威士比規則的第 III 條第 6 項。至於延長時效則屬於商業考量範圍，實務上通常由原告的律師致函潛在被告，威脅如不同意延長時效，將立即進行訴訟或仲裁，原告如不受要脅，可以拒絕延長，但原告通常也會判斷情勢、避免爭訟情形下，同意延長。

效，但是像大陸海商法與美國新的海上貨物運送法草案在引用此一規定時，都規定追償必須於九〇天內進行，也就是說，至多九〇天[162]。本公約本次亦以相同文字列入九〇天的規定[163]。

總之，向運送人索償的訴訟及仲裁時效回復為一年，以及運送人向託運人的追償時效亦對等規定為一年，兩者都是本公約的新規定。而在賦予託運人種種責任之後，一年的追償時效是二〇〇一年新加坡會議向託運人示惠的共識。

十二、活動物運輸之契約自由

「活動物」"live animal"與「實際裝載予甲板上的貨物」"cargo which by the contract of carriage is stated as being carried on deck and is so carried"在海牙與海牙威士比規則時代是被排除在「貨物」"goods"定義範圍之外的運送物，其意義在於「活動物」的運送必須另訂運送契約，對於公約中現成的免責或責任限制規定，運送人均不得依法享有，必須另以契約訂定。到了漢堡規則正式在「貨物」項下涵括「活動物」[164]及「甲板貨」。至於運送人對「活動物」的責任，第5條第5項規定「如果已經配合託運人之指示照料」、「損害又是因為未指示造成的」，則運送方「不負責活動物因該種運送『特殊潛在風險』"special risks inherent"造成的滅失或損壞或遲延交付」。負責而漢堡規則的本意也是如此，因為活動物的照料，除一般貨物的照料外，包括餵食、清潔及處理排泄物等，都是運送人額外的工作，且即令一切均已按照託運人之要求從事，仍無法保證活動物的安全送達，因此本公約的二〇〇〇年版是將活動物再次排除在外的。這次定稿的公約版本既已將甲板上

---

162 參考中華人民共和國1992年海商法第257條。
163 參考本公約第70條。
164 漢堡規則第1條定義第5項，除「活動物」之外，亦同意裝於貨櫃、墊板或類似載具裝於甲板之上，亦包含在「貨物」定義之內，但甲板貨物不在本文討論範圍之內，故未論列。

裝貨櫃視爲一種合法的裝載，卻將活動物予以排除，究其原因惟運送人之責任不適用而已，所以就在第 19 章「契約自由的限制」"Limits of Contractual Freedom" 裡規定，雖然「不允許運送人、履行方及託運人以契約訂定有違當事人應盡義務的規定」，但「當貨物爲活動物」時，則允許以契約條款排除或限制運送人、履行方對於貨物毀損、滅失的責任」。

公約也提到其前提，是「運送方未經貨方舉證有過失或疏忽」的情形。所以在漢堡規則時代，「活動物」是「貨物」"goods"的一種，對於「活動物」的運輸責任是：「**貨方舉證的過失責任，有過失才負責**」。

相較於新公約第 89 條(a)項的規定，「除了故意或明知可能造成貨物滅失或損壞或遲延交付，而輕率的作爲或不作爲以外」，可以**自由訂定契約**。因爲增列了「除了故意或明知可能」的前提，比海牙或威士比規則時代的完全「自由訂定」契約來得嚴格。與漢堡規則的「貨方舉證」的過失責任相比，雖然表面上漢堡規則似乎對運送人責任有要求，但實際上漢堡規則要求「貨方舉證」一節，非常困難。而新公約有「前提」的「自由訂定」，也不見得更寬鬆。因爲舉證「除了故意或明知可能」的責任，也一樣在貨方。

十三、結　論

國際社會其實與一個國內社會、或小型的社區社會沒有什麼不同，國際航運或國際貨物運輸其實也在海運強國的操控之下訂定規範，從無政府狀態的完全自由、訂定規範的國際公約，從來都是從強勢的運送人角度、強國的經濟發展角度來看事情，來著手訂定規範，台灣無緣見識國際會議，但經濟的發展仍不免受國際趨勢的影響。

漢堡規則是國際貨物運輸的一個變數，從小國的提案而影響國際社會重新思考船運、貿易平衡的觀點而訂定公約，雖然在無數非洲國家的批准、認可下通過了，但海運先進國至今大都未承認漢堡規則。大陸的海商法是與漢堡規則生效幾乎同一時間公佈的有關海商法律中，在件貨運送的部份採用漢堡規則規定最多的法律。可以說考慮到其國內生態平衡、照顧小貨主最多的國家。大陸是國際新興霸主，這種做法也是聯合國重新檢討國際貨物運輸公約，對於船、貨權利、義務平衡，進而重新洗牌的推動力量之一[165]。

新公約號稱平衡海牙系列公約偏頗運送方與漢堡規則偏頗貨方的公約，在事實上新公約也部份做到了這一點，二○○一年第一版公佈時，代表船方的「世界海運委員會」"World Shipping Council"與代表貨方的「國家企業運輸聯盟」"National Industrial Transportation League"就已經有了運輸責任協調的共識[166]，後來從舉證責任、運送人義務加重的部分來看，運送人的確不像完全恢復舊海牙公約時代的霸道，這一點個人在公約初版公佈時，還曾經產生過疑慮[167]。不過現在看到經過不斷修正的新版公約，已經逐漸消弭了這個疑慮。

美國從船運大國轉變成了貿易大國[168]，當然對公約的走向具有影響。大陸對於公約開放自由訂定的部分於今（二○○四）年提出建議，該建議衝擊到了美國的海運政策，即引發了美國海運修正法中的定期班輪「服務契約」究竟受不受公約規範的問題。

---

165 參看"The Future of International Unification of Transport Law" by Jan Ramberg on "forawrderlaw .com" 網站 since March 6, 2001。
166 參看"Stuck in the doldrums, Cargo Liability reform bogs down at New York Meeting" by R.G. Edmonson on "Journal of Commerce" page 21, issued on May 31, 2004。
167 王肖卿「國際貨物運輸公約的新趨勢」2002.9 中華民國產物保險商業同業公會出版「保險大道」第 32 期。
168 美國兩大船團－美商海陸與美國總統輪船的分別遭到併購。

但是依據美國海運修正法，船東運送人與託運人之間或船東與無船公共運送人之間可以簽「服務契約」，而無船公共運送人與託運人之間則無權與託運人簽訂「服務契約」，其所僅能簽發的提單，所有義務權利都必須依照公約的規定。如果「服務契約」不在公約規範之內，則船東運送人與託運人或船東運送人與無船公共運送人的「服務契約」，甚至責任限制都可以完全自由訂定了。但依據大陸建議案，「服務契約」是應該規範在公約之內的。

我個人認為公約要做到國際統一化、複式運送的一體化、責任單一化，根本上應該與陸、空業者進行溝通，從而把要規範的東西明確的予以定義，甚至名稱根本予以統一化，用固定的名稱，以免混淆：「提單」"Bill of Lading"、「海運單」"Sea Waybill"、「電子提單」"Electronic Bill of Lading"、「電子提單」"Electronic Sea Waybill"等文件，這些英文名稱不但行之有年，也是國際早已認同的單證或契約，聯合國既能透過國際商會、委託"Simplification of International Trade Procedure Board,STIPRO"使「提單」統一的使用 A4 版本，海運單證使用的名稱統一化應該沒有什麼困難。本次新公約特意新增「契約細則」"Contract Particulars"的名詞，就契約內容決定是否適用公約，固然煞費苦心，但名詞定義予以確認之後，「契約細則」的訂定就顯得是多餘的了。當事人使用傳統的名詞，如「運送人」"Carrier"、「託運人」"Shipper"等，也就不必再多去引用「控制權人」這些新增地區鐵公路公約的名詞了。

其次就是需要「適用」"Application"上的強制性，國際運輸公約如果不具一定程度的強制性，擬訂就沒有意義。何況連美國的「海上貨物運送法」"Carriage of Goods by Sea"，只是國內法，都有強制性適用的規定，如果國際公約不予以訂定強制適用，則以美國貿易量之大，加上其國內法之強制適用規定，國際公約的制定就更不具意義了。強制性標準的第一個適用範圍應比照海牙

規則的規定，即以「提單」所代表的「運輸單證」；而其他可適用的單證，則比照前述國際公認的「海運單」等單證。

　　至於是否要規範定期班輪的運送契約，也就是說是否要保護小貨主的權益，應屬於非強制性的範疇，即契約未規範才受公約規範的方式規範。對於定期航運的「運送契約」，亦應先定義、並統一化所有的運送契約格式，最簡單的方法，就是說明以是否「用於定期航運」作爲標準，凡「用於定期航運」的契約，就規範在公約內，也就是以用途作爲公約是否規範的標準。至於「論程租船契約」，是國際專有名詞，因爲不用於定期航運運輸，其簽訂的對象又是財力最大的大貨主，自然也就不在公約規範之內了。

第三章　空運單證與國際空運貨物運輸公約

第一節　國際空運貨物運輸公約綜論

　　自一九〇三年十二月十七日，萊特兄弟（Wright Brothers）成功進行人類第一次重於空氣的動力飛機試飛，開啓了航空運輸的時代，運輸方式產生了新的種類[1]。由於空運具有三度空間及國際性的特性，與陸上運輸通稱的「平面運輸」"surface transport"、或海上運輸的大量負載有很多不一樣的地方，因而在航空器發展成爲重要之交通運輸工具的過程中，相對的也造成一些無法由單一國家所能獨自解決的國與國之間的問題。

　　第一次世界大戰之後，飛機已迅速被用於商業用途的載客及運貨，當時運送行爲的規範，只有各國的國內法，但是當產生國際航空私權的問題紛爭時，國內法的規定就顯然不足了；國內法的規定各不相同是一個原因，應如何適用於當事人的立場不一、雙邊與多邊的談判無法統一適用等問題，均顯現出國際間有整合之必要。

　　但空運運輸性質的特殊性，如速度快、載運量少等特性，使

---

1 Message from the President of the Council of the International Civil Aviation Organization（ICAO），Dr. Assad Kotaite, for the worldwide celebration of International Civil Aviation Day on 7 December 2003 參考 http://www.icao.int/icao/en/nr/2003/pio200318.htm 網站資料。

空運自從用於商業用途開始，就是以載客爲主。與海運因載運量大、單位成本低等性質而以載貨爲主，載客爲輔的特性，十分迥異。這種不同，造成國際空運公約將旅客、貨物與行李合併於一個運輸公約。與海運有分別專用於貨物運輸的公約、專用於旅客與行李運輸的公約，是完全不一樣的。

　　一九二九年的華沙公約是法國首先提出來的，試圖由國際私法的立場建立國際間之一致性，進而達成協議。一九二五年在巴黎召開第一次國際民航私法會議，有四十五個國家派代表參加[2]，會議中成立一個「國際航空法專門委員會」"Comite' International Technique D'Experts Juridiques Ae'riens,CITEJA，通過由法國起草的、關於空運運送人責任限制的協定，以及建立國際空運「運輸單證」：包括旅客客票與載貨的空運提單單據一致化的草案[3]。第二次的「國際航空法專門委員會」分別於一九二七年四月與一九二八年三月開會，該兩次會議批准了空運提單的基本格式，並因應要求，將空運提單的協議與第一次開會議定之空運運送人責任限制的協定，擬訂公約草案。一九二八年五月的第三次會議就公約草案做修正，並決定了華沙會議的議程。一九二九年的華沙會議將「前一次草案的修正版」"CITEJA's final draft"再次做了修定，就是我們現在所說的「華沙公約」，其全名與海運運輸公約類似，都叫做「統一有關空運運輸規則的公約」"The Convention for the Unification of Certain Rules Relating to International Carriage by Air"，但是名稱上不以適用的運輸單證爲基調，這是與海運公約不同的地方。由於一九二九年十月十二日在華沙簽署的關係，所以也簡稱「華沙公約」。

2　See Air France v. Saks, 470 U.S. 392, 401 (1985)。

3　Report and draft of conference committee. 參考
　http://www.icao.int/icao/en/nr/2003/pio200318.htm 網站資料。

「華沙公約」中為「統一有關空運運輸規則的公約」的「統一」二字，雖然沒有明說是針對單證的統一，但是「規則」多在單證上陳現一致性的作法，所以其實是在統一其「運輸單證」內容，包括載運旅客的「客票」"passenger tickets"、載運行李的「行李票」"baggage checks"，以及載運貨物的「空運提單」"air waybills"的基本記載細節，以及統一運送責任。空運公約因旅客、行李、貨物三者合一，包含三種「運輸單證」，不像海運，專注於貨物運輸所定之公約，「運輸單證」只有「提單」一種，所以其國際公約的名稱才會直接稱「統一有關『提單』規則的公約」"The Convention for the Unification of Certain Rules Relating to" Bills of Lading"。而「空運提單」在一九二九年「華沙公約」裡，名稱還是「空運委託單」"Air Consignment Note"。一九五五年以後的空運公約才改稱「空運提單」為"Air Waybills"。

　　一九二九年「華沙公約」之後，空運公約可以說經歷了無數次的修正，一直到一九九九年的「蒙特利爾公約」才真正做到整合並統一。

　　聯合國在一九四四年組成之「國際民用航空組織」"International Civil Aviation Organization,ICAO"針對空運公約這種凌亂的狀況，整理了一個如下表的分類及整理，可以從表格中知道「空運公約」何以在蒙特利爾公約之前，被統稱為「華沙系列」"Warsaw System"以簡單化的道理。

　　以下就是空運公約一連串的整合狀況，我們統稱之為「華沙系列」：

　　「國際民用航空組織對於華沙系列的整理」"ICAO Treaty Collection"如下表：

Air Law Instrument	Place and Date of Signing	Date of Entry into Force	Document No.	Depositary
Additional Protocol No. 1 to Amend the Convention for the Unification of Certain Rules Relating to International Carriage by Air signed at Warsaw on 12 October 1929	signed at Montreal on 25/09/1975	15/02/1996	Doc 9145	Poland
Additional Protocol No. 2 to Amend the Convention for the Unification of Certain Rules Relating to International Carriage by Air signed at Warsaw on 12 October 1929 as Amended by the Protocol done at The Hague on 28 September 1955	signed at Montreal on 25/09/1975	15/02/1996	Doc 9146	Poland
Additional Protocol No. 3 to Amend the Convention for the Unification of Certain Rules Relating to International Carriage by Air signed at Warsaw on 12 October 1929 as Amended by the Protocols done at The Hague on 28 September 1955 and at Guatemala City on 8 March 1971	signed at Montreal on 25/09/1975	not in force	Doc 9147	Poland
Agreement on the Joint Financing of Certain Air Navigation Services in Greenland	signed at Geneva on 25/09/1956	06/06/1958	Doc 9585	ICAO

Agreement on the Joint Financing of Certain Air Navigation Services in Iceland	signed at Geneva on 25/09/1956	06/06/1958	Doc 9586	ICAO
Convention for the Suppression of Unlawful Acts against the Safety of Civil Aviation	signed at Montreal on 23/09/1971	26/01/1973	Doc 8966	Russian Federation, UK and US
Convention for the Suppression of Unlawful Seizure of Aircraft	signed at The Hague on 16/12/1970	14/10/1971	Doc 8920	Russian Federation, UK and US
Convention for the Unification of Certain Rules Relating to International Carriage by Air	signed at Warsaw on 12/10/1929	13/02/1933		Poland
Convention for the Unification of Certain Rules for International Carriage by Air	done at Montreal on 28/05/1999	not in force	Doc 9740	ICAO
Convention on Damage Caused by Foreign Aircraft to Third Parties on the Surface	signed at Rome on 07/10/1952	04/02/1958	Doc 7364	ICAO
Convention on International Civil Aviation	done at Chicago on 07/12/1944	04/04/1947	Doc 7300	US
Convention on International Interests in Mobile Equipment	signed in Cape Town on 16/11/2001	not in force	Doc 9794	Unidroit
Convention on Offences and Certain Other Acts Committed on Board Aircraft	signed at Tokyo on 14/09/1963	04/12/1969	Doc 8364	ICAO
Convention on the International	signed at Geneva on	17/09/1953	Doc 7620	ICAO

Recognition of Rights in Aircraft	19/06/1948			
Convention on the Marking of Plastic Explosives for the Purpose of Detection	done at Montreal on 01/03/1991	21/06/1998	Doc 9571	ICAO
Convention on the Privileges and Immunities of the Specialized Agencies - application to ICAO	Adopted by the General Assembly of the United Nations on 21/11/1947	02/12/1948		UN
Convention, Supplementary to the Warsaw Convention, for the Unification of Certain Rules Relating to International Carriage by Air Performed by a Person Other than the Contracting Carrier	signed at Guadalajara on 18/09/1961	01/05/1964	Doc 8181	Mexico
International Agreement on the Procedure for the Establishment of Tariffs for Intra-European Scheduled Air Services	done at Paris on 16/06/1987	05/06/1988		ICAO
International Agreement on the Procedure for the Establishment of Tariffs for Scheduled Air Services	signed at Paris on 10/07/1967	30/05/1968		ICAO
International Agreement on the Sharing of Capacity on Intra-European Scheduled Air Services	done at Paris on 16/06/1987	17/07/1988		ICAO
International Air Services Transit	signed at Chicago on	30/01/1945	Doc 7500	US

Agreement	07/12/1944			
International Air Transport Agreement	Done at Chicago on 07/12/1944	08/02/1945		US
Montreal Protocol No. 4 to Amend the Convention for the Unification of Certain Rules Relating to International Carriage by Air signed at Warsaw on 12 October 1929 as Amended by the Protocol done at The Hague on 28 September 1955	signed at Montreal on 25/09/1975	14/06/1998	Doc 9148	Poland
Multilateral Agreement on Commercial Rights of Non-Scheduled Air Services in Europe	signed at Paris on 19/O4/1956	21/08/1957	Doc 7695	ICAO
Multilateral Agreement relating to Certificates of Airworthiness for Imported Aircraft	signed at Paris on 22/04/1960	24/08/1961	Doc 8056	ICAO
Protocol Relating to an Amendment to the Convention on International Civil Aviation [Article 3 *bis*]	signed at Montreal on 10/05/1984	01/10/1998	Doc 9436, incorp. in Doc 7300	ICAO
Protocol Relating to an Amendment to the Convention on International Civil Aviation [Article 45]	signed at Montreal on 14/06/1954	16/05/1958	incorp. in Doc 7300	ICAO
Protocol Relating to an Amendment to the Convention on International Civil Aviation [Article 48(a)]	signed at Rome on 15/09/1962	11/09/1975	incorp. in Doc 7300	ICAO

Protocol Relating to an Amendment to the Convention on International Civil Aviation [Article 50(a)]	signed at Montreal on 21/06/1961	17/07/1962	incorp. in Doc 7300	ICAO
Protocol Relating to an Amendment to the Convention on International Civil Aviation [Article 50(a)]	signed at Montreal on 16/10/1974	15/02/1980	Doc 9123, incorp. in Doc 7300	ICAO
Protocol Relating to an Amendment to the Convention on International Civil Aviation [Article 50(a)]	signed at Montreal on 26/10/1990	not in force	Doc 9561	ICAO
Protocol Relating to an Amendment to the Convention on International Civil Aviation [Article 50(a)]	signed at New York on 12/03/1971	16/01/1973	Doc 897○, incorp. in Doc 7300	ICAO
Protocol Relating to an Amendment to the Convention on International Civil Aviation [Article 56]	signed at Montreal on 06/10/1989	not in force	Doc 9544	ICAO
Protocol Relating to an Amendment to the Convention on International Civil Aviation [Article 56]	signed at Vienna on 07/07/1971	19/12/1974	Doc 8971, incorp. in Doc 7300	ICAO
Protocol Relating to an Amendment to the Convention on International Civil Aviation [Article 83 *bis*]	signed at Montreal on 06/10/1980	20/06/1997	Doc 9318, incorp. in Doc 7300	ICAO
Protocol Relating to an Amendment to the Convention on	signed at Montreal on 27/05/1947	20/03/1961	incorp. in Doc 7300	ICAO

International Civil
Aviation [Article 93 *bis*]

Protocol Relating to an Amendment to the Convention on International Civil Aviation [Articles 48(a), 49(e) and 61]	signed at Montreal on 14/06/1954	12/12/1956	incorp. in Doc 7300	ICAO
Protocol Relating to an Amendment to the Convention on International Civil Aviation [Final Clause, Arabic Text]	signed at Montreal on 29/10/1995	not in force	Doc 9664	ICAO
Protocol Relating to an Amendment to the Convention on International Civil Aviation [Final Clause, Chinese Text]	signed at Montreal on 01/10/1998	not in force	Doc 9722	ICAO
Protocol Relating to an Amendment to the Convention on International Civil Aviation [Final Clause, Russian Text]	signed at Montreal on 30/09/1977	17/08/1999	Doc 9208, incorp. in Doc 7300	ICAO
Protocol for the Amendment of the 1956 Agreement on the Joint Financing of Certain Air Navigation Services in Greenland	signed at Montreal on 03/11/1982	01/01/1983 prov. 17/11/1989 def.	incorp. in Doc 9585	ICAO
Protocol for the Amendment of the 1956 Agreement on the Joint Financing of Certain Air Navigation Services in Iceland	signed at Montreal on 03/11/1982	01/01/1983 prov. 17/11/1989 def.	incorp. in Doc 9586	ICAO

Protocol for the Suppression of Unlawful Acts of Violence at Airports Serving International Civil Aviation, Supplementary to the Convention for the Suppression of Unlawful Acts against the Safety of Civil Aviation done at Montreal on 23 September 1971	signed at Montreal on 24/02/1988	06/08/1989	Doc 9518	Russian Federation, UK, US and ICAO
Protocol on the Authentic Quadrilingual Text of the Convention on International Civil Aviation (Chicago, 1944)	signed at Montreal on 30/09/1977	16/09/1999	Doc 9217, incorp. in Doc 7300	US
Protocol on the Authentic Quinquelingual Text of the Convention on International Civil Aviation (Chicago, 1944)	signed at Montreal on 29/09/1995	not in force	Doc 9663	US
Protocol on the Authentic Six-Language Text of the Convention on International Civil Aviation (Chicago,1944)	signed at Montreal on 01/10/1998	not in force	Doc 9721	US
Protocol on the Authentic Trilingual Text of the Convention on International Civil Aviation (Chicago, 1944)	signed at Buenos Aires on 24/09/1968	24/10/1968	Doc 7300	US
Protocol to Amend the Convention for the Unification of Certain	signed at Guatemala City on	not in force	Doc 8932	ICAO

Rules Relating to International Carriage by Air signed at Warsaw on 12 October 1929 as Amended by the Protocol done at The Hague on 28 September 1955		08/03/1971		
Protocol to Amend the Convention for the Unification of Certain Rules Relating to International Carriage by Air signed at Warsaw on 12 October 1929	done at The Hague on 28/09/1955	01/08/1963	Doc 7632	Poland
Protocol to Amend the Convention on Damage Caused by Foreign Aircraft to Third Parties on the Surface signed at Rome on 7 October 1952	signed at Montreal on 23/09/1978	not in force	Doc 9257	ICAO
Protocol to the Convention on International Interests in Mobile Equipment on Matters specific to Aircraft Equipment	signed in Cape Town on 16/11/2001	not in force	Doc 9794	Unidroit
The International COSPAS-SARSAT Programme Agreement	done at Paris on 01/07/1988	30/08/1988		ICAO, IMO

　　以上粗體字是未生效的草案，一般字體則是已經生效的公約議定書。在華沙系列中，「一九五五年的華沙公約海牙議定書」算是一個具有比較完整代表性文字的公約。

　　此外，美國在第二次世界大戰勝利在望之際，邀請同盟國及中立國於一九四四年十一月於芝加哥召開「國際民用航空會議」。由於此項會議的召開，被稱爲國際民航憲章的「國際民用航空公

約」"Conventionon International Civil Aviation，亦稱爲「芝加哥公約」"Chicago Convention"才得以順利制定，成爲國際航空公約的基礎文件。所有華沙系列或一九九九年的蒙特利爾公約「總則」"General Provisions"之前，一定有「本公約重申按照一九四四年年十二月七日訂於芝加哥的『國際民用航空公約』的原則和宗旨，對國際航空運輸經營的循序發展、以及完成對國際旅客、行李、貨物通暢的願景」的前提文字。

芝加哥公約成爲現行國際航空公約的基礎文件。公約於一九四七年四月四日生效，迄今已有一百八十六個國家批准或加入。台灣雖然是芝加哥公約創始締約國，但自從一九七一年十一月十九日理事會決定承認中華人民共和國爲中國在國際民航組織內的唯一合法代表後，台灣從而失去該組織的會員國資格，不再爲芝加哥公約之締約國[4]。

總之，芝加哥公約是爲維持航行秩序所訂定的原則，如「飛入或飛經別國上空之規則」、「國內載運權」"Cabotage"、「不得妨害本國安全的規則」等原則性的規定，國際空運運輸公約也都必須循這個憲章的規定來運作。本書因爲僅就「運輸單證」有關的部分做論述，所以不再贅述該公約。

第二節　華沙公約時期的空運提單與運送責任

在講述國際空運貨物運輸公約之前，必須先說明台灣因爲沒

---

4 參考董加欽，「國際民用航空憲章－1944年芝加哥公約」。網頁 http://www.mnd.gov.tw/division/~defense/mil/mnd/mhtb/%E7%A9%BA %E8%BB%8D%E5%AD%B8%E8%A1%93%E6%9C%88%E5%88%8A /541/541-5.htm。

有規範商務行爲的民航商業法規，現有的「民航法」偏屬於交通類的行政法規，僅在「賠償責任」部分有「尊重契約」的說明及基本規範。不像海運，有特別屬於民商類的海商法。所以參看航空運輸商業行爲的案例，仍然落伍的採用民法的一般性原則處理。法律環境的不健全，對於航空業的發展自然有影響。在台灣空運商業法規尚未訂定、空運法律尚未成熟之際，國際公約及空運實務的認知就比海運之於國際公約或國際規章，更加重要了。

前已述及蒙特利爾公約其實只是華沙系列公約的一個總整理，華沙公約自一九二九年訂定以來，經過無數次的修正及多邊條約的更改，在屢次補充的內容上雖然顯得凌亂，但基本原則的規定已經相當有共識，華沙系列公約與蒙特利爾公約一致的地方很多，評析如下：

一、公約的適用

在公約的適用範圍方面，兩者都秉持芝加哥公約的原則，適用於由航空器所履行的計酬與不計酬的「國際運送」"International Carriage"。而「國際運送」的意義，則係根據當事人的約定，不論運輸有無間斷或轉運，其出發點和目的地是在兩個「當事國」的領土內，或者（當航程）在同一個「當事國」領土內，但是其中間有一個「經停地」"stopping place"，不論該「經停地」是否是在當事國領土內，都是「國際運送」。

以上定義「國際運送」中的「當事國」，在華沙系列公約中用的是"high contracting state"，很明顯可以看出是指公約的簽約國，在蒙特利爾公約中雖然用"State Party"的名詞，但依據同法的五十三條第 2 項的解釋，意義與"high contracting state"一詞的解釋是相同的。

此外，兩公約也一樣訂有即使「在一個當事國內兩個地點之

間的運輸，而在另一國領土內沒有約定停經地點的，不是國際運輸[5]。但是華沙系列與蒙特利爾公約不同的地方，在於華沙系列可以以單證訂定適用公約的規定，在「空運提單內容」"The Air Waybill shall contain：……"的規定裡，有「空運提單應包含致委託人的通知，該通知記載當最後目的地與經停地為與離去地是不同的國家時，仍適用華沙公約」[6]。也就是以單證記載適用華沙公約的規定。

　　綜合兩公約的適用範圍相同的地方如下：

　　　兩簽約國間之運輸。不管中間是否在簽約國或未簽約國的領土內轉機或間斷。

　　　同一簽約國國內兩個點之間的運輸必須有一個中間停留地點是簽約國的領土。

　　此外，華沙系列還在「複合運送之規定」"Provisions relating to Combined Carriage"內說明，對於部分航空運輸、部分採用其他運輸方式的運輸時，公約「僅適用於符合以上規定的航空運輸部份」。而這一點在蒙特利爾公約則有一個但書的規定，將留待下一章討論。

二、空運單證

　　不論一九二九年華沙公約使用的「空運委託單」"Air Consignment Note"名稱、或一九五五年華沙公約的海牙議定書以後、一直到一九九九年蒙特利爾公約出現的「空運提單」"Air Waybill"名稱，現在實務上早已將兩者印成合一，即在一份「空運提單」的文字之後，以括弧註明同時即係「空運委託單」。「空

---

5 依據「統一國際航空運輸某些規則的公約」之文字，及蒙特利爾公約的中文版。

6 依據「一九五五年華沙系列海牙議定書」第 8 條第 1 項(c)款及第 9 條。

運委託單」就是「空運提單」。但是即使在「一九五五年的華沙公約海牙議定書」"The Convention of Warsaw of 12th October,1929 as amended by the Hague Protocol of 28th September,1955"裡,「空運委託單」與「空運提單」之間的關係還是相當模糊,例如該「議定書」第 5-7 條全部說的都是「空運委託單」,但是到了第 8 條忽然在記載要項的規定裡,說到「空運提單應含:……」的規定。而第 10-12 條又再度要求「委託人」負責所填列在「空運委託單」內貨物資料的正確性。所以實務上之兩者合一,正可說明「空運委託單」與「空運提單」除了名稱不同之外,實際上沒有什麼區別。

　　至少「空運委託單」在華沙系列公約時期,是與「空運提單」相對應的單證,前述的「一九五五年的華沙公約海牙議定書」有「委託人遞交『空運委託單』、運送人接受『空運委託單』」的規定。

　　實務上的空運單證大多是由承攬運送業簽發的,航空器所有人自己簽發單證的情形很少,甚至幾乎沒有。

　　但是空運單證不論名稱叫做「空運委託單」或「空運提單」,其意義與「海運提單」都是截然不同的,即使是與海運界模仿「空運提單」所做成的「海運單」都有差異。在司法案例以及實務認定上,「空運提單」不等同「有價證券」、不等同「契約」、甚至亦非「交貨之憑證」。

「空運提單」不等同「有價證券」

　　「書據」包括「證明書」或「收據」,與私法上之權利義務有關係者,一般稱為「證券」,「書據」上之權利與其「書據」之佔有不可分離之關係者,通常就是「證券」。「有價證券」在法律上之定義雖然學說不一,但以「表彰財產權」的、「其權利之行使、移轉須佔有或交付證券為要件」的,通常就是「有價證券」了。

根據以上的標準,「空運提單」應該不是「有價證券」。

　　此外「空運提單」是否是「有價證券」,應該先問「空運提單」是否代表「物權」"Document of Title",即「物的所有權」。代表「物權」乃為「有價」,不能代表「物權」的,應當就不能說是代表「有價」證券了。

　　「空運提單」之上已列有「受貨人」的名字,並經常有「不得背書轉讓」"non-negotiable"的文字。原則上,華沙公約時期也不允許運送人簽發「可轉讓的空運提單」"negotiable air waybill"[7]。在「華沙系列」與蒙特利爾公約裡,都有「可以證明『收到貨物』、可以證明『運送契約』之存在」的意義[8]。但兩公約都沒有繳回證券的規定。交貨時無須繳回,就可以直接交付貨物給單證上指定的當事人,這顯然就表示單證本身沒有「表彰財產權」的意義了,沒有「物權」的意義,應該也不能代表是「有價證券」。

　　雖然信用狀統一慣例仍有「航空運送單證」"Air Transport Document"可以押匯的規定。若符合信用狀要求條件的「航空運送單證」,該單證應該可以轉讓,也可以是「有價證券」。但信用狀中未表明為押匯「跟單」"(Attached Documents)"的「空運委託單或提單」,就都不是「有價證券」[9]。

「空運提單」不等同「契約」

　　空運單證的名稱甚至在華沙系列公約裡沒有硬性規定名稱,可以是「空運提單」、「空運委託單」,也可以是「貨物收據」"Cargo Receipt",或者是其他名義的單證,但是卻特別要求基本要項的訂定,違反其規定要項,或沒有書面的「空運委託單或提單」,運送人就喪失責任限制權。其第 5 條「空運提單」的內容要

---

7 依據「統一國際航空運輸某些規則的公約」之第 15 條第　項。
8 王國傑、楊思莉、空運提單的案例評論、寬達法律、一九九九、
9 最高法院八十九年台上字第 788 號民事判決。

項中規定：無論是「空運提單」或「貨物收據」，都應該有「離去地的說明」及「目的地的說明」、如果「離去地與目的地都在同一個當事國領土內，則應記載另一個國家內的停經地點」，以及「致委託人的通知」，該通知係表明「目的地與離去地或經停地不是一個國家的時候，還是可以適用華沙公約」，表達了「以文字註明適用公約」的規定。這一點已經在適用範圍內說明。這一個內容要項到了蒙特利爾公約，已經把第(c)項改成「交運物品的重量」。

　　「海運提單」在國際公約中也一向不被承認是契約，有明確的文字說「海運提單」是「契約的證明」"evidence of contract"。華沙公約也有「空運提單」是「成立契約的表見證明」"prima facie evidence of the conclusion of the contract、「收到貨物之證明」"evidence of the receipt of the goods"及「運送條件之證明」"evidence of the conditions of carriage"。「海運提單」下方只有運送人一方的簽名，基本上就不符合契約的原則。「空運委託單或空運提單」則不同，首先「空運委託單」是由委託人製作的，公約要求的三份「空運委託單」上，規定第一份註明「致運送人」，由「委託人」簽字、第二份註明「致受貨人」，由「委託人及運送人」簽字，與貨物一起交受貨人、第三份由運送人接受貨物後簽字，再交還委託人。甚至規定「即使由運送人製作簽發的，除非有相反的證明，否則視為運送人代表委託人製作。但是即使在這種情形下，公約就明白寫著「空運委託單」只是「運送條件之證明」、「空運委託單」「未出示」"absence"、「不按規定記載」"irregularity"或「遺失」"loss"都不影響實際上運送契約的存在或有效性。而且沒有「空運提單」的情形下，依然可以運送。所以「空運委託單」「空運提單」不是運送契約，是很顯然的。

　　華沙系列公約中表明「空運提單」證據力的地方在於「所有有關『空運提單』或『空運委託單』」的規定，可以以『空運委託

單』的明文規定予以變更」"The provisions of Article......can only be varied by express provision in the air consignment note"[10]。書面文字的證據力超越法定效力,「空運提單」或「空運委託單」雖然不是運送契約,但是書面單證還是有一定的證據力。

「空運提單」不是「交貨之憑證」

在「空運提單」不是「有價證券」的部分,已經講到「空運提單」交貨時不必繳回,沒有繳回性就是不代表「物權」,所以不是「有價證券」。至於「空運提單」是「收到貨物之證明」、是運送人的收據,卻不是「交貨之憑證」乙節,是因為華沙系列在委託人的權利中有「委託人有權在目的港或在中途交貨於非空運委託單之受貨人」的規定,運送人在配合履行此項指令時,「未要求將以交於後者之空運委託單加註」,致「合法取得空運委託單而遭致損害之人」遭致損害,運送人在「不影響向委託人索賠」的情形下,應向合法持有人負賠償之責[11]。

以上這段規定似乎與本節的標題「交貨之憑證」有出入,其實運輸途中的「中途交貨」或交貨給「記名」單證的非記名之人,是很嚴重的問題,完全否定了單證的證據力,理應由委託人提出書面憑證、在單證上加註、或收回單證,以茲證明,運送人尚且可以在「未出示單證」"without requiring the production of the part of the Air consignment Note"下,即依委託人指示、在「中途交貨」。對於合法持有人,自有賠償之責,但對於委託人,仍可以追索。表示不收回「空運委託單」或「空運提單」,在「中途交貨」乙節,對委託人而言,運送人仍無違誤,「空運委託單」或「空運提單」是否「交貨之憑證」乙節,道理已經很明顯了。

---

10 依據「一九五五年華沙系列海牙議定書」第 15 條　項。
11 依據「統一國際航空運輸某些規則的公約」之第 12 條第　項及第　項。

三、運送責任

在華沙系列公約時期，空運運送人的責任、並不像蒙特利爾公約那樣，有正式名稱的「契約運送人」"Contracting Carrier"、「實際運送人」"Actual Carrier"，以及「連續運送人」"successive carriers"的區分，但是也提到好幾個「連續運送」的人"several successive air carriers"，以及「『第一運送人』"first carrier"應負責全程運輸責任」"The first carrier has assumed liability for the whole journey"，而「其他連續運送人則負責事故或延誤時段的責任」，因為公約規定「相關的索賠代表人只能針對發生事故時段的運送人提起訴訟」[12]。除非還有其他明文的協議。

幾個「連續運送」的人亦應受公約規定的約束，就其「履行管理」"performed under his supervision"範圍內，視為「契約運送人」的一方來負責。但這種向連續運送的人提起其區段內發生事故或遲延責任的情形，只能以沒有「明文協議」"express agreement"，推定「第一運送人」"first carrier"應負責全程運輸的責任。

委託人有權向「第一運送人」提起訴訟，有權受貨之人則有權向最後一位運送人提起訴訟。委託人與有權受貨之人則可以對發生「破壞」"destruction"、發生「滅失」"loss"、發生「損壞」"damage"、發生「遲延」"delay"區段的運送人提起訴訟。上述運送人應負共同連帶責任。

但是對於「複合運送」"Combined Carriage"，公約強調僅適用於公約定義屬於「航空運送」"carriage by air"的部分。在「航空運送」遵守華沙公約規定的前提下，複合的運輸單證上，公約不阻止其列入其他的運送條件。

---

12 依據「統一國際航空運輸某些規則的公約」之第 30　項。

責任期間

空運運送人對於貨物的責任，只負責發生在「空運運送途中」"occurrence which caused the damage took place during the carriage by air"造成的損害。而所謂「空運運送途中」，則指「在運送人掌管下」"in the charge of the carrier"的期間，無論係在機場或航空器上，或在機場以外卸貨於陸地的地點。並強調除非爲履行空運運送契約之需要，爲裝貨、爲交貨、爲轉運，否則機場或航空器以外的陸運、海運、內河水運都不屬於運送人負責的範圍。但爲履行空運運送契約之需要，爲裝貨、爲交貨、爲轉運時，除非還有其他的反證，否則任何損害都推定是空運運送期間造成的損害。

責任內容

責任內容是「損壞」"damage"，其原因包括「破壞」"destruction"造成的「損壞」、「滅失」造成的「損壞」"loss of"或「損害」"damage to"造成的「損壞」、以及「遲延」"delay"造成的「損壞」。舉證責任在運送人，運送人須先證證明其本人、其代理人已盡一切努力以避免損害之發生，或其本人、其代理均不可能阻止損害之發生時，才可以不負責任。也就是說，無法舉證時，舉證理由不足時，都應該負責。

免責權

空運公約對於貨物運送，可以免責的地方很少，甚至可以說幾乎沒有。因爲公約有前提聲明「任何旨在免除運送人責任或降低責任限制的規定均無效」，但是這個規定不能適用於有關「潛在瑕疵」"inherent defect"、「貨物品質」"cargo quality"或「缺陷」"vice"造成「貨物毀損滅失的免責」規定。也就是說，只有針對「潛在瑕疵」"inherent defect"、「貨物品質」或「缺陷」"vice"造成「貨物毀損滅失」，訂定免責的規定，才不會被認定爲無效的契約規定。

責任限制

華沙系列時期，公約的賠償限制仍以法郎為單位，但法郎被定義為與「千分之九百純金 65.5 毫克的等值貨幣單位」，並以「判決日的折換率，四捨五入後以整數計算」。

貨物運輸的責任限制則是每公斤二百五十法郎。託運人也可以在交貨給運送人時，宣布貨物到達時的價值，並支付運送人要求的附加收費時，可以按較高的金額賠付。但是這個規定有但書，委託人雖然按規定宣布價值，並支付運送人要求的附加收費，但運送人如果證明貨物的實際利益小於委託人宣布的到達利益時，運送人仍可以不按宣布的價值賠付委託人[13]。這一個「運送人還可以舉反證證明貨物的實際價值，因而依實際價值賠償」的規定是海運所沒有的。

受僱人或代理人之責任

受僱人或代理人在受僱範圍或代理範圍內之責任，可以主張責任限制。但是向受僱人或代理人所得回復之責任總額不得超過責任限制總額。如經證明是受僱人或代理人故意或明知卻不注意的行為、疏忽造成的損害將無法適用以上責任限制或責任總額限制的規定[14]。

貨物損壞的異議通知效力

貨物損壞應於「收到貨物」"receipt"之日起算的十四天內提出異議。有遲延的應於貨物置於其「處置範圍」"placed at his disposal"內二十一天內提出異議。兩種情形提出異議的人是「有權收貨之人」"the person entitles to delivery"。第一種情形的起算時間自「收到貨物」起算，第二種情形則自置於其「處置範圍」起算。關於置於「處置範圍」乙節，屬於機場、航空站人員之疏

13　以上規定可看「統一國際航空運輸某些規則的公約」之第 22 條第項。

14　以上規定可看「統一國際航空運輸某些規則的公約」之第 25A 條。

於通知，造成遲延、或承攬人的疏於通知，造成遲延，應該都包括在這一個範圍內。

　　空運的異議通知與海運一樣都必須以書面形式發出。但海運可以「會同公證」"joint survey"的方式取代通知。空運並沒有類似的規定。而海運之託運人疏於通知、及未於期限內通知時，推定為無損害。空運的通知效力更強於海運，如果未於期限內通知，除非空運運送人有詐欺的事實，否則「委託人」、或「有權收貨的人」根本就沒有提起訴訟的權利了。

訴訟時效

　　空運的訴訟時效是兩年。兩年的起算日期，從到達目的地之日起算、或如不提貨，或者貨物全部滅失，應從到達目的地之日起算、或停止運輸之日起算。計算時效的方法並應依據受理案件法院的判決來決定。

第三節　蒙特利爾公約中的空運 提單與運送責任

　　一九九九年的蒙特利爾公約其實是一系列的華沙公約作局部修改後的一個總整理，所以自擬定以來，被承認的速度非常快，其擬定完成的日期是一九九九年五月二十八日，生效日期，是按公約規定的，三十個國家完成批准的文件送達後滿六十天，即二○○三年十一月四日。所以一九九九年的蒙特利爾公約已於二○○三年十一月四日起生效。

　　新公約將取代過去修改多次的華沙系列公約，且在新公約生效之前，批准國也陸續增加到三十四個國家。歐盟的十五個國家本欲採取一致行動、一起批准新公約，但是其中的希臘及葡萄牙

卻迫不及待的越過歐盟，直接加入新公約了。歐盟之奧地利、比利時、丹麥、芬蘭、法國、德國、愛爾蘭、義大利、盧森堡、荷蘭、西班牙、瑞典、英國、挪威等十四個國家繼同屬歐盟的希臘、葡萄牙分別於二〇〇二與二〇〇三年批准之後，於二〇〇四年四月二十九日同時遞送批准文件，使蒙特利爾公約迄二〇〇四年六月二十八日以迄目前爲止，批准的國家已經達到五十二個[15]。

　　新公約與華沙系列公約在旅客責任方面大體上沒有什麼大變動，但值得一提的是對於因有意的疏忽或不經意的錯誤行爲造成的貨物行李損害，每公斤 17 SDR 的特別提款權單位（約美金25.5 元）已經確定，不因疏忽或錯誤而須負更大的責任。此外，運送人對貨物毀損滅失的責任以在其照料下所發生（現）的爲主，而不管是在哪裡造成的，華沙系列公約則強調必須是發生在出發機場收貨及到達機場交貨的時間範圍內才負責。至於簽約運送人（開立空運提單的運送人）與實際運送人之間的關係，蒙特利爾公約則以墨西哥 Gyadalajara 所簽的內容爲標準。依據蒙特利爾公約第五十五條的規定，蒙特利爾公約將優先於華沙系列公約的適用，包括：

一、一九二九年十月十二日的華沙公約[16]。

二、一九五五年九月二十八日的華沙公約海牙修正議定書[17]。

三、一九六一年九月十八日瓜達拉哈那（墨西哥）有關非契約運送人負責運送時的規定附加條款修正書。亦稱爲瓜

15　參看 ICAO News Release, PIO 05/04 文件。

16　The Convention for the Unification of Certain Rules relating to international Carriage by Air signed at Warsaw on 12 October 1929（hereinafter called the Warsaw Convention）。

17　The Protocol to amend the Convention for the Unification of Certain Rules relating to International Carriage by Air signed at Warsaw on 12 October 1929, done at the Hague on 28 September 1955（hereinafter called the Hague Protocol）。

達拉哈那公約[18]。

四、一九七一年三月八日的華沙公約海牙修正議定書之瓜地馬拉議定書。亦稱爲瓜地馬拉城市議定書[19]。

五、修正華沙公約、華沙公約海牙修正議定書及瓜地馬拉城市議定書之一九七五年九月二十五日簽署之一號至三號附加議定書以及四號蒙特利爾議定書。亦稱爲蒙特利爾議定書[20]。

蒙特利爾公約與華沙系列公約其實一致的地方很多，但也依然有一些不同的規定，說明如下：

一、公約的適用

在公約的適用範圍方面，蒙特利爾公約與華沙系列一樣，都秉持芝加哥公約的原則，適用於由航空器所履行的計酬與不計酬的「國際運送」"International Carriage"。「國際運送」的定義，兩者公約都是一樣的，而且有都除了運送人與郵政當局關係的規則適用公約的規定外，兩者都不適用於郵件的運輸。但由於蒙特利爾公約增加實際運送人的規定，所以在適用範圍的規定中，有公

---

18 The Convention, Supplementary to the Warsaw Convention, for the Unification of Certain Rules relating to International Carriage by Air Performed by a Person other than the Contracting Carrier, signed at Guadalajara on 18 September 1961（hereinafter called the Guadalajara Convention）。

19 The Protocol to amend the Convention for the Unification of Certain Rules relating to International Carriage by Air signed at Warsaw on 12 October 1929 as amended by the Protocol done at Hague on 28 September 1955, signed at Guatemala City on 8 March 1971（hereinafter called the Guatemala City Protocol）。

20 Additional Protocol Nos.1-3 and Montreal Protocol No.4 to amend the Warsaw Convention as amended by the Hague Protocol or the Warsaw Convention as amended by both the Hague Protocol and the Guatemala City Protocol, signed at Montreal on 25 September 1975（hereinafter called the Montreal Protocols）。

約適用「經契約運送人授權履行全部或部分運送」的規定，而且所謂「全部或部分運送」乃不屬於蒙特利爾公約第 1 條定義的「連續運送」情形的運輸。

蒙特利爾公約這個適用第五章「由契約運送人以外的人履行的運輸」，在第五章第 39 條裡，其定義是「另一當事人經契約運送人授權、履行全部或部分運輸、而非本公約所指的連續運送人」的運輸，在沒有相反證明的情形下，「該授權推定是存在的」。「契約運送人」對運送契約的全部運輸負責，「實際運送人」則對其履行的運輸負責。「實際運送人履行的全部或部分運送」均受蒙特利爾公約的規範。

華沙系列可以以單證訂定適用公約規定的部分，業已取消，即不再以「單證記載」而因此適用公約的規定。第 38 條「複合運送」"Combined Carriage"的規定上，公約仍只適用於「航空運輸」。與華沙系列相較，蒙特利爾公約多了一個但書，為「第 18 條第 4 項的空運運輸期間不延伸到機場以外的陸運、海運、內河水運。除非為履行空運運送契約之需要，為裝貨、為交貨、為轉運時發生的損害，都被推定為航空運輸期間的損害」。此外，蒙特利爾公約還比華沙系列另增加的一個但書，是「運送人未經委託人同意，以其他運輸方式取代契約約定之航空運輸方式的全部或部分運輸的，此項以其他方式履行的運輸視為在航空運輸期間」，也可以適用蒙特利爾公約。綜合蒙特利爾公約的適用範圍包括：

公約第 1 條定義的以航空器履行的國際運輸。

實際運送人以航空器履行的國際運輸。

航空器以外，屬於航空運輸契約範圍以內的其他運輸時期發生的貨損。

屬於航空運輸契約範圍以內，運送人以其他運輸方式取代航空運輸，該種運輸亦適用航空運輸公約的規範。

二、空運單證

　　蒙特利爾公約空運單證只有一個正式名稱即「空運提單」"Air Waybill"。但也允許如採用「空運提單」以外的其他方法來保存將要履行的運輸紀錄，如空運電子提單，那麼採用其他方法的時候，就要應託運人的要求，出具「貨物收據」"Cargo Receipt"這類更直接表達其意義的單證[21]，顯示「空運提單」並非必要簽發的文件，公約規定可以簽「空運提單」作爲收據，也可以以其他的方式並附帶簽發「貨物收據」"cargo receipt"的方式作爲收到貨物的證明[22]。總之，「空運提單」作爲收貨憑證的功能是確定的。而華沙公約時期，未簽給「空運提單」，空運運送人可能喪失責任限制權的規定，在蒙特利爾公約也已經被取消了。

　　定期航線運輸的海運單證目前幾乎有百分之八十以上由承攬運送人發給。但船東運送人至少還掌握一部分整櫃運輸的貨源在手裡。空運在實務上，則承攬運送人幾乎已經提供所有的空運貨源，幾乎百分之百直接對貨主託運人的空運單證多是由承攬運送業簽發的，這與傳統空運以客爲主、以貨爲輔的運輸模式有關係。但是與海運一樣的地方，則是承攬運送人發的空運提單，稱爲「分提單」"House Air Waybill"，航空器所有人發給承攬運送人的空運提單，雖然在單證名義上經常不叫做「主提單」"Master Air Waybill"，但稱呼上則都比照海運，稱爲「主提單」"Master Air Waybill"。空運提單因爲原則上不押匯、不轉讓，所以也沒有海運提單那樣屬於單證本身複雜的法律功能與規定，但由於「主單證」"Master Air Waybill"底下有擁有航空器之運送人與承攬運送人代替託運人的簽字，非由託運人直接面對航空器所有人就所填

21　蒙特利爾公約第 4 條及第 5 條。
22　蒙特利爾公約第 4 條及第 9 條。

列的貨物內容、重量等來負責。在法律關係上會引起一些問題，下段在陳述單證性質時，會做一些說明。

　　「空運提單」作為收據之用是無疑義的。空運運送人未簽給「空運提單」，可能喪失責任限制權的規定，在蒙特利爾公約中被代之以其背後所隱含的「運送契約」仍受有關責任限制的約束，而「空運提單」之內容，包含貨物數量、容量、貨物狀況的記載，除了兩份公約都有的「除非經運送人與託運人會同查證，否則不構成對運送人的不利證據」的規定以外，在蒙特利爾公約另增列了「因運送人或以其名義、在貨物收據或其他紀錄內，載入的各項貨物說明不合規定、不正確、不完整」，「對託運人造成損失，運送人亦應賠償」[23]的規定。除了以上稍微的差異外，「空運提單」一樣也具有如前節所述的，不等同「有價證券」、不等同「契約」、甚至也不是「交貨之憑證」的規定，已經在前一節以詳加說明，本節不再贅述。

　　在蒙特利爾公約裡，已經沒有不允許運送人簽發「可轉讓的空運提單」"negotiable air waybill"的規定[24]。雖然實務上多數的「空運提單」仍然「不可轉讓」"non-negotiable"。

　　蒙特利爾公約的第 12 條到第 15 條都是與空運單證履行單證權利有關的規定，第 12 條是有關單證託運人處置貨物的權利，第 13 條是有關不可轉讓單證收貨人要求交付貨物的權利，第 14 條是有關單證託運人與收貨人可以分別以本人名義行使以上第 12 條及 13 條的權利，表示不論託運人或收貨人的權利是相對等的。但是「收貨人拒絕接受貨物、或者無法同收貨人聯繫時，託運人恢復其處置權」[25]。第 15 條則闡明以上規定不影響託運人與收貨人間的相互關係，也不影響從兩者獲得權利的第三人間的相互關

23　蒙特利爾公約第 10 條。
24　華沙公約第 15 條第　項。
25　蒙特利爾公約第 12 條第 4 項。

係。但是這些關係卻可以「透過單證上的明文規定予以變更」。「透過單證上的明文規定予以變更」的規定，彰顯單證的證據性非常強烈。何況蒙特利爾公約第 11 條更以明文規定「空運提單或貨物收據是訂立契約、接受貨物、所列運輸條件的表見證據」，「空運提單」雖不等同契約，作為契約存在的證明文件及運送人收受貨物之收據的功能都是確認的。以上這些華沙公約時期即已存在的規定，在主提單的關係裡，承攬運送人就是託運人與收貨人，因此處置貨物、收貨、指定他人收貨等權利都由承攬運送人來行使。此外，第 10 條託運人對於貨物規格及敘述的正確性，以及因貨物規格及敘述的不合規定、不正確及不完整，致須由託運人賠償運送人所受的損害、以及運送人對第三人應負責任時，都轉而由承攬運送人對運送人負責，不得以分提單上託運人的貨主應負責，而與主提單承攬運送人應對運送人負責的說辭，與分提單的承攬運送人責任相抗衡。

三、運送責任

蒙特利爾公約對於運送人責任的規定，業已有正式名稱的「契約運送人」"Contracting Carrier"、「實際運送人」"Actual Carrier"，以及「連續運送人」"successive carriers"的區分。「實際運送人」的定義已如前述，是推定經由「契約運送人」授權、履行全部或部分航空運輸的人。即使遇到「複合運送」"combined transport"， 蒙特利爾公約雖不阻礙單證上列入其他運輸方式的記載，但公約本身亦僅適用航空運輸這一部分[26]。「契約運送人」對契約所訂的全部運輸負責[27]，而「實際運送人」只對其履行的

---

26 這一點與海運廻異，海運只要單證涵蓋「複式運送」"Multi-modal Transport"，運輸責任就隨同單證內容的責任範圍延伸。但海運的新公約趨向其他運輸方式的責任尊重其他的強制適用法規的規定。

27 但由於蒙特利爾公約第 38 條第 2 項的規定，其他運輸方式不適用公

運輸負責[28]，而且「實際運送人」的作爲與不作爲、「實際運送人」的受僱人、代理人在受僱與代理範圍內的作爲與不作爲，影響到「實際運送人」履行的運輸部份，應該視爲「契約運送人」的作爲與不作爲。反之，「契約運送人」的作爲與不作爲、「契約運送人」受僱人、代理人在受僱與代理範圍內的作爲與不作爲、關係到「實際運送人」履行的運輸部份，亦應該視爲「實際運送人」的作爲與不作爲。這兩個相互責任的規定，與前述「『契約運送人』對契約所訂的全部運輸負責，而『實際運送人』只對其履行的運輸負責」的規定相比較，應指兩者就其各自負責的範圍，如發生因其他運送人的作爲與不作爲而影響另一方須承擔責任時，對於貨主仍應全權負責，不得相互推託的意思。但相互責任方面，則公約不妨害其相互間的追償權[29]。損害訴訟如對其中一個人提起時，該運送人亦有權要求另一運送人一起參與訴訟[30]。至於對「連續運送人」，公約的規定就更爲直接，公約在第 1 條第 3 項中提到「連續運送」的意義爲「各方認定幾個連續運送人履行的運輸是一項單一的業務活動，無論一個契約或多個系列契約，公約均認定爲一項不可分割的運輸」。在「連續運送人」的責任方面，「連續運送人」應就其「監管履行」"performed under its supervision"的運輸區段負責，在訴訟權方面，則「託運人有權對第一運送人提起訴訟」，「受貨人有權對最後運送人提起訴訟」，而「託運人與受貨人均有權對區段運送人提起訴訟」。「運送人相互間則應對託運人與受貨人承擔連帶責任」。以上有關「連續運送」這樣完整的規定，華沙系列雖然「連續運送」的定義與適用與蒙特利爾公約相同，即「第一運送人負責全程運輸責任」外，對於訴訟責任則

約責任的規定。
28 蒙特利爾公約第 40 條的規定。
29 蒙特利爾公約第 48 條。
30 蒙特利爾公約第 45 條。

僅規定「託運人與受貨人僅有權對區段運送人提起訴訟」一項。

運送人應就空運途中「破壞」"destruction"造成的損壞、「滅失」"loss"造成的損壞、以及「損壞」"damage"造成的「損壞」"damage"負責。「遲延」"delay"造成的「損壞」"damage"也與華沙系列一樣要負責，但是蒙特利爾公約增加的但書，是「如果經證明運送人、其受僱人、其代理人已採取各種方法避免損壞之發生，而仍不免於發生。或者不可能有阻止損壞發生的方法時，運送人就可以不對遲延負責」了。這是蒙特利爾公約對於「遲延」造成的「損壞」的免責。「如果經證明」的舉證責任係爲使運送人免於對遲延負責，有利的一方是運送人，自然應由運送人舉證。

責任期間

蒙特利爾公約之空運運送人對於貨物的責任，亦只負責發生在「空運運送途中」造成的損害。「空運運送途中」指貨物處於運送人掌管下的期間。除非契約涵括在內，否則「空運運輸期間」不包括機場以外的陸路、海上或內水運輸。但如果契約涵括，則這些陸路、海上或內水運輸期間一律被視爲「空運運送期間」。而且前面已經說明，蒙特利爾公約增列「當運送人未經託運人同意，掉換原屬於航空運輸的部分」，這種情形下，其他方式的運輸也屬於「空運運送期間」。

免責權

華沙公約對於貨物運送，可以免責的地方很少，甚至可以說幾乎沒有。因爲公約首先聲明「任何旨在免除運送人責任或降低責任限制的規定均無效」，但是這個規定不能適用於有關「潛在瑕疵」"inherent defect"、「貨物品質」"cargo quality"或「缺陷」"deficiency"造成「貨物毀損滅失的免責」規定。也就是說，只有針對「潛在瑕疵」"inherent defect"、「貨物品質」或「缺陷」"deficiency"造成「貨物毀損滅失」，訂定免責的規定，才不會被

認定爲無效的契約規定。

但是蒙特利爾公約對於運送人的免責規定就比較具體了，惟要求必須先舉證。只要貨物的「毀滅」"destruction"、「遺失」"loss of"、「損壞」"damage"由以下一個以上的理由造成的，就可以不負責，這些理由包括：

1.潛在瑕疵、品質或貨物之瑕疵。

2.運送人、其受僱人或代理人以外的人包裝貨物，包裝的不良。

3.戰爭或武裝衝突。

4.公共當局實施的、與貨物入境、出境或過境有關的行爲。

此外，在上一段「運送責任」的規定裡，「遲延」造成的「損壞」亦有「經證明運送人、其受僱人、其代理人已採取各種方法避免損壞之發生，而仍不免於發生。或者不可能有阻止損壞發生的方法時，運送人就可以不對遲延負責」的規定。除了以上具體的法定免責之外，在第 20 條還有標題爲「免責」"exoneration"的規定，在該正式規定中，還是要求運送人先舉證，證明貨損是索賠方的「疏忽」"negligence"、「過失」"wrongful act"、「不行爲」"omission"「造成」"caused"或「促成」"contributed"的，運送人可以按照其「疏忽」、「過失」、「不行爲」所「造成」或「促成」損害的程度，相應免除其比例的責任。這個運送人相應免責的規定，一體適用在旅客死亡的原因由旅客本人造成的比例，所以需要特別列一個條文，屬於貨物免責權之外，適用公約整體的免責規定。

責任限制

蒙特利爾公約的賠償限制已經改以國際貨幣基金的特別提款權爲單位，不論「毀滅」、「遺失」、「損壞」或「遲延」，均以每公斤 17 個特別提款權爲限。而且以上賠償責任限制不包括法院費用及原告訴訟費用及其所生之孳息。如經法院判決確定之損害賠

償額（不包含法院費用與訴訟費用）並未超過運送人曾在損害發生的六個月內以書面向原告承諾的賠償額時，以上規定就不適用。如果訴訟發生在後，則起訴前，運送人以書面向原告承諾的賠償額比法院判決的賠償額為低，以上規定也不適用。這個「不適用」的意思，應指以法院判定的賠償額來賠償，不須再外加法院費用及原告訴訟費用及其所生之孳息，也就是按法院判定的賠償額來賠償。蒙特利爾公約也同意運送契約可以訂定高於公約規定的責任限額，或不訂責任限額。雖然這個規定多是因為旅客責任的賠償，但是在第 25 條僅標明「限額的規定」"Stipulation on limits"下，沒有特別說明是針對旅客，蒙特利爾公約的貨運應該也可以適用這個規定。

貨幣單位換算的標準是以判決日的兌換率來換算。屬於國際貨幣基金的會員，以判決當日之交易時間內的有效兌換率來換算，非國際貨幣基金的會員國應按該國所定辦法計算。託運人也可以在交貨給運送人時，宣布貨物到達時的價值，並支付運送人要求的附加收費時，可以按較高的金額賠付。但是這個規定有但書，委託人雖然按規定宣布價值，並支付運送人要求的附加收費，除非證明目的地價值確實大於宣布價值，否則運送人還是可以以低於宣布價值賠償。這個規定與華沙系列是一樣的。

受僱人或代理人之責任

受僱人或代理人在受僱範圍或代理範圍內之責任，可以主張責任限制。但是向受僱人或代理人所得回復之責任總額不得超過責任限制總額。如經證明是受僱人或代理人故意或明知卻不注意的行為、疏忽造成的損害將無法主張適用以上責任限制或責任總額限制的規定。這些規定都與華沙系列相同。另外蒙特利爾公約有關「貨物損壞的異議通知效力」、「訴訟時效」等規定也與華沙系列相同。蒙特利爾公約第 29 條有關「索賠的根據」"Basis of claims"規定上,增列一個「在不妨礙誰有權提起訴訟的權利上」,不得判給「懲罰性、懲戒性或者其他非補償性的損害賠償」。這個規定在相當範圍內,對於因空運失事旅客的賠償案件,失事旅客家屬經常提供「懲罰性」索賠的要求,有抑制性的作用。

第四章　倉單與運輸貨運站經營人責任公約

　　物流過程中難免有倉儲的流程，甚至包含倉儲的加工過程。貨櫃貨物更難免有貨櫃集散站中拆、併櫃的作業，如果倉儲或者拆、併櫃的過程中發生貨物損壞、滅失或遺失，是否有適當的交、接單證，可以證明責任的歸屬，責任的範圍、責任的分割點、責任的限制、單證的有效性、失效的規定等，如果任由倉儲貨櫃場站自行訂定標準，必然因各國規定不同、認定方式不一樣而生困擾，「聯合國的貨櫃集散站經營人責任公約」"United Nations Convention on the Liability of Operators or Transport Terminals in International Trade" 正是為了解決這樣的問題訂定，該公約最早係由「聯合國私法統一學會」"International Institute for the Unification of Private Law, UNIDROIT"擬定初稿、次由「聯合國貿易法委員會」"United Nations Commission on International Trade Law, UNCITRAL"開會審議，草約於一九八四年在「聯合國貿易法委員會」所成立的「國際契約慣例工作小組」"Working Group on International Contract Practices"四個年度的議程[1]連續研議的努力

1　參看 **www.uncitral.org** 之 A/CN.9/260（UNCITRAL Yearbook, vol. XVI-1985United Nations publication, Sales no. E.87.V.4）; A/CN.9/275（UNCITRAL Yearbook, vol.XVII-1986 United Nations publication, Sales no.E.88.V.4）; A/CN.9/287（UNCITRAL Yearbook, vol.XVIII-1987（United Nations publication, Sales no. E.89.V.4）; A/CN. 9/298（UNCITRAL Yearbook, vol.XIX-1988 United Nations publication, Sales no. E.89.V.8）;

之下，確定了目前版本「統一責任公約」的文字。

公約於一九九一年四月十七日訂定，同年四月十九日於聯合國大會總秘書處在奧地利維也納召開外交會議後開放簽字。在四十八個國家與許多「政府間組織」或「非政府組織」的見證之下，算是國際間針對倉儲及集散站的經營人第一次，也是唯一的一次，有了正式而且國際統一的法定責任標準規範[2]。責任內容包括了貨物在倉儲及集散站儲存期間的毀損、滅失，及遲延交付。

倉儲及集散站經營人在國際間，通常均係私法人身分，對於貨物管理：包括運送前、運送後、或者也可以發生在運送途程中間的暫時存放，與倉儲業簽約的對象也許是運送人、託運人或是受貨人，通常也是私法人。傳統上這類操作的內容可能包括「裝貨」"loading"、「卸貨」"unloading"、「儲存」"storage"、「堆裝」"stowage"、「平艙」"trimming"、「墊艙」"dunnage"以及「繫固」"lashing"等作業，而作業範圍則包括「倉庫」"warehouse"、「貨櫃堆積場」"depot"、「貨物儲存場」"storage"、「集散站」"terminal"、「港口」"port"、「碼頭」"dock"、「裝卸公司」"stevedore"、「碼頭裝卸公司"longshoremen's or docker's companies"、「鐵路貨運站」"railway station"、「航空貨運站」"air-cargo terminal"等等。可以說都是與貨物中轉及運輸相關的行業，這些作業內容也是物流過程中少不了的流程。不管行業的名稱如何，也不管企業的營運範圍為何，只要是中轉貨物，或廣義的與運輸相關的行業，就可以適用本公約的營運責任規範了。

依據之前很多國內的法律或慣例，貨主與倉儲或集散站之間對類似作業的權責規定都是自由訂定的，即使公約成立之後，許

2　參看「聯合國的貨櫃集散站經營人責任公約」解釋文"Explanatory Note by the UNCITRAL Sacreratiat on the United Nations Convention on the Liability of Operators of Transport Terminals in the International Trade"，由「聯合國貿易法委員會」的秘書處提供。

多國家依然沒有立法去規範這種中轉作業的責任。中轉業者通常利用契約自由的空檔，就會訂定對自己過度有利的「通則」，規避倉儲或集散站營運人應該該承擔的責任，在責任過低與免責過多情形下，而迫使公約產生了現在的「強制責任」的制度，在原則上是改善目前存在的缺陷。

委託運送的「委託人」在把貨物交付到運送人指定的貨櫃集散站的時候，運送人的責任不一定就已經開始起算，而運送人在貨物卸下船、拖運到貨櫃集散站的時候，很可能運送人的責任就已經終止了。這兩種情形下的受貨人其實並沒有真正接受交付，或者是將要執行下一階段的運送人也尚未真正接觸到貨物。但是現在從頭到尾的「一貫運送責任」大都在國內法律或國際公約的要求下，強制性的要求「契約運送人」負「一貫責任」"through liability"，存在的責任空檔則多數沒有要求強制負責的公約或國內法律，這種責任缺口的問題非常嚴重，因為依據統計，貨物的毀損、滅失，大多數是發生在運送之前或之後，而非發生在運輸途程之中。「聯合國的貨櫃集散站經營人責任公約」為了解決以上缺口、避免過度自由的自由公約，以合法的方式處理，以釐清運送人、貨主以及倉儲、貨櫃集散站營運人的責任分際。

對於貨主的權益而言，明確的發生在運輸前、運輸後的毀損、滅失，貨主不必辛苦的蒐證，按公約規定直接尋求由負責全程的運送人負責即可，「契約運送人」負責賠償之後，對於運送人（即應負責的實際運送人或倉儲、貨櫃集散站營運人）的「賞還請求訴訟」"recourse action"也非常方便，縱使對於倉儲或集散站經營人，一則因為公約內允許「電子資料交換」"EDI"的使用，二則整理原始的自由化契約，公約的出現將使倉儲業有一個依循的目標，進而形成倉儲及貨櫃集散站責任的慣例，應該都是公約預期達成的目標。以下就是公約的介紹：

一、名詞定義

要了解公約的整體功能及適用性，相關名詞的定義是很重要的。尤其是公約適用對象或標的的定義，如：

「運輸貨運終站經營人」"Operator of a transport terminal"國際貨物運輸過程中負責管理貨物的人，以履行或保證履行運輸相關的服務，貨物在其有權進入並使用的區域內管理。但此人必須不是負責運送的運送人。

「運輸相關服務」"Transport-related services"包括倉庫內之「堆存」"storage"、「倉儲」"warehousing"、「裝貨」"loading"、「卸貨」"unloading"、貨櫃場內之「堆放」"stowage"、「平艙」"trimming"、「墊艙」"dunnaging"、「繫固」"lashing"等作業。

「通知」"Notice"包含資訊紀錄、有固定形式的通知。

「請求」"Request"包含資訊紀錄、有固定形式的請求。

其他定義包括「貨物」、「國際運輸」等，都與其他公約的意義相同，如前者係包含非「運輸貨運站經營人」所有的運具在內，而後者則指離去地與目的地非相同的國家的運輸而言，這兩個解釋比較不具有影響公約適用的意義。

二、適用範圍

公約在以下情形中的適用：

「運輸貨運終站經營人」的營運地點在簽約國內，或前定義中所述的「運輸相關服務」在簽約國履行，或前定義中所述的「運輸相關服務」受簽約國管轄。

在「營運地點」的認定上，如果「運輸貨運終站經營人」有好幾個營運地點，則以最接近「運輸相關服務」的營運地點為主。但是如果「運輸貨運終站經營人」沒有設立「營運地點」，則以「運

輸貨運終站經營人」習慣性的居住地點代之，作爲適用的考量地點。

三、責任期間

從接管貨物到交付貨物，交付貨物的對象如果不是本人，則以交付到其可控制的範圍地點是爲完成交付。

四、交、接單證的簽發

「運輸貨運終站經營人」係在客戶要求下、「運輸貨運終站經營人」認爲合理的期間內，

在客戶提供的文件內註名收貨日期並簽字，承諾收到文件上所陳述的貨物。

直接註名收貨日期並簽字，證明如以合理的方法檢測、確實收到文件中所陳述的貨物。

「運輸貨運站經營人」如果不按以上兩種方式簽發收據，除非提起反證，否則即假設「運輸貨運終站經營人」收到表面情狀良好的貨物。但是如果「運輸貨運終站經營人」所提供的「服務」只是由「運輸貨運終站經營人」立即將貨物中轉其他的運輸方式時，以上的假設就不存在。前述的收據模式也可以以任何形式表達承諾收到貨物的意思，如果雙方同意，也可以電子資料交換替代書面收據模式。收據的簽字可以手寫、圖文傳真或其他授權簽字的方式。

從以上的規定可以看出，「運輸貨運終站經營人」簽發之收據或單證並沒有固定的形式，而且是因應客戶要求開立的因求單證，貨物內容之陳述由貨方提供，但是如提不出反證，即假設「運輸貨運站經營人」收到表面情狀良好的貨物。這項「假設」，很明確的表示「運輸貨運終站經營人」需要對於貨物的毀損、滅失、

遲延交付或遺失，負舉證的責任，舉證不足，就要賠償。所以是
「設有過失」的賠償責任基礎。

五、責任的基礎

公約規範「運輸貨運終站經營人」的責任，與運送人責任相
同，也是在其前述責任範圍內貨物的毀損、滅失及遲延交付所遭
致的損失。舉證責任是在「運輸貨運終站經營人」。證明其本身、
其代理人、受雇人及「運輸貨運終站經營人」的履行方，已採取
一切方法避免損失的發生，以及其損失後果的發生。

交付貨物的時間如雙方有協定，未在協定時間內交付就是
「遲延交付」"delay in handing over"。雙方沒有協定，未在經貨
方請求交付貨物的合理時間內交付就是「遲延交付」。未在以上規
定時間內交付的三十天內交付，則視同滅失。以上這個交付的規
定包括「協定」及「請求」均未提及是否需用書面，當事人在適
用時，應考慮以書面送達，比較具有證據力。

如果未有合理舉證證明，致「運輸貨運終站經營人」須對貨物
毀損、滅失及遲延交付所遭致的損失負責，但損失係由其他理由
與「運輸貨運終站經營人」應負責的理由結合而造成損失時，「運輸
貨運站經營人」如果能證明其本身的理由在損失中所佔的成數或
金額，則「運輸貨運站經營人」就可以僅負責該部分的金額。

六、責任的限制

「運輸貨運終站經營人」負責貨物毀損、滅失所遭致的損
失，比照目前歐洲的鐵路公約，以貨物毛重每公斤 8.33 國際貨幣
基金的提款權單位為限。但是如果貨物自海運或內水運輸下船之
後立即交接給「運輸貨運終站經營人」，或者貨物係由「運輸貨運
終站經營人」直接交付給海運或內水運輸的運送人，則「運輸貨

運終站經營人」對於毀損、滅失貨物的責任限制,是貨物毛重每公斤 2.75 個國際貨幣基金的特別提款權單位。以上「海運或內水運輸」的意義,包含在港內的「起運」"pick up"及「交付」"delivery"。貨物之部分損失如果影響其餘部分的價值,毀損、滅失貨物的部份所佔的重量,以及所受到影響的其餘部分所佔的重量,在決定責任限制的時候,都應該列入考量。

　　至於「運輸貨運終站經營人」對於遲延交付貨物的責任,則以「運輸貨運站經營人」對該遲延交付之貨物「運輸貨運終站經營人」應得收入的兩倍半為限,如果遲延交付的貨物只是全部交付貨物的一部份,則兩倍半的金額不能超過「運輸貨運終站經營人」對該筆貨物之總收入的金額。「運輸貨運終站經營人」對於包括貨物,毀損、滅失與遲延交付的總責任,以不超過「運輸貨運終站經營人」對於全損的賠償為原則。「運輸貨運終站經營人」也可以訂定更高的責任限額。

八、「運輸貨運終站經營人」對於危險品的責任

　　危險品交付給「運輸貨運終站經營人」卻沒有依據交付國當地的危險品規則做記號、加標籤、提供適當包裝、或在單證註明時,「運輸貨運終站經營人」接管貨物時甚至對於貨物之危險性質毫無所悉,則「運輸貨運站經營人」有以下權利:

　　　如果貨物可能造成立即之危險,而致人員財產受到威脅時,依情況需要可以採取任何方式,摧毀貨物、使其無害,或以其他合法的方法處置貨物,「運輸貨運終站經營人」因採取以上預防措施致損害或毀滅貨物,無須負擔任何之賠償。
　　　因為交付貨物之人未能配合適用的法律或規則,通知貨物的危險性質以至於「運輸貨運終站經營人」需採用以上方

式處置貨物所花費之費用,「運輸貨運終站經營人」有權
要求將金額匯還。

九、「運輸貨運終站經營人」對於貨物之權利

「運輸貨運站終經營人」對於本身因未收到之費用或索賠
額,對於貨物有留置權。留置權之執行不影響其他適用法
律或契約延長「運輸貨運終站經營人」留置貨物之安排。
但如果貨主已提供「運輸貨運終站經營人」同意之擔保金
存放於雙方同意的第三人處,「運輸貨運終站經營人」即
不得留置貨物。

「運輸貨運終站經營人」對於本身因未收到之費用或索賠
額,對於貨物的全部或部分,有拍賣權。但這個權利不及
於非運送人、託運人所有、而且標明所有權歸屬的貨櫃、
墊板或類似運具。但是如為修理貨櫃、墊板或類似運具的
支出而產生的費用,仍可就貨櫃、墊板或類似運具拍賣
之。執行拍賣前,「運輸貨運終站經營人」應盡通知相關
貨主的義務,並將拍賣所得在扣除欠款及加上拍賣費用後
之餘額歸還,拍賣方式並應依據貨物所在地的法律。

十、貨物毀損、滅失以及遲延的通知

貨物由「運輸貨運終站經營人」交付給應受交貨之人的三個
工作天內,受交貨物之貨主應將毀損、滅失情形通知「運輸貨運
終站經營人」,否則即視為「運輸貨運站終站經營人」依前述收件單證
交貨之表見證據。未簽發收件單證,又未於受交貨的三個工作天
內通知貨物毀損、滅失,就表示交貨時貨物情形良好。從以上規
定看來,貨物毀損、滅失的通知,依公約規定,不必一定作成書
面。貨物毀損、滅失不明顯,可於最後交貨日起算的十五天內通

知，但最晚之通知，不得遲於交貨後的六十個連續日。現場作過公證檢定，檢定報告記載有毀損、滅失時，就無需另行通知。但以上這些規定對於超過六十個連續日內未通知毀損、滅失，是否即視為無損害，公約並沒有明文的說明。依文義看來似乎應該是「視為」無損害。但對於遲延的通知卻有很明確的說明，貨主必須在交貨後的二十一個連續日內通知遲延的損害，否則就明確地規定「不予賠償」。

　　本項目通知時限的規定，與一搬貨物運輸的公約一個很大不同的地方，就是有兩個關於通知時限，第一個時限，有初步推定無損害的效力，第二個六十天的最後時限，雖未說明未在期限內通知就「視為」無損害，但有「不得遲於六十個連續日」的說明，對於「運輸貨運站經營人」而言，應該是一個很有力的抗辯理由。

十一、訴訟的時效

　　訴訟或仲裁的時效都是兩年，自交付貨物日或交付貨物至貨主可處置貨物的地點時起算。起始日不含在該兩年期限內。但是如果貨物全損，則起算日自「運輸貨運站經營人」通知全損之日起算，或受交貨人視貨物已經滅失之日起算。時效也可因「運輸貨運站經營人」發出延長通知而延長時效，延長時效的通知可以不限次數。

　　時效起算日甚至考慮全損無法交付貨物的情形，自全損通知日起算、或者貨方視為全損的滅失日起算，考慮可以說非常周延。時效屆滿，「運輸貨運終站經營人」對貨主提起的或貨主對「運輸貨運終站經營人」提起的任何相關訴訟或仲裁請求，包括因貨物的毀損、滅失、遲延或者遺失在內所致者，就一律終止。因為文字上是「任何訴訟」"any action is time barred"。但是運送人或他人對於「運輸貨運終站經營人」的「賞還請求訴訟」"recourse action"則必須在判決確定日起算的九十天內提起。

　　本公約的生效條件，是滿五份承認、批准及加盟該公約的接受文件一旦送交聯合國總秘書處後起，於屆滿一週年後的次一個月的一日起生效。目前公約被接受的狀況包括法國、墨西哥、菲律賓、西班牙及美國五個簽字國，但承認及加盟的國家卻只有埃及與喬治亞共和國兩個國家，公約要生效，必須還要再加上三個國家的承認及加盟才算數。這是第一份有關物流過程中與倉儲有關的公約，大陸「合同法」「倉儲合同」章的規範與台灣「民法」「債」編「倉庫」營業多有相關的類似規定，因為倉儲到底是屬於內陸營業，可能也是國際認同度不高的因素，國際間倉儲法規的整合，恐怕要在貨物運輸公約統合之後來解決，國際貨物運輸公約的運送責任如經統合，可以涵蓋物流的倉儲作業，倉儲公約就沒有適用的空間了，但目前國內的相關法律如果能參考國際公約來修改，國際運輸物流過程發生國際爭端的可能性就會低很多。

第五章　各種單證與國際應用最廣之標準規章

　　二○○三年一月二十四日聯合國通過一份由五十七次大會通過的「聯合國貿易法委員會為商業調停推出的標準規章」，在共識文件上有一句話，說：「因為各國法制、社會、經濟系統不同造成差異，國際事務因而應建立一套標準，以便促進國際商務關係之和諧」[1]。所有標準規章的制定目的都應該符合這樣的目標，雖然標準規章的制定單位各不相同，「聯合國貿易法委員會」"United Nations Commission on International Trade Law,UNCITRAL"、「國際海事委員會」"Comite Marine International,CMI"、「國際商會」"International Chamber of Commerce, ICC"等都曾制定過標準規章，所制定的標準規章在運輸單證的規範上，適用性都很廣。

　　標準規章沒有公約那樣複雜的批准、承認或加盟的手續，但是不論是透過非政府組織的各地代表公佈標準規則，或是歐盟有關單位如「經濟與社會委員會」"Economic Commission for Europe（Economic and Social Council）"、或聯合國本身等單位制定的標準規章，因為經常公佈在相關網站讓關係人下載使用，所以使用率極高。若以達成國際運輸與物流和諧的目標為目的，的確是有這樣的方便性及功能。以下就是與運輸或物流單證有關而適用性比較廣，經常在貿易、運輸場合中被關係人引用的標準規章。

---

1 Official Records of the General Assembly, fifty –seventh Session, Supplement no. 17（A/57/17）。

第一節　單證與信用狀統一慣例

由於國際貿易的買、賣雙方各處於不同的國家或地區，彼此對於對方的信用狀況多欠缺瞭解，通常雙方都願意透過信譽卓著的銀行作中介，以銀行的信譽做擔保，出具承擔付款保證的收據，以完成交易，這就是信用狀的由來。根據台灣銀行法第十六條「本法稱信用狀，謂銀行受客戶之委任。通知並授權指定受益人，在其履行約定條件後，得依照一定款式，開發一定金額以內之匯票或其他憑證，由該銀行或其指定之代理銀行負責承兌或付款之文書」。根據台灣中央銀行最近的外匯收支統計，民國九十三年一月到至八月，台灣的出口貿易，信用貸款的交易佔三十一點二，進口的信用貸款的交易則佔三十九點八[2]。各年度的統計資料雖不盡相同，但也大都維持一定的比例。

銀行與客戶之間的契約是一種信用貸款的交易契約，而完成信用貸款交易的驗證過程中，除了國內認證的「產地證明」"Certificate of Origin"、保險人開立的、註記全險的「保險單證」"Insurance Documents"、信用狀受益人所簽發、以信用狀申請人為抬頭之「商業發票」"Commerical Invoices"、或其他匯票、重量證明書之外，「運輸單證」"Transport Documents"無疑是其中最重要的「跟單憑證」"Documentary Credits"。看到「運輸單證」無異於看到交易接近完成，或也可以說「等於已經」完成裝運的證明文件，也是銀行願意提供信用擔保的主要憑籍。

「信用狀統一慣例」"Uniform Customs And Practice For Documentary Credits"，簡稱 UCP，為國際商會所擬定並印行，為

---

2 中央銀行外匯收支統計，網站
　http://www.cbc.gov.tw/foreign/minfo_index.asp。

對於國際信用狀的處理方式、習慣、文字解釋及各當事人的責任範圍做統一的規定，以避免國際間對於信用狀交易之誤解與糾紛[3]。「信用狀統一慣例」並無法律效力，屬於「標準規章」"Model Law"的一種，其是否適用於某交易，係以因應使用者的需求，經由信用貸款契約當事雙方之同意，決定採用那一年份版本的統一慣例，並載明在信用狀上，成為信貸契約的一部分。雙方在信用狀契約上未提及、未記載或有疑義的事項，均依某一年份某一版的「信用狀統一慣例」的現成規定辦理。

「信用狀統一慣例」從一九三三年推出第一版以來，經歷一九五一年、一九六二年、一九七四年、一九八三年、至一九九三年數次的修改，平均大約每十年就修訂一次，目前公佈的最近一版為一九九三年的修訂版本，屬於國際商會第五百號出版品，所以也簡稱 UCP 五百。生效日期是一九九四年一月一日。因為統一慣例的適用沒有強制性，新版也不必一定取代舊版，使舊版因新版的生效而廢止。

「信用狀統一慣例」雖然在適用上沒有強制性，但由於認同及使用的人多；例如在信用狀中載明「其經載入信用狀本文……」"They Are Incorporated Into the Text of the Credit……."文句，即已構成信用狀契約的一部份，而成為拘束當事人的依據[4]。

由於一九九三年之統一慣例修訂版於一九九四年一月一日起開始生效使用，其內容上有若干革新的規定，像新增海運單、租船提單，及複式運輸單證的規定、以正面文字同意一般承攬運送業簽發的海運提單、各種爭議性批註之明文承認等。使用上非常方便。目前更新版的「信用狀統一慣例」業已在「國際商會」研擬之中，經撰者與「國際商會」在網路上聯繫，大約在二○○

---

3 蔡緣、國際貿易實務與書類、華泰文化事業公司、2002.8、270 頁。
4 1993 年信用狀統一慣例第 1 條。

六年才要出版更新的規定，鑒於目前使用的一九九三年版「信用狀統一慣例」頗為成熟，相關規定適用上雖歷經十年、卻沒有發現什麼大的缺失，二〇〇六年的新版文字在本書出版之際還看不到等因素，所以本書仍依照一九九三年版「信用狀統一慣例」與「運輸單證」的關係予以說明如下。

「信用狀統一慣例」中所要求的合格「運輸單證」的條件，大都有這樣一個前提：即「如果信用狀這樣要求…，銀行就可以接受……」"If a Credit calls for…,banks will accept…"。也就是說，銀行可以接受「運輸單證」的條件，以配合信用狀的要求條件為主。「信用狀統一慣例」的規範，主要就是在整合各式各樣信用狀跟單的條件，使其要求能合理化。並在開立條件不足時，有一個基本規範可以遵循。

一、「信用狀統一慣例」中銀行可接受之「運輸單證」種類與簽發者

「信用狀統一慣例」中銀行可接受之「運輸單證」包括如下：以下除了其種類以外，也包括各式文件的簽發者，所以說，除了文件名稱的規範，合乎規範的簽發者簽署也是條件之一：

「海運提單」"Marine/Ocean Bill of Lading"

本 UCP 五百的「信用狀統一慣例」第二十三條所接受的「海運提單」，即「港到港提單」"Port to Port Bill of Lading"，是最原始形態的提單。也是目前散裝貨運、包括油運運輸所使用的「提單」。須符合以下幾個條件：

1. 正面應該顯示運送人的名稱，並有以下人等簽字、或以下被授權的人簽字：

運送人本人或其指定的代理人。

船長本人或其指定的代理人。

運送人本人或船長本人簽字時，應註明渠係運送人或船長。

代理運送人或船長簽字時，應註明渠所代理之人，即是代理運送人或代理船長。

「不可轉讓之海運單」"Non-negotiable Sea WayBill"

規定訂在「信用狀統一慣例」的第二十四條的「不可轉讓之海運單」，就是與一般習慣與大陸海商法所謂之為「記名提單」相類似的一種運輸單證。「海運單」雖與「記名提單」類似，但兩者性質並不相同，「記名提單」實務上根本不得轉讓，「海運單」則仍可以轉讓[5]。「海運單」曾被「聯合國貿易發展委員會」讚譽為最容易預防詐欺的運輸單證。但在目前，海運單雖使用日趨頻繁，但受貨人待指定、可押匯、可轉讓之提單仍有其存在之價值，所以「海運單」全面取代「提單」則仍不可能，這也是第一次「信用狀統一慣例」以「海運單」一詞，條列載明可接受這種運輸單證。「海運單」必須須符合以下幾個條件：

1. 正面應該顯示運送人的名稱，並有以下人等簽字、或以下被授權的人簽字：

   運送人本人或其指定的代理人。

   船長本人或其指定的代理人。

   運送人本人或船長本人簽字時，應註明渠係運送人或船長。

   代理運送人或船長簽字時，應註明渠所代理之人，即是代理運送人或代理船長。

「租船提單」"Charter Party Bill of Lading"

「信用狀統一慣例」第二十五條首次標明可以接受「租船提單」這項的單證，一九九三年之前則是根本不接受「提單」上面

5　見本書第七章第二節「提單種類」之說明。

印有「依據租船契約」"subject to charter party"這樣的註記，而按本次的修訂，構成「租船提單」的要件，正是需包含任何有「依據租船契約」的註記"contains any indication that it is subject to a charter party"的提單。「信用狀統一慣例」規定簽發的條件則是：

1. 正面應該顯示以下人等簽字、或以下被授權的人簽字：

　　船長本人或其指定的代理人。

　　船東本人或其指定的代理人。

　　船長本人或船東本人簽字時，應註明渠係船長或船東。

　　代理船長或船東簽字時，應註明渠所代理之人，即是代理船長或代理船東。

　　可以顯示也可以不顯示運送人名稱。

　　第　點也可能是責任最模糊的地方，因為國際貨物運輸公約早已認定「運送人」是就貨物運送該負責任的人，任何一種「海運提單」，如果不顯示「運送人」名稱，或就簽字掌握負責之「運送人」，將使該負責之人身分無從掌握。但承兌銀行仍以船東、船長作為簽字負責的對象，顯然需要做一些修正了。

「複式聯運單證」"Multi-modal Transport Document"

　　一九九三年「信用狀統一慣例」的第二十六條中提及當信用狀交易涵蓋兩種以上、不同的運輸工具時，將接受以「複式聯運單證」為名稱的文件。如果沒有其他更新式的運送方式出現，即應係指目前最通行的「複式運送提單」"Multi-modal Transport B/L"了，包括陸/海/空、或內河在內之複式運送方式，以達到戶對戶之運送服務。大陸海商法有「多式聯運合同」的相關規定。實際上，不論「複式聯運單證」，或者「多式聯運合同」，都還是目前使用最普遍的「提單」。「信用狀統一慣例」規定簽發應包括：

1. 正面應該顯示運送人或「複式運送經營人」"Multi-modal Transport Operator"之名稱、由以下人等或被授權以下的

人簽字：

運送人或複式運送經營人本人或其指定的代理人。

船長本人或其指定的代理人。

運送人、複式運送經營人或船長本人簽字時，應註明渠係
運送人、複式運送經營人或船長。

代理船長或船東簽字時，應註明渠所代理之人，即是代理
運送人、複式運送經營人或船長。

以上不厭其煩的訂定顯示運送人或顯示「複式運送經營人」
的做法，其實是針對銀行需要一個更明確的負責任的「人」。

由於貨櫃運輸的發展，除了大宗散裝貨物之外，定期航線幾
乎已經都是貨櫃船的天下，貨櫃運輸多是兩種以上運輸工具的運
輸，也就是「複式運輸」，所以「複式運送經營人」除了提供船舶
的船東之外，安排複式運輸的承攬運送人，應該也是一種「複式
運送經營人」。

承攬運送人所簽發的「運輸單證」

各式「運輸單證」中，都有為承攬運送人簽發的可能，比較
經常用於信用交易的，當然以「海運運輸單證」與「航空運輸單
證」為主。包括前面所說的四種與以下所說的第　種，一九九三
年「信用狀統一慣例」於是在第三十條特別就「承攬運送人簽發
的運輸單證」作說明，是因為一九八三年以前，「信用狀統一慣例」
只承認「國際貨運承攬商協會」所發行的「協會單證」"FBL" or
"FWAYBILL"的緣故，一九九三年「信用狀統一慣例」才頭一次
承認所有「承攬運送人所簽發的運輸單證」，表示國際規章的腳步
也是很慢的，實務引領法規的修正，再次的得到證明。

在一九九三年「信用狀統一慣例」的規定裏，「承攬運送人
所簽發的運輸單證」，所謂「運輸單證」的表面應表明：

1.「承攬運送人」名稱。以及

2.「承攬運送人」是「運送人」或是「複式運送經營人」。或由

3.「承攬運送人」以「運送人」或「複式運送經營人」的名義授權所簽發的「運輸單證」。以及

4.「承攬運送人」以代理「運送人」或「複式運送經營人」代理人的名義簽發的「運輸單證」。

「航空運輸單證」"Air Transport Document"

在「航空運輸單證」方面，一九九三年「信用狀統一慣例」並沒有指定是「空運提單」"air waybill"，「空運提單」本身，通常不如「海運提單」那麼正式，而且在空運的「華沙系列」公約中，還曾經有「空運委託單」"Air Consignment Note"與「空運提單」"Air Waybill"兩種名稱的變動。更由於「空運提單」押匯的情形相對於海運來比較，是非常少的，所以「空運提單」通常謹作為收據與憑證的用途而已。「信用狀統一慣例」對於「航空運輸單證」的規定，也需要符合以下條件：

1.「航空運輸單證」的表面必須註明運送人的名稱。運送人本人簽發「航空運輸單證」，並可授權由代表運送人的人簽發「航空運輸單證」。

2.不論運送人本人簽發「航空運輸單證」，或運送人授權之代表簽發「航空運輸單證」時，應表明渠係「運送人」。

「公路、鐵路或內水運輸單證」"Road, Rail or Inland Waterway Documents"

在「公路、鐵路或內水運輸單證」方面，與「航空運輸單證」的狀況一樣，一九九三年「信用狀統一慣例」也沒有指定特定的名稱，表示只有「海運提單」由來已久，並具有國際性的緣故，因此有特別的名稱。不論名稱是哪一種，「運輸單證」都需要符合以下條件：

1.「公路、鐵路或內水運輸單證」的表面，必須註明運送人

的名稱。運送人本人在「運輸單證」上簽名，或由運送
人授權或指定代理人的授權，代表運送人在「運輸單證」
上簽名。及/或

2．在「運輸單證」上蓋有「收據」性質的印記，或者其他
表明由運送人收到貨物的記號或其代理人收受貨物的記
號。

3．不論運送人本人簽發「運輸單證」，或運送人授權之代表
簽發「運輸單證」，或蓋任何的「收據」印章或收到貨物
的記號，都應該在「運輸單證」的正面表示「運送人」
的身分，或代理人所代表的「運送人」的全銜，並說明
係代表該「運送人」簽發「運輸單證」。

「**快遞及郵政單證**」**"Courier and Post Receipts"**

「快遞及郵政單證」也沒有用專有名詞，分成兩類，一類是
「郵政單證」類，另一類是「快遞單證」類，分述如下：

1．「郵政單證」類用「郵局單證」"Post receipts"或「郵政單
證」"Certificate of Posting"這樣的用語。對於「郵局單證」
內容的要求，也只有蓋印「收據」性質的印記，及日期
的印記，就表示在信用狀指定地點發送裝運了。

2．「快遞單證」類由「快遞業」簽發，也沒有用專有名詞，
「快速遞送服務單證」"expedited delivery service
evidencing receipt of the goods for delivery"，單證內容的
基本要求就是「正面有快遞業的名稱，及簽名、蓋章，
或有經快遞業授權簽名的表示」。

二、「信用狀統一慣例」中銀行可 接受之「運輸單證」基本條件

銀行只接受貨物已「裝運」的「運輸單證」

一九九三年「信用狀統一慣例」銀行可以接受貨物已被「交託管理」"taken in charge"、已「發送」"dispatched"、已「被裝載予指定船舶」"loaded on board"的任何海運「提單」或「海運單」，已註明「收受待運」"accepted for carriage"的「航空運輸單證」，以及「收受待運」"received for shipment"、「發送」"dispatch"、「運送」"carriage"的「公路、鐵路或內水運輸單證」，應表明貨物業已收受待運。「快遞單證」就必須有「收貨日期」"date of pick-up or of receipt"，「收貨日期」也就被視爲「裝運日期」"date of shipment"

由於以上對於各種「運輸單證」的要求，表示銀行可以接受候裝待運的任何「運輸單證」[6]。但是各種單證表面註記的要求卻不相同，如「海運單證」、「航空運輸單證」，以及「快遞單證」都必須註明「已經」收受待運，所有的英文，不論已「發送」"dispatched"、已「被裝載予指定船舶」"loaded on board"，全部用的是已經完成的方式，陸運的「公路、鐵路或內水運輸單證」則全部用的是現在式。

但是全部「單證」表面，都以簽發的日期作爲「裝運日期」。只有「快遞單證」以收貨的日期，視爲「裝運日期」。所以表面上，依據一九九三年「信用狀統一慣例」，銀行對於所有的「運輸單證」仍要求是已「裝運」的「運輸單證」。但是以已「簽發」、或已「收

---

6 「候裝待運」"Received for shipment"在海運上是專有名詞，表示運送人已收下貨物，等候裝船。目前貨櫃運輸尤其普遍，運輸單證上只比已經裝運的單證少了裝船日期而已。

受」作爲已「裝運」，也就是說，銀行雖然聲稱只接受已經「裝運」的「運輸單證」，實際上卻是以自己的認定，作爲已「裝運」的解釋。

整　套

對於「整套」的解釋，因爲所有的「運輸單證」表面上都有「正本一式幾套」的制式紀錄，所以不難取得，但是「陸運單證」則規定，「如果表面無法辨識正本份數，則以押匯份數作爲正本份數」[7]。以及當「陸運單證」沒有註明「正本」二字時，「銀行對於押匯樣張，都視爲正本」。這對於銀行的客戶來說，這樣當然是很危險的，所以需要信用交易的客戶，也應該在「陸運單證」正面表明正本的份數，及表面註明「正本」二字，比較有保障。

「清潔」運輸單證

歷來的「信用狀統一慣例」，都有對用於信用交易的「運輸單證」，應該是「清潔」運輸單證的要求，「清潔」就是沒有「批註」，依據一九九三年「信用狀統一慣例」對於「批註」的解釋，爲以明文表明「貨物的瑕疵」，或者「貨物包裝的瑕疵」，以及除非「信用狀明文同意的條款，否則銀行不接受有『銀行不同意的條款』的註記」，所以「銀行不同意的條款」，也算一種「批註」。以往銀行對於「運輸單證」的註記非常挑剔，一九九三年「信用狀統一慣例」則同意了許多以往銀行不接受的註記。可以參考下一階段的說明。

對於符合以上說明的「運輸單證」的簽名及日期的基本要求，銀行即認定該「運輸單證」已經註記「清潔並已裝運」"clean on board"。

---

7 一九九三年「信用狀統一慣例」第二十八條 b 項。原文是"In the absence of any indication on the transport document as to the numbers issued, banks will accept the transport documents presented as consitituting a full set. Banks will accept as original the transport documents whether marked as original or not."

三、「信用狀統一慣例」中銀行可接受之「批註」

「甲板上」"on deck"的批註

只要不是肯定的「裝在甲板上」"are carried on deck"，或者不是「將裝在甲板上」"will be loaded on deck"，一九九三年「信用狀統一慣例」原則同意「可能裝在甲板上」"may be carried on deck"的批註。

這項批註經一九九三年「信用狀統一慣例」同意之後，目前所有的「海運單證」上，幾乎都有印刷的「可能裝在甲板上」"may be carried on deck"的文字了。

「託運人自行裝貨或計算」"shippers' load and count"

這個批註由來已久，散裝貨運的「據告重」"said to weigh"、貨櫃運輸的「據告含」"said to contain"、及「託運人自行包裝貨櫃」"shippers' packed containers"、「託運人自行稱重」"shippers' weight"，也有運送人除「託運人自行包裝」"shippers' packed containers"、「託運人自行稱重」"shippers' weight"，另在後面加註的「重量不清楚」"weight unknown"等，都屬於同一類的批註。所以「信用狀統一慣例」第三十一條最後又有另一句話說「或其他類似的文字」"or words of similar effects"。

以信用狀「受益人」以外的人為「運輸單證」上的「委託人」

「海運單證」上的「委託人」與「託運人」是同一位階的，國際公約有稱「委託人」的，亦有稱「託運人」的，一般在提單上都稱「託運人」，「海運單」或「空運單證」或「倉單」，則比較習慣稱「委託人」。以信用狀「受益人」之外的人作為「運輸單證」上的「委託人」，可能因信用狀的轉讓，或其他影響信用狀契約的原因，所以銀行可以接受「運輸單證」上「委託人」不同於信用

狀上的「受益人」，而不認定這樣的記載是瑕疵。

「貨物將轉運」**"the goods will be transshipped"**的批註

這項批註是一九八三年「信用狀統一慣例」四百號中所同意的，一九九三年「信用狀統一慣例」同意提單上的轉船條款，但以一張「海運單證」涵蓋整個途程為主[8]，並解釋在海運提單及海運單中，「轉船」"Trans-ship"的意義，是指海運過程中，一船至另一船的卸下與重裝，以現在的複式運送來看，"Trans-ship"一詞，亦可解釋為「轉運」，及各種不同運輸工具之轉換[9]。

「依據租船契約」**"subject to a charter party"**的批註

一九九三年「信用狀統一慣例」特別訂定一種「租船提單」"Charter Party Bill of lading"，因此以往銀行絕對不接受的「依據租船契約」"subject to a charter party"的批註。現在也可以光明正大的寫在提單正面了。其實所有的「簡式提單」都有「依據租船契約」"subject to a charter party"的印記。但銀行以往多只注意打字的「依據租船契約」，而予以拒絕。但卻從來不注意「簡式提單」上已經印妥的「依據租船契約」字樣。既然九三年的「信用狀統一慣例」已經增列了「租船提單」"Charter Party Bill of lading"，當然以往的疏失就不再重要了。

對於「租船提單」，雖然「信用狀統一慣例」承認「依據租船契約」的加註，但是當信用狀要求提示「租船契約」作為附件時，「信用狀統一慣例」卻表明「銀行無須審查該契約，但將逐予遞轉而不負責任」[10]，銀行這個「不審查條款」雖然可以減除銀行的責任，但對於信用狀申請人的買方而言，是比較缺乏保障的。

---

8 1993 UCP 500 之第 23 條第 c 項、第 24 條第 b 及 c 項。

9 1993 UCP 500 之第 23 條第 b 項、第 24 條第 b 項。

10 1993 UCP 500 之第 25 條第 b 項。原文是"Even if the Credit requires the presentation of a charter party contract in connection with a charter party bill of lading, banks will not examine such charter party contract, but will pass it on without responsibility on their part."

四、運輸單證上的日期

　　單證上的日期對於責任的歸屬非常重要，所以以往「信用狀統一慣例」只承認「已裝運」"shipped on board"的單證，就是為了保障信用狀受益人的合法權益。一九九三年的「信用狀統一慣例」對於日期有許多的融通的規定，在第四十六條對於日期的認定裡，可以包含「裝運」"loading on board"的日期、「發送」"dispatch"的日期、「接受裝運」"accepted for carriage"的日期、「郵政收據」"date of post receipt"的日期、「收貨」"pick up"的日期，對於「複式運送」而言，就是「接管貨物」的日期等，都可以解釋為最早或最遲的「裝運」"shipment"日期。但是「信用狀統一慣例」卻不接受像「馬上」"prompt"、「立即」"immediately"、「盡快」"as soon as possible"這類含糊的用語。而像"to","until","till","from"這些字，則包含首尾所提的日期本身，但"after"一字，卻不包括所指的日期本身。這些雖然是文法上的意義，在「信用狀統一慣例」裡也不厭其煩的再次說明。

第二節　運輸單證與聯合國複式運輸單證規則

　　「國際商會」"International Chamber of Commerce, ICC"本來是為了複式運輸單證統一化的目的，根據「國際海事委員會」"Comite Maritime International,CMI"的「東京規則」[11]"Tokyo Rules"，以及「國際私法統一協會」"International Institute for the Unification of Private Law, UNDROIT"的「複式單證統一規則」"TCM draft"，於一九六七年制定一份「國際商會複式單證規則」

---

11 全名為「複式運送公約草案」"Draft Convention on Cimbined Transport,1969。

"ICC Uniform Rules for a combined transport document"，也是「國際商會」的 298 號出版品，而且早已獲得國際的認同。不但「波羅地海國際海運同盟」的標準複式提單、簡稱 COMBIDOC 於一九七四年採用「複式單證統一規則」做藍本，「國際貨運承攬商協會」"FIATA" 複式運送提單的背面「標準條款」"Standard Conditions"也以這個「國際商會複式單證規則」作標準。「國際貨運承攬商協會」在一九七一年推出的第一份「國際貨運承攬商協會複式提單」"FIATA Bill of Lading"，簡稱 FBL，目前適用於「國際貨運承攬商協會」會員的承攬運送人所簽發的海運分提單，適用性可以說最廣[12]的。「複式單證統一規則」本來準備隨著一九八〇年「聯合國國際複式運送公約」"United Nations Convention on International Multimodal Transport of Goods of 1980, MT Convention"的生效，而伴隨著正式在國際間推出，但是一九八〇年「聯合國國際複式運送公約」卻一直未能生效[13]，因此本標準規章也一直沒有機會推出。

　　「聯合國貿易發展委員會」"United Nations Committee on Trade and Development, UNCTAD"因此再次與多個國際團體合作，根據海牙、海牙威士比規則，參考「國際貨運承攬商協會複式運送提單」"FIATA Bill of Lading, FBL"、「國際商會複式單證規則」，於一九九一年再訂定新的「複式運送文件規則」，稱為「聯合國貿易發展委員會/國際商會複式運輸單證規則」"UNCTAD/ICC Rules for Multimodal Transport Documents"。這是貨櫃運輸中複式運送單證通行以來，國際上正式公告為複式單證制定的標準規章。也是一九九二年「國際貨運承攬商協會複式運送提單」"FIATA"之"FBL"及一九九五年「波羅地海國際海運同盟

---

12 根據台北市承攬運送公會的統計，台灣目前出口貨百分之八十的發單量都是這一種提單。
13 參考本書第二章第四節的說明。

標準複式提單」"MULTIDOC,95"的附加規定。因此這套「聯合國貿易發展委員會/國際商會複式運輸單證規則」在適用性上最大的貢獻其實在於承攬運送人「複式運送提單」的引用。雖然只是一份標準規章、不是國際公約，但是因為使用率高的緣故，所以重要性反而比國際公約更高。

　　正式全名是「聯合國貿易發展委員會/國際商會複式運輸單證規則」"UNCTAD/ICC Rules for Multimodal Transport Documents"的標準規則，不但貿易界認可，銀行界也認可，與信用狀統一慣例的標準規章同步的標準規定。只是對於運送單證背面的條款，這份「聯合國貿易發展委員會/國際商會複式運輸單證規則」只提供了有關「適用性」、「名詞定義」、「運送人的義務與責任」、「委託人的責任」等主要原則性的規定，其他通常附著在提單背面的條款：如有關「堆裝」、「航線」、「運費」、「留置權」、「雙方過失碰撞」、「共同海損」、「司法與仲裁」條款的內容，都還需要引用者在應用這個標準規則的時候，自己再附加上去，所以如果運輸單證要選擇適用這套標準規則，這些附加條款當然也要自己另行斟酌，所用的字句以不違反標準規則的規定為原則。以下就是「聯合國貿易發展委員會/國際商會複式運輸單證規則」的主要內容。

一、適用性

　　「聯合國貿易發展委員會/國際商會複式運輸單證規則」的適用，不論書面、口頭或其他任何方式，以運送契約的認可為主要適用規定的依據，而且一旦貨、運雙方同意適用本標準規則，標準規則之規定優於契約內與本規則相衝突的規定。

　　雖然標題是「複式運送文件規則」，但是對於單式的港到港運輸也可以以同意適用的方式，來引用這一份標準規章。

　　「複式運輸單證規則」適用於所有針對「複式運送經營人」

提起之訴訟，包括契約訴訟或侵權訴訟。

二、專有名詞

「複式運送文件規則」的專有名詞與現時國際公約中的專有名詞有許多不相同的地方，但是對於用詞不那麼嚴謹的運輸實務界，看起來卻不致於格格不入，如「運送契約」在「複式運送單證規則」直接稱為「複式運送契約」"Multimodal transport contract"，「運輸單證」或「海運提單」統稱為「複式運送單證」"Multimodal transport Document"，所以各船公司目前自行印製的提單均印刷「複式運送提單」"Multimodal transport Bill of Lading"。代表船方的「運送人」稱為「複式運送經營人」"Multimodal transport operator, MTO"，對照其他的國際公約專有名詞，顯得生疏又突兀，但大陸一九九三年海商法出現的「多式聯運經營人」一詞可能就植基於此。常見的「運送人」一詞，定義反而與漢堡規則「實際運送人」一詞的定義相同。

而貨方原來「託運人」一詞在標準規則中，已經被「委託人」"Consignor"名稱所取代。實務上，「委託人」"Consignor"則常用在「海運單」"Sea Waybill"對照「託運人」"Shipper"的欄位。

「貨物」"Goods"在標準規則中，則包含「活動物」及非「複式運送經營人」所提供的貨櫃、墊板及類似運具等，不論是裝在甲板上或甲板下。

而其他的「接管」"taken in charge"、「交貨」"delivery"、「特別提款權」"Special Drawing Right"、「受貨人」"Consignee"、等專有名詞的定義，則都與漢堡規則相類似。

三、「複式運送經營人」的義務與責任

這是第一次看到國際規章把運送人責任分成「義務」與「責

任」兩個部分，就中國的語法來看，「義務」與「責任」似乎是同
義字。但是現在最新版二〇〇四年的國際貨物運輸公約也做這樣
的分類，我們就應該慎重的予以分類了。考其語意，「義務」應該
是指基本的「責任」。在「複式運送單證規則」的「複式運送經營
人義務」分三個大項，一個是「期間」，配合「複式運送」的需要，
「複式運送經營人」的「義務」"Responsibilities"期間當然從「接
管」開始，到「交貨」為止。第二個項目是「複式運送經營人」
應負責其受僱人、代理人在受僱、代理範圍內履行契約時的行為
及疏忽。第三個項目是「交貨」，「交貨」的意義與目前的國際運
輸公約有些不同，包括：

1. 向「複式運送單證」持有人「交貨」，或者
2. 按「複式運送單證」指示人的指示「交貨」，或者
3. 如果簽發的是可轉讓「複式運送單證」給記名之人，則
   向「複式運送單證」記名之人「交貨」，但交貨仍應繳還
   「複式運送單證」。
4. 如果簽發的是不可轉讓「複式運送單證」，則向「複式運
   送單證」記名之受貨人，在記名之受貨人出示其受貨人
   的身分之後「交貨」。或者
5. 如果沒有簽發「複式運送單證」，則按「委託人」的指示，
   或者依「複式運送契約」，獲得「委託人」或「受貨人」
   的授權的人提出的「交貨」指示去「交貨」。

以上這些交貨的規定與以往比較不同的地方在於第"3"項。以
上第"3"項的「複式運送單證」既然是「可轉讓單證」，上面卻有
記名受貨人，這與後來的國際公約都明文「可轉讓單證可以轉
讓」，但按照漢堡規則明文予以綜合的結論：所有的「記名海運提
單」"Straight Bill of Lading"，都「不得轉讓」的規定，也就是「記
名單證不可轉讓」的規定相對照，印證了在信用狀統一慣例上沒

有「記名海運提單」的存在。同樣的道理，在一九九二年英國海運提單法，「記名海運提單」一樣規定「不得轉讓」。但是同樣記名受貨人的「海運單」"Sea Waybill"卻可以轉讓。所以印證在信用狀統一慣例上，才會有「海運單」可以押匯的規定。本標準規則以這兩種實務上常見的：「記名海運提單不可轉讓」而「海運單可以轉讓」的規定，混合訂定「複式運送單證」的說明裡，有「複式運送單證」既為「可轉讓」單證，又有「記名」的受貨人，而且這種「複式運送單證」亦應於交貨時繳回一份正本單證，與目前實務上「記名海運提單應繳回」，「海運單」於交貨時不必繳回的道理，卻有出入。

　　大陸在今（二〇〇四）年九月十七日，甫於高等法院及所有海事法庭、二審法院的推事們在青島舉行第十三屆海事案件判決研討會中，首次決定「對於『記名提單』，運送人是否可以在未提示正本的情形下，直接交貨給提單上指名的受貨人？」的問題達成共識，就是「只要適用中華人民共和國海商法，不管『記名海運提單』的性質或轉讓性如何，應提示正本提單再交付貨物」[14]。可見之前對於「記名提單」交貨規定的誤解之深。「記名提單」與「海運單」相混淆，致錯放貨物的例子在實務上常發生，如果適用「複式運送單證規則」，或「複式運送單證規則」跟著一九八〇年的「聯合國國際複式運送公約」能生效，至少這樣的錯誤就比較不容易發生了。

　　「複式運送經營人」的「責任」"Liability"方面的規定包括：

「責任內容」

　　「複式運送」的「責任」依然是「滅失」、「毀損」、及「遲延」，而且舉證責任首先在於「複式運送經營人」。對於「遲延」的責任，必須由「委託人」事先宣布及時送達的利益，而且在「複

---

14 參看本書第五章第一節的說明。

式運送經營人」同意後運送,「複式運送經營人」才負責「遲延」。

「遲延責任」

未依「聯合國貿易發展委員會/國際商會複式運輸單證規則」上記載的交貨期間內交貨為「遲延」。否則「複式運送單證」上未記載交貨時間時,未於「勤勉」"deligent"的「複式運送經營人」應交貨的時間內交貨,亦構成「遲延」。但是「複式運送文件規則」在這個規定上加了還要「依當時的實際環境」"having regard to the circumstances of the case"的附加條件,可以說又為「複式運送經營人」在負責與否的條件上增加了抗辯的空間。未在以上規定內交貨而構成「遲延」的九十天後,可以以「滅失」方式處置貨物索賠。但對照漢堡規則的規定,構成「遲延」的「六十天」後,就可以以「滅失」方式對待的規定,更凸顯本「複式運輸單證規則」主要是用於承攬運送人的提單,多出來三十天的容許期間,供承攬運送人先向船東提出追償。

「免責」

「聯合國貿易發展委員會/國際商會複式運輸單證規則」的免責規定,只有海運與內陸水運的運輸可以適用。其「免責」項目只有兩個,一個是航行疏忽的「免責」。另一個則是非運送人實際過失而造成火災的「免責」。

其他還有關於「適航能力」"seaworthiness"[15]的規定,「適航能力」基本上是指船舶的航行能力,能耐得住海上的風浪。船東傳統上的認知都是指船舶的基本條件,也是船東的義務,必須提供具有航行能力的船舶。但是這個明示的基本義務在漢堡規則已經被取消,成為一種默示義務,也就是一般認知的「應盡義務」"due diligence"。「聯合國貿易發展委員會/國際商會複式運輸單證規則」對「適航能力」的規定也是延續漢堡規則,就是「如果毀損、滅

---

15 亦有翻譯為「堪航能力」或「海值」的。

失是由於『適航能力』不足所致,『複式運送經營人』應舉證已盡『應盡義務』使船舶在『開航時』具有『適航能力』。而時間僅要求於「開航時」這一點,則還是從海牙與海牙威士比規則來的。

說到海牙與海牙威士比規則,大家一定還記得其中第 IV 條有一長串的運送人免責規定,其中包括最引人爭議的「航行與管理船舶的過失」"error in navigation and management",這個「過失」習慣上被稱為「航海過失」"nautical fault",以及「火災」。不僅應注意海牙與海牙威士比規則的運送人僅指海上運送人,而且海牙與海牙威士比規則規定的運送人在海牙威士比規則時期已經有默示的「設有過失」"presumed fault or neglect"意涵[16]。「複式運送」如今把以往「單式運送」的海上運送人免責規定延伸過來,強調海上運送人與內水運送人以無船公共運送的承攬運送人身分在簽發分提單時,可以主張免責,利用這個免責在回溯訴訟中向「實際運送人」的船東求償,「實際運送人」的船東如果向承攬運送人主張國際公約的傳統免責,則無船公共運送的承攬運送人也可以向貨主以這個「聯合國貿易發展委員會/國際商會複式運輸單證規則」的規定來主張免責。但是依據本「聯合國貿易發展委員會/國際商會複式運輸單證規則」的第 13 條「強制法律」"Mandatory law"的規定,如果有國際公約或國內法律的同一規定強制適用在複式運送文件或多種運輸方式的某種運輸上,本「複式運輸單證規則」就不適用了。

「責任的估定」及「責任的限制」

複式運送經營人賠償責任的計算,仍以交貨時、該交貨地的價值、或商品交易價、或依市價、或依同質、同類貨物的正常價來估定。

---

16 「設有過失」"presumed at fault or neglect"責任到了漢堡規則才有明文規定。

　　貨物毀損、滅失責任之限制則比照威士比規則的每件國際貨幣基金特別提款權的 666.67 個單位或每公斤 2 個單位，以較高的為準，除非委託人交貨前已經宣佈貨物的性質及價值並且記載在複式運送單證上。這個規定比漢堡規則差一個「並且運送人已徵收從價運費」，所以當適用「複式運輸單證規則」時，複式運送人一定要注意，因為提單上現在都有宣布價值的欄位，貨主委託人一旦依照空欄位填入價值，就已經構成運送人依實際價值賠償的條件了。

　　此外，不含海運或內水運輸在內的複式運輸其他運輸段，「複式運輸單證規則」依據歐洲公路公約的責任限制，是依貨物毛重每公斤國際貨幣基金特別提款權的 8.33 個單位。而且複式運輸的某一運輸段簽有其他的「次契約」"separate contract of carriage"，並有其他國際公約或國內法律強制適用時，責任限制就要改依該國際公約或國內法律的責任限制標準。

　　而遲延的責任限制則是以運費為限，這個標準低於漢堡規則所規定的「運費的兩倍」或一九八〇聯合國國際複式公約「運費的兩倍半」，都使承攬運送人有一個較輕鬆的彈性空間。

「責任的解除」

　　包括貨損的即時通知：交貨當時，或者毀損、滅失不明顯時應在六個連續日內通知，否則均構成已經按照契約交貨的表見證據。九個月內未提訴訟，則運送人解除其責任。本「複式運輸單證規則」的九個月取代海牙威士比的一年、漢堡規則的兩年，都與前述的「九十天」遲延視為滅失的規定一樣，提供承攬運送人回溯船東的彈性空間。因此有船東所印製使用之載貨證券，其背面訂定九個月時效期限、而被判定無效的案例。

四、委託人的責任

　　「委託人」就是以往國際公約的「託運人」,「託運人」依據貨物運送公約亦應負責任的規定起於漢堡規則,「複式運輸單證規則」亦規範了「委託人」應負起責任,及正確申報貨物的責任,該責任包括申報貨物性質、貨物標誌、貨物件數、貨物重量、貨物體積、其他貨物的計量單位及危險性等,用以載入「複式運送單證」之中。委託人不僅須爲單證記載的不確實、不適當而負責補償「複式運送經營人」的損失,而且「運送單證」轉讓之後還要負責。這個「運送單證轉讓之後還要負責」的規定與英國一九九二年提單法的規定相同,其他法律或國際公約並未見有這樣的明文規定。而且「複式運送經營人」雖從以上規定中獲得「委託人」補償其損失的保障,但對於「委託人」以外的第三者,「複式運送經營人」仍有責任[17]。

五、複式運輸單證的證據力

　　在「複式運輸單證規則」裡,規定「複式運輸單證」的記載具有「表件證據」"prima facie evidence"的效力,除非有相反的批註,這些批註包括「託運人稱重、裝貨及計算」、「託運人自己裝

---

17 這一個規定見於本「複式運輸單證規則」的 8.4 項,原文是"The right of the MTO to such indemnity shall in no way limit his liability under the multimodal transport contract to any person other than the consignor"。但是在「複式運輸單證規則」的說明裡,卻解釋爲本「複式運輸單證規則」不禁止其尋求向「委託人之外的第三者求償」,並舉例說明如第三者交運危險品而未說明時,亦應負侵權責任。"The MTO may proceed against the consignor does not in any way prevent hem from holding other persons liable as well, for instance unde the principle that anyon who tenders goods of a dangerous nature to the MTO under the applicable law could become liable in tort"。其解釋個人認爲與原意有出入。

櫃」或其他類似的記載。這一段話的意思是說，如果沒有這些記載，「複式運輸單證」的記載就可以確實如記載的情況無疑義，但是有這樣的記載，就足以推翻原來記載的有效性。因此有「託運人稱重、裝貨及計算」"shipper's weight, load and count"、「託運人自己裝櫃」"shipper-packed container"或其他類似的記載，就表示為「複式運送經營人」保留了一個彈性的解釋空間。但是這個彈性的解釋空間只能對抗單證記載的原「委託人」，因為依據標準規則，如果「複式運送單證」或電子單證業經轉讓，「複式運送經營人」是無權向善意第三者作相反的解釋的。

六、結　語

以上「聯合國貿易發展委員會/國際商會複式運輸單證規則」所提供的基本原則，是複式運送萌芽初期，國際組織為「複式運輸單證」所訂出的一份標準規章，裡頭大都是一些原則性的說明，本節的釋義對於目前比較廣泛使用的承攬運送人提單與海運單「標準規章」的了解其來源與條文解釋，當有一些助益。

第三節　國際海事委員會海運單規則

本章第二節的一九九一年「聯合國貿易發展委員會/國際商會複式運輸單證規則」曾經在「複式運送經營人」的義務裡談到，「複式運送經營人」交付貨物的方式包括：「如果簽發的是可轉讓『複式運送單證』給記名之人，則向『複式運送單證』記名之人『交貨』，但交貨時仍應繳還『複式運送單證』」。「如果簽發的是不可轉讓『複式運送單證』，則向『複式運送單證』記名之受貨人，在記名之受貨人出示其受貨人的身分之後『交貨』」。表示一九八〇

年的聯合國「國際複合運送公約」或一九九一年「聯合國貿易發展委員會/國際商會複式運輸單證規則」都承認,「記名的複式運送單證」其實有兩種,一種是雖記名,但「可以轉讓」的,另一種一樣是記名,但是卻「不可轉讓」。可以轉讓的一種在交貨時要繳回單證,不可轉讓的單證則受貨人只要出示其受貨人的身分,就可以「交貨」。在實務上其實前者就是一般傳統使用的「記名提單」"Straight Bill of Lading",另一種則是比照「空運提單」"air waybill"而來,理論及實務上仍可以轉讓的「海運單」"Sea Waybill"。但是「公約」或「單證規則」都沒有賦以正式的名稱。甚至中國大陸與台灣的所有法規根本沒有「海運單」這號文件。

　　非政府組織的「國際海事委員會」"Comite Maritime International"於一九九〇年海運單統一規則」"CMI Uniform Rules for Sea Waybills",於一九九〇年六月二十五日到二十九日的巴黎會議通過該規則,算是對於使用甚廣的「海運單」,有了一正式的國際標準規則。

　　與一般「標準規章」一樣,「海運單統一規則」以當事人同意適用於運輸單證為主,且「規則與國際公約或國內法律牴觸的部分無效」。表示「海運單統一規則」的柔性適用。在「適用範圍」的規定裡,很清楚的表明了「海運單」不是「提單」,也不是類似提單的「物權證書」"similar document of title",不論其所代表的運送契約是否作成書面。

　　而「運送契約」的定義則已經是全部或部份途程為海運的「複式運送的契約」"wholly or partly by sea"為名稱。並將歐洲鐵路公約的「控制權」"right of control"納入說辭。

　　「海運單統一規則」的「託運人」"shipper"是「受貨人」"consignee"的「代理人」,並且視為受貨人向「運送人」保證,「託運人」是其已經獲得授權的代理。這在責任的分際上,「託運人」

代「受貨人」所為之行為,均僅能依法以「代理」的身分負責。「海運單統一規則」並規定「如果依據適用於該規則的法律,受貨人可以提起訴訟或被起訴時,其所負的責任將不超越提單或類似物權證書中受貨人所應負的責任」。這表示「海運單」雖不是「提單」,也不是類似提單的「物權證書」,但責任標準,卻以「提單」或類似提單的「物權證書」為限制,以不逾越該責任標準為限。運送人的部分亦是如此。「海運單」的運送人責任也以國際公約或國內法規範「提單」或類似提單的「物權證書」的責任為限。包括:

一、在一樣的環境與條件之下,如果運送契約應受某國際公約或國內法律的規範時,或者提單、或者與提單類似的「物權證書」應受某國際公約或國內法律的規範時,則同種環境與條件之下簽發的「海運單」亦應同樣受該國際公約或國內法律的規範。

二、依據以上的規定,運送契約也可以訂定由:

本規則管轄、或者

雙方當事人同意,運送條件應依據運送人的定型化條件、包含非海運部分的定型化條件、或

雙方當事人同意之任何條件。則

以上　 、 　項條件與本規則衝突時,本規則優先適用。

以上這些規定其實很顯然的,「海運單統一規則」與任何雙方當事人的運送條件有衝突時,還是以「海運單統一規則」優先於任何當事人所協定的條件。

「海運單」記載的證據力,在運送人填發「海運單」時,如果貨物的件數與狀況如實記載,運送人與託運人之間,是運送人如數收貨的表見證據,也是運送人對受貨人如數交貨的結論證據,但託運人對於提供資料不正確、造成毀損、滅失或費用,應向運送人負責。

在「海運單統一規則」裡最重要的一項規定就是「交貨」的

規定了，「海運單」與「記名提單」最大的區別就在於交貨要不要繳回單證的問題。「海運單統一規則」對於「交貨」有兩個說明：

一、適當的辨識後交貨。

二、運送人交貨時若經合理的注意、確認受貨人確為其本人，則運送人不必負責錯誤交貨的責任。

確認了「海運單」認人不認單的「交貨」方式。根據大陸廣東敬海法律事務所二○○四年九月份發出的一封通告，大陸近期對於大陸海商法中的「記名提單」於交貨作業中的處理規定，一直採認「『記名提單』」非物權證書，提單指明的受貨人就是運送人有義務交付貨物的對象，因此提單中的託運人既無轉讓提單權利、義務給第三者的問題，運送人於交貨之後自然就完成了運送契約的任務，因此亦解除了運送契約的責任。所以根據以上司法上的採認，傳統上提單在運送人交貨時是不須繳回的。但是大陸人大常委會的法律事務委員會，也就是全國主要的立法機構，已經提出報告，建議法院改變看法：「以後不論是『記名提單』或『指示提單』，運送人應該在正本提單提示之後，才能交貨」。「如果未經要求提示提單正本即於交貨時，運送人對於提單持有人，應負責未正確交貨所受的損害」。因此二○○四年九月十七日，大陸高等法院及所有海事法庭、二審法院的推事們在青島舉行第十三屆海事案件判決研討會，最後達成的共識，就是「只要適用中華人民共和國海商法，不管『記名提單』的性質或轉讓性如何，應提示正本提單再交付貨物」。「海運單」與「記名提單」之不同，因此在大陸又多了一項澄清。

「海運單統一規則」還導入「歐洲鐵路公約」裡一個「控制權」"Right of Control"的觀念，現在這個觀念也一樣被用在最新版的國際複式運送公約裡[18]。

---

18 參看本書第三章第四節的說明。

「控制權」是屬於「託運人」的，而且是唯一有「控制權」的人。除非「託運人」在交貨給「運送人」之前已經轉讓該權利給「受貨人」，並且註記在「海運單」上，一經轉讓權利與註記之後，「託運人」的「控制權」就消失了，轉而由「受貨人」爲唯一擁有「控制權」的人。

「控制權」可以以書面，或者運送人同意的任何方式行使。其內容包括：

一、更改運送契約的指示事項。

二、到達目的地，運送人交貨之前，更改受貨人。

但是第二個權利，必須不違反交貨當地的法律爲原則。

以上是國際標準規章中「海運單」的正式性質與特點，「海運單」經常與「記名提單」相混淆，多數國家的法律對於「海運單」沒有作規定是主要的原因。而兩者的轉讓性與繳回性是兩個主要的糾紛發生點，本節的說明，對於兩個單證不同的性質作澄清，應有所幫助。

第四節　聯合國貿易法委員會電子商務規章與國際海事委員會電子提單規則

自從網路認證技術比較成熟之後，國際貿易與物流過程中的許多單證、如「提單」"Bill of Lading"、「海運單」"Sea Waybill"、「保險單」"Policy"、「收據」"Receipt"、「貨物包裝單」"Packing List"、「貨櫃接、收單」"Equipment Interchange Receipt, EIR"等單證也都分別有「電子資料交換」以取代紙面單證的規定。但是專屬於海運的運輸公約雖然同意「書面」"Writing"的意義就包含「電報」"telegram"及「電傳」"telex"，以及「電子資料交換」"Electronic

Data Interchange, EDI"等[19]，但是對於「電子提單」的法律規範，卻都以一語帶過的方式，欠缺比較具體完整的條文說明。英、美、中國大陸與台灣的提單法、海商法、民航法或海上貨物運送法，似乎也沒有系統的提過使用「電子單證」的規範。但是從「電子資料交換」"Elecoronic Data Exchange"，到「電子紀錄」"Electronic Record"，大家卻是耳熟能詳，因爲實務上的「電子單證」、尤其是「電子提單」早已應用於運輸界有一段時間，雖然根據船東們的說法，真正有資格使用「電子提單」的客戶至今國際上僅約千家左右。而銀行尤其排斥「電子提單」的使用，「電子提單」的使用客戶，不但公司本身、相對的關係客戶、相關來往的銀行、報關作業、分公司與港口代理，都必須有相當的電子化水準，而且已經建立的電子系統間，必須沒有相互排斥現象才行，因此「電子提單」的使用雖然談之有年，但迄今都還進展有限。

一、國際間電子化現象概述

目前國際「電子提單」發展的現況，以一九九八年成立的「提單電子化組織」、英文通稱的簡稱"BOLERO"、全名是"Bill of Lading Electronic Record Organization"，較爲人所熟悉，該組織成立於一九九八年，是「國際一貫運輸協會」"International Through Transport Club"、簡稱"TT Club"[20]與「國際間銀行通信組織」"The Society for Worldwide Interbank Financial Telecommunication, SWIFT"[21]所共同投資成立。其「組織」概況是透過信用狀交易、

19　一九七八年漢堡規則第 1 條「定義」第 8 項「書面」"writing"。

20　該「協會」由於十九世紀即已存在的「船東責任保險協會」所組成，以因應一九六〇年代開始的貨櫃運送複式運輸的複式途程，以補充原來純「海運」承保範圍、純「船舶」承保對象之不足。

21　一九七三年鑑於銀行每日收受的電報信件數量驚人、安全性也堪慮，所以由 15 個國家的 239 個銀行組成「自動收訊系統」"automate the telex"。一般稱之爲「銀行間財務電訊集團」"the Society for Worldwide Inter bank Financial Telecommunication"，也就是現今所謂

建立自己的"Bolero XML"訊息標準、以專有的「電子化貿易作業規範」"Bolero Rule Book"，建立「核心訊息交換平台」"Core Message Platform, CMP"，並以由會員繳付年費的方式，維持「組織」的生存。該「組織」發展至今，卻由於年費高昂、貿易客戶因客觀條件不足、尤其銀行的認同度不高，雖然也發展出一些加值服務：例如自動審單系統、利用儲存的電子資料作貨物所有權登記、以及權利、義務轉讓的動作，以圖博得客戶的認同，但是至今仍少有進展。

　　另一個一樣透過信用狀交易、由日本政府主導、於一九九七至一九九九年啟動的「國際貿易先導計畫」"International Trade Guideline Project"，於一九九九年四月到二〇〇〇年九月進行「貿易電子資料交換計畫」"Trade Electronic Data Interchange Project，TEDI"，是國際上推行的第二個「提單電子化組織」，在這個「計畫」裡，有"TEDI"電子化貿易法律架構及電子化貿易系統等開發與先導測試的過程。經測試完成的"TEDI"系統於二〇〇〇年五月邀集主要的商社：包括三菱、住友、依藤忠、三井、以及富士通、日立等與海運業者、銀行等共同投資，提供"TEDI"電子化貿易平台服務，更於同年十一月組成"TEDI" Club 的組織，"TEDI"自此走入民營化的經營。"TEDI"有自己的法律架構、專有的訊息標準，也遵循既有的國際標準規章，如信用狀交易共有的「國貿條規」、「信用狀統一慣例」等，使用者在交換資料的同時，都必須有電子簽章、認證，並經過"TEDI"的紀錄、存證。"TEDI"的網路架構包含"TEDI"與簽署機關之間的「日本電子貿易網路控制系統」"Japan Electronics Open Network Trade Control System,

---

的".S.W.I.F.T."。現在"SWIFT"已經構成銀行間安全性最高的金流的供應鏈。提供標準訊息服務與介面軟體給二百個國家的 7,650 個金融機構，其成員包括銀行、銀行經紀人、交易商、投資經哩，以及相關的金融市場關係人，服務內容則包括支付、安全、貿易以及財稅。

JETRAS"、與海關之間的「貨物自動通關系統」"Nippon Automated Cargo Clearance System, NACCS"，其他個別機關如銀行、進、出口商、運送人的船東與承攬運送人、保險人，以及與國外之間的聯繫，都透過"TEDI"的工作平台進行。進行的作業包括電子提單、電子發票、電子包裝單、電子保險單等電子資訊的傳輸與轉換等。與「提單電子化組織」"Bolero"系統相同的地方，即同樣以會員制的收費制度維持系統組織的生存，但「提單電子化組織」"Bolero"系統的會員會費可以說無所不收，而且收費高昂，"TEDI"系統則由於建置費用已經由日本政府出資，為鼓勵吸引客戶使用，運輸業與物流操作業不收費用，這個方法一方面是考慮不論運輸業或物流操作，都是為了因應客戶的需求，發放「電子提單」。並非為本身之提升服務水準而為，但客戶要求後選擇哪個系統，則操縱在運輸業與物流操作業手中，不收費可以鼓勵運輸業與物流操作業選擇採用該系統，經證實的確是一個不錯的行銷手段。

另一個一樣標榜單證電子化的組織，就與前兩個以信用狀交易為經、附加加值服務為緯的系統有些不同了，成立於一九九四年的「世界貿易中心組織」"World Trade Center Association, WTCA"於一九九七年成立了"Trade Card"的組織，一九九八年獲得美國專利商標局頒發 5717989 號專利，於一九九九年由「華平創投公司」"E.M.Warburg Pincus"投資，正式成為民間的獨立公司。"Trade Card"有自己獲得專利的電子化系統"Trade Card"，以開立「電子化交貨證明」"Electronic Proof of Delivery, ePOD"作為控管貨物流程的手段，並不以信用狀交易作為單證電子化的唯一途徑，並有電子化金流管理服務　，附加線上貨物保險、貨物檢驗、付款保證、融資等加值服務，其收費方式以逐筆收費為原則，並且也很智慧地提供給運輸業、承攬運送業與物流服務業者免費

的優惠，藉以吸引多數人樂於採用。因此"Trade Card"可以說是發展最快的電子化系統，包括一百家以上的運輸與物流業者及一千多家的供應商，這其中就有三百家台灣的業者，但是號稱至二〇〇三年依賴該平台完成的國際貿易有十八億美金、二〇〇四年估計將完成的三十億美金的"Trade Card"，其實並不是真正的純「電子提單」平台，「電子提單」祇是其加值服務的其中一小部分而已[22]。

　　現在船東或承攬人的網路定艙系統，都可以容許客戶透過密碼控制自行列印提單，列印的提單上一樣有運送人的簽名樣張，與紙面提單一樣，也可以直接傳送到銀行辦理押匯，這樣列印出來的提單與本節所謂的「電子提單」，在意義上還是有些距離，讀者不要認為這樣列印的提單就是「電子商務」了，因為這種作業方式，早已經在「空運提單」"air waybill"行之有年，嚴格來說，這還不是我們所說的「電子商務」中的「電子提單」作業。

二、「電子商務」的相關規定

　　「電子商務」的相關規定，對於運送人或託運人都還相當陌生，本書因此將一九九六年的聯合國貿易法委員會「電子商務標準規章」"UNCITRAL Model Law on Electronic Commerce,1996"與該規章一九九八年的「補充規定」"with additional article 5 bis as adopted in 1998"，以及一九九〇年的「國際海事委員會」「電子提單規則」"CMI Rules on Electronic Bills of Lading"裡有關使用「電子提單」的相關規定作說明，讓讀者對於「電子提單」的基本規定有一個初步的了解。

22　李柏峰、「海運界電子提單實施現況調查報告」、中華海運研究協會、2004.11.10。

聯合國貿易法委員會「電子商務標準規章」

「電子商務標準規章」制定的目的，係鑒於在通訊電子化技術之進程日見迅速，各國法律障礙卻阻擋了電子商務的快速發展。此外目前法律對於紙面「單證」所需要的「原始正本」"original"、「書面」"written"、「簽字」"signed"等需求，當用於電子通訊時，依據現行各國法律，無法配合，造成通訊資料的法律性質與有效性產生不確定性。在目前這樣不成熟的國際環境中，有必要建立一份國際統一的標準規章，以提供各國立法作規範[23]。統合各國立法，使其本國的「電子商務」能與國際接軌，因以進入國際市場，也是「電子商務標準規章」的目標。「電子商務標準規章」分成兩部分，第一部分是屬於「電子商務」的一般規定，第二部分才是根據各式商務行為採用電子化處理時，應注意的特別規定。但是第二部分的使用應以不違反第一部分的「一般原則」為原則。第二部分中主要的部分，就是第十六條「貨物運送行為」"Actions related to contracts of carriage of goods"與第十七條之「運輸單證」"Transport documents"。當「運輸單證」以電子化方式移轉時，應不違反第六條「可靠性的保證」"Guarantees of Reliability" 及 第 八 條「 正 確 性 的 保 證 」"Guarantees of Authenticity"。

「電子商務規章」的「定義」與「一般規定」都是「國際海事委員會」制定「電子提單規則」的標準，例如「資訊」"Data Message"就是指「交換」"generated"、「發送」"sent"、「接收」"received"、「儲存」"stored"由「電子化」、「光學」、以及包括、但不限於「電子資料交換」、「電子信件」、「電報」、「傳真」、以及

---

23 根據「聯合國貿易法委員會電子商務規章」導讀文件"Guide to Enactment of the UNCITRAL Modal Law on Electronic Commerce, 1996"，資料來源 UNCITRAL 網站：
http://www.uncitral.org/english/texts/electtcom/ml-ecomm.htm。

「電傳圖文」等方式傳送。以上定義中的「包括、但不限於」幾個字，可以涵括日益進化的電子處理技術，如現在已經有的「數位化資訊」、甚至比較通俗化的「網路資訊交換」等方式，其餘如「網路口述」等也可以涵括在內。技術的演進也有可能造成進、出口的「發送」資訊與「接收」資訊不相同：如入口爲「網路口述」，出口爲「電子資料交換」等。「一九九八年的補充規定」裡則有「資訊本身無法否定隱含於資訊交換內容之外的法律效果、有效性，以及強制性」。「一般原則」裡也訂定前述有關「原始正本」"original"、「書面」"written"、「簽字」"signed"等的「意義」及說明，以化解電子資訊與紙面單證的歧異。

除「一般原則」外，「聯合國貿易法委員會電子商務規章」第二部分的只有一章就是「貨物運送」"Carriage of Goods"，其第十六條電子化「貨物運輸行爲」之資料交換行爲，包括但不限於以下之行爲：

1. 貨物標誌、件數、品質、重量的提供，貨物性質或價值的提供，貨物收據的簽發，貨物裝載狀況之確認等。
2. 契約條件之通知，以及給運送人指示。
3. 交貨之請求、放貨之授權，以及貨物毀損、滅失之通知。
4. 發出其他有關運送契約履行之通知，交貨給指定的人或通知他人接受交貨。
5. 交貨權利的同意、獲得、放棄及轉讓貨物權利之通知。
6. 依據契約獲得或轉讓權利義務之行爲等，都是屬於電子化的商務行爲。

以上行爲包含經由「可轉讓提單」與「不可轉讓提單」的電子資訊交換來表示。「運輸」行爲本身包含「海運」、「公路陸運」、「鐵路陸運」與「空運」的關係，電子商務也因此包含這些行爲的電子化資訊交換。而在第十七條「運輸單證」的規定裡，很重

要的部分，就是「電子資料交換」的效力，必須在「紙面」單證已經由當事人雙方同意終止電子資料交換，全部改以「紙面」單證的時候，「紙面」單證方為有效的說明。

「電子提單規則」

根據依一九九〇年六月二十五日到二十九日「國際海事委員會」"CMI"在巴黎會議通過的「國際運輸委員會電子提單規則」所作的整理，分析如以下之說明。「國際運輸委員會電子提單規則」"CMI Rules for Electronic Bills of Lading"的適用，與一般標準規章的適用方式一樣，以當事人同意適用為原則。適用本規則的當事人之間的行為且受一九八七年「聯合國電子傳輸貿易資料交換行為準則」"Uniform Rules of Conduct for Interchange of Trade Data by Teletransmission, UNCID"的管轄。根據本「規則」的名詞定義，就可以了解「電子提單」的適用有相當的條件相配合。如「電子資料交換」"Elecoronic Data Interchange"為貿易資訊經由傳輸方式的交換，並對於「聯合國對於行政機關、商業以及運輸電子資料交換規則」"United Nations Rules for Electronic Data Interchange for Administration, Commerce and Transport, UN/EDIFACT"應予以相當之尊重[24]，所有電子交換資訊的傳輸都依據這個標準規則。而運送契約的樣張則應依據「聯合國或國家提單的標準來佈建」"UN layout Key or Compatible national standard"。「電子監測系統」"Elecoronic Monitoring System"意指透過監測器，電腦系統能被已登錄的系統檢測，監測器類如「交易資訊登記簿」"Trade Data Log"，或者「監理追蹤」"Audit Trail"等。此外，還有結合數字與文字構成密碼以獲得授權開啟資料的「金鑰匙」"Private Key"，以及定義嚴謹的「傳輸」"Transmission"及「確認」"Confirmation"

---

24 對於聯合國發展之資訊代碼 EDIFACT，目前使用率電書遍，但各國仍有自己使用的代碼研發出來，如韓國就是 KoreaFact 與 EDIFACT 併用、日本也有自己推出之代碼。

等。傳輸的收件者除非送出「確認」訊息，否則不被授權「傳輸」。而「傳輸」指經由電子方式一起傳送的、結合包括起始、結束資訊在內的一串訊息。「確認」則指在不妨害內容足以保證之意涵及不影響爾後訴訟的的情形下，傳輸的完整及正確性。「傳輸」過程有爭議，將透過「電子監測系統」作檢測，無關爭議的資訊是為貿易秘密，應不被檢測，如被暴露予檢測系統，應予以保密。

「國際運輸委員會電子提單規則」的資訊傳輸包括：

一、收貨

運送人收到貨物，依據託運人提供之電子信箱，以電子傳輸收貨訊息。

二、收貨訊息包括：

託運人姓名。

以簽發紙面提單相同的格式，說明貨物內容等資訊。

收貨日期、地點。

運送條件之資訊。

以後傳輸開啟資訊之「金鑰匙」。

三、託運人應於收到訊息後「確認」，依據該「確認」，託運人成為「電子提單」訊息的唯一「持有人」"holder"。

四、在「持有人」要求下，訊息應於裝船後更新。這表示「電子提單」承認有類似「候裝提單」"received for shipment Bill of Lading"的存在。

以上收貨訊息的資訊包括貨物內容、收貨日期、地點，及運送條件加上裝船日期等資訊之更新，即已具有與紙面提單同等的效力。

以上傳送的訊息有關運送條件的說明，構成「運送契約」的一部份。這項規定相較於一般紙面提單的規定，全部的紙面提單都僅是「契約的證明」"evidence of contract"一點，與「訊息傳輸

的本身已經構成『運送契約』的一部分」相比，訊息的效力已經大於紙面提單。而運送條件的說明如果與本「電子提單規則」有衝突的時候，以本「電子提單規則」的效力爲優先。

在「電子提單規則」裡，「電子提單」的「持有人」是唯一有權作以下要求的人，要求內容包括：

一、要求提貨。

二、指定受貨人或更換受貨人。

三、轉讓「控制權」給另一人。

四、與紙面提單持有人的權利一樣，可以指示運送人依據運送契約，改變與運送標的有關的事項。

轉讓「控制權」之效力，則藉由以下情形生效：

一、現在的持有人以通知運送人的方式改換爲新的持有人。

二、由運送人確認該訊息。

三、運送人轉達前述的「收貨訊息」給新持有人，但不轉達包括「金鑰匙」的訊息。

四、新持有人通知運送人接受「控制權」之轉讓。

五、運送人刪除「金鑰匙」，簽認新的「金鑰匙」給新持有人。

六、如果新持有人不接受「控制權」之轉讓，並轉達運送人，或接受「控制權」之轉讓，但未在合理時間內通知運送人，以上「控制權」之轉讓時，視爲未發生，運送人將所有情形通知現在的持有人，而目前開啓之「金鑰匙」亦仍有效。

以上轉讓「控制權」的行爲與紙面提單的轉讓有同樣的效力。

有以上說明可以了解，「電子提單」「控制權」的轉讓與紙面提單代表物權的轉讓比較，「金鑰匙」的刪除與簽認是一個權利控管的要件，轉讓環節中的「確認」則等同於紙面提單的背書轉讓

或不背書轉讓，爲避免電子資訊的遺失或暴露所採取的方法。

　　對於連續的「持有人」而言，「金鑰匙」是相當重要的，「運送人」與「持有人」都必須保持「金鑰匙」的安全，不得洩密。當「持有人」利用「金鑰匙」開啓電子訊息並告知「運送人」之後，「運送人」是唯一有義務向最後持有人「確認」電子訊息的人。「金鑰匙」也應該以各種不一樣的方式，以便辨識不同的運送契約。並同時可以利用不一樣的安全密碼、或其他辨識方法進入網際系統。

　　交貨時，「運送人」應通知「持有人」交貨的時間、地點，由「持有人」指定的「受貨人」，向運送人通知其交貨指示，以便「金鑰匙」的辨認，如「持有人」未通知另有「受貨人」，「持有人」就被視爲「受貨人」。依據交貨指示，運送人得以辨識「受貨人」交貨，則「金鑰匙」就此自動消失。運送人如可證明依合理之注意、確認請求交貨之人爲真正的「受貨人」，則對於交貨之錯誤不必負責。

　　「電子提單」的「持有人」可以隨時列印電子提單，以參考收貨資訊，並註明爲「不可轉讓之影本」"non-negotiable copy"。以上情形不同於在交貨之前要求運送人簽發紙面提單，或者運送人在不影響船期延誤前提下，主動選擇在交貨之前簽發書面提單，因爲在這兩種情形下，就代表電子資料交換傳輸的停止，以及「金鑰匙」被取消了。

　　「電子提單」的簽發依「持有人」的要求，可以是「依持有人指示交貨的提單」"to the order of the Holder"或是「交貨給紙面提單持有人的提單」"to Bearer"，與一般紙面提單的交貨方式完全一樣。而前述的列印電子提單，與這兩個由運送人簽發紙面的提單在意義上是全然不同的，因爲電子資料交換傳輸未停止，而且「金鑰匙」依然有效。

　　當事人在遭遇到國家法律、當地慣例要求應以書面提單表達時，依據本「電子提單規則」是不能抗拒的。

　　電子商務的發展，各國都還屬於不成熟的階段，聯合國推出的各項「標準規章」仍以使用者的協議適用而得以應用在電子商務行為中，作為規範，資訊技術的研發一日千里，鑒於資訊傳輸無國界的優勢，掌握先機的國家在電子商務的領域裏，當可獲得領先的地位。而聯合國的「標準規章」而目前規章凌亂的情形下，對於「標準化」是有一定的項獻的。

第六章　相關國內法對於運輸單證的影響

第一節　英、美提單法與海上貨物運送法概述

　　相較於中國在十五世紀初期的鄭和下南（西）洋開始的海運歷史，英、美兩國從事海運歷史雖不一定較早，但系統化的文字記載，以及以立法規範海上商務，卻遠遠早於亞洲，法規也比較完整，就運輸單證的立法來說，英國早在一八五五年就已經單獨就提單及相關單證立法，美國也早在一九一六年就有了「玻美蘭法」"Pomerene Act,1916"[1]，以規範「提單及相關單證」。除了專為「提單及相關單證」的立法之外，英、美兩國又各自訂定其「海上貨物運送法」"Carriage of Goods by Sea Act"，用於規範海上貨物運送事項，相當於兩岸「海商法」中的「運送」章而已。

　　英國的「提單法」原名為"Bill of Lading Act,1855"，到了一九九二年更名為「海上貨物運送法」"Carriage of Goods by Sea Act"，內容實際上就是原來的「提單法」。雖然英國另有專為海上運送事項立法之一九七一年的「海上貨物運送法」"Carriage of Goods by Sea Act,1971"，該法係取代其一九二四年的「海上貨物運送法」"Carriage of Goods by Sea Act,1924"而來，裡面提到「海運單證」的權利義務關係，而英國一九九二年同一名稱的「海上

1　紀念當時提案的議員"Pomerene"，因已命名。

貨物運送法」"Carriage of Goods by Sea Act"卻是專為取代一八五五年之「提單法」"Bill of Lading Act"而來。，也就是說，英國一九九二年之「海上貨物運送法」"Carriage of Goods by Sea Act,1992"其實一份「提單法」，不同於英國一九七一年的「海上貨物運送法」，雖然兩者英文名稱相同，但一九七一年的這一份立法，卻是專門規範所有貨物的海上商務運送事項的立法。

至於美國的「提單法」則是早於一九一六年立法的「玻美蘭法」，1994 年也經過重新整理，二〇〇〇年一月二十三日修正公佈施行，名稱就改稱為「提單法」"Bill of Lading Act,2000"。至於其目前規範海上運送事項的「海上貨物運送法」"Carriage of Goods by Sea Act"仍是一九三六年公佈施行的法律，因為醞釀修正中的「海上貨物運送法」，雖然從一九九六年起就開始修正、而且已經公佈修正版本有六次之多，最新一版的一九九九年九月二十四日版，經過參議院通過之後，由於司法強制管轄的理由，一直無法獲得國內、甚至國外的認同[2]，爭議處頗多[3]。美國一九一六年的「玻美蘭法」"Pomerene Act"，修正後已更名為「提單法」"Bill of Lading Act, 2000，倒普受國際肯定。起碼名稱上也比英國的「提單法」更符合其實際的內容。

但如果拿英、美兩國的「提單法」來做比較，則有一些困難，因為英國的「提單法」是以「海運單證」作主體分類，強調什麼階段、什麼人應該來負責單證所規範的義務，並享單證賦予之權利，除了「提單」"Bill of Lading"以外，其他相關的單證；包括「海運單」"Sea Waybill"、「小提單」"Delivery Order"、「電子資料交換」"EDI"等都包含在內。美國的「提單法」則以「提單」作主體，只談提單，著重於在「提單」轉讓的功能性，以及「轉

---

2 詳細說明於本章第 2 節。
3 Professor William Tetley of Q.C. University, "US COGSA　and Other Developments"，February 22, 2001.

讓」行為應該對於受讓人的保證內涵。本章將兩者放在一起討論，只因英國是海運立法的始祖，從英國的「提單法」中我們可以讀到海運單證包括「提單」在海運慣例中隱含的意義，這些都是在台灣「海商法」中並沒有提過，但是依據海運慣例，卻是業界中人人都知道的規定。美國因為是台灣最大貿易國，年貿易量約等於對歐貿易量的兩倍，其「提單法」尤其常常在因「單證」誤導放貨、誤導轉讓，引起誤交、錯放等糾紛時，拿來作為當事人引證的根據。所以本章只能以各別敘述的方式，來介紹兩國的提單法，無法將兩者拿來作比較。

第二節　美國「提單法」

美國的「提單法」二〇〇〇年版"Bill of Lading Act, 2000"，是由一九一六的「玻美蘭法」"Pomerene Act"演進而來，所以新法也有稱為「玻美蘭——提單法」的，新的「提單法」在內容上不像「玻美蘭法」的時代，點名僅適用於「公共運送人」所簽發的單證。也擴大單證的適用範圍，不限於「指示提單」"order B/L"或「記名提單」"straight B/L"等以「提單」"B/L"為各稱的單證[4]。而只就海運提單作規定，因此如本章之前所述，美國的「提單法」只談「提單」，內容偏重「提單」的轉讓功能、轉讓效力，以及運送人就交貨、轉讓所該負的責任、「提單」的遭竊、遺失、受損所應做的處理，或偽作、偽修改及複製「提單」，甚至簽發、轉讓偽作、偽修改及複製之提單應判刑罰之五年以下有期徒刑或依刑法判罰金等等規定，對運送人的要求亦甚為嚴格，相較於美國許多

---

4 參考一九一六年玻美蘭法第一條「運輸」"Transportation included"及第四十二條「專用名詞定義」"Terms Defined"的定義。

對於運送人鼓勵性法規，本法比較特殊[5]。

一、適用範圍

美國「提單法」的適用範圍，綜合該法第 1 條「定義」與第 2 條有關「適用性」來看，只能適用於以下情形：

適用於任何「貨物」[6]。不同於現行一九三六年「海上貨物運送法」的排除「甲板貨」"deck cargo"或者「活動物」"live animal"。

僅適用於「公共運送人」所簽發的「提單」[7]。也就是排除不定期航運，通常屬於大宗散裝的「提單」的適用。但零星散裝的「提單」，如果是「公共運送人」所簽發的，還是可以適用「提單法」。

適用於所有美國國內以及國際間的「提單」。

關於第　點，該法於第 2 條「適用性」的規定如下：

哥倫比亞區之間。

其他美國屬地之間。

美國一州與與他州之間。

美國同一州之間，但經過美國的他州或他國之間。

美國一州與他國之間。

整個來說，就是能適用於「美國國內及美國出口所簽發之提單」[8]。與現行一九三六年「海上貨物運送法」，以及修正中已經初步定案、目前還屬於草案階段的一九九九年美國「海上貨物運送法」都不一樣，「海上貨物運送法」在第 3 條之「適用性」

---

5 附錄二○○○年「提單法」及全文翻譯。
6 原文是"goods means merchandise or personal property that has been ,is being, or will be transported."
7 原文是"This chapter applies to a bill of lading when the bill is issued by a common carrier for the transportation of goods."
8 美國「海運提單法」第 2 條 Sec.80102。

"Application of Act"通則中，有「適用於去美國之所有運送契約及從美國出口之所有運送契約」的適用規定，尤其在第 2 條「定義」的第 項(B)款中特別排除國內運輸契約之適用[9]。兩個法規所規範的標的，雖然後者是「運送契約」"Contract of Carriage"，前者是「提單」"Bills of Lading"，但是在一九九九年「海上貨物運送法」草案第 2 條「定義」的第(a)項第 款「運送契約」"Contract of Carriage"的「通則」在解釋上，卻說「運送契約」的意義包含「提單」"Bills of Lading"[10]。所以兩個法規重疊部分的含意，在於「美國出口貨物所簽發之提單」，當然進口延伸至內陸責任的「提單」，也同時包含在本法第 2 條及美國「海上貨物運送法」[11]適用範圍之內，再依美國「海上貨物運送法」第十六條之(a)項及(c)項，美國「提單法」應以一九九九年美國「海上貨物運送法」為基礎，兩個法規產生衝突時，應該由一九九九年美國「海上貨物運送法」的規定優先，以取代美國在「提單法」中的衝突規定，所以就適用性來講，雖然美國「提單法」規定的「提單」只能適用於國內及出口的「提單」，進口的「提單」還是可以適用，因為「提單法」這個規定，是「海上貨物運送法」所沒有規定的，所以沒有與「海上貨物運送法」產生衝突，因而被「海上貨物運送法」取代的情形。

---

9 原文是 "CERTAIN CONTRACTS EXCLUDED-The terms" contract of carriage "do not include: (i) contracts for transportation in domestic trade exclusively on Great Lakes, rivers, or other inland waters, or the intraccoastal waterways;..."

10 原文是 "CONTRACT OF CARRIAGE-（A）IN GENERAL －（i）a contract for the carriage of goods either by sea or partially by sea and partially by one or more other modes of transportation, including a bill of lading（or similar document）, whether negotiable or non-negotiable and whether printed or electronic and......"

11 美國「海上貨物運送法」第 3 條(b)(c)項。

二、提單之種類

美國「提單法」中的「提單」分成兩類，一種是「可轉讓提單」、一種是「不可轉讓提單」，「可轉讓提單」更具體或更實際的說法就是「指示提單」"Order Bill of Lading"，「不可轉讓提單」更具體或更實際的說法其實就是「記名提單」"Straight Bill of Lading"。在美國「提單法」裡面，「不可轉讓提單」不能轉讓，其實就不是「物權證券」或「所有權證券」"document of title"，但卻更像是與託運人洽訂的「運送契約」"contract of carriage"而已[12]。但是依據「海牙規則」所訂的美國現行的一九三六年「海上貨物運送法」，卻指稱所有的「提單」都有「物權證券」或「所有權證券」"document of title"的性質，則因為「提單法」的「不可轉讓提單」不是「物權證券」或「所有權證券」，因此「不可轉讓提單」是否就不適用於「海上貨物運送法」？答案當然是否定的。因為不管是適用「海牙規則」，或一九三六年「海上貨物運送法」，都可以適用所有的「提單」，包括「可轉讓提單」或「不可轉讓提單」[13]。但最近英國上院裁決 The Rataelas 乙案，卻裁決記名提單不是物權証書。這樣就可以突顯美國「提單法」與國際扞格的地方了。甚至國際上許多的「誤放」"mis-delivery"案件也因為這個矛盾而來。另外需要特別說明的，是「海運單」雖然也一

---

12 The commentary that follows appeared in the Summer 2003 Edition of the <u>DEORCHIS & PARTNERS, LLP</u> firm newsletter " Client Alert" The Editor acknowledges the kind permission of the firm of to reprint this commentary."Comparing
English and United States Law on the Straight Bills of Lading" by Deorchis & Partners.

13 COGSA Section 1303　　provides that, "nothing in this Act shall be construed as repealing or limiting this application of any part of" the Pomerene Act, which deals with both negotiable and straight bills of lading.

樣「記名」且「不可轉讓」，但是「海運單」"sea waybill"名義上不是「提單」，加上「提單法」修改之後，原來「玻美蘭法」的「記名提單」只能交貨給提單上「受貨人」的規定已經不見了，所以是否適用「不可轉讓提單」的相關規定，是有疑義的。這與一九九九年「海上貨物運送法」第二條第(a)項第　款對於「運送契約」的定義是一樣的，所以兩個法規都沒有正式提到「海運單」三個字。

至於「海運單」能不能以通則解釋中的「或其他類似單證」"or similar document"的方式，適用「記名提單」"Straight Bill of Lading"的相關規定，也就是「不可轉讓提單」的規定，可能就需要案例的佐證，才能澄清「海運單」在美國法律上的真正性質。

「海運單」源於歐洲[14]，美國出口習慣上還是用「記名提單」"Straight Bill of Lading"這類的單證比較多，所以不但案例的解釋上，引用「玻美蘭法」常誤解「海運單」就是「記名提單」"Straight Bill of Lading"，當地實務上也有「海運單」就是「記名提單」的看法，這種認同方式不僅與歐洲的認同相反，與航運界普遍的國際認同，其實也是有差異的[15]。

英國「提單法」及一九九三年「信用狀統一慣例」特意納入「海運單」的規定，英國「提單法」還特別說明「海運單不是提單」[16]。因為「海運單」的確與「記名提單」性質上有很大的不同，「國際海事委員會」"Committee Maritime International, CMI"於一九九一年七月九日公布「海運單統一規則」"CMI Uniform

---

14 一九七〇年首次由大西洋貨櫃公司使用。參看"The contractual role of straight B/L under us English Greek Law" by Georgios/ Eekos in 1999。

15 雖然台灣與大陸的相關法律亦未提及「海運單」，但倒是沒有法律誤解「海運單」的做法。

16 英國一九九二年「海上貨物運送法第 1 條第　項。原文是"References in this Act to a sea waybill are references to any document which is not a bill of lading."

Rules for Sea Waybills,1991"的標準規章。這種標準規則只要運送人訂定於其海運單背面，便即刻生效。該規則第 1 條第(ii)項就特別說明「海運單」與「記名提單」不同。因此兩者雖然都不能轉讓，但交貨時證券的處理，包括「海運單」不必繳回，運送人只要確認該受領人之身分即可，且運送人只要舉證在辨識該受領人身分時，已盡合理之注意義務，也不必負「誤交貨」"mis-delivery"的責任[17]。而所有以「提單」為名義的單證，交貨時都是必須繳回的，這裡面當然也包括「記名提單」。也就是說，名義上是「提單」，交貨時就應該繳回，而「海運單」則根本名義上就不是「提單」，所以不受「繳回」規定的規範。在轉讓性質方面，「海運單」實務上或標準規章裡，都認可仍可由託運人以「通知運送人」的方式轉讓，但是：

> 只有託運人可以做這項通知，
>
> 通知必須以書面，
>
> 必須在原受貨人請求提領貨物之前通知[18]。

這個規定也不同於「記名提單」。因為「記名提單」按國際標準規章的規定，根本是不能轉讓的。

三、「轉讓」的意義

美國「提單法」多數的篇幅[19]是在談「轉讓」，「可轉讓提單」可以轉讓、「不可轉讓提單」雖然在第三條的分類上，有不能「轉讓」的規定[20]，但同法第六條(c)項　款卻規定「可以以遞交或者

---

17 「海運單統一規則」第 7 條(i)(ii)。
18 「海運單統一規則」第 6 條(i)(ii)。
19 包括第 4 條「轉讓的形式與要求」"Form and requirements for negotiation"、第 5 條「因轉讓所影響的所有權與權利」"Title and rights affected by negotiation"、第 6 條「無須轉讓的移轉」"Transfer without negotiation"等。
20 原文是"Non-negotiable Bills-　A bill of lading is nonnegotiable if the bill states that the goods are to be delivered to a consignee. The

同意的方式轉讓」[21]。雖然「不可轉讓提單」事實上根本不能「轉讓」，「可轉讓提單」可以以「背書」方式或「遞交」的方式轉讓，「不可轉讓提單」因為原則上不可以「轉讓」，所以按「海運提單法」第三條(b)項(A)款規定，縱使在「不可轉讓提單」上背書，亦無法使該單證「可轉讓」或使受讓人「受讓任何額外之權利」，這也是一般航運之慣例。但本法第六條(c)項　款的規定卻是「不可轉讓提單」可以「以遞交或者同意的方式轉讓」，但在通知運送人該「不可轉讓提單」遞交轉讓之前，如果有轉讓人之債權人主張對貨物作扣押、查封或進行法院之執行命令或由其他轉讓人之買受人對運送人作通知時，受讓人之權利都將受到影響[22]。

　　至於「可轉讓提單」之背書轉讓包含「指示背書」、「空白背書」，或「無須背書」，「無須背書」就是以遞交方式轉讓，轉讓之有效性包含貨物所有權、優先權 —— 優於賣方之留置權，以及停止運送物之移轉，至於貨物如果有抵押權人或留置權人，該抵押權人或留置權人之權利，只有在貨物交付予運送人之前，可以行使[23]。

　　此外，提單「轉讓」時，轉讓人應該保證提單之真實性、貨物記載內容之真實性、以及貨物之有價（用）性及可銷售性。但

---

indorsement of a nonnegotiable bill does not (A)make the bill negotiable; or (B)give the transferee any additional right."

21 原文是"©(1) When a transferee notifies the common carrier that a non-negotiable bill of lading has been transferred under subsection(a) of this section, the carrier is obligated directly to the transferee for any obligations the carrier owed to the transferor immediately before the notification......"and subsection(a) is "Delivery and Agreement- The holder of a bill of lading may transfer the bill without negotiating it by delivery and agreement to transfer title to the bill or to the goods represented by it."

22 原文是"...And right to aquire the obligations of the carrier may be defeated by(A)garnishment, attachment, or execution on the goods by a creditor of the transferor; or......"

23 參照同法的第 5 條之第(a)(b)(c)三項。

是將提單作為債權擔保，以誠信支付債權之第三者則無法得到類似的保證[24]，而且背書人也不負之前公共運送人或背書人未盡義務之責任[25]。這些規定都表示美國提單法的立法設計，只保障循運輸或貿易途徑取得提單受讓人的權利，等於間接抑制提單作為其他用途的有效性。

　　以上有關提單「轉讓」之規定是美國提單法中的重點。

四、交　貨

　　交貨之義務於「可轉讓提單」應交貨予提單「持有人」，這一個規定與英國提單法相同，「不可轉讓提單」則應交貨予記載於「不可轉讓提單」上之受貨人，但兩者皆應於交貨時簽發收據[26]，有兩人以上請求交貨時則應請其透過司法程序，互提告訴，此項要求透過司法程序一節，為美國提單法比較特殊的規定，美國的許多立法中都常出現保障司法制度的規定，尤其尚未為眾議院通過之一九九九年美國海上貨物運送法草案為最嚴重，這也是該草案引起國際撻伐的主要原因。二○○○年三月二十三日包括「玻羅的海海運同盟」"BIMCO"「歐日海運同盟」"CENSA"、「國際海運協會」"ICS"「國際責任險集團」"The International Group Of P&I Clubs"「國際油輪船東協會」"INTERTANCO"聯名致函美國「國家企業運輸聯盟」[27] "National Industrial Transportation League"[28]，共同抗議該法中司法管轄規定；因為該法中任何運送契約之爭議均必須交由美國司法管轄。

　　在交貨責任之免責規定中，有四種情形運送人可以免責，包

24　參照同法的第 7 條(a)項與(b)項。
25　參照同法的第 7 條(d)項。
26　參照同法的第 10 條(a)項。
27　William Tetley,"US COGSA and Other Developments",Feb.22,2001 on Tetley Law and Other Nonsense"
28　美國參議院次級團體，負責 1999 年美國海上貨物運送法之修正。

括「免除其未能交貨予應受交貨之人的責任」：一個是「已經被迫依司法程序交貨」的責任，一個是「已經交貨給不可轉讓提單上之受貨人」的責任，第三個是「貨物未被要求提領」的責任，第四種情形則是「貨物為易碎貨物或危險品」的責任。在第一種情形中，「如果司法判決錯誤而誤放貨之責任」不必由運送人承擔，第二種情形「運送人依不可轉讓提單之記載交貨，不可轉讓提單無論是記載有誤、或託運人另行遞交轉讓」，其責任不應由運送人承擔，第三種情形因為「貨物未被要求提領」當然不是運送人的責任，第四種情形則表示「運送人不負責易碎貨物或危險品之安全送達」，這一點國際慣例似乎只能指危險品，而不包括易碎貨物，因此美國提單法在這個規定上，對運送人似乎是比較寬大的。

五、提單之修改、註記

提單簽發之後，任何修改、增添事項都必須經運送人書面授權，否則都無效[29]。

此外，提單之偽作、偽修及複製、甚至明知或故意簽發或出售偽作、偽修及複製之提單均為違反刑事法律之行為，觸犯該法律，不但須依刑法判罰金，依海運提單法第 16 條，或處五年以下有期徒刑之處罰或兩項併罰。

但提單之註記錯誤，亦有運送人得以免責的情形，包括：

提單依據貨物之標籤敘述貨物，以至於發生錯誤的情形。

提單註記「包裝內容或狀況不清楚」、「據告含」、「託運人自行稱重、裝貨及計算」或相同意義之文字，這些概括的說明，使運送人因此得以辯解記載不實的責任，而得以免責[30]。本來這些概括記載是否得以使運送人免責，國際慣

29　參考該法第 8 條。
30　本法第 13 條（b）項及（c）項。

例尚有疑義。雖然信用狀統一慣例已經承認有類似記載的「提單」，不屬於瑕疵「批註」"remark"的「不清潔提單」"foul Bill of Lading"，仍無法免於適用上疑義的澄清，美國「提單法」正式給予法定免責算是很特殊的。在「適用性」的規定上，大宗不定期航運的散裝「提單」不在「提單法」的規定之內，但是美國「海上貨物運送法」對於散裝貨物「提單」也有類似的免責規定。

「公共運送人」裝載的「散裝貨」，應了解種類，稱量貨物，包件貨應計算件數，不為以上行為，而直接在「提單」、「通知」「收據」「契約」「規則」「費率表」內註記「包裝內容或狀況不清楚」、「據告含」、「託運人自行稱重、裝貨及計算」或以文字表明貨物依託運人之敘述或託運人交裝等文字，都是不生效的，除非貨物已經封死在包裝內而無法查驗[31]。

以上規定如與美國「海上貨物運送法」比較，亦有類似規定，但強調如果提單上已註記「包裝內容或狀況不清楚」、「據告含」、「託運人自行稱重、裝貨及計算」，而船抵目的港時貨櫃貨物之封條完整，運送人可以不負貨櫃內貨物短少之責，甚至不論貨櫃或非貨櫃貨，運送人可以推翻提單記載之真實性[32]，至於散裝貨物的重量，如為第三者，例如像公證公司認定時，運送與託運雙方均可不負責其正確性[33]。這些規定較提單法對運送人責任更為寬鬆，與實務相比也更不合理。兩規定如果有衝突之處，還是應該適用海上貨物運送法。

---

31 參考該法第 13 條（d）項。
32 參考一九九九年美國「海上貨物運送法草案」第 7 條(e)(f)(g)項。
33 參考一九九九年美國海上貨物運送法草案第 8 條。

六、提單之遺失、被竊及被毀

　　各國海商法都沒有針對提單之遺失作規定，而讓提單之遺失比照有價證券的遺失，台灣於民國八十八年四月二十一日修改民法時，才新增民法第六百二十九條之一，讓提單遺失比照倉單遺失[34]的規定。其實提單遺失的情形是經常發生的，美國提單法第十四條規定提單之遺失、被竊及被毀，法院可以以交付保證金方式，命運送人交付貨物給提存保證金之人。保證金的金額亦由法院批准，以保障運送人因另簽發正本提單交貨之責任，法院亦得命該遺失提單之人交付合理之費用及律師費給運送人。如果不經司法程序，保證金不足，由運送人與貨方自行負責。

　　但是以上法院命令交貨的方式並不因此免除公共運送人對於受讓人、或未得知法院程序而以誠信價購提單之人之責任。

　　美國「提單法」第十四條的規定卻只適用於「可轉讓提單」，而忽略同法第六條(c)項　「不可轉讓提單」亦可以遞交方式轉讓的規定，是否係因不可轉讓提單之遺失、被竊、有人據以要求提貨，運送人可以直接向委託人或託運人查證，以確認提單取得途徑及真偽之故，可於徵得委託人或託運人同意後放貨，而不至有誤放的情形，則未可知了。

七、結　論

　　本節介紹之美國提單法主要內容，應已全部完竣，從本法中我們可以從提單的實體面去了解提單，提單是一份全球流通之書面單證，任何一個國家都無法用該國單方的規定去約束國際性的商務行為，即使強大如美國亦然，但大陸在完全適用國際公約、不去制定國內法律的經驗中，亦發現各國民情各異，完全適用國

---

34 民法六百一十八條之一。

際公約亦常遭遇窒礙難行之處，但是國內法律不能違逆國際公約或國際慣例則是可以肯定的，英國「提單法」的規定是完全做到了，美國除了「提單法」之外、不論「碰撞規則」、「共同海損規定」等法律，都有故意不與國際公約同步，甚至刻意不承認國際公約或國際慣例之處，其目的不外在處處表現強勢，在經濟行為上表現強勢，除了自外於國際市場之外，實在沒有一點好處。

第三節　美國的海上貨物運送法

　　經歷八年以上的醞釀，美國一九九九年的「海上貨物運送法」似已儼然成型，但實際上目前的擬定工作卻已經處於停頓狀態，並且已經觀望了一段時間，期待以最新版的「全部或部分途程為海運之公約」[35]"International Convention on Carriage of Goods wholly or partly by Sea"為基礎，來重作整理，以整體再作「海上貨物運輸法」的修正[36]。

　　「海上貨物運輸法」由「美國海商法協會」"United States Maritime Law Association ,MLAUS,"主導，由於裡面有太多利益團體的妥協成分，所以部分內容仍有偏執色彩。但是也因為妥協的力量很大，所以共識的部分也不少。但是「美國海商法協會」強調新的「海上貨物運輸法」絕不是海牙規則或漢堡規則的複製品，卻是兩者的混血」[37]。總之，美國交通部的立場，就是要擬定一部「複式運送」"multimodal"的立法，以因應貨櫃運輸所帶來的運輸變革。這些因應的變革中有如下幾個重點要表達：

---

35 請參考本書第二章第四節。
36 Vincent De Orchis, of De Orchis, Walker & Corsa " The new United States COGSA proposal:facts and fallacies" on August, 2003.
37 同上。

一、消除航行疏失的法定免責規定。

二、把複式運輸的規定納進來。

三、運送人之法定權利、義務，讓新法可以涵蓋到複式運輸的相關業者：包括裝卸業者、碼頭營運業者等。也就是說新法就是一部複式運送法。

四、現行的國內法對於「運送人」的「偏航」[38]"deviation" 責任的訂定，使「運送人」承擔猶如「保險人」的責任，這一部分應予以移除。

五、現行允許「託運人」宣布貨價，因而使「運送人」負擔比法定責任限制更大責任的規定，即使「託運人」不明白「運送人」有「責任限制」的法定權利，這一點應予以修正。

六、對於提單上「自行裝貨、堆放並計算」"shippers load stow and count" 的批註記載，對於「運送人」責任的影響，新法予以澄清。

七、法院對於各種原因造成貨損，以至於判定運送人賠償比例的做法，應該予以終止，可以以法定的方式，訂定賠償標準。以海牙規則的「責任限制」標準，訂定運送人的責任限制規定。

　　現在就將該法的幾個重點，以及與運輸單證的關係，評析如下：美國新的「海上貨物運送法」草案業已修正多次，最近的一次、也就是第六次修正的時間是一九九九年九月二十四日的版本，據國際知名的海商法教授加拿大籍之"William Tetley"的個人網站資料顯示，該法已經由參議院通過，眾議院則尚未通過，而依據其本文第 17 條「生效日期」的規定，應於參、眾兩院通過後的九〇天內生效，所以目前尚未生效。現行美國有效的「海上貨

38　參考本書第二章第四節之說明。

物運送法」，仍舊是一九三六年的「海上貨物運送法」。一九三六年的「海上貨物運送法」係循「海牙規則」而來，內容也與「海牙規則」幾乎一般無貳，本節因此以新版的「海上貨物運送法」草案作為討論重點。目前美國仍為台灣最大貿易國，中美貿易量約為中歐貿易量的兩倍，該法雖然有許多違反常理之處，於該法可能公布之際，船、貨雙方卻不得不先加以研究，現在就提出該法的若干特點，供各界參考。一九三六年「海上貨物運送法」沿用至今，已逾六十餘年，受到漢堡規則生效，各國無不修改其海商法以至少達到一九六八年威士比規則標準的，英國、歐陸、中國大陸、台灣也陸續在九〇年代修改或公布各國內的海商法律，美國「海商法協會」遂於一九九六年開始，制定其「海上貨物運送法」草案，以取代其一九三六年之同法。「海商法協會」將初稿草案於遞交給參議院附屬的「平面運輸海商委員會」 "Surface Transportation and Merchant Marine" 於一九九八年四月二十一日舉行公聽會，經過好幾次由「海商法協會」諮詢參議院工作人員修正後，目前這份一九九九年九月二十四日定稿的草案，已經是第六次修正，可惜爭議還是不少。

一、適用的範圍

正如同研擬「海上貨物運送法」的「海商法協會」所標榜的，新的「海上貨物運送法」適用的範圍已經涵蓋「複式運送」，其內容包括：

從美國出口，以及前往美國的所有的「運送契約」。在「運送契約」的「定義」上，已經標榜「複式運送」的特質，包括：

1. 全部為「海運」。或部分為「海運」、部分為一種以上的其他「運輸」方式。

2．所包括的契約格式，爲「提單」或類似的「物權單證」
"document of title"，包含「可轉讓單證」與「不可轉讓單
證」。

3．「單證」形式包括「印刷」或「電子」形式。

但特意排除以下形式的「運送契約」：

1．國內貿易使用的「運送契約」。包括五大湖區、河流水域、
其他內陸水域，以及沿海水域使用的「運送契約」。表示
國內運輸不適用。

2．「租船契約」"Charter Party"、「綜合運送契約」[39]"Contracts
of Affreightment"，以及其他類似的協定、功能同等的協定
等。這一段規定表面上並沒有排除在美國一九九八年「航
運修正法」"shipping Reform Aet, 1998"賦予法定名稱、在
定期航運使用的「服務契約」[40]，「定義」規定中，也包含
「服務契約」在內，但是條文中：如「責任限制」的規定，

---

39 英文"Contracts of Affreightment"一詞，中文翻譯爲「綜合運送契
約」，在運輸字典上，其意義其實可以涵蓋所有的「運送契約」，因
此如果排除在適用範圍之外，則「海上貨物運送法」適用的「運送
契約」，顯然仍只有「提單」或類似的「物權證券」而已。

40 「服務契約」依據美國一九九八年「航運修正法」之定義，爲「一
種書面契約，非『提單』、亦非僅『收據』，由一個或多個託運人與
一個公共運送人訂定，或者多個公共運送人之間確立協定再與託運
人訂立契約。該協定中託運人承諾在一段期間內提供一定數量或部
分艙位的貨物，公共運人或數個公共運送人的協定承諾某一個費率
或某一協議費率表，以及一定的服務標準：包括如確保艙位、保證
最少之轉運時間、港口停靠順序、或其他的服務項目，契約也可以
訂定一方未履行契約的罰責等」。原文是 "service contract" means a
written contract, other than a bill of lading or a receipt, between one or
more shippers and an individual ocean common carrier or an agreement
between or among ocean common carriers in which the shipper or
shippers makes a commitment to provide a certain volume or portion of
cargo over a fixed time period, and the ocean common carrier or the
agrteement commits to a certain rate or rate schedule and a defined
service level,such as assured space, transit time, port rotation, or similar
service features.The contract may also specify provisions in the event of
nonperformance on the part of any party."

「服務契約」是除外的[41]。「運送人於契約中訂定較法定權利爲大或責任較法定責任爲輕的規定無效」的規定,「服務契約」也是除外的[42]。又「契約中有國外訴訟或國外仲裁的規定」如符合「美國裝、卸貨、美國交、收貨、被告營業地點在美國、被告居住地在美國、在美國簽契約,或者契約規定在美國提出訴訟或仲裁」之強制司法管轄規定[43],「服務契約」也是除外的。所以「服務契約」其實只是有限的適用「海上貨物運送法」。而以上這幾個除外的部分,可以說是契約的重點,其中說明「服務契約」大部分是開放自由訂定的。

3.「拖帶協定」"Towage Contracts"。

完全針對車輛運送人或鐵路運送人的索賠不能適用「海上貨物運送法」,但是如果由海上運送延伸到車輛運送人或鐵路運送人的索賠,則可以適用「海上貨物運送法」。

不拘任何形式的訴訟、不管在哪個法院或裁判所的訴訟,「海上貨物運送法」對於運送人或船舶提供的責任限制或免責規定,都可以適用。

綜合以上「海上貨物運送法」三個大的適用規定,「海上貨物運送法」的適用對象、範圍及種類,應有以下的幾大要點:

「海上貨物運送法」的當事人,包括「運送人」定義範圍內的「契約運送人」、「履行運送人」,以及「海上運送人」。

「運送契約」主要仍指的是「提單」或類似「提單」的「物權單證」。延申適用到車輛運送人或鐵路運送人的部分,則應係指「複式運送提單」或類似「複式運送提單」的「物權單證」。

---

41 參考本節「八」之(三)的說明。
42 一九九九年美國海上貨物運送法第 7 條(i)項。
43 參考本節「九」之說明。

包括「侵權訴訟」在內的任何訴訟，均可適用。

「海上貨物運送法」提供海事訴訟的專屬「司法管轄」 "Admiralty Jurisdiction"[44]。

「海上貨物運送法」不適用於任何「運送契約」、「租船契約」，甚至美國定期航運使用的「服務契約」[45]"service contract"。也不適用於「海運單」，因為經法院判定，「海運單」不是「物權單證」[46]。

雖然「提單」或類似「提單」的「物權單證」通常在出口港簽發，但是「海上貨物運送法」為了對於進、出口的託運人表示公平，「海上貨物運送法」特意適用於進口、以及出口的船運[47]。這一個規定與一九三六年的「海上貨物運送法」是相同的。

二、運送人之分類

「海上貨物運送法」將「運送人」定義分類為「契約運送人」 "Contracting Carrier"、「履行運送人」 "Performing Carrier"，以及「海上運送人」 "Ocean Carrier"三種，不同於「漢堡規則」的「運送人」 "Carrier"及「實際運送人」 "Actual Carrier"兩種分類，也不同於其他多數以漢堡規則作藍本修改或公布的「海商法」的分類[48]，在意義上，「契約運送人」 "Contracting Carrier"一詞與漢堡規則的「運送人」 "Carrier"意義相類似，指「與託運人訂定契約之人」。因此前述一九九八年「海運修正法」定義中之「無船公共運

44　「海上貨物運送法」第 3 條（e）項。原文是 "This Act provides an independ ent basis for admiralty jurisdiction."

45　同註 283。

46　同註 279。

47　同上。原文是"The proposal will apply to both inbound and outbound shipments"。

48　許多國家海商法因此定義運送人為「運送人」及「實際運送人」，如大陸海商法。台灣則維持以往海牙規則的一位「運送人」。

送人」"Non-vessel Operating Common Carrier, NVOCC"，也就是國際上對於簽發自己名義提單的「承攬運送人」。但在美國稱呼爲"Freight Forwarder"的業者，也是依「海運修正法」定義中之「承攬運送人」，是不簽「提單」，只簽發「貨物收據」"Cargo Receipt"的人，這種美國的"Freight forwarder"只能是「託運人」的代表，不但不是「契約運送人」，甚至不是「履行運送人」"Performing Carrier"。「履行運送人」"Performing Carrier"在美國「海上貨物運送法草案中定義比較特殊，本來以列舉方式，定義包含「內陸運送人」"Inland Carrier"、「裝卸公司」"Stevedores"、「碼頭公司」"Terminal Operators"、「拼櫃公司」"Consolidators"、「包裝公司」"Packers"、「倉儲公司」"Warehousers"，以及這類公司的「受僱人」"servants"、「代理人」"agents"、「訂約人」"contractors"、及「次訂約人」"sub-contractors"，這些定義已經大大超越了「喜馬拉雅條款」的適用對象。在最後一版的「海上貨物運送法」中已經不再列舉說明，而僅定義解釋爲「依據契約履行、或有責任履行契約運送人義務之人」、及「以上定義中直接、間接依契約運送人請求或在其控制、監督下之人」，「履行運送人」定義所表達的，其實也就是實際執行運送任務的人，而且排除「託運人或受貨人所委聘之人」及「不含託運人或受貨人所委聘之職員、受雇人、代理人、訂約人或次訂約人」，所以完全排除不簽自己名義的提單、只代簽船東提單，或只簽「貨物收據」之承攬運送人的適用[49]。「契約運送人」可以同時是「履行運送人」，此一定義與漢堡規則的「實際運送人」定義又不完全相同。

至於其定義之「海上運送人」，則是指「只要運輸工具是契

---

49 這一點曾因引起「國際貨運承攬商協會」"FIATA"之反彈，申言將全力杯葛本法。參看 Http://Tetley.Law. Mcgill.Ca/Comment.htm 網站。但到了二○○四年「國際貨物運輸公約」擬定時，竟在「國際貨運承攬商協會」參與的情形下，一樣排除這類「承攬運送人」適用公約「運送人」的規定。

約運送人擁有、操作或租入的」，就是「海運運送人」。

　　整個「海上貨物運送法」的權利義務關係，包括像「維持船舶適航性」的責任是由「海上運送人」及「契約運送人」負責，但「契約運送人」包含前述之「無船公共運送人」，對於「維持船舶適航性」的責任，實際上只能在「運輸工具」的選擇上負責，因為非本身擁有的運具，實際上是無法負責的。貨物的收、交、裝、卸、搬移、堆存、保管、運送、看守責任，則由三種運送人共同負責[50]。此外，「履行運送人」必得遵守「契約運送人」訂約時所加諸運送人的義務，而「履行運送人」的代理人、受雇人簽契約亦必須是代表「契約運送人」。

三、運送人責任期間

　　運送人負責期間也因為「複式運送」的緣故，延伸期間為從「收貨」到「交貨」[51]，與「漢堡規則」，以及許多於九〇年以後新修正的「海上貨物運送法」相同。由於適用規定上有民族主義色彩的強制適用規定，因此不論美國地區進口、出口的運送，尤其在美國簽發的運送契約，必須加上適用美國「海上貨物運送法」的規定[52]。適用全部是海運運送或一部分海運、一部分陸運的複式運送，所以這些範圍內的提單，運送人的責任期間，幾乎都要受該法之管轄，都必須延長責任期間。但是對於不定期航運的散裝貨，「收貨」到「交貨」的時間從何時開始認定，對於責任期間的確認，就有很大的影響了。

四、規範內之「貨物」

　　在「貨物」的定義上，包括「除了『活動物』以外的任何『貨

50　參考美國「海上貨物運送法」第 6 條。
51　參考美國「海上貨物運送法」第 2 條(a)項。
52　參考美國「海上貨物運送法」第 3 條(a)項及第 7 條(b)項。

物』、『器具』、『商品』、以及各種各式之『物件』」[53]方面已經包含「甲板貨」，雖然與一九三六年的「海上貨物運送法」比較，已經比一九三六年的「海上貨物運送法」完全比照『海牙規則』的規定，多了「甲板裝載」的適用，但與『漢堡規則』比較，還是排除「活動物」的適用，把「活動物」裝載的規定，留在「契約自由」的範圍內，留待船、貨雙方自由訂定。許多各國新修正的「海上貨物運送法」則有些已經比照『漢堡規則』，把「活動物」列入規範。

五、提單上之註記

　　對於以往經常出現在提單上的模糊性批註「據告含」"said to contain"的定位，新的「海上貨物運送法」中明確地指出「複式提單」上有「據告含」三個字，運送人可以免責，其規定包括：

　　「非貨櫃貨」之嘜頭、數量、品質、重量，運送人能證明沒有一個運送人能有合理方法鑑定其正確性，因此運送人在運送契約註明「據告含」"Said to Contain"或「託運人自行稱重、裝貨、及計算」"Shipper's Weight, Load, and Count"時，運送人可以「不負責該記載範圍內的正確性」，除非「依記載買受契約之人能證明運送人簽約時有違誠信」[54]。其實「非貨櫃貨」的散裝貨物，「提單」常記載的註記反而是「據告重」"said to weight"，而不是「據告含」，如果新的「海上貨物運送法」經眾議院通過生效，散裝運送人就必要修正自己的「提單」註記規定，以配合這項對於運送人相當有利的免責規定才行。

　　「貨櫃貨」由託運人自己裝載及封箱時，運送人記載由託運

53　參考美國「海上貨物運送法」第 2 條(a)項(6)款。原文是"The term 'goods' includes goods, wares, merchandise, and articles of every kind whatsoever, except live animals."

54　美國「海上貨物運送法」第 7 條(f)項。

人提供之貨物嘜頭、數量、品質等資訊，因無法證明其正確性而「提單」上註明「據告含」"Said to Contain"或「託運人自行稱重、裝貨、及計算」"Shipper's Weight, Stow, and Count"，且運送人交櫃時貨櫃密封、封印無損時，則運送契約不能作為運送人依據記載收貨的表見證據，除非依據記載，買受契約之人能證明運送人簽約時有違誠信[55]。

此外，「貨櫃貨」由託運人自己裝載及封箱，運送人對於由託運人提供之重量數字，如果能證明簽約之前並未稱重，並在契明註明「未經稱重」時，亦或因有書面協議「運送人可能稱重」而在契約上不註明重量，則只要交櫃時，貨櫃密封、而且封條完整，則運送契約就不是運送人依據「記載收貨的表見證據」，除非買受契約之人能證明運送人簽約時有違誠信[56]。

此外，對於散裝貨的重量，只要是第三者所確認的，即使記載於運送契約，也不能作為對抗運送人的表見證據[57]，不能代表託運人的保證[58]。這是一個完全為運送人解套的做法，也是目前各國「海上貨物運送法」中所少見的規定，對於運送人相當有利。因為要「運送契約或提單買受人」去證明「運送人簽約時有違誠信」一節，應該有非常大的困難度。

本章第一節美國提單法中亦有類似規定，但不如「海上貨物運送法」詳細，亦不如「海上貨物運送法」適用範圍廣，對運送人的保障大，尤其散裝及包件貨物之稱重或點數，運送人可以憑記載「不負責任」的說法。國際公約及目前各國之「海上貨物運送法」都沒有這樣明確保障運送人責任之規定，將「據告含」"Said to Contain"或「託運人自行稱重、裝貨、及計算」"Shipper's Weight,

---

55 美國「海上貨物運送法」第 7 條(a)項。
56 美國「海上貨物運送法」第 7 條(g)項。
57 美國「海上貨物運送法」第 8 條(i)項。
58 美國「海上貨物運送法」第 8 條(ii)項。

Load，Stow, and Count"這種常見的記載，給予明確定義、且法律規定運送人不必負責的，唯有美國「海上貨物運送法」而已，以上的規定，對於貨方很不利，因為「散裝貨」的貨物「重量」，通常就是「散裝貨」計算運費、以及是否正確「交貨」的標準，「交貨」重量未如「運送契約」的記載時，貨方將遭遇索賠上的困難。「海上貨物運送法」的效力凌駕在美國「提單法」之上[59]，國際貨物運輸的「運送人」負的責任因此遠低於純內陸運輸的「運送人」。「漢堡規則」規定只在「有懷疑時不予記載」，如經記載數量或重量，就必須「依記載負責」。這是「提單」作為「物權單證」性質，以及作為「運送契約」性質的起碼標準，美國「海上貨物運送法」則無疑的已經推翻了這個標準。

六、訴訟時效

訴訟時限仍維持一年[60]，不同於漢堡規則的兩年，向第三者的追償時限則比舊法增加：自收到判決書或和解達成之日起三個月內，與漢堡規則的「不得少於九〇天」稍有不同，但與大陸一九九三年的規定是相同的，九〇天比三個月更有確定性，應該是不約而同選擇九〇天來規定的理由吧。除訴訟以外，如果契約定有「仲裁條款」，亦應於一年內提出，這一點與「漢堡規則」的「兩年內提出」的規定不相同，大陸一九九三年海商法規定，「仲裁可以中斷時效」，卻未規定須於一年內提出。

以上所謂的一年期間是除斥期間，而且僅解除運送人對於「貨物毀損、滅失的責任」而已。因為文字上是「運送人或船舶解除對於毀損、滅失的責任」[61]。甚至貨損通知未能及時提出，

---

59 美國「海上貨物運送法」第 16 條(c)項。
60 依據美國「海上貨物運送法」第 13 條(a)項。
61 依據美國「海上貨物運送法」第 13 條(a)項，原文是"A carrier or ship is discharged from liability for loss of, for damage to, or in connection

不論是表面上的「毀損、滅失」或封存貨櫃內的「毀損、滅失」，對於以上「一年內除斥期間」的規定，都不受影響。

七、運送人的責任

美國「海上貨物運送法」訂定的運送人責任範圍，只有對於「貨物毀損、滅失」負責的規定，很特殊的地方，是沒有提到「遲延交付」"delay on delivery"貨物的責任。這一點與很多國家新修的「海上貨物運送法」或「海商法」都不同。免責事項，也仍維持「海牙規則」及「海牙威士比規則」，除了「航行疏忽」之外的十六個項目，以往「海牙規則」及「海牙威士比規則」的十七項免責中，很明顯的其中第一項「航行疏忽」的免責，是被去除了，但「航行疏忽」、及「船上之火災」卻被另外定義的「舉證責任」規定所影響，使運送人仍可很容易獲得免責的利益。說明如下：

關於「航行疏忽」的責任

運送人對於「船長、海員、引水人、或海上運送人之受雇人因航行管理船舶疏忽的責任」，必須由「貨方索賠人舉證證明貨物的毀損、滅失」，係因「航行管理船舶的疏忽所致」，運送人才要負責[62]。表面上，傳統「船長、海員、引水人、或海上運送人之受雇人因航行管理船舶疏忽的責任」似已不再訂定於運送人的一般法定免責項目內[63]，但是要求貨主原告舉證的困難度將是相當

---

with goods unless suit is brought within 1 year after the date......"以及張新平，「海商法」，五南圖書出版公司，156 頁。施智謀，「海商法」，201 頁。

62 美國「海上貨物運送法」第 9 條(d)項(2)款。原文是"In an action for loss or damage in which a party alleges that the master, mariner, pilot, or servants of an ocean carrier were negligent in the navigation or management of a ship, the burden of proof is on that party to prove negligence in the navigation or management of the ship."

63 法定免責項目已經只剩下十六項。

高的。貨主原告不在船上，如何舉證「航行管理船舶疏忽的責任」，即使舉證，也很容易被推翻，這是從常理上就可以了解的。

　　但是這項免責，卻是除了因美國政府、美國律師協會的認同外，也是透過貨主利益團體的遊說，方得以排除這項免責[64]。因為「航行疏忽」的免責到底存在已久，也具有指標意義。但是時移勢異，在今日通訊發達的時代，船上動態已經隨時在船東的掌握之中，很難用昔日的「鞭長莫及」的理由來解釋可以不負責任。對於美國的「無船公共運送人」來說，也沒有免責的理由。因為依據法院的經驗，受雇人船員的疏忽，船東不負責，理由是很牽強的。另就其他運輸業來說，已經沒有一個運輸企業可以因為受雇人的行為、疏忽、過失，而能使企業得以免責了。美國「海上貨物運送法」標榜的涵蓋「複式運送」責任，海運責任延伸到鐵、公路運送，海運運送人如果可以受到免責權的保障。而鐵、公路運送人沒有免責權，當然是不合理的，所以「航行疏忽」免責權的取消，是公平合理的。

　　為了一網打盡，貨方原告在提告訴的時候，喜歡將承攬運送人、船東、碼頭、集散站等業者一併列為被告，所以為了公平起見，海運運送人以前的免責優勢，也在這裏一併取消，以跟鐵、公路運送人看齊。

　　此外，運送人已不再有負責船舶未具「適航能力」"seaworthiness"造成貨物之毀損、滅失的明文規定，除非運送人未盡應盡的注意義務的默示意義。其舉證責任則必須經過判決確認；判決貨物毀損、滅失確實因為船舶「無適航能力」所造成，運送人才必須舉證，證明其已「盡應盡的注意義務」[65]。適航能力的定義與國際公約相同，且一樣規定其注意義務只有「開航前」及「開

---

64 同註 279。
65 一九九九年美國「海上貨物運送法」第 9 條(a)項及(b)項。

航時」，但由於舉證須迨判決之後，才能要求運送人舉證，顯然又較國際公約及他國海商法對運送人的保護，加了一層。

「火災」免責的探討

一九三六年美國「海上貨物運送法」的「火災」"Fire"已經在新法草案中更名爲「船上之火災」"Fire on a Ship"，「海上運送人」、「船舶」，以及「契約運送人」除非有實際過失或本人介入，否則均不負責「船上之火災」[66]。因此倘連「海上運送人」、「船舶」，以及「契約運送人」都不必對「船上之火災」負責的時候，那個人"應該"或"能夠"對因「船上之火災」所造成貨物之毀損滅失負責呢？又貨方既未隨船航行，欲舉證「船上之火災」乃肇因於「海上運送人」、「船舶」或「實際運送人」之實際過失或介入，實在是一項困難度相當高的負擔，即便能夠舉證，船方必定也能夠輕而易舉地推翻其舉證。

其他免責項目的舉證歸屬

其他包含「海牙規則」以及「海牙威士比規則」中之運送人免責事項之舉證責任，美國「海上貨物運送法」則都已經比照「漢堡規則」，改由運送人舉證[67]。

運送人對於「偏航」的責任探討

美國「海上貨物運送法」規定，運送人對於「偏航」不負責任的部分是：

1. 爲救助海上人命、財產而「偏航」造成貨物的毀損、滅失。

2. 其他合理的「偏航」造成的貨物毀損、滅失。

至於運送人對於「偏航」負責任的部分，也就是不合理的「偏航」則包括：

---

66 一九九九年美國「海上貨物運送法」第 9 條(c)項。
67 一九九九年美國「海上貨物運送法」第 9 條(d)項。

1. 裝、卸貨物，上、下旅客的「偏航」，並非合理「偏航」的表件證據，因此造成的貨物毀損、滅失。

2. 因此之後果造成運送人違反美國「海上貨物運送法」之義務，該違反應依「海上貨物運送法」制裁。

以上這一段話聽起來拗口，簡單一點說，其實是指「營利」而「偏航」不可以，運送人須對因「營利」「偏航」，造成的貨物毀損、滅失負責。

"deviation"一詞翻譯成「偏航」，其實只是"deviation"一詞狹義的解釋。"deviation"一詞除了「偏航」的意義以外，還代表「不合理的遲延」"unreasonable delay"[68]，以及「不依順序靠港」[69]之意。美國法院因案例發展出的「未經授權的貨物裝在甲板上」"in the order designated"[70]、「交貨遲延」[71]、「過站不停」[72]等許多所謂「準偏航」"Quasi Deviation"的意義。甚至「轉船」[73]、「替代船裝運」[74]、「拖帶運送」[75]、例如裝卸工人或其他獨立受僱人之「故意破壞」[76]、等也都曾被列入「準偏航」之考慮。以上這些

---

68 英國 1906 年保險法第 48 條。

69 英國 1906 年保險法第 47 條。

70 St. Johns N.F. Shipping Corp.v. S.A. Companhia Geral Commercial do Rio de Janeiro263 U.S. at 124 1923 AMC at 1132。

71 Maggio v. Mexico Arizona Trading Co.（The Hermosa）57 F2d 20, 22, 1932 AMC541,545（9th Circuit 1932）and Citta di Messina, 169 F. at 474。

72 指將貨物過目的港不停，輾轉再次靠港時才卸貨之意。Foskyn & Co. v. Silver Line(The Silvercypress), 63 F. Supp. 452, 453, 1943 AMC 224, 225（S.D.N.Y. 1943）AND AFTERWARD 143 f.2D 462（2d Circuit, 1944）。

73 Yang Machine Tool Co. v. Sea Land Service, Inc., 58 F3d 1350, 1351（9th Circuit 1995）。

74 Re-Floreana, 65F Supp.2d 489 and 492, 1999 AMC at 2933。

75 Charbonnier v. United States（The Pinellas）45 F. 2d 166, 1929 AMC 1301（e.d.s.c. 1929）, afterward 45F.2d 174, 1930 AMC 1875（4th Circuit, 1930）。

76 Vision Air Flight Service, Inc. v. M.V. National Pride, 155 F. 3d 1165, 1174（9th Circuit 1998）。

廣義的意義已見於本書第二章第四節。

狹義的「偏航」，一般民法及保險法均指「在沒有必要及合理的理由情形下，偏離尋常、正規的航線、或契約上指定的航線、或契約未指定航線時，偏離習慣上航行的「航線」[77]航行之意。國際公約允許的兩種情形是合理的「偏航」，包括為救助海上的人命或財產，以及「或其他合理的偏航」"or any other reasonable deviation"[78]。

美國一九三六年與一九九九年的「海上貨物運送法」對於不合理的偏航均列舉「為裝卸載貨物與上下旅客」"for the purpose of loading or unloading cargo or passengers"的偏航。將「為營利行為的偏航就是不合理偏航」的「表見」證據訂定，使運送人有舉證推翻的權利。顯然符合其立法重點中所說的「移除現行的國內法對於運送人偏航，承擔猶如保險人責任」。

貨物毀損、滅失責任的負擔比例

依據擬定美國「海上貨物運送法」的擬定機構：「海商法協會」的說法，為減少興訟，所以用了一個簡單的二分法，以決定貨損案件的賠償機制，這個機制的內容是說，當貨物的毀損、滅失一部份由於運送人的免責原因造成，另一部份由於運送人之疏失或違反其應盡義務造成的時候，運送人按比例只負責貨物的毀損、滅失係「因其疏失、及違反義務」造成的部分[79]。責任比例無法辨明時，運送人只負責一半[80]。

這個「只負責一半」的簡單邏輯規定，不但是「漢堡規則」，也是各國「海上貨物運送法」所沒有的。

---

77 英國 1906 年保險法第 47 條的定義。
78 海牙及海牙威士比規則第 4 條 2 項(i)、第 4 條 4 項、漢堡規則第 5 條 6 項。
79 美國一九九九年「海上貨物運送法」第 9 條(e)項。
80 同上 326 註。

八、運送人的「理賠責任限額」

　　美國「海上貨物運送法」的理賠上限比照「海牙威士比規則」的每件 666.67 個國際貨幣基金「特別提款權單位」"Special Drawing Right, SDR"，或者貨物毛重每公斤 2 個國際貨幣基金「特別提款權單位」。美國「海上貨物運送法」沒有像「海牙威士比規則」一樣，有一個「以較高者為準」"whichever is the higher"的說明，是否貨方可以選擇兩者經計算後比較高的金額作為「理賠責任限額」，由於「海上貨物運送法」尚未生效，將來可能要看案例，才能確認其適用上的意義，是否亦等同「以較高者為準」。但在一九九九年新法生效前，現今一九三六年「海上貨物運送去」之賠償限額為美金五佰元標準，可以說是各國國內法中最低的標準了。此外，新法併櫃貨物以「運送契約」，其實就是以「提單」中的記載件數作為「件數」計算的標準，完全依據「海牙威士比規則」。「貨櫃或裝具」的所有人歸屬對於賠償單位的計算有影響，「貨櫃或裝具」遭到「毀損、滅失」是前提，當「貨櫃或裝具」遭到「毀損、滅失」，而「貨櫃或裝具」非運送人本身所有、或運送人所提供時，「貨櫃或裝具」的本身也是一件[81]。表面上好像不重要，在保險的賠償給付上，就可能有關係。這是與兩岸、英國、及目前多數國家九〇年代修正過的「海上貨物運送法」或「海商法」的內容在金額相同，但規定不相同的部分[82]。在「理賠責任限額」的規定上，美國「海上貨物運送法」特別聲明，「運送人與船舶」

---

[81] 「漢堡規則」第 6 條 2 項(b)款裡提到「如果貨櫃或裝具非運送人所有或所提供時」，「貨櫃或裝具」本身也是一件。原文是"In case where the article of transport itself has been lost or damaged, that article of transport, if not owned or otherwise supplied by the carrier, is considered one separate shipping unit."

[82] 如台灣海商法就有「如果貨櫃或裝具是託運人所有或所提供的」這樣的前提。

都不負責超過「理賠責任限額」上限以上的金額,「運送人與船舶」擺在一起連帶不負責的聲明,有一個很重要的意義,當運送人不必負責上限以上的金額時,從英、美法上對物訴訟的「船舶」,亦不必憂慮有被申請羈押的情形。

「理賠責任限額」規定中有幾個例外情形,符合這幾種情形的運送人,不得受「理賠責任限額」的保障:

已宣布貨物價值的情形

裝船之前,「貨物的性質及價值」業經託運人宣布、在「運送契約」上記載,這種情形不適用「理賠責任限額」的規定。但這種宣布只能代表是「貨物性質及價值」的表見證據。這幾句話的意思是,託運人宣布的「貨物的性質及價值」,以及在「運送契約」上記載的「貨物的性質及價值」,都只是表見證據。也就是可以舉證推翻之。符合前述立法重點中所希望的「託運人必須在了解運送人有法定責任限制的情形下」,宣布「貨物的性質及價值」,因以破除「理賠責任限額」的規定。

此外,託運人如果明知、卻以詐欺的方式,錯誤申報「貨物的性質及價值」,以至於「運送契約」誤載「貨物的性質及價值」,運送人或船舶根本上就都不負責貨物的毀損、滅失的理賠[83],更別提「理賠責任限額」的規定了。

雙方協議較高的「理賠責任限額」的情形

「契約運送人」與「託運人」之間,如果在協定中訂定一個比「海上貨物運送法」更高的「理賠責任限額」,不僅「契約運送人」、而是所有定義過的「運送人」及「船舶」都應該遵守這個「限額」。但是「海上貨物運送法」卻又加上一個該雙方同意的、比法定「理賠責任限額」高的賠償金額,只適用於簽約者,即原始「契約運送人」與「託運人」之間,則通常由「受貨人」提出的索賠,

---

83　一九九九年美國「海上貨物運送法」第 9 條第(h)項第　款。

是否就不適用這個存在於「契約運送人」與「託運人」之間且較法定「理賠責任限額」高的賠償金額，就須迨日後的案例來確認了。

服務契約的「理賠責任限額」不適用法定的「理賠責任限額」

雖然美國「海上貨物運送法」明文排除「租船契約」"Charter Party"、「綜合運送契約」[84]"Contracts of Affreightment"，以及其他類似的協定、功能同等的協定等的適用[85]，當然也包含「服務契約」，但在「理賠責任限額」的規定上，還是特別說明「服務契約如果同意較高或較低的『理賠限額』」，就不適用法定的「理賠責任限額」了。

應受譴責的行爲或疏忽不適用法定的「理賠責任限額」

按這個規定不適用法定「理賠責任限額」的情形包括：

1. 運送人的行爲或疏忽、運送人明知或介入的行爲或疏忽，故意造成毀損或滅失，或不經意而明知毀損或滅失可能發生時，不適用法定的「理賠責任限額」。

2. 運送人明知、或者應該知道「偏航」將造成毀損或滅失，而仍執意進行「不合理的偏航」時，亦不適用法定的「理賠責任限額」。在這個不適用「理賠責任限額」的規定裡提到「不合理的偏航」，應參考本節有關「不合理偏航」的解釋，才能幫助了解「不合理的偏航」不適用法定「理賠責任限額」的理由。

在以上「運送人」有應受譴責的行爲或疏忽，不適用法定「理賠責任限額」的情形時，不影響其他運送人仍受「理賠責任限額」

---

84 英文"Contracts of Affreightment"一詞，中文翻譯爲「綜合運送契約」，在運輸字典上，其意義其實可以涵蓋所有的「運送契約」，因此如果排除在適用範圍之外，則「海上貨物運送法」適用的「運送契約」，顯然仍只有「提單」或類似的「物權證券」而已。

85 參閱本節「一、適用範圍」的說明。

的保障[86]。例如前述「不合理的偏航」造成毀損或滅失，必然是「海上運送人」或「履行運送人」的行為，而不一定與「契約運送人」有關，此時「海上運送人」或「履行運送人」喪失「理賠責任限額」的權利，並不影響「契約運送人」仍受「理賠責任限額」的保障。

九、管轄及仲裁

　　儘管負責擬定「海上貨物運送法」的美國「海商法協會」一再強調，美國「海上貨物運送法」並沒有強制要求貨方原告應該在美國進行訴訟[87]，也就是美國「海上貨物運送法」最為人詬病的強制司法管轄[88]，但實際上「海上貨物運送法」的明文[89]卻有如下的規定：

　　「裝、卸港口在美國境內」、

　　「預定的裝、卸港口在美國境內」、

　　「收、交貨地點在美國境內」、

　　「預定的收、交貨地點在美國境內」、

　　「被告的營業地點在美國境內」、

　　「被告的習慣性住所在美國境內」、

　　「契約在美國訂定」、

86　一九九九年美國「海上貨物運送法」第 9 條第(h)項第　款。
87　同註 279。
88　Letter of March 23, 2000, Proposed COGSA 1999 from BIMCO, CENSA, ICS, The International Group of P&I Clubs and Intertanko to the National Industrial Transportation League(NIT) with copy to U.S Senator Kay Hutchison, 該信件原文可參看「波羅地海國際海運同盟」"BIMCO"之網站，網址為：
　　http://www.bimco.dk/html/documentary.htmlSenator
　　而"Kay Hutchison"則為美國參議院「商務、科學及運輸委員會」主席"Chairperson of the "US Senate Committee" on "Commerce, Science and Transportation"，主導美國一九九九年「海上貨物運送法」修正。
89　一九九九年美國「海上貨物運送法」第 7 條(i)項。

「運送契約的司法管轄地點在美國」、

「如果適用本款的運送契約，或其他協議規定在外國裁判所仲裁，則可由雙方之一即時向法院提出，命令仲裁在美國進行」等，則「運送契約應受美國之司法管轄及仲裁管轄」。雖然規定中亦有「本款不排除依據運送契約或其他協議，爭議之雙方於理賠發生之後協議，以司法或仲裁的方式，在外國的裁判所解決爭端」的規定。但前述的九種情形，布局已經非常綿密，加上美國「海上貨物運送法」可以適用所有的進口、以及出口的「運送契約」，其所受的影響，可能全世界都受到強制司法管轄的波及。無怪乎引起那麼多非政府組織的抗議聲了。本款前一版因更有「有關在外國訴訟及仲裁的規定應無效」的規定。本版增列的「依照運送契約，雙方可於事後協議，在外國辦理司法訴訟或仲裁」的規定。都是爲平息國際撻伐聲，而增列的善意回應。

一九九五年 Vimar Sequros Reasaquros,S.A.對 M/V Skg Reefer et.al.案[90]，判決在「外國法院訴訟的運送契約規定應爲有效」的結果，使美國慣例自一九六七年 Indussa Corp.對 S.S. RANDBORG[91]案所認定的「凡在外國訴訟或仲裁之運送契約規定，因使貨主原告增加訴訟成本，並造成不便，而有減輕運送人責任之嫌」，因而違反一九三六年美國「海上貨物運送法」第 3 條之「運送人在契約中減少其對責任之疏忽、過失或違反法定義務時，其規定無效」[92]的無效認定予以改觀。而爲使一九九五年 Reefer 之判決不致成爲慣例，一九九八年之「海上貨物運送法」第四版修改時，在第

90　115 S. ct. 2332，1995A.M.C. 1817 ,1995
91　337 Fed. 2d 200（C2d Cir 1967）
92　原文是 "lessening the carrier's liability for negligence, fault, or dereliction of statutory duties......shall be null and void and of no effect"。

7 條(i)項魯莽的將「運約有國外仲裁或訴訟的規定爲無效」之文字列入。新版增加前述的善意修改，起碼表達已有解決國際衝突的誠意。

由以上美國「海上貨物運送法」的內容特點，可以看出美國雖然已經從船運國變爲大貿易國，但代表航商利益的國會遊說力量仍非常強大，新法雖係因應潮流而修正，但立法仍一面倒的偏袒「運送人」，如前述之「免責」部份、「據告含」等之明確定義、開放很困難的「舉證責任」等，較其他海運先進如英國等，對運送人之保護可說是有過之而無不及，理賠限額之比照威士比、理賠時效之一年等，均類此著眼。

在這樣傳統立法刻意保護下的美國國籍航業公司，竟經由股權外售而蕩然無存，美國可說已無國籍船隊，受惠於法規保護的是新加坡及丹麥航業公司，怎不可稱爲一大諷刺。

爲顯示其特殊性，美國「海上貨物運送法」故意使用與國際公約或他國法律不同的名詞，如所謂之「契約運送人」、「履行運送人」、及「海運運送人」，將來在使用上則可能因有人不了解而造成不便。

美國向來對司法之保障最爲周到，甚至美國有謂「司法過盛造成經濟不興」之譏，舊版草案有「運送契約訂定在國外仲裁或訴訟之規定爲無效」的條文，引起幾個國際團體包括波羅的海海運同盟、歐日海運同盟、國際海運協會、國際責任險集團及國際油輪船東協會之集體聯名抗議，因此才有第六版的新增條文，得以緩衝。

美國「海上貨物運送法」目前已處於靜待最新國際貨物運輸公約定案情形，決定下一步發展的狀態[93]，因此美國「海商法協會」對於制訂最新「國際海上貨物運輸公約」的參與與投入非常

---

93 同註 279。

積極，而下一次更動「海上貨物運送公約」定案之後才有變化，「國際海上貨物運輸公約」可能要等國際海上貨物運輸國際共識的考驗，才能定案，所以屆時美國「海上貨物運送法」以「國際海上貨物運輸公約」為藍本，至少國際的抗議或敵視會少一些，新的發展我們將拭目以待。

第四節　英國提單法

一、前　言

大英國協幅員遼闊，大不列顛、蘇格蘭、北愛爾蘭之外，紐西蘭、澳洲，甚至前幾年香港、馬來西亞、新加坡之終審裁判，均送英國最後定讞，即使今日，這些地區的法律與制度，仍不免受英國法律的影響。如今最明顯的，莫過於使用英式保險單必先有「依據英國法律及慣例」"Subject to English Law and Practice"之前提，因此英國法律不僅參考之用，實務上的影響亦不可小覷。

英國一八五五年的「提單法」"Bills of Lading Act, 1855"在一九九二年，更改名稱為「海上貨物運送法」"Carriage of Goods by Sea Act, 1992"，但其內容卻主要還是規範「提單」，以及相關的「運輸單證」。英國另外有一份一九七一年同名的「海上貨物運送法」"Carriage of Goods by Sea Act, 1971"，才是國際上公認真正的「海上貨物運送法」，因為一九七一年的該法是奠基於一九六八年的海牙威士比規則，所以內容在規範運送方與託運方的權利、運送人的責任期限、責任內容、責任範圍，以及責任限制、訴訟與仲裁管轄等事項，不同於一九九二年的「海上貨物運送法」，針對所有的「運輸單證」作權利轉讓、所有權歸屬的規定。為區分起見，就簡稱一九九二年的「海上貨物運送法」為「提單法」，較為

符合實際的內容。

二、英國「提單法」的立法背景

英國正式以「提單」命名的法律起源於一八五五年的「提單法」"Bills of Lading Act,1855"，已如前述。一八五五年的「提單法」有一份「前言」，說明「依據商業習慣，貨物的所有權隨著提單的背書轉讓，移轉給被背書人。但是提單所隱含的運送契約之全部權利，仍屬於託運人或者貨物的所有權人，上開權利如果能隨著貨物的所有權移轉，將更為便利。此外，提單上記載之貨物未裝上船之事情時常發生，如果該提單被善意、且已支付對價之人所持有時，船長或其他簽發提單之人，不得以貨物未裝船為理由，質疑該提單記載之效力」。這一段「前言」裡提到重點，有以下幾個背景意義：

> 依據當時的英國普通法，不承認提單的貨物受領權利人，因提單之轉讓，受領權利人因受讓提單，而取得貨物損害賠償之請求權[94]。但也有一個狀況，就是「假定該權利人不是海上運送契約的當事人」，也就是說，非契約「當事人」，就不能因受讓貨物的權利，而一併獲得「損害賠償請求」的權利。但回顧提單的契約性質，「受貨人」"consignee"，或者提單受指示的「受讓人」或「被背書人」"endorsee"，通常都不是運送契約的「當事人」，因此無法因提單物權之轉讓，而一併受讓損害賠償請求權。
>
> 除契約當事人以外，任何人不能享有契約所生權利，亦不承擔契約所生義務。

---

94 程學文，「英國一九九二年海上貨物運送法」，第 1 頁，1995.8，自版發行。

損害賠償請求權不具轉讓性，不能有效移轉，受讓人只能對讓與人請求損害賠償，貨物受領權利人不能依據請求權讓與之方式，取得對運送人之損害賠償請求權。

因此依據以上一八五五年「提單法」的「前言」，可以看出一八五五年「提單法」制定之目的，主要就在於「訴訟權」能隨著「貨物所有權」之移轉而移轉，使貨物「受領權利人」可以同時獲得「損害賠償請求權」。

一八五五年「提單法」主要是爲了解決以上的問題，但是隨者航運的進步與趨勢的推移，「海運單證」的種類越來越多了，並不限於一八五五年立法當時的「提單」一種。「受貨人」、「受讓人」或「被背書人」，如果僅限於「提單」的「受貨人」、「受讓人」或「被背書人」獲得貨物的「損害賠償請求權」，其他「運輸單證」之「受讓人」，或者不是以「背書」方式取得單證的「受讓人」，卻都無法援用該項法規。因此當「運輸單證」不是「提單」，或「受讓人」不是「提單」的「被背書人」，而僅是「質權人」"pledgee"，例如銀行或「抵押權人」，或如貨物保險人或僅係出賣人而保留處分權[95]的人，或者貨物已經喪失，致未取得貨物所有權時[96]，或雖然取得所有權但不是以「被背書」方式而取得「運輸單證」的人，受領權利人均不得依當時的「提單法」取得運送契約的訴訟權利[97]。

一九九二年之修法，除了因應「運輸單證」之多元化，包括「海運單」之風行，「提單」關係人的複雜化之外，發生在一九八五年的"The Gosforth"一案，也是一個重要的推手，該案之「買受人」轉賣貨物給另一人，但未轉讓「提單」，而只是交付「小提單」"delivery order"，最後問題出在「買受人」未支付貨款，因此出賣人在荷蘭扣押該批貨物，該「買受」「小提單」的「次買受人」

95　The Aliakmon, 1986, A.C.785。

96　The Aramis, 1989, 1 Lloyd's Rep. 213。

97　同註 93。

依據「小提單」並沒有對抗扣押的權利，因爲「小提單」在法律上沒有定位，持有人也沒有身分可言，因此憑「小提單」無法主張任何權利。英國「法律委員會」"The Law Commission"因此在「穀物飼料貿易協會」"Grain and Feed Trade Association"的要求下，就有關問題提出諮詢研究，該案因而臨門一腳的，加速促成一九九二年修法的完成。

英國「法律委員會」於一九八五年接受代表貨方之倫敦「穀物飼料貿易協會」的委託，進行初步調查，包括寄送貨方問卷，乃決定接受該項委託，修改現行法律，嗣與「蘇格蘭法律委員會」[98]"The Scottish Law Commission"合作，英國「法律委員會」與「蘇格蘭法律委員會」合簽諮詢文件，並博徵廣議完成本法，於一九九二年七月十六日獲得批準，一九九二年九月十六日生效[99]。

因本法第六條明訂爲取代一八五五年的「提單法」"Bill Of Lading Act,1855"，所以是完全針對海運單證而來的，內容對於近年來十分流行的「海運單」"Sea Waybill"[100]，以及海運實務上行之有年的「小提單」"Delivery Orde"之權利義務關係，都有十分明確的交待，這是其他各國「運輸單證法規」中所僅見的，十分難得，對於「提單」方面，每一階段都有一「合法持有人」來主張「提單」的權利，權利、義務的分際都十分清楚，對於尚未普及的「電子資料交換」"EDI"的適用亦有所著墨，算是相當完整的運輸單證的規範。

---

98 縱使一八五五年「提單法」施行於英國與蘇格蘭，但是「蘇格蘭法律」卻在通則上承認與契約無關的第三者可以對契約當事人提告訴，但是本次修法，英國與蘇格蘭都同意新法應該兩地一致，所以「蘇格蘭法律委員會」"The Scottish Law Commission"亦獲邀參與立法。

99 Tim Howard，"The Carriage Of Goods By Sea Act 1992", Journal Of Maritime Law & Commerce Vol. 24. 1993，page 187。

100此名稱來自大陸之翻譯，此名稱較精簡，台灣亦有稱爲「海運提貨單」的。

三、主要內容

一九九二年的提單法在研議修正前，英國「法律委員會」與「蘇格蘭法律委員會」特別提出以下四個舊法無法解決的問題，包括：

散裝貨物是以批次提貨的，因此「提單」的轉讓與財產之移轉沒有必要的關聯性。

石油類貨品以分批交易的方式完成交易[101]，單證的轉讓太慢了，以致於買方在交貨前尚未取得單證，船方通常以接受「擔保書」[102]的方式放貨。因此「提單」的轉讓與財產之移轉沒有必要的關聯性。因為提貨時，「運送契約」已經完成了。

貨物運送如果以「海運單」為單證，而不是簽發「提單」。則由託運人指定受貨人。而經常這種情形下，貨物財產權並不是銷售契約的標的[103]，一八五五年的「提單法」不適用於「海運單」，因此「海運單」的受貨人也無法取得對抗運送人的契約權利。

遇到貨物財產權沒有移轉，因為買方付了貨款，卻沒有取得貨物，所以大都成為買方的風險。貨物的處置權大都還在賣方手上。買方的損失經常必須以侵權方式索賠，或者只能在賣方的協助之下進行索賠。侵權的索賠不易成立，賣方的協助亦須視買、賣雙方的關係。買方自己的索賠權利卻需要仰賴賣方的態度，當然不是很好的解決方法。因

---

101 參看"The Delfuni, 1990, I Lloyd's Rep.252，該案中的提單於交貨十一天之後才背書給「受貨人」，油貨之物權已無法以單證交付方式獲得移轉。

102 通常指的是「銀行擔保書」"Letter of Undertaking"，以銀行保證，事後取得單證後，由銀行歸還單證，換回其「銀行擔保書」。

103 Waltons & Morse Law Office（London），Comments on Carriage of Goods by Sea Act, 1992" on Website of "file://F:\Waltons

此這兩個方法對於買方及運送人而言，都覺得不夠完美。

以上這些沒有解決的問題，是否自「提單法」的生效日、即自一九九二年九月十六日以後，所有的問題都獲得解決，其實我的看法是存疑的，但至少大多數的問題已經獲得了解決。以下就是對於一九九二年英國「提單法」的析論。

一九九二年英國提單法的主要內容只有六個條文，第 1 條說明「適用之範圍」，即海運單證之種類及各類單證的定義，第 2 條為各種「海運單證下之權利」，以及「可就海運單證對運送人主張權利之人」。第 3 條為「海運單證所包含之義務」，以及「海運單證之義務應由什麼人在什麼時間履行？」，就是那些人可以成為「被運送人告訴之對象」。第 4 條為「提單之內容」；包括提單之「簽發」所代表之意義、「提單簽發人為船長及其他經運送人授權之人」，以及「提單的收據功能」等。第 5 條則為「各項名詞解釋」、「合法持有人之身分認定」，以及說明「本法不影響威士比規則之適用」等，第 6 條則為「本法之簡稱」、「本法取代一八五五年之提單法」、「生效時間」，以及「本法亦適用於北愛爾蘭」，首先依據「海運運輸單證」的種類，就本法之重點，即第 2 及第 3 條之權利、義務事項析論於下：

「海運單證」之種類及定義

提單法可適用的「海運單證」種類，只有三種，即「提單」、「海運單」，以及「小提單」[104]。現在就針對這三種單證的定義及分類先來說明：

1.「提單」方面

提單法的「提單」定義，首先排除了「不可背書轉讓的提單」的適用，「不可背書轉讓的提單」即台灣俗稱之「記名提單」[105]

---

104 海運慣例亦有稱為「交貨單」的。
105 「記名提單」在大陸是法定名詞，台灣沒有「記名提單」的法定名詞，民法第六百二十八條的「提單縱為記名式，仍得以背書轉讓他

"Straight Bill of Lading"，另外又承認將裝船前可以簽發「候裝提單」[106] "received for shipment bill of lading"。承認「候裝提單」一節，因為下一部分討論的「海運單」，就不承認可以有「候裝海運單」，因為「海運單」只是「收據」作用而已，沒有「候裝海運單」，只有收到貨物並已裝船的「海運單」。這是「提單」與「海運單」第一個不同的地方。「可背書轉讓的提單」除了「收據」作用之外，「物權證書」的作用，也是「海運單」所不能及的。

　　所以提單法只包括「可背書轉讓的提單」，必須排除「不可背書轉讓的提單」，因為「不可背書轉讓的提單」與「海運單」一樣，也沒有缺乏「物權證書」的功能。至於不包括「記名提單」的理由，因為「記名提單」在某些地方比較類似「海運單」，所以必須在下一部分討論「海運單」的時候再來說明。台灣現行海商法則只承認「裝船提單」，排除目前因貨櫃運送大量簽發之「候裝提單」。使因應需要必須簽發的「候裝載貨證券」，成為違法簽發的單證，已經不能配合目前實務上的需要了。

　　2.「海運單」方面

　　提單法對於「海運單」的定義，包括：

　　　　不是提單。

　　　　依其上記載收據之作用。

　　　　海上運送契約之證明。

　　　　可就身分辨認方式，使運送人得以依約交貨之單證[107]。

　　其實廣義的看法，「海運單」在若干方面，非常類似美國海運市場習用之「記名提單」。但英國提單法的規定顯然根本上排除「海運單」是一種「提單」的說法，遑論是哪一種「提單」了。

人」的規定，與國際公約及國際慣例殊不同，因此撰者「載貨證券」一書，均稱"Straight B/L"為「直達載貨證券」，不稱為「記名提單」。

106 參考一九九二年提單法第 1 條第　項(b)款。

107 提單法第 1 條第　項(a)款及(b)款。

這種論述，歐洲早已如此，包括法官「勞氏安東尼」"Sir Anthony Lloyd"[108]，就主張在一八五五年的「提單法」裡面排除「海運單」的適用，使「海運單」指定的受貨人，無法取得向運送人提告訴的權利[109]。「海運單」不能轉讓，所以也不能算是「物權證書」或「所有權證書」，「記名提單」也不是「物權證書」或「所有權證書」，但「記名提單」根本不能轉讓，「海運單」則可以運送人接受的方式，委託人透過運送人來指定有權領受貨物的人。就這一部分來說，「可背書轉讓的提單」背書轉讓受貨人的次數較多，「海運單」通知運送人更換受貨人的方式可能沒有「背書轉讓」那麼方便，次數也就沒那麼多了。

　　使用「海運單」的好處相當多，包括交貨不需要繳回，所以單證本身也不必寄發或傳送，運輸過程中可以隨時更換受貨人，交貨時運送人只要辨識受貨人的身分就可以，商業發票、產地證明也可以早一點寄給買方，不必像提單一樣，等候製作完成再一併寄發[110]，或送往押匯，在目的港不必等候文件報關，卸貨流程較快速等，尤其短程運輸，或總公司與分公司間的運送，就可以應用像「海運單」這類簡易的單證。

　　「海運單」可以視為託運人代表他自己以及受貨人與運送人

108　"Sir Anthony Lloyd", "The bill of lading: do we really need it?", 1989, L.M.C.L.Q.47.

109　其實一八五五年的提單法第 1 條，已經賦予提單的「受讓人」或「被背書人」有契約的訴訟權，但僅限於「提單」，而且不僅限於「被背書」的方式取得所有權。抄錄原文謹供參考如下："Every consignee of goods named in a bill of lading, and every endorsee of a bill of lading, to whom the property in the goods therein mentioned shall pass upon or by reason of such consignment or endorsement, shall have transferred to and vested in him all rights of suit, and be subject to the same liabilities in respect of such goods as if the contract contained in the bill of lading had been made with himself."

110　"The great bill of lading vs. waybill debate", "Freight World", 1989.3, p.25.

訂定契約之證明[111]。在「海運單」中，託運人有權保留自己的貨物處置權直到交貨為止，但是「海運單」的受貨人，到底有沒有代表自己向運送人提起告訴的權利？這一點其實並不明確。相對地這一點在「提單」部分是非常明確的。由於一樣的「空運提單」"Air Waybill"、「公路發貨收據」"Consignment Note"與「鐵路收據」"Consignment Note"都是類似「海運單」性質的單證，不論「空運公約」或地區性的歐洲鐵、公路公約或各國鐵、公路法，也已經賦予這些單證受貨人有權向運送人提告訴，則「海運單」的受貨人有權向運送人提告訴，也是順理成章的。

3.「小提單」方面

提單法對於「小提單」定義包括：

不是「提單」。

不是「海運單」。

承諾該單證係依據海上貨物運送契約簽發、針對單證中所包含的貨物。

承諾運送人有義務對於單證中所辨識之人交付貨物。[112]

「海運單」與「小提單」雖然兩者在實務上使用的歷史都不算短，卻都是國際上僅有的將這兩者正式列入法條的法律。在本節第一段「立法背景」中，我們可以知道引起英國提單法修正的案例，其實就是因為「小提單」的持有人無法主張持有人的權利而起，所以小提單無論如何都要在修正法中入「法」。

「小提單」與提單的歷史應該相差不遠，是因應實務上提貨的需要而簽發的，但因為從未入「法」，所以實務上格式與內容很凌亂，種類也多，但大體上還是可以區分為船方核發的「小提單」

---

111 Williams, "Waybills and Short Form Documents, A Lawyer's View", 1979, L.M.C.L.Q. 297,310.
112 一九九二年提單法第 1 條第(4)項。

與貨方核發的「小提單」[113]兩大類,這次英國提單法入「法」的,只有前者船方核發的「小提單」。也就是持有船方核發的「小提單」,持有人始得以主張持有人對於運送人的權利。持有貨方因領貨或交貨需要發給「小提單」的持有人,不能因領貨權利受害(阻)或貨物有毀損、滅失,而向運送人主張自己的權利[114]。

船方簽發的「小提單」有幾個特色,是貨方發給的「小提單」所沒有的,例如像:

由船東簽發或代表船東簽發的。

單證本身係針對船東,由特定人指示船東依指示交貨。

單證如果轉讓,船東即須依新的指示交貨。

在這段指示交貨的過程中,船東只有義務,沒有權利。

雖然「小提單」並不是正式的「物權證書」,但是為了分批交貨的需要,持有「小提單」與持有「提單」情形還是有些類似。例如交付單證要求交貨,代表單證上貨物的數量應交付等,所以「小提單」其實就是小型的「提單」。所區別的只有簽發的時間不同:「小提單」在裝船之後、卸貨之前,而「提單」則一定在裝貨港簽發,以及依據「提單」簽發的「小提單」有好多式,「提單」一式則只有一套而已,兩者的關係其實很密切,當一九九二年的「小提單」持有人再擁有對運送人的告訴權,兩者就更類似了。

4.「電子單證」方面

一九九二年「提單法」對於「電子單證」,並未直接入「法」,

---

113 這種「小提單」有人稱為「交貨保證書」"delivery warrant",參考 Section 7-102(d) of the "Uniform Commercial Code",該法中定義「小提單」意指「一種書面指令,指示直接交貨給倉庫,或交貨給運送人,再由倉庫管理人簽倉單或運送人簽提單」。

114 "The Gosforth", S.en S., 1985 Nr. 91, p.241d,該案中的「次買受人」雖然持有「小提單」,卻是買主貨方簽發的,買方經由轉賣貨物的第三者再轉賣給十三個「次買受人」,但是賣方卻因為貨買方根本來支付貨款,而申請查扣貨物,持有「小提單」的「次買受人」無權申請解扣,而有本次的修法。提單法雖因該案修法,類似的由買受人發給的「小提單」持有人,是依然不能獲得保障的。

而是在「國務院同意下」"The Secretary of State may by regulations make provision for the application of this Act to cases..."的立法方式,「國務院同意下」可以訂定規章、辦法,訂定適用「提單法」的電子通訊技術,其範圍包括:

單證的簽發。

單證的背書、交貨或轉讓方式。

其他對於單證的作為。

此外,「國務院同意下」的修定規章、辦法包括:

修正本法有關的規定。

以包含補充、附加的方式、臨時的方式、邏輯上一致的方式、過渡期緩衝的方式修「法」。

立法的公權力機關並應由上議院定出廢止的規定以配合新定規章、辦法的執行。

因此在英國「提單法」上,對於當時還不成熟的電子資料交換環境,訂出較緩衝的「國務院同意下」的修法,以因應新的電子資訊技術如果進展太快速,法律的緊急因應態度,以應付新技術之演進。

英國「提單法」中海運單證之權利事項

依據一九九二年「提單法」第 2 條、「海運單證下之權利事項」,各種單證下權利的主張情形如下:

1.「提單」的情形

「提單」下可主張權利之人,為「合法持有人」:

只要證明為「合法持有」及「善意持有」的「持有人」,即可主張「提單」之權利,即有權對運送人提出告訴的訴訟權,以及獲得「提單」所代表的「運送契約」之所有權利。

合法持有人經由「提單」之背書轉讓至下一持有人時,前

一持有人即喪失其提單之主張權利。

託運人在買方拒絕接受貨物時，仍可重行主張其權利。

託運人於背書後，亦喪失其「提單」的主張權利，此在美、法、德、荷等國亦相同[115]。

「合法持有人」不必受損害，可以代理其他受有損害之人向運送人提出告訴。這項權利符合油運中常見的「出貨條款」"Turn-out Clause"，該條款規定「買」、「賣」間的貨價應於交貨時交清，因此中間持有人係按「提單」記載的貨量買受，而最後持有人則按實際出貨量買受，受損失的可能是中間持有人，而依據一九九二年「提單法」，中間持有人已於背書轉讓時，失去其「提單」的主張權利，因而再賦予最後持有人此一「運送契約」的權利。

「合法持有人」在貨物交付之後持有「提單」，則「提單」的契約權利與財產權利分開，持有人不再擁有貨物之「財產權」。但如果係因以下原因，於貨物交付之後方持有「提單」，則仍具有「運送契約」所賦予之「契約權利」，這也是對於一八五五年提單法的一個大改變，這兩個原因包括：

（a）「提單」的契約轉讓雖發生在後，卻是依據之前一個有效的交易安排。

（b）受貨人或受交單證之人依據該有效的安排，雖應交貨給事後獲得單證之人，卻拒絕交付。

以上有關「提單」權利的規定，應有如下幾個好處：

規定由「提單」的持有人主張「提單」的權利，實際的「財

115　「英國法律委員會」與「蘇格蘭法律委員會」的說明。"Rights of suit in respect of carriage of goods by sea" by The Law Commission and The Scottish Law Commission,（Law Com. No.196 and Scot. Law Com. No. 130., Mar. 19, 1991）。

產所有權」藉由書面的「單證所有權」主張,僅使持有「提單」的人,可以主張「提單」的權利。

當「提單」經背書轉讓,被下一位持有人持有時,前一持有人即喪失其權利,使運送人不必同時去面對多個可以主張「提單」權利的人,較爲單純。

始終有一個可主張「提單」權利之人,這個單一的持有人並且可以代表其他「提單」受害人,向運送人提出訴訟,運送人亦不致面臨因無法主張「提單」契約損害,而不得不提出侵權告訴的情形。

採用「運送契約權利」與「財產所有權」分離之原則,允許「提單」之合法持有人,就貨物請求權,對運送人依據運送契約請求損害賠償。根據此一分離原則,使眾多歐洲國家的商務及立法,採用同一法理原則[116]。

　2.「海運單」方面

在「海運單」方面,可主張權利之人爲「海運單」上列名的受貨人,或經由「海運單」上「委託人」"Consignor"指定受讓權利之「受讓人」"Consignee",「海運單」與「提單」不同的地方,是「委託人」並沒有因指定「受讓人」而喪失其本身之契約權利。

　3.「小提單」方面

「小提單」中可主張權利的人,是持有小提單的「受貨人」,但只能就「小提單」中所記載的貨物數量,主張其數量範圍內之權利。依據英國普通法,小提單不具有轉讓性,亦非權利證券。但「提單法」中的「小提單」持有人,卻得依「提單法」,受讓「小提單」,而取得「運送契約」之權利。所取得的「運送契約」權利,不僅是貨物受領權,還包括損害求償權,以及訴訟權。如同「提

---

116 同註 152。

單」的受讓人一樣,「提單法」也有「如同契約當事人一樣」[117]的
文字。

英國「提單法」中海運單證之責任事項

一九九二年「提單法」有關海運單證責任義務的規定,全部
都在「提單法」的第 3 條,主要內容除了說明依據「提單法」相
關單證的權利到底有哪些之外,亦說明「哪一個人應盡海運單證
之契約責任」,也就是可以「成為運送人訴賠的對象」。此外,一
九九二年「提單法」的一個突破,就是把「責任的承擔」與「單
證的取得」分開;舊法為使「提單」受讓人獲得運送契約伴隨轉
讓而受讓的契約權利,於取得「提單」之時起,即須承受「運送
契約之責任」。一九九二年「提單法」則揚棄這一個規定,這是為
避免中間持有的質權人:如銀行,只是為了權利之擔保,持有「運
輸單證」,在無意之中,卻須承擔如危險品裝載、或運費未繳清的
責任,因此新法採取「運送契約權利人於行使運送契約的權利」
時,才需要承擔「運送契約之責任」。也就是「責任承受」與「權
利取得」分離之原則,以免中間持有人只是為了取得擔保,而持
有「運輸單證」,卻須「承受」單證所附帶的責任。

在第 3 條有關履行責任的規定,「提單法」在說明相關單證
責任之前,先說明與單證相關權利與可以訴請權利的關係人,以
表明權利與責任的相關性,這些主張的權利與權利主張人包括如
下:

1. 向運送人請求提領或交付單證有關貨物的權利。
2. 依據運送契約向運送人訴請貨物有關的索賠權利。
3. 在獲得單證權利之前,向運送人提領或請求交付貨物權
   利的人。

---

117 一九九二年「提單法」第 2 條第　項。原文是"..shall be transferred
to and vested in him all rights of suit under the contract of carriage as
if he had been a party to that contract."

　　在這三個單證權利主張與獲得單證權利的關係人的裡面，其中第 2 項「訴請貨物有關的索賠權利」並不限於一般「毀損、滅失或遲延」等索賠權而已，包括「錯誤交貨」，或者「交錯貨物」等與貨物有關的權利，應該都包含在內。單證主張人則可能是在目的港主張的人，也可能包含如質權人一般在中途主張單證的權利。這些主張權利與權利的主張人在主張權利時，便與單證的責任連結在一起了，運送人因此「可以向渠等主張相同的契約權利，如同渠等為契約的一份子」[118]。

　　「盡責任」的前提，是「凡依據本法第 2 條，凡是「可以享海運單證權利的人」，就應該「盡契約責任」。這一個權利、責任的相對關係，主要是依據英、美契約法的觀念。在英、美的契約法上，「要約」、「承諾」、「對價」、以及「締約的意思」表示，都是契約成立與否的重要因素[119]。因此在"Aramis"[120]一案中，「提單」記載的貨物全部未到，受貨人提示該「提單」，因為貨物無法交付，結果法院認為「運送人對於受貨人提示『提單』所表達的『要約』行為，沒有代表『承諾』的相對回應」，所以「沒有代表『默示契約』成立的餘地」。同案中的另一張「提單」，獲得少部分貨物的交付，但英國法院依然認為「係在履行原託運人與運送人之間存在契約的原始承諾」，也不代表是「締約」的意思表示。運送人與受貨人之間，依然沒有「『默示契約』成立的餘地」。這一份「運送人與受貨人之間，「『默示契約』成立與否」的疑慮，在一九九二年「提單法」訂定後，將「權利」、「責任」作一個完整的連繫，正好避免個案需要再訴諸法院認定的窘境。因此亦為多數國家法

118　一九九二年「提單法」第 3 條第　項。原文是"...that person shall by virtue of taking or demanding delivery or making claim or...become subject to the same liabilities under that contract as if he had been a party to that contract."

119　Treitel, pp.8, 16,63,129.

120　1989, 1 Lloyd's Report 213.

律所默認，現在就以一九九二年「提單法」中與「海運單證」相關在運送鏈中的「關係人」：包括契約當事人的「託運人」、質權人的「銀行」、「保險人」或其他抵押權人、「海運單的委託人」、「小提單之受領權利人」之權利、責任關係，分別說明如下：

「託運人」

如果訂有「運送契約」，而託運人就是契約當事人時，託運人之權利義務不因「提單」的轉讓而受影響，託運人仍享運送契約之權利，並盡運送契約之義務，運送人除了可以主張提單之權利外，也可以主張運送契約之權利。

如果沒有「運送契約」的訂定，「託運人」即為「提單」所代表的「運送契約」的訂約人，縱使因「提單」之轉讓，而託運人喪失其契約主張權利，但「提單」之責任；包括危險品裝載或污染性貨物之後續理賠責任、沒有付清運費的責任、沒有付清延滯費的責任、共同海損的分攤責任等，如果運送人選擇向「託運人」主張時，「託運人」均無法規避其責任[121]。

「提單」之「託運人」或其他合法持有人，也可以代理其他受損害的中間持有人，向運送人主張貨物毀損、滅失及其他貨物相關的責任。

銀　行

銀行因作為墊款保證而取得「提單」，成為以「提單」質押銀行，獲得貨款墊支的質權階段之合法持有人，但銀行除非為了主張「債權」之取得，而提示「提單」，要求運送人交貨、或向運送人主張索賠時，運送人不得向銀行主張權利。由於一九九三年信用狀統一慣例中，有「海運單」可以承認作為質押單證的規定，而「海運單」實際上也不同於「記名提單」，是可以經由「委託人」通知「運送人」的方式，轉讓給銀行，因此銀行以任何方式取得

---

121 一九九二年「提單法」第 3 條第　項。

「海運單」的情形，應該也可以比照前述規定；以當銀行提示「海運單」，要求運送人交貨、或銀行以持有之「海運單」，向運送人主張索賠權利時，運送人也可以向銀行主張權利。

　　同樣的，當銀行爲合法持有人時，可以代理其他受損害的中間持有人，向運送人主張貨物毀損、滅失及其他貨物相關的責任。

保險人或其他受讓人

　　以「提單」作爲債權的保證，包括保險人在內，都有可能成爲合法持有人，但與銀行相同的地方，是只有在保險人主張「提單」權利，提示「提單」要求領貨或索賠時，才成爲運送人反訴損害：包括如裝載危險品之後果責任、運費清償責任等，而成爲被告訴的對象。

「海運單」上之「委託人」"Consignor"

　　「海運單」上之「委託人」本來與「提單」上的「託運人」"Shipper"是對等的，甚至一九八〇年的「聯合國複式運送公約」"United Nations Convention on International Multimodal Transport of Goods, 1980"，以及一九九一年的「聯合國貿易發展委員會/國際商會複式運送單證標準規章」"UNCTAD/ICC Rules on Multi-modal Transport Document,1991"中，都直接以「委託人」"Consignor"一詞來取代「託運人」"Shipper"這個名詞。一九九二年「提單法」規定，「海運單」之「委託人」縱使指定他人受領貨物，亦不喪失其海運單上之權利，同樣地，即使「委託人」已經指定他人受領貨物，運送人仍然可以對「委託人」提起告訴[122]。

「小提單」中之受領權利人

　　運送人收回正本「提單」，再簽發小提單給分批的受領權利人，以往僅在散裝貨卸載時是一個非常普遍的現象，一九九二年「提單法」的修正，就是因爲「小提單」中之受領權利人無法主

122　同註 160。

張權利而訂定。因此擬定該提單法的英國「法律委員會」不斷在修法說明文件上強調「小提單」受領權利人的權利保障問題,但是貨櫃運輸蓬勃之後,分批領貨的情形在定期船的貨櫃運輸來說,尤更頻繁於散裝貨的分批提領,因此「小提單」受領權利人權利受影響的保障,更形重要。因此當「小提單」中之受領權利人主張提貨的人更多。「小提單」上的受領權利人,成為運送人權利主張之對象,應無疑義。但是「提單法」也不忘記在訂定時說明,「小提單持有人僅對於小提單所代表之貨量負責,所承受的契約責任,不包含非小提單記載貨物的契約責任」[123]。

「海運單」上列名之「受貨人」

「海運單」上列名之「受貨人」,或者「委託人」在交貨前另行指定之「受貨人」,均於主張前述三種權利時,應負「海運單」之責任。

在單證責任方面,必須重複的一句話,就是「提單」的「託運人」,「海運單」的「委託人」,都是對於單證責任必須負責到底的人,不論單證有沒有轉讓,都不影響「託運人」或「委託人」作為單證原始訂約人應負的責任[124]。

提單簽發所代表的意義

「提單法」第 4 條中,特別說明提單「簽發」所代表的兩個意義。包括如下:

1. 代表貨物已經裝船、或者已被收受待裝船。
2. 代表提單已經由船長「簽發」、或雖然不是船長所「簽發」,卻是經運送人明示授權,或者默示授權,或明顯地授權,由某人所「簽發」。

而且提單一經「簽發」,對於合法持有人而言,即構成運送

---

123 一九九二年「提單法」第 3 條第 項。
124 同 373 註。原文是 "... shall be without prejudice to the liabilities under the contract of any person as an original party to the contract."

人已經收受貨物的收據，已經裝船之「最後證據」[125]。

本條內容明確地推翻了英國一八五一年 Grant 對 Norway 案[126]中，船長已經「簽發」了提單，但是運送人卻以「貨物尚未裝船，代表運送人根本沒有授權簽發提單，因此運送人可以不必負責」之疑義。以「簽發」提單，就代表「已經授權」作爲抗辯，同樣的問題就不至於發生了，本條特別強調「就有利於合法持有人」[127]作解釋，就是這個意思。

適用於一九九二年「提單法」的專有名詞

一九九二年的「提單法」第5條可以說是整個「提單法」相關定義及實質內容的釐清，例如：

1.「運送契約」與「運輸單證」的關係

「提單法」中的「運輸單證」包括的「提單」、「海運單」與「小提單」與「運送契約」，前三項運輸單證與「運送契約」的關係在於：「提單」與「海運單」都有「運送契約」包含在內的意義，或者由該兩個「運輸單證」證明「運送契約」的存在。至於「小提單」則指依據「運送契約」簽發、而且「小提單」有其提示已交貨的意義。以及「電訊系統」"telecommunication system"一詞與一九八四年「電訊法」中「電訊系統」的意義相同，以及「電訊之傳輸」不亞於「單證之轉讓」意義等。訂定這些說法的目的，應與以往英國案例中對於「運輸單證」中究竟是否包含「運送契約」的存疑[128]，作一個法定的說明。

2.「提單」的「合法持有人」、「海運單」的「指定受貨人」、

---

125 一九九二年「提單法」第4條。
126 該案早經 Lord Robertson 法官在"Whitechurch v Cavanagh"案中，以該案判決有適用代理原則不當之違誤」所質疑，但該案仍爲之後多數的判決所依循。
127 原文是"...shall, in favour of a person who has become the lawful holder of the bill..."
128 "Sewell v. burdick, 1884" and "Leduc v. Ward, 1888"

「小提單」的「列名受貨人」的身分確認

「提單」的「持有人」代表的意義如下：

持有「提單」的人及依據「提單」上所記載的「受貨人」。
「持有人」持有「提單」係依據背書，完成單證交付，或
者無記名「提單」，以其他轉讓方式，完成單證交付而持
有「提單」。

依據以上第　及　項，當「持有人」持有「提單」時，對
於運送人已經沒有請求貨物交付之權利，但是卻是善意持
有「提單」時，依據「提單法」，依然視為「提單」的「合
法持有人」。

根據以上「提單」的「合法持有人」的意義，才可以享「提
單法」上賦予「提單」的「持有人」的權利。

至於「海運單」的「指定受貨人」與「小提單」的「列名受
貨人」的身分確認應與「提單法」之前的規定相同。由於兩種單
證轉讓的情形有限，所以「提單法」在這一方面的著墨也不多。

1.貨物「已經滅失」以及貨物「無法辨識」時，「提單法」
上權利人對於貨物的任何權利不受影響。由於一八五五
年的「提單法」著重物權證書所表徵的「財產權的取得」，
對於滅失之財產，是否「提單」的受讓人，仍可因「提
單」的轉讓，獲得「提單」所代表的「運送契約」的轉
讓、所承繼的「損失索賠權」有疑義，因此特別加上這
一項說明，以表明「單證受讓人」對於貨物的任何權利
不受影響。由於一九九二年「提單法」所包含的「運輸
單證」以非昔日的「提單」一種，受讓人的身分也因此
比較複雜，在"貨物的任何權利...."中所謂的「任何」權
利，當然也不是昔日的範圍了。

2.「提單法」第 5 條的規定不影響一九七一年英國「海上貨

物運送法」所規範的海牙威士比規則的適用。一九七一年英國「海上貨物運送法」其實全部都是海牙威士比規則的全文引入以適用之,兩個法規有衝突的時候,應該還是以一九七一年英國「海上貨物運送法」為優先。

四、結　語

將減少侵權的索賠

因為一九九二年「提單法」的每一個階段,均以提單之「合法持有人」有權對運送人主張契約權利,而運送人主張契約權利的對象亦甚為明確,甚至「提單」如經合法轉讓,於卸貨後始轉入新持有人手中,其文義轉讓功能仍然存在,即持有人仍可就短卸、索賠事宜,向運送人提告訴,英國一九九二年「提單法」對提單之文義功能表現了最大的肯定。

如此對於非契約損害,即侵權主張的機會當然將會大為減少,換句話說,因為不得已提出侵權主張的情形將會減少,當然侵權主張還是會有,因為參與「英國法律委員會」修法的船東責任保險代表主張明文禁止提出侵權告訴,但因為「禁止提出侵權告訴」的理由違反了「契約自由」的原則,而遭到否決。但也證明了「侵權告訴」是無法避免的。

因為主張侵權的緣故,可能使運送人無法主張「免責」、無法獲得「限制責任」保障、以及無法享受「短期時效」等不利因素,卻因為以「漢堡規則」為基礎的國際貨物運送公約,已經把「侵權行為」責任可以適用「契約」責任的新規定所抵銷,所以就現在的情況來看,反而不是那麼重要了。

「小提單」受貨人可以直接向運送人提出告訴

小批貨物的受貨人由於英國「銷售法」"Sale of Goods Act"之阻擾,以往大宗貨之運送須迨分批貨物確認後,才可向運送人

追究貨損或短少責任，常因耽誤時效，無法索賠。一八五五年的「提單法」對此又沒有補救的方法，一九九二年「提單法」為彌補這一個缺點，在第 5 條(b)項中規定，大宗貨的買主在數量尚未確認、即整批貨物未分開前，就可以憑著「小提單」先提出告訴了，「小提單」終於有法律明文賦予效力的機會，這是各國法律上所少見的。「小提單」在交貨過程中一直是普遍使用之文件，英國「法律委員會」不斷強調在散裝運送場合的重要性，現今的貨櫃運送，分批受領亦不在少數，但卻一直淪為無法可管，在各國法律上很少有正式的定位，英國「提單法」不但賦予定位，甚至賦予持有人或列名受貨人，有對運送人損害求償之訴訟權，這也是相關法律所少有的。

提單作為最後證據的明文

本節於析論第 4 條的時候就已經論及，提單一經簽發，即代表貨已裝船、或收受候裝，並係由運送人授權簽發，因此解決了英國多年來「貨物尚未裝船、則提單是否由運送人授權簽發」的疑義，一九九二年「提單法」對這一點的明文訂定，對於日後處理類似案例有法定依據，這一點是十分有意義的。

「海運單」的定位更確認

「海運單」的使用，目前已經越來越廣泛，短程運輸、貨櫃運輸，及不必作信用狀交易的場合，子公司與母公司之間的交易等，由於關係人簡單、又沒有複雜的轉讓手續，已被「聯合國貿易發展協會」"United Nations Conference For Trade And Development, UNCTAD"公布為對付以單證詐欺等海事詐欺案件的主要利器[129]。台灣經營定期航線有成之航運公司，都印有定型格式的「海運單」供使用，但不僅台灣「海商法」、大陸「海商法」、甚至美國「海上貨物運送法」迄今都沒有見到正式為其定位的規

---

129 UNCTAD / ST / SHIP /8 Part II of Report On" Maritime Fraud"

定，反而混淆「海運單」的定位，是法律無法因應趨勢的缺憾。
也是英國「提單法」見長之處。

第四節　英國的海上貨物運送法

　　英國一九二四年的「海上貨物運送法」"Carriage of Goods by
Sea Act,1924"本來就是從國際提單統一公約，也就是直接從已定
稿但尚未生效的海牙規則轉用而來，一九七一年的「海上貨物運
送法」則根本就是一九六八年的「海牙威士比規則」"International
Convention for the Unification of Certain Rule of Law relation to
Bills of Lading signed at Brussels on 25th August 1924, as amended
by the Protocol signed at Brussels on 23rd February 1968"全文的導
入[130]。「海上貨物運送法」中「提單」的規定部分與上一節的英國
「提單法」若干部份是有關係的。使讀者從整體的角度去看兩個
國內關於提單的規定。

一、英國一九七一年的「海上貨物運送法」

　　英國一九七一年的「海上貨物運送法」係於一九七一年四月
八日訂定，但遲至一九七七年六月二十三日才開始施行，全部本
文只有六個條文，其餘部分則以附錄「海牙威士比規則」的全文
代之。六個條文中除了重申運送人適航能力的默示義務非為絕對
性之外，其餘五個條文都在說明「海上貨物運送法」的適用。第
1 條「適用修正後的海牙規則」"Application to Hague Rules as
amended"部份就已經說明，一九七一年的「海上貨物運送法」以
「海牙威士比規則」作為立法原則，賦予該規則適用於「海上貨

---

130 England, Carriage Of Goods By Sea Act, 1971, Art. 1-2.

物運送法」之法律效力。

由於「海牙威士比規則」的許多規定，本書已經再第二章第三節「海牙威士比規則」中做過詳細的介紹，因此本節只就海上貨物運送法適用該規則時幾個明文加以強調之處，也就是「海上貨物運送法」特別明文說明的地方：

運送人的責任限制

我們都知道「海牙威士比規則」因為運送人責任限制的金額及金額單位，除了一九六八年擬定的原條文之外，還有一個一九七九年擬定的「特別提款權議定書」"SDR Protocol"，前者在一九七七年生效，後者在一九八四年生效，因此本法也在第 1 條附加的第 1A 項中說明，立法將隨時注意以行政命令修正海牙威士比規則第 IV 條之附加規定，以調整幣值兌換之額度。因此目前應已調整到 666.67 的「特別提款權」"SDR"單位標準。

運送人對船舶適航能力的默示責任並非絕對性之保證

本法第 3 條特別說明，凡適用「海牙威士比規則」之運送契約，不得因本法而認為運送人默示對於船舶適航能力有絕對保證之責。其實不僅在「海牙威士比規則」、英國保險法及其他國際公約中，早已一再表明運送人對於船舶適航能力的保證，僅限於開航前、開航時，而且亦非絕對性的保證，運送人仍得以理由抗辯之，本法再次的聲明，以鞏固運送人權益。

甲板貨及活動物的適用

由於「海牙威士比規則」沿襲「海牙規則」，在貨物之中將「甲板貨」及「活動物」兩者排除在適用範圍之外，而實際上「甲板貨」及「活動物」兩者，尤其是「甲板貨」早已成為海上運輸之常態，所以本法第 1 條第 7 項就特別說明這兩項貨物是包含在適用範圍之內的，不同於「海牙威士比規則」。

　　任何收據或不可轉讓的單證視同適用提單

　　「海上貨物運送法」第 1 條第 6 項亦包含涉及海上貨物運送的任何收據在內之不可轉讓單證，將其視同提單。

第五節　大陸合同法

　　大陸於五○年代建政之後，一直實施計劃經濟，民、商之間的法律根本沒有用武之地，因此非常缺乏，改革開放之後，外資大量進入，投資、開發、與中資合作或透過雙邊、或多邊協定，獨資建立企業。民、商之間的糾紛也越來越多，許多原來不需要或廢棄多年的法律突然顯得重要起來。中華民國在大陸時期的民法，民國十八年、即一九二九年十一月十五日在當時的立法院按民、商合一體制完成的「民法債權篇」，把經理人、代辦商、商事行為的買賣、行紀、倉庫、運送營業及承攬運送均已訂入[131]，無論承認或不承認，兩岸法律制度仍有其淵源及歷史傳承。「民法債權篇」的觀念仍是現今大陸「民法通則」及「合同法」基本原則的濫觴。「海商法」則受國際公約的影響較深。

　　大陸於一九八六年先有「民法通則」，一九九三年有「海商法」，一九九九年再有「合同法」。依據大陸最高的立法機構─全國人大常委會法制工作委員會的報告「中華人民共和國合同法」係於一九九九年三月十五日由第九屆全國人大第二次會議通過，並將於同（一九九九）年的十月一日起實施。該法依據全國人大法制委員會的說明，目的是要規範市場交易，也是民法、商事法的重要組成部分。

　　大陸有關「合同」、即台灣所謂「契約」的法律制度起始於

131　王培、秦俊，「論合同法的商法化」，大陸法律網，2004.10.15。

一九八一年的「經濟合同法」。一九八五年，大陸爲了適應改革開放的需要和對外貿易的發展，再制定「涉外經濟合同法」。爲了加強科技改革和促進科技市場的發展，一九八七年又制定了「專門的技術合同法」。一九八六年制定的「民法通則」則規定了「合同」的基本規則。另外「海商法」、「商業銀行法」、「民用航空法」、「保險法」、「商標法」、「房地產管理法」等一些專門法律對相關的商業契約也作了規定。所以「合同法」的建立，是以三個原來的合同法爲基礎，以其他專門法律作爲補充的合同法律制度。

因應改革開放的擴大，經濟貿易不斷發展，商業契約的糾紛也日益增多，前述的三部「合同法」已經不能完全適應經濟發展的需要了。「經濟合同」、「技術合同」和「涉外經濟合同」分別要適用不同的「合同法」，非常不利於建立統一的大市場。在市場經濟條件下，特別是在全球市場一體化的趨勢下，大陸參與國際市場的競爭應當與國際的交易規則一致。而且原有的三部合同法對於合同的一些基本問題、基本制度的規定比較原則化，規定也不盡一致，有的甚至沒有規定，如對於「合同」訂立所需要的「要約」和「承諾」、「合同」的效力、「合同」的履行以及「合同」的違約責任等，也沒有具體和可行的規定。加上原有的三部「合同法」調整的範圍不一，也造成困擾。

一九九三年起，全國人大常委會法制工作委員會就開始了統一「合同法」的制定工作。在原有的基礎上研究起草，進行了大量的調查研究，形成了一九九七年五月十四日的「中華人民共和國合同法徵求意見稿」。一九九八年八月，合同法草案向社會各界徵求意見，經過全國人大常委會四次審議後，於一九九九年三月十五日提交九屆人大第二次會議審議通過。

「合同法」除了在第一章「一般規定」裡明示一般契約應遵守的基本原則，也就是大陸「民法通則」或台灣「民法」中的契

約默示原則：包括如契約當事人的「對等」原則、契約內容的「公平」原則、訂定契約的「自願」原則、契約本身的「誠信」原則、契約履行應顧及的「守法」原則及「守約」原則之外，「合同法」的制定和起草也借鏡了國際公約，如聯合國的「國際貨物買賣公約」和「國際商事契約通則」等公約或規章的規定。因此與國際規範是接軌的，有利於在法律上保障進入國際統一的大市場。

整部「合同法」的內容包括了與經濟行為有關的「買賣合同」、「公用電、水、氣、熱力合同」、「贈與合同」、「借款合同」、「租賃合同」、「融資租賃合同」、「承攬合同」、「建設工程合同」、「運輸合同」、「技術合同」、「保管合同」、「倉儲合同」、「委託合同」、「行紀合同」和「居間合同」等。與本書運輸與物流有關的、則僅是「運輸合同」、「倉儲合同」與「委託合同」三者而已。「運輸合同」章包含了「客運合同」、「貨運合同」與「多式聯運合同」，本書不談客運，因此謹就 「貨運合同」、「多式聯運合同」，以及「倉儲合同」與「委託合同」作討論。

一、「合同法」對於大陸之「貨代」業的影響

大陸之「貨代」業、即台灣「承攬運送」業。「合同法」的公佈除了與大陸海商法在「貨運合同」與「多式聯運合同」的競合之外，其第十七章「委託合同」部分與承攬運送人代辦貨物運輸業務、簽發貨物收據或代簽發船東提單時的法律關係：包括承攬運送人與船東運送人之間、承攬運送人與貨主託運人之間的法律關係，在合同法實施前，除了「承攬運送人」以「運送人」身分與貨主簽訂「分提單」"House Bill of Lading"、適用海商法中的「運送人」責任外，法律並沒有針對「承攬運送人」不簽「分提單」，只簽定「貨物收據」"cargo receipt"時的責任作專門規定。而大陸一九八六年的民法通則中，將「民事法律行為」的「代理」

行爲，分成「委託代理」、「法定代理」與「指定代理」三種。「委託代理」的部分正可以適用於不簽「分提單」，只簽定「貨物收據」的「貨代」。對於「貨代」業、即台灣「承攬運送」業的誤解，台灣本身應該是更深一籌，目前航業法的修改，主管單位還在猶豫，迄今沒有定案，將於下一個章節另行敘述。

　　在「合同法」實施前，大陸所有的民事法律框架，不論是「經濟合同法」還是「涉外經濟合同法」都找不到有關「承攬運送人」簽定「貨物收據」的相關規定。大陸法院爲此在裁判「承攬運送人」運輸契約糾紛時，通常依據民法通則中有關「委託代理」的法律規定，判斷「承攬運送人」的法律地位。這一方面可能是因爲大陸的「貨代」業在一九八四年以前，完全由外國公司壟斷的關係，另一方面也可能受「貨代」業一詞中的「代理」字樣的誤導。還有一個原因，就是大陸的「貨代」公司在提出抗辯時，也主動爰引民法通則中的「代理」的規定，主張自己是貨主的代理人。依據大陸民法通則第六十三條第二項規定，「代理人在代理許可範圍內，以被代理人的名義實施民事法律行爲。被代理人對代理人的代理行爲，承擔民事責任」。該項規定要求「代理人」在從事代理活動時，必須以「被代理人」的名義進行，只有在此條件下，「代理人」所從事的代理活動的法律後果，才能歸屬於被代理人，理論上即大陸民法通則或台灣所謂之「顯名代理」的規定。但是實際上，「貨代」公司在爲貨主提供服務過程中，並不是在每一個環節都是嚴格按照大陸民法通則的「顯名代理」制度與相關各方打交道的。例如「貨代」公司在代理貨主向船公司訂艙位時，由於託運單中直接以貨主爲「託運人」，在貨物裝船運送後，「貨代」公司將提單交給貨主，因此大陸法院通常都認可「貨代」公司在代理海運訂艙環節，是嚴格地以被代理人名義從事業務活動的，是貨主的代理人，由代理人代理訂艙所形成的海上貨物運輸

的權利、義務直接由被代理的貨主來承擔。但是實務上，有些「貨代」業在操作過程中，也不都是每個環節都以代理人的名義執行業務。比如在為貨主安排短途陸運時，「貨代」公司一般在派車單中只通知運輸公司提貨地點，或者送貨地點，而並不明示自己的「代理人」地位。在這一環節中，「貨代」公司就沒有遵循民法通則的「顯名代理」的規定來執行業務了。海運的簽發自己名義的提單情形，更是如此。結果發生問題了再主張自己是貨主的代理人，就難以得到法院的認可。「貨代」公司變成了陸路運輸契約關係中的「運送人」，須第一步對貨主承擔陸運「運輸契約」的義務或責任，然後再以自己的名義、以「運輸契約」當事人、而非代理人的身份去向真正的陸運運送人追討。儘管大陸國務院也曾經頒布「中華人民共和國國際貨物運輸代理業管理規定」及相關的實施細則，該規定及實施細則都認可「貨代」公司以自己名義、為委託人的貨主辦理貨運代理相關事務的行為。但該規定及其實施細則偏重於行業管理內容，涉及到業務活動的權利、責任關係又與民法通則中的「委託代理」規定明顯相悖，而其效力及適用性又不如早先施行的民法通則來得強勢，因此法院在審理貨運代理糾紛時，對該規定及其實施細則就很少予以考慮[132]了。在這種情形下，貨代公司由於在業務操作過程中未能嚴格地以被代理人、即貨主的名義行事，致使「貨代」在相關合同中被認定為一方的當事人、而不是當事方的代理人，承擔了本不該由其承擔的法律風險。這是大陸合同法實施前承攬運送人普遍遭遇的尷尬狀況，是經濟活動與現行法律難以協調的尷尬。

　　大陸合同法在「委託合同」一章中引進英美法中的「隱名代理」制度，確立了「委託人」的介入權制度，明確「委託合同」

---

132 張志國、「試論合同法的實施對於國際貨運代理業的影響」、山東文康律師事務所、2002.8.24。

的歸責原則，爲「過失責任」原則，規定了委託人應當預付處理
委託事務的費用和清償受託人墊付費用及利息的相關制度等一系
列新的制度。該法將對「貨代」業產生重大的影響，包括：

大陸「貨代」與貨主間之契約關係在法律上有了明確的依據

理論上「貨代」公司在陸上運輸部份法律上開始有了正確的
定位。合同法第三百九十六條「委託合同是委託人和受託人約定，
由受託人處理委託人事務的合同」。因此「承攬運送契約」就是一
種「貨代」公司爲受託人、接受貨主爲委託人的委託，按照雙方
約定，由受託人爲委託人處理有關進出口貨物運輸事務的契約。

首先「貨代」公司是與貨主之間的委託合同中的受託人。基
於委託合同的存在，當「貨代」公司在貨主的授權範圍內以「委
託人」貨主的名義從事經營活動時，「貨代」公司對外是貨主的代
理人，根據民法通則的有關規定享有權利承擔義務。當「貨代」
公司以自己的名義爲貨主辦理委託事務時，作爲受託人的權利義
務受制於合同法有關「委託合同」的相關規定。因此，當委託人
與受託人之間發生爭議時，應當以雙方之間的「委託合同」的相
關規定衡量當事雙方的權利、義務和責任；當受託人的代理活動
與第三者發生法律關係時，則應適用民法通則有關委託代理的相
關規定，考察委託人還是代理人應當承擔受託人代理活動所產生
的民事法律後果。而貨代公司再也沒有必要一味地堅稱自己是貨
主的代理人了，受託人的法律角色足以保護「貨代」公司的合法
權益。這就是合同法對於「貨代」業的第一個貢獻。

隱名代理制度的有關規定，使「貨代」公司的業務操作模式在法律上得到了承認，其合法權利得到了有效的保護。

如前所述，「貨代」公司在爲委託之貨主辦理貨運事宜時，

有些環節是以自己的名義進行的，此種情形的合法性及此種情形下民事法律後果的歸屬，在「合同法」施行前是有疑問、有爭議的。「合同法」施行後，這些疑問和爭議都得到了解決。「合同法」突破了民法通則狹義的委託代理規定，引入了英美國家的隱名代理制度，賦予了受託人以自己名義辦理委託事務的合法性。「合同法」第四百零二條規定：「受託人以自己的名義，在委託人的授權範圍內與第三人訂立的合同，第三人在訂立合同時知道受託人與委託人之間的代理關係的，該合同直接約束委託人和第三人，但有確切證據證明該「合同」只約束受託人和第三人的除外」。「合同法」第四百零三條又進一步規定：「受託人以自己的名義與第三人訂立合同時，第三人不知道受託人與委託人之間的代理關係的，受託人因第三人的原因對委託人不履行義務，受託人應當向委託人披露第三人，委託人因此可以行使受託人對第三人的權利，但第三人與受託人訂立合同時如果知道該委託人就不會訂立合同的除外」。以貨代公司為貨主安排陸路運輸事宜為例，如果「貨代」公司以貨主代理人的明確身份代表貨主與陸路運輸公司訂立了運輸合同，將直接適用民法通則的代理制度，「貨代」公司將不會對於陸路運輸過程中發生的貨損承擔任何責任。如果「貨代」公司以自己的名義與陸路運輸公司訂立了運輸合同，而作為第三人的陸路運輸公司在訂立合同時，就知道「貨代」公司與貨主之間存在著代理關係，則由「貨代」公司與陸路運輸公司訂立的運輸合同將直接約束貨主和陸路運輸公司，即貨主直接成為陸路運輸合同的一方當事人，享有和承擔陸路運輸合同下的權利、義務。此種情形下，貨代公司同樣不對陸路運輸過程中發生的損害承擔責任。如果陸路運輸公司不知道貨代公司與貨主之間的代理關係，那麼根據前述規定，「貨代」公司在因陸路運輸公司的原因導致貨物損壞時，即「受託人因第三人的原因對委託人不履行義

務」，不能完成委託事務情況下，「貨代」公司可以將陸路運輸公司通知貨主，貨主因此可以行使介入權，直接向陸路運輸公司主張權利。此種情形下，「貨代」公司仍然不應當對於陸路運輸過程中的損害對貨主承擔責任。

「合同法」確立了委託合同中的過失責任原則，使「貨代」公司可以免於陷入代人受過的尷尬境地。

合同法在總則部分違約責任一章中的第一百零七條規定，「當事人一方不履行合同義務或者履行合同義務不符合約定的，應當承擔繼續履行、採取補救措施或者賠償損失等違約責任」。這一規定表明大陸合同法律制度以嚴格責任原則為基本的歸責原則。根據這一歸責原則的精神，不論合同一方主觀上有沒有過錯，只要其不履行合同債務給對方當事人造成了損害，就應當承擔合同責任。但是，大陸合同法在委託合同一章中的第四百零六條同時規定，「有償的委託合同，因受託人的過錯給委託人造成損失的，委託人可以要求賠償損失。無償的委託合同，因受託人的故意或者重大過失給委託人造成損失的，委託人可以要求賠償損失」。這一規定表明，「委託合同」中的違約責任制度，採用了有別於以往法律制度中基本的「嚴格責任」"Strict Liability"，強調只有因受託人的「過失」"fault"，造成委託人損害時，受託人才向委託人承擔賠償責任。「過失責任」原則的適用，無疑將使受託人在因第三方責任不能完成委託事務時、免於陷入代人受過的境地，這是其他適用「嚴格責任」原則的契約當事方所不能企及的。

合同法第四百零六條確立了委託合同的歸責原則為「過失責任」原則，原則上受託人沒有過錯時對於委託人的損害不承擔賠償責任。既然如此，受託人就沒有理由在四百零三條規定的「因第三人的原因」對委託人不履行義務時，向委託人承擔責任。因此，該條中規定的委託人的介入權，即便是一種選擇權，也是一

種是否選擇行使介入權的權利，而不是選擇責任主體的權利。

事實上，委託合同中的過失責任原則還反映在合同法委託合同一章中第四百零五條的規定，該條規定，「受託人完成委託事務的，委託人應當向其支付報酬。因不可歸責於受託人的事由，委託合同解除或者委託事務不能完成的，委託人應當向受託人支付相應的報酬。當事人另有約定的，按照其約定」。該條表明，受託人可以依據過失責任原則抗辯委託合同解除或者委託事務不能完成的責任，並在委託合同解除或者委託事務不能完成時，仍然享有要求委託人支付相應報酬的權利。法律也不限制當事人依法處分自己的權利，受託人在合同中明確放棄過失責任原則的保護，增加自己合同義務和責任的行為同樣受到法律的支援，因此，「當事人另有約定的，按照其約定」。

「合同法」對於貨代公司「付款贖單」等業務活動的影響。

這一點應該是「合同法」對於保護「貨代」權益最大的貢獻了。承攬運送人為了與同業競爭，代辦手續、代墊相關費用已經成了常態，事後要求歸墊時卻常遇到困難，以至於求償無門。這些問題在「合同法」已經有辦法合法解決。「合同法」第三百九十八條規定「委託人應當預付處理委託事務的費用：受託人為處理委託事務墊付的必要費用，委託人應當償還該費用及其利息」。第四百零五條規定「受託人完成委託事務的，委託人應當向其支付報酬」。因此承攬運送人為處理委託事務需要支付的費用，貨主委託人應當在受託之承攬運送人處理委託事務前，預付給受託人，受託人對該部分費用沒有為委託人墊付的義務。如果受託人墊付了該項費用，則委託人負有向受託人償還該墊付費用及相應利息的義務。受託人因為處理委託事務所應收取的報酬，根據前述法律規定應當在受託人完成委託事務後收取。

類似情況在台灣，承攬運送人為了競爭、爭取客戶，除了給

貨主優惠運價、提高服務品質外，很多承攬運送人都會為給貨主代墊運費，而有些貨主事後惡意拖欠運費，最終使承攬運送人經常蒙受很大損失。當承攬運送人進行催討時，有些貨主甚至提出「並未授權墊付運費」的理由推卸責任。「合同法」第三百九十八條關於歸墊費用的規定，無疑給貨代公司向貨主追索各項墊付費用提供了最直接的法律根據。

「合同法」還在以往的書面和口頭兩種合同形式外，規定當事人還可以採用其他形式訂立合同，表現了訂立合同形式的多樣性。目前承攬運送業在從事業務活動中，其實很少與貨主簽訂規範完整的合同書。業務運作的典型模式是電子通訊、電話或傳真，業務上的許多細節：如船期、運價等，都是透過這幾個簡單的方式來聯繫的，即使是一些往來傳真，也大多是承攬運送人辦理委託事項時需要的單據；如報關單、發票、裝箱單等，與承攬運送人契約的內容並沒有直接關係。因此在實務中，承攬運送人的契約是透過口頭磋商、若干能夠證明契約存在的書面資料等綜合反映出來，並不是一份完整規範的契約書。但儘管缺乏規範完整的書面契約，爭議雙方之間如果真的存在著「委託合同」關係，還是能夠經由審查有關的資料、甚至根據當事人的具體行為來證實。承攬運送人不訂立書面契約的這種習慣做法，已經被「合同法」所肯定，以後的契約糾紛如果能夠依據像「合同法」這樣務實，從各種證據材料中探查爭議雙方在訂立契約上反映出的真實意思表示，據以正確地裁判當事人的權利、義務和責任，承攬運送人就能夠安心的正常運作業務了。

「合同法」的實施迄今不過數年時間，大陸法院根據合同法裁判國際承攬運送人糾紛的司法訴訟還在摸索過程中，繼續探討合同法下國際貨運代理企業的法律地位，權利、義務和責任，最後使得在歷年來快速增加的國際貨運代理合同糾紛中，爭議雙方

的權利都能得到法律的公平保護，將視合同法的發展，進一步來觀察。

二、「合同法」的「運輸合同」與「多式聯運合同」

「合同法」中有「運輸合同」與「多式聯運合同」，「海商法」中亦有「運輸合同」與「多式聯運合同」的規定。依據「合同法」第十條，「合同」有「書面形式、口頭形式和其他形式」，除了法律規定要「書面形式」之外，其他的形式都可以成立契約。這兩種契約在「海商法」中，也說明不一定非要書面訂定不可，因此大陸「海商法」中有「承運人或者託運人可以要求書面確認海上貨物運輸合同的成立[133]」。除了「航次租船合同」規定須「書面」訂立之外，其他如「電報、電傳和傳真」，都具有書面效力。所以證明契約存在的方式，都是依賴「海商法」第四章「海上貨物運輸合同」第四節的「運輸單證」，也就是「提單」了。「合同法」只在「多式聯運合同」中有「運輸單據」的規定，所以單式運輸使用的「提單」，應該還是以「海商法」的規定為主。

國際貿易使用的提單，依據「海商法」，有「證明海上貨物運輸合同」的契約證明、「貨物已經由承運人接收或者裝船」之收據作用，以及「承運人保證據以交付貨物的單證」憑證交貨等三種作用，三種作用簡單一點說，其實就是賦予海運提單的物權憑證作用，因為是書面憑證又代表物權，所以書面如何轉讓，代表該書面內容之「物」，就須憑單交付給持有單證之人。此外，在大陸的「合同法」公佈之後，在其國內使用的提貨單有否具備這三種作用的問題，就比較明朗。「合同法」第八十條「債權人轉讓權利的，應當通知債務人」。首先就否定了「海商法提單」的物權憑證效力，「未經通知，該轉讓對債務人不發生效力」。這是內陸運

---

133 大陸海商法第第四十三條。

輸上一般的單式運輸提貨單，不同於「海商法」中提單的地方。

　　但針對複式運送，不一定包含海上運送，或不含海上運送，即不一定排除海上運輸。「多式聯運經營人」卻可簽發「多式聯運單據」，而且「按照託運人的請求」，可以是「可轉讓單據」，也可以是「不可轉讓單據」[134]。表示牽涉複式運送，也許只是陸運與內河水運，或者陸運的鐵路與公路聯運，其單證卻可以是物權證書。而且「因託運人的過錯造成多式聯運經營人的損失，即使託運人已經轉讓多式聯運單據，託運人仍然應當承擔損害賠償責任」。這種凸顯託運人對於單證義務的法定條文，則僅見於英國一九九二年的「提單法」。

　　至於「合同法」與「海商法」競合的地方，還包括如下：

契約內容的解釋有疑義時的認定

　　如「合同法」第四十一條「對格式條款有兩種以上解釋的，應當做出不利於提供格式條款一方的解釋」。這個條文如果適用於解釋「提單」的作用，則提單內容有疑義，應作有利於託運人的解釋。

提貨時應作公證檢定

　　「海商法」提貨時不必每筆貨物一定作公證檢定，但「海商法」第八十三條卻允許收貨人或運送人均可以在目的港提取貨物前，「要求檢驗貨物」。而「要求檢驗的一方應當支付檢驗費用」，但是有權向「造成損失的一方追償」。表示：

　　1.「海商法」中檢驗貨物的過程是非必要的。而且船、貨雙方都可以提出要求。

　　「合同法」第三百一十條卻規定，「收貨人提貨時應當按照約定的期限檢驗貨物」、或者「應當在合理的期限內檢驗貨物」。而且「收貨人在約定的期限或者合理期限內對貨物的數量、毀損

134　「合同法」第三百二十條與三百二十一條。

等未提出異議的,視為承運人已經按照運輸單證的記載交付的『初步』[135]證據」。「合同法」之貨方「必須」在「期限」內作公證檢定,否則未提出異議,就視為交貨完成,是「合同法」與海商法競合的地方。

「合同法」的運送人只有三種情形可以舉證免責

「合同法」規定經運送人舉證貨物的滅失、毀損係因「不可抗力」、「貨物本身的自然性質或者合理損耗」、「託運人、收貨人的過錯」造成的,運送人不承擔賠償責任。而「不可抗力」的理由,在同法第一百一十七條,甚至符合「合同」可以不履行、全部或部分免除不履行契約、亦不必負責任的理由。同條中對於「不可抗力」的解釋,包括「不能預見、不能避免並不能克服的客觀情況」,這與海商法中的「天災」"Act of God"、「人力不可抗拒」"Force Majeure"相比較,範圍顯然大得多了。另外海商法第九十一條也有「因不可抗力或者其他不能歸責於承運人和託運人的原因致使船舶不能在合同約定的目的港卸貨的,除合同另有約定外,船長有權將貨物在目的港鄰近的安全港口或者地點卸載,視為已經履行合同」。除了解釋「不可抗力」之前述狹義內涵外,其類比含意則指「其他不能歸責於承運人和託運人的原因」、即「人力不可抗拒」的狹隘定義,亦構成「合同」不履行、亦不必負責任的理由。

海商法的免責項目顯然多得多,除了第五十一條的十二項法定免責,已經包含「合同法」所涵蓋的三種免責原因之外,裝「艙面貨物」的免責、裝「活動物」的免責、以及「合同法」與「海商法」都有的處理「危險貨物」的免責,也就是說海上之運送人免責遠遠多於陸上運送的免責。

---

135 即本書之「表見」證據。

「合同法」之逾期提貨應交付保管費

「合同法」第三百○九條的這個規定，與「海商法」的說法稍有不同。「海商法」對於逾期提貨這一點，在「海商法」第八十六條「在卸貨港無人提取貨物或者收貨人遲延、拒絕提取貨物的，船長可以將貨物卸在倉庫或者其他適當場所，由此產生的費用和風險由收貨人承擔」。「合同法」的運送人「擇地保管」、收取保管費，並未提及「風險由收貨人承擔」這一句話。所以除了收保管費，貨物在該存放保管階段滅失或毀損該怎麼辦，收了保管費是否應該負責保管？「合同法」並未說明。而「海商法」的「將貨物卸在倉庫或者其他適當場所，由此產生的費用和風險由收貨人承擔」，就「將貨物卸在倉庫或者其他適當場所」而言，或許考慮海上運送人選擇適當處所之不易，因此選擇非運送人自有的儲放點，而「合同法」之「逾期提貨，則應當向承運人支付保管費」則隱含運送人有「自有的」存放地點，則可能有所不同。將風險一節列入規定，也顯然考慮較為周延。

「合同法」明示法定「運費」之意義

「運費」指契約完成方得以收取的酬勞，早為慣例所認定，因此在英國有"on Right and True delivery"的說法。「合同法」第三百一十四條予以肯定，其文字包括「貨物在運輸過程中因不可抗力滅失，未收取運費的，承運人不得要求支付運費；已收取運費的，託運人可以要求返還」。這是符合國際慣例的規定，十足保障貨主的權益。海商法第第九十條雖亦有「船舶在裝貨港開航前，因不可抗力或者其他不能歸責於承運人和託運人的原因致使合同不能履行的，雙方均可以解除合同，並互相不負賠償責任。除合同另有約定外，『運費已經支付的，承運人應當將運費退還給託運人』」。但對於已滅失貨物的「運費」，則缺乏如「合同法」的說明。

「海商法」與「合同法」的「多式聯運」

「多式聯運」包含海、陸、空的運輸方式,所以應該是「海商法」與「合同法」規定最競合之處。定義上,「海商法」的「多式聯運合同」與「合同法」的「多式聯運合同」雖然都是指「多式聯運經營人以兩種以上的不同運輸方式」,但「海商法」的「多式聯運合同」必須「其中一種是海上運輸方式」。「合同法」則不然。

兩法的「多式聯運經營人」都必須對全程運輸負責,即使「多式聯運經營人」與各區段訂定各區段負責人與「多式聯運經營人」之相互間責任,仍不影響「多式聯運經營人」對全程運輸所承擔責任[136]。而「貨物的滅失或者損壞發生於多式聯運的某一運輸區段的,多式聯運經營人的賠償責任和責任限額,適用調整該區段運輸方式的有關法律規定」。以及「貨物的滅失或者損壞發生的運輸區段不能確定的,多式聯運經營人應當依照本章關於承運人賠償責任和責任限額的規定負賠償責任」。都與「合同法」的有關規定相同[137]。但「合同法」的賠償責任係原則性的訂定,有約定的按約定、沒有約定的按市價,法律另有規定的,依其規定。而沒有「海商法」明確的賠償限額規定。

三、「合同法」的「倉儲合同」與「保管合同」

「合同法」不像「海商法」,「合同法」中使用的各類名詞並沒有詳細的定義,劃分其個別的定義,「倉儲合同」與「保管合同」的規定,相當於台灣「民法」的「倉庫」與「寄託」的規定,而「寄託」依合同法中之列舉,應用類似於「旅店、飲食店、浴堂或其他相類場所之主人對於客人物品的寄託保管」。與物流操作中

---

136 「合同法」第三百一十八條與「海商法」第一百○四條第二項。
137 「合同法」第三百二十一條與「海商法」第一百○五條與第一百○六條。

的「倉儲合同」，意義有所不同，但「合同法」與「民法」都一樣，都有「倉庫除本節有規定者外，準用關於寄託之規定」[138]。

由於「合同法」第三百〇九條規定「收貨人逾期提貨的，應當向承運人支付保管費等費用」，而「保管費」在「合同法」中是屬於第十九章「保管合同」的規定。但「保管合同」卻不一定是有償[139]的。無償的「保管合同」如果保管人證明沒有重大過失，就可以不承擔保管責任。但有償的「保管合同」保管人因保管不善，保管期間內造成保管物毀損、滅失，保管人應當承擔損害賠償責任。且「保管合同」並非法定的書面「合同」，因「保管合同」的成立起始於「保管物之交付」[140]，而「保管合同」的成立，保管人應當開立給寄存人的「單據」是「保管憑證」。

「倉儲合同」的有關規定則可能影響物流過程中短暫的內陸倉儲責任。「倉儲合同」的當事人是「保管人」與「存貨人」，「保管人」的責任是儲存「倉儲物」，「存貨人」則必須支付「倉儲費」。「倉儲」合同的成立，自合同成立時生效，「倉儲物」入艙時，依規定應進行驗收，「保管人」並應給付「倉單」，「倉單」有法定的要式記載事項[141]，這一點與台灣現行「民法」的「倉單」規定亦相同，缺乏應記載事項，應可進行非「倉單」的抗辯。「倉單」是提貨之憑證，但僅係記名式憑證，「倉單」背書轉讓，必須經過「保管人」簽字或蓋章，所以「倉單」在「合同法」中用途有限，不能算是有價流通的「物權證書」[142]。台灣民法六百十八條亦有「倉單所載之貨物，非由寄託人或倉單持有人於倉單背書，並經倉庫營業人簽名，不生所有權移轉之效力」。表示「倉單」的轉讓效力，

138　「合同法」第三百九十五條「倉儲合同」的規定中亦有「本章沒有規定的，適用保管合同的有關規定」。
139　「合同法」第三百六十六條。
140　「合同法」第三百六十七條。
141　「合同法」第三百八十六條。
142　「合同法」第三百八十七條。

兩岸的規定是相同的。但是台灣民法在民國八十八年四月二十一日「債編」修正之後，增列了第五百二十九條之一，規定民法「第六百十八條之一的規定，於提單適用之」，也就是正式規定「提單」遺失可以適用「倉單」遺失的規定。但是兩岸或國際都一樣，除了記名式「提單」以外，其他佔大多數的「指示提單」"order B/L"，均為法定的有價證券 ，而「倉單」則肯定不是。甚至亦屬於新增列的台灣民法第六百十八條之一有「倉單遺失、被盜或滅失者，倉單持有人得於公示催告程序開始後，向倉庫營業人提供相當之擔保，請求換發新倉單」。然而既然不論依據大陸的「合同法」，或台灣的「民法」，「倉單」轉讓必須經過「保管人」簽字或蓋章，則「倉單」遺失若非有「保管人」的簽字蓋章，非法取得該單證之持有人亦無法要求提貨，所以顯然「提單」遺失適用「倉單」遺失的規定，依兩岸現行法律，好像都不適當。但錯法亦法，目前在台灣的「提單」遺失硬是可以適用「倉單」遺失規定的。

　　此外，在「合同法」討論近尾聲之際，特別應注意的一點，就是由於「海商法」考量「船舶租用合同」"Charty Party"、「海上拖航合同」"Towage Contract"、「海難救助合同」"Salvage Contract"、「海上保險合同」"Policy or Cover Note"等國際性的契約，因為契約本身可能都訂有損害賠償範圍的關係，所以法條中並未作出明確規定。但是僅就相關海事賠償責任，比照聯合國的「海事求償責任限制公約」規定，作成系統性的規定。因此，當契約本身對於違約責任未有說明時，或許有關以上契約的違約責任罰則，就應該適用「合同法」第一百一十三條，「當事人一方不履行合同義務或者履行合同義務不符合約定，給對方造成損失的，損失賠償額應該相當於因違約所造成的損失，包括合同履行後可以獲得的利益，但不得超過違反合同一方訂立合同時預見到

的因違反合同可能造成的損失」[143]。作為「海商法」基本原則的「合同法」，顯然對於「海商法」漏失的規定，有原則性補充內容的效果。

第六節　大陸海商法與台灣的海商法

一九九二年十一月七日第七屆中國全國人民代表大會常務委員會第二十八次會議通過了一九九三年七月一日開始實施的「中華人民共和國海商法」，是大陸政權成立以來的第一部海商法。這一部海商法從一九五三年開始起草，跨越了近四十年時間，但中間曾經中斷了二十年。它凝聚了大陸三代海商法專家的努力[144]。

大陸海商法共有十五章二百七十八個條文，是當前大陸法律中條文最多的一部法律。以調整海上運輸關係、船舶關係，維護當事人各方的合法權益，促進海上運輸和經濟貿易的發展為宗旨。規範的主要內容包括「海上運輸合同」[145]，其中與運送或物流有關的部份，在於第四章的「海上貨物運輸合同」第五章的「海上旅客運輸合同」、以及與其他與船舶營運有關的合同：如第六章的「船舶租用合同」、第七章的「海上拖航合同」。其他還有與海上風險有關的法律制度，包括第八章的「船舶碰撞」、第九章的「海難救助」、第十章的「共同海損」、第十一章的「海事賠償責任限制」、第十二章的「海上保險合同」；船舶物權，包括「船舶所有權」、「船舶抵押權」、「船舶優先權」，均呈現於第二章。次於第三

143　王廷義、李守芹、「合同法與海商法衝突時的法律適用」、「中國法學網」、2003.11.25。

144　胡正良、「海商法修改的必要性、遵循的原則和要點之研究」、來源：「中國法學網」。

145　「合同」及台灣的「契約」，「海上運輸合同」即「海上運輸契約」。

章規範「船長與船員」，第一章訂定「總則」等。這樣一部規模宏大的海商法律，與台灣「海商法」的狀況非常相似。

　　大陸「海商法」的編排方式也與台灣的「海商法」類似，由於大陸「海商法」的推出在後，難免使人聯想是否係模仿台灣的「海商法」。但是大陸「海商法」由於後推出的關係，沒有台灣「海商法」修正時的包袱那麼大，在內容方面更豐富、用字遣詞更清晰，也更符合國際公約的趨勢與現況，各「章」、「節」之前，都有專有名詞的解釋，適用上不致因兩造的各自解讀產生混淆[146]，尤其文字上使用相當白話的文字，條款的意義讓一般人能一看就懂，這是台灣「海商法」比較名粹，文字求精，使用難懂的法律術語，表面上似追求典雅與高超，實際上卻使一般使用者，尤其是沒有受過法律訓練或絲毫沒有法律素養的人，難以理解，是不及大陸「海商法」的地方。

　　更新版的大陸海商法經大陸交通部授權，自一九九八年已經開始研擬，修正條文業已於二○○二年送到大陸交通部審查之中，在新修條文中對於運輸契約的部份與交貨單證轉讓的規定均多所著墨。

　　台灣的「海商法」訂定於國民政府在大陸時期的民國十八年，歷經民國五十一年、民國八十八年與八十九年的修正，在本書討論的主題、即規範「運輸單證」有關的部分：「運送」章的「貨物運送」節，與之前已經論及的英、美法或其他歐洲國家的法律，都訂有單獨立法的「海上貨物運送法」"Carriage of Goods by Sea Act"來比較，惟獨只有兩岸的「海商法」，將「海上貨物運送」的部分，併入這樣一部大堆頭的「海商法」裡面，運用起來不夠靈巧，因此筆者個人不斷的呼籲，希望單獨就「貨物運送」的部分，單獨立法，不論是因應國際公約作修正、或者閱讀、研究或適用，

146　依據各種案例，發現這是台灣「海商法」最大的困擾。

都會比較具有針對性與彈性,「貨物運送」的海商部分,也比較不容易受到忽略。

兩岸通航是兩岸人民與業者都熱切期盼的事,通航的範圍,因為現階段不屬於沿海、內河,暫時亦不大可能在「國境內航行」的大前提下達成,但是航程越過海峽,走向國際,國際通用的運輸單證,包括提單、海運單、小提單等單證,勢必應用在與兩岸相關的航程中,衍生的法律問題,如果不先行考慮溝通,相互調適,一旦三通之後,恐怕一時之間將使兩岸船、貨雙方的當事人無所適從。本節因此就兩岸與「貨物運送」相關的「海商法」規定,以及涉及「運送人責任」等問題作探討,以供參考。

一、兩岸「海商法」概述

現行的大陸「海商法」於一九九二年十一月七日經第七屆人民代表大會通過,一九九三年七月一日開始實施。大陸「海商法」第二條有「運輸合同不適用中華人民共和國港口之間的海上貨物運輸」的規定,台海間運輸是否適用,在解釋上暫時是有疑義的,但由於兩岸運輸終究不限於海峽之間,貨物運輸單證勢必會使用國際通用的「提單」或目前逐漸流行的「海運單」、「小提單」等單證。收貨、交貨之間的運送人責任,由於兩岸「海商法」引用國際公約之不同,造成許多規定的差異,但在基本上,兩岸有關定期船部分貨物的件貨運送,仍以一九六八年之「海牙威士比規則」當主軸,雖有差異但不致於完全沒有交集。

本節的重點針對法律上件貨運送:包括一般「海運運送」及「複式運送」的異同處作比較,至於大陸「海商法」運輸相關的第六章「船舶租用合同」、第七章的「海上拖航合同」,乃至於第五章的「海上旅客運輸合同」等,都不在討論之列。甚至同屬於第四章的「航次租船合同的特別規定」也不多討論。因為這些「租

船契約」的運輸,係自由契約,主要以訂約雙方協議之條件作約束,合約未規定的,除海商法律之外,許多國際公約與國際慣例亦可參照,應用到國內法律上的,當然以「件貨運送」來得多,租船契約牽涉到貨運單證的情形發生問題時,由於租約當事人已經因為單證轉讓的關係,其契約或單證關係人大都已不再是原來書面「租船契約」當事人,所以就「運輸單證」而言,又再一次回歸到「件貨運送」的法律關係,這是本節以「件貨運送」作為討論主題的理由。

二、兩岸「海商法」的「適用」規定

依據大陸「海商法」總則中第二條所謂「海上運輸」,是指「海江之間」與「江海之間」的直達運輸,包括海上貨物運輸及海上旅客運輸,「海上貨物運輸合同」,則「不適用於中華人民共和國港口之間的海上貨物運輸」,則大陸與台灣之間的海上運輸,是否能適用大陸「海商法」,兩岸間除了目前有「特殊航線的特殊規定之外」,包括國際運輸在內的兩岸航行,可能還要依個案的情形來討論。

至於台灣「海商法」,則說明係指有「海商事件」,適用「海商法」之規定。而適用「海商法」規範的船舶,只有「在海上航行、或在與海相通知水面或水中航行」之船舶。這一個規定排除了類如「海上鑽油平台」"oil rig"的適用,因為「鑽油平台」不能「航行」。此外,台灣「海商法」規定,除了發生「碰撞」之外,「小船」、「公務船」、「軍艦」、「海上航行之外的船舶」[147]都不適

---

147 指船舶法規定之外,「小船:謂總噸位未滿五十噸之非動力船舶,或總噸位未滿二十噸之動力船舶」。以及「動力船舶:謂裝有機械用以航行之船舶」。與「非動力船舶:謂不屬於動力船舶之任何船舶」,以上說法參考台灣海商法第三條以及台灣船舶法第一條有關「小船」的定義規定。

用「海商法」。也就是說，「小船」、「公務船」、「軍艦」、「海上航行之外的船舶」等，只有發生「碰撞」案件的時候，才能依照台灣「海商法」中「碰撞」章的規定來處理。[148]

雖然台灣「海商法」未明確就航行區域劃分。但第一章「通則」部分的第四條卻有「國境內船舶之保全程序，以揭示方法為之」的規定。再由第三章「運送」章的第三十八條「貨物運送契約，為左列二種……」觀之，國境內航行之「運送契約」，應仍可適用台灣的「海商法」。而與大陸海商法第二條的規定不同。

實務上，台灣沿岸由於航線短，時間上根本來不及製發國際通用之「提單」，多數的情形是以最簡單的收據類證物作為「收據」與「領貨憑證」使用。則國境內航行之「運送契約」，依據第三十八條的規定，前述的「收據」類單證，應具有「契約證明」與「領貨憑證」的性質。在海商法的「適用」上，可能需依據個案發生的狀況，來決定是否適用「海商法」，但國境內或離島航行之短程運輸案件並不多，也許由於即使發生糾紛，介入的金額不大，或也可能是和解案件居多，難以取得佐證來探討台灣「海商法」是否適用「國境內航行」的部分。

三、兩岸「海商法」適用的「貨物」種類

大陸「海商法」第四章「海上貨物運輸合同」之第一節，第四十二條第一項定義之第五款「貨物」，指包括「活動物和由託運人提供的用於集裝貨物的集裝箱、貨盤或者類似的裝運器具」。及第五十三條「承運人在艙面上裝載貨物」，也就是早已摒棄了「海牙規則」或「海牙威士比規則」，將「甲板貨及活動物」除外的規定，全部比照「漢堡規則」，將兩種貨物包括在適用的範圍內，至

於台灣「海商法」，因全部條文缺乏專有名詞的解釋，「貨物」一項是否包含「活動物」，當然也沒有提及，但是也沒有明文予以排除「活動物」的適用。其實「活動物」並不是「物」，在個案的辯解上，沒有看過案例，所以是否包括在內，是存疑的。台灣「海商法」第七十三條關於「甲板貨」的規定，並沒有正面肯定「甲板貨」的適用「海商法」，而是採用負面式的說明，「運送人或船長如將貨物裝載於甲板上，致生毀損或滅失時，應負賠償責任。但經託運人之同意、並經載明於運送契約、或航運種類或商業習慣所許者，不在此限」，與大陸「海商法」第五十三條「承運人在艙面上裝載貨物，應當同託運人達成協議，或者符合航運慣例，或者符合有關法律、行政法規的規定」之承認「艙面裝載」的正面說法，顯然有所不同。

台灣「海商法」在民國八十八[149]年作修正時，幾乎全部延續民國五十一年的舊版本，尤其在「貨物」的規定上。國際上六〇年代，貨櫃運輸之後，到七〇年代，貨櫃運輸已經相當成熟，甲板裝載早已成為運輸的常態，我們仍以非常態性的規定來看待甲板運輸，實在是落伍的。

兩岸「海商法」，在「貨物」的規定上，還有一個不同的地方，大陸「海商法」著重的，是允許甲板裝載的條件，包括「同託運人達成協議」、「符合航運慣例」，以及「符合有關法律」、「符合行政法規」等的規定，這些只是貨物可以裝在「甲板」上的條件。台灣對於「甲板貨」的看法，則著重於「毀損或滅失」的賠償責任。也就是說「託運人之同意」、並「載明於運送契約」、「航運種類」、「商業習慣」許可的情形下，運送人就可以不用對於「甲板貨」的「毀損或滅失」負賠償責任。而大陸「海商法」在「甲

---

149 民國八十九年的修正只是因為補進去民國八十八年修正時漏掉的二十二個字。

板」裝載的規定上，只有可以不可以裝在「甲板」上的問題，並非「海商法」同意裝在「甲板」上的貨物，就可以不用負責，「海商法」不同意，而裝在「甲板」上，固然要負責。經「海商法」同意，裝在「甲板」上，除了「甲板」裝載特殊風險造成的「毀損或滅失」之外[150]，運送人有違反「海商法」的疏失，對於「甲板」貨的「毀損或滅失」，還是要負責。

四、大陸「海商法」的「承運人」與
台灣「海商法」的「運送人」

　　大陸「海商法」把運送人分爲「承運人」及「實際承運人」兩種，是完全承襲「漢堡規則」的，多了「實際承運人」一項；大陸「海商法」第四十二條第一項，「承運人爲指本人或委託他人以本人名義，與託運人訂立海上運輸合同的人」，「實際承運人」的定義則爲「受承運人委託，從事貨物運輸、或者部份運輸的人，包括接受轉委託從事此項運輸的其他人」，在責任劃分上，仍以承運人承擔全程的運輸責任，大陸「海商法」第六十條「……承運人仍然應當依照本章規定，對全程運輸負責」，以及對「實際承運人的行爲或者實際承運人的受僱人、代理人在受僱或者受委託的範圍內的行爲負責」。雖然有前款的規定，也允許「在海上運輸合同中明確的訂定合同所包括的特定的部分運輸由承運人以外的指定的實際承運人履行的，合同可以同時約定，貨物在指定的實際承運人掌管期間發生的滅失、損壞或者遲延交付，承運人不負賠償責任」。即法律之外的自由約定，是允許的。

　　「實際承運人」之負責與免責項目及有關責任限制的規定，與「承運人」大都相同，如大陸「海商法」第六十一條「本章對於承運人責任的規定，適用於實際承運人」。但是第六十二條也有

150　大陸海商法第五十三條第二項。

「承運人承擔本章未規定的義務或者放棄本章賦予的權利的任何
特別協議,經實際承運人書面明確同意的,對實際承運人發生效
力,實際承運人是否同意,不影響此項特別協議對承運人的效
力」。因此承運人所訂定的任何自由協議,如果範圍超出「海商法」
規定的,其效力都不及於所有的實際承運人,實際承運人書面承
諾的、超出「海商法」的協議內容,實際承運人才必須負責。所
以實際承運人對於「運送」的責任,除非實際承運人自願承擔,
否則都侷限在「海商法」的框架之內。大陸「海商法」在第四章
第八節的「多式聯運合同」中,另設「多式聯運經營人」之名稱,
於第一百〇六條中規定「『多式運送人』應當依照本章關於『承運
人』賠償責任和責任限額的規定負賠償責任」。一百〇四條也有「多
式聯運經營人」應「對全程運輸負責」的規定。應該就是目前國
際運輸實務上之複式運送,只是多了「多式聯運經營人」的名稱,
這可能是抄襲「國際複式運送公約」"Multi-modal Transport
Convention,1980"與本書第三章「聯合國貿易法委員會/國際商會
複式運輸單證規則」的「複式運送人」"Multi-modal Transport
Operator"一詞而來,但聯合國國際複式運送公約迄未生效,而且
運輸關鍵的單證當事人,以「簽約運送人」[151]的名義,已經足以
應付法律上對運送責任的要求,是否需要再有「多式聯運經營人」
的名稱,似乎是沒有必要的。

　　台灣「海商法」「運送」章中之主要當事人,只提到「運送
人」及「託運人」兩者,在「複式運送」之「運送人」名義方面,
也沒有像大陸「海商法」一樣,另設「多式聯運經營人」的名稱。
「海商法」第七十五條雖然訂有「連續運送」的規定,承認有「複
式運送」的存在,但依據「海商法」第七十五條內容「連續運送

---

151 "Contractual Carrier"一詞係比照英國律師的說法,實際上就是簽發
　　載貨證券的「運送人」,也就是漢堡規則中的"Carrier"。

同時涉及海上運送及其他方法之運送者，其海上運送部分適用本法之規定」。也就是說，依據台灣「海商法」，運送人的責任只有「海上運送」的部分適用「海商法」。而在同七十五條的第二項「毀損、滅失發生時間不明者，推定其發生於海上運送階段」[152]，另外在「海商法」第七十四條還有「載貨證券的發給人…對於貨物之各連續運送之行為，應負保證之責」[153]的規定，「負責」與「負保證之責」的情形當然是有差異的。

　　大陸「海商法」的責任限制規定中，除「承運人」之外，對於「承運人」、「實際承運人」之代理人、受雇人亦可適用兩者之責任限額。[154]且「承運人」除對「實際承運人外，其代理人、受雇人在代理或委託範圍內之運輸行為亦應負責」，即「承運人須對整個運輸行為負責」。但合同明文規定「承運人可以不負賠償責任的，可以免責」，也就是訂有定期船契約時，對於「契約自由」的尊重。

　　台灣「海商法」於第七十六條也論及「代理人」、「受僱人」除了有「故意或重大過失」外，可主張與「運送人相同之抗辯權及責任限制權利」[155]。但是台灣「海商法」除了第七十四條之「載貨證券發給人應對載貨證券之記載負責，及對貨物各連續運送人之行為負保證之責」外，並沒有運送人須對「全程負責」之明確字眼。因為台灣「海商法」沒有與大陸相同的、如大陸「海商法」第五十八條所規定的「就海上貨物運輸合同所涉及的貨物滅失、損壞或者遲延交付對承運人提起的任何訴訟，不論海事請求人是否合同的一方，也不論是根據合同或者是根據侵權行為提起的，均適用本章關於承運人的抗辯理由和限制賠償責任的規定」。這種

152　台灣海商法第七十五條。
153　台灣海商法第七十四條。
154　大陸海商法 64 條。
155　王肖卿、「喜馬拉雅條款、漢堡規則、美國 1999 年海商法及台灣海商法第 76 條」，1999.6、中華日報及中華電子報「『精』典」欄。

侵權訴訟一樣適用「海商法」契約訴訟的規定，源於後「海牙威士比規則」與「漢堡規則」，「海商法」可以廣泛的適用運送人責任的制度，對於運送人責任劃一且有限的規定，是比較有利的。

五、大陸海商法的「提單」與台灣 「海商法」的「載貨證券」

台灣「海商法」上的「載貨證券」即大陸海商法上的「提單」。大陸海商法第四章第四節「運輸單證」第七十一條、就是該節之首條，明文表示「提單」之功能包括：

「用以證明海上貨物運輸合同」── 也就是國際公約所說的「契約之證明」"Evidence of Contract"。

由承運人「接收或者裝船」── 也就是一般慣例認知的「收據」"Receipt"作用。以及

「承運人保證據以交付貨物之單證」，其方式包括「提單中載明的向記名人交付貨物」，「或者按照指示人的指示交付貨物」，「或者向提單持有人交付貨物的條款，構成承運人據以交付貨物的保證」。

這種「交貨之『憑證』」的作用，在大陸「海商法」的第七十一條中，正好也順便說明了實務上提單的種類。第七十一條的向「提單中載明的記名人交付貨物」的提單，就是第七十九條中的「記名提單」。「或者按照指示人的指示交付貨物」的提單，就是第七十九條中的「指示提單」。第七十一條提單性質中的第三種，「或者向提單持有人交付貨物」則是第七十九條中的「不記名提單」了。第七十九條中的提單的轉讓，包括「記名提單」：不得轉讓；「指示提單」：經過記名背書或者空白背書轉讓；以及「不記名提單」：無需背書，即可轉讓。「不記名提單無需背書」的規定，則應指的是以遞交方式轉讓。以上三種轉讓提單的方式，正

是目前實務上三種提單的轉讓情形。

　　台灣「海商法」並沒有類似載貨證券分類或功能的說明，但「海商法」第五十三條有「運送人或船長於貨物裝載後，……應發給載貨證券」，雖表示「載貨證券」是「因求證券」之外，也隱含有「收據」之意、第五十六條「貨物一經有受領權利人受領，視為運送人已依照載貨證券之記載交清貨物……」，有「交貨憑證」之意，及第七十四條「載貨證券之發給人，對於依載貨證券所記載應為之行為，均應負責。……」，有「契約」之意，但是台灣「海商法」第五十三條「運送人或船長於貨物裝載後，……應發給載貨證券」的規定，限於「裝船後」之簽發的規定，卻不若大陸「海商法」第七十二條「貨物由承運人『接收』或者『裝船』後，應託運人的要求，承運人應當簽發提單」的規定，貨物於「裝船」之前、「接收」之後，大陸「海商法」也允許簽發「提單」。這是比照「漢堡規則」的規定，比較能夠適應「複式運送」或者「貨櫃」內陸交接的需要，與台灣「海商法」第五十三條的「運送人或船長於貨物裝載後，……應發給載貨證券」的規定比較，台灣「海商法」已經無法配合實際之需要。

　　另外由於台灣「海商法」第六十條有「民法第六百二十七條至第六百三十條關於提單之規定，於載貨證券準用之」的規定。而民法第六百二十八條則有「提單縱為記名式，仍得以背書移轉於他人。但提單上有禁止背書之記載者，不在此限」。因為這個規定，表示在台灣，「記名提單可以轉讓」，也就是說「記名提單」除非特別註明「禁止背書」，否則仍可背書轉讓；實務上，「記名提單」除了有可能註記「非轉讓」"Non-negotiable"或「不可轉讓」"not Negotiable"之外，多不會特別註明「禁止背書」，依據民法第六百二十八條的規定，也就是「可以轉讓」了。而這是與實務殊為不合的。所以在台灣的「記名提單」，依法可以「轉讓」，但是

國際的實務認知上，卻是「不可轉讓」。「記名提單」雖然沒有在法律上「得轉讓」，實務上仍是「不得轉讓」，所以這是台灣法律與實務間一個相當大的矛盾。這也是我在「載貨證券」[156]一書上，一直不願意把"Straight Bill of Lading"翻譯成「記名提單」的理由，但是由於台灣實務界已將相當習慣用「記名提單」稱呼"Straight Bill of Lading"的今天，迫於現實，本書只好也將"Straight Bill of Lading"翻譯成「記名提單」，以免產生一般無法理解的譯詞[157]。但是撰者還是要再度強調，實務上「記名提單」是不可以轉讓的。

「記名提單」可以不可以轉讓，不是一國之法律可以決定的事情，台灣這個規定不僅與大陸「海商法」的規定不同，甚且與他國法律或國際慣例也不同，「海商法」規定所影響的到底是國際運輸，台灣這個規定在「海商法」再度修正的時候，真需要把適用民法的部分移除，個別將「載貨證券」分類，並將各種類型及轉讓的方式予以定義，才能徹底解決這一個與國際法規不同的尷尬。

此外大陸「海商法」與台灣「海商法」一樣，也只有提及「記名提單」，而未提到「海運單」，雖然「海運單」在國際上、尤其在大陸的使用率蠻高。由於「海運單」的性質與「記名提單」在許多地方都不同，如「記名提單」交貨時需要繳回[158]，「海運單」則不必出示，而仍可以提貨，在法律關係上就有很大的爭議性。兩岸法律確實需要為「海運單」與「記名提單」作一個釐清。

二○○二年版的大陸新修「海商法」條文第九一條第一項已經增列「海運單證包括提單、海運單、提貨單或其他證明運契約、

---

156 五南圖書出版有限公司，2001,11 四版一刷。
157 本書之前，撰者所有書籍及論文一直稱"Straight Bill of Lading"為「直達提單」。
158 參看台灣民法第 630 條「受貨人請求交付運送物時，應將提單交還」。

證明運送人、實際運人收貨、裝貨、的書面單證。[159]

　　最近大陸人大立法會對於「記名提單」有一個新規定，根據大陸廣東敬海法律事務所二〇〇四年九月份發出的一封通告，大陸近期對於大陸海商法中的「記名提單」"Straight Bill of Lading"於交貨作業中的處理規定有所改變，說明如下：

　　大陸法院對於其「海商法」中的「記名提單」，於交貨時應否繳回的問題，一直採認『記名提單』非物權證書，提單指明的受貨人就是運送人有義務交付貨物之人，因此提單中的託運人既然沒有轉讓提單權利、義務給第三者的問題，運送人於交貨之後，自然就完成了運送契約的任務，因此亦解除了運送契約的責任。根據以上司法上的採認，「記名提單」於交貨時，在大陸傳統上是不須繳回的。

　　但是以上傳統的認定現在已經被推翻了，大陸人大常委會的法律事務委員會，也就是全國主要的立法機構，已經提出報告，建議法院改變看法：「以後不論是『記名提單』或『指示提單』，運送人應該在正本提單提示之後，才能交貨」。「如果未經要求提示提單正本即予交貨時，運送人對於提單持有人，應負責未正確交貨所受的損害」。在這項法律事務委員會提出建議之後，包括廣州海事法庭在內的海事法院，都有運送人因為交貨給提單上的受貨人、未要求其提示正本提單，致發生應事後賠償的案例。

　　二〇〇四年九月十七日，大陸高等法院及所有海事法庭、二審法院的推事們在青島舉行第十三屆海事案件判決研討會，其研討焦點之一就是「對於『記名提單』，運送人是否可以在未提示正本的情形下，直接交貨給提單上指名的受貨人？」最後達成的一致共識，就是「只要適用中華人民共和國「海商法」，不管『記名

---

159 "Debates on Delivery withowt Production of the Orginat Straight Bill of Lading" By Ehao ShuZhou & Chen xin in oct. 2003 on "Euromoney lnvtstor, P.LC"

提單」的性質或轉讓性如何，應提示正本提單再交付貨物」。

「記名提單」的性質之所以在傳統上產生矛盾，就是因為以往依大陸學者們的意見，提出依據中華人民共和國「海商法」第七十九條，「記名提單不得轉讓」的規定，因為「不得轉讓」，所以不是「物權證書」、只是「貨物收據」。而使大陸法院一再的採認「無須於交貨時繳回」的判決。現在的解釋看法則是根據中華人民共和國「海商法」第七十一條，該條中規定「提單，是指用以證明海上貨物運輸合同和貨物已經由承運人接收或者裝船，以及『承運人保證據以交付貨物』的單證」，這個規定可沒有限定是「記名提單」，或者是「指示提單」！

這個矛盾雖然還沒有立法確認，但至少在司法層次應該是完全澄清了。今後大陸法院的判決應該是依循人大常委會的建議來做考慮，甚至以往記名提單持有人敗訴的案子，也可以從判決生效日起算的兩年之內，提起重審，而獲得追溯。

台灣現在比較不受這個誤導的影響，這是因為「海商法」適用民法第六百三十條的條文，六百三十條的條文中有「受貨人請求交付運送物時，應將提單交還」。根據這一個條文，不論「記名提單」、還是「指示提單」，交貨時都應該繳回，因此台灣的運送人是不容易出錯的。但是民法的適用到底不是一勞永逸的途徑，「海商法」的重新定位，避免誤解，才是長久解決之道。

在貨物的交付上，在大陸另發現有一個更早的案例，在一九六七年朱萬源第 103 號案中，廣東高等法院當時就判決，「運送人憑影本提單及第三者保證書就放貨給記名收貨人的行為是不對的」，此外，依據廣州海事法院之司法委員會通過的決議案也指出，「記名提單」交貨時，運送人仍應收回正本提單，因為「海商法」並沒有區別「『指示提單』與『記名提單』的交貨方式」。所以「記名提單」的交貨，大陸廣州海事法院的認定甚至比大陸中

央，還要先進。

在提單的內容記載的規定上，大陸「海商法」有十一個規定事項的記載，其第七十三條規定的提單內容，包括下列各項：

貨物的品名、標誌、包數或者件數、重量或者體積，以及運輸危險貨物時 對危險性質的說明；

承運人的名稱和主營業所；

船舶名稱；

託運人的名稱；

收貨人的名稱；

裝貨港和在裝貨港接收貨物的日期；

卸貨港；

多式聯運提單增列接收貨物地點和交付貨物地點；

提單的簽發日期、地點和份數；

運費的支付；

承運人或者其代表的簽字。

但是也在條文第二項說明「提單缺少前款規定的一項或者幾項的，不影響提單的性質」[160]。這一段說明文字是照錄「漢堡規則」的規定，翻譯過來的。「漢堡規則」把提單內容由「海牙」或「海牙威士比規則」的原則性的三大項擴增為十四項，但是也附加了一段「提單缺少前款規定的一項或者幾項的，不影響提單的性質」。表示以前「海牙或海牙威士比規則」的三大項缺一不可，現在項目增加了，但是也允許以參考方式，選擇性的列入提單。比較台灣「海商法」第五十三條，法定的記載內容雖然只有七項，包括

船舶名稱。

---

160 漢堡規則原文為"The abensence in the bill of lading of one or more particulars referred to in this Article does not affect the legal character of the document as a bill of lading…"

託運人之姓名或名稱。

依照託運人書面通知之貨物名稱、件數或重量,或其包裝之種類、個數及標誌。

裝載港及卸貨港。

運費交付。

載貨證券之份數。

填發之年月日。等七項。

但是由於缺少大陸「海商法」的第二項「提單缺少前款規定的一項或者幾項的,不影響提單的性質」說明文字,以至於發生缺少其中某項記載,而造成「非提單」的抗辯,法律文字確實需要更加的嚴謹,以免發生實際上是「提單」,司法上卻產生「非提單」的抗辯。

七、兩岸「海商法」「運送人」的「責任」與「免責」

責任期間

大陸「海商法」將運送人的責任分成「一般運送」與「複式運送」兩種,台灣「海商法」則沒有作這樣的分類。

1．大陸「海商法」中的一般運送

大陸「海商法」的一般運送就是「非集裝箱裝運的貨物」,大陸海商法第四章第二節「承運人的責任」第四十六條,將承運人的責任期間分為兩種,一種是對於「集裝箱裝運的貨物」,其責任期間是從「裝貨港接收貨物時起」至「卸貨港交付貨物時止」,「貨物處於承運人掌管之下的全部期間」。至於「非集裝箱裝運的貨物」,其責任期間為「貨物裝上船時起至卸下船時止」,但如「非集裝箱裝運的貨物」,在裝船前和卸船後,承運人與託運人訂有協議,合意承運人願予負責的,仍不受以上規定的影響[161]。

---

161 大陸海商法第第四十六條之規定。

根據以上規定，裝運貨櫃，即使未簽複式運送提單或其他運輸單證的，運送人之責任期間，仍以「收貨時起迄交貨時止」，這也是漢堡規則針對包括任何形式運輸單證或任何種類運送人責任期間[162]的規定。至於非貨櫃貨物之「裝船迄卸船」責任期間，則是比照「海牙」及「海牙威士比規則」的責任期間[163]的規定。因此大陸海商法有關運送人責任期間的規定係參考三種國際公約的規定，以「貨物」種類作為法定運送人責任的標準，但立法仍尊重船、貨雙方的自由協議，訂有協議，合意承運人願予負責的，仍不受以上規定的影響。「運送人願意延長其責任期間的」，亦尊重協議內容，不以法律強制規範。

　　台灣「海商法」則並未做這樣的分類，規範的只有「海上運輸」，也就是「港」到「港」的運輸，已如前述[164]。

　　2．大陸「海商法」特別為「複式運送」所作的規範

　　再就大陸「海商法」第四章第八節「複式聯運合同的特別規定」來探討，多式聯運合同係為「兩種以上的不同運輸方式，其中一種是海上運輸方式，負責將貨物從接收地運至目的地交付收貨人，並收取全程運費的合同」。所以多式聯運經營人的責任期間，亦自「接收貨物時起至交付貨物時止」，[165]事實上，所謂多式聯運，就是台灣口語之「複式運送」，但在台灣「複式運送」不是法律名詞，倒是提單上，各船東運送人經常印就"Multi-modal Transport Bill of Lading"的標題，另外承攬運送人因為參加「國際貨運承攬商協會」的關係，也按照協會標準提單的式樣，在提單正面印上"Multi-modal Transport Bill of Lading"的標題文字，所以口語上就一律稱之為「複式運送」提單了。

162　參考漢堡規則第 4 條之規定。
163　參考海牙規則第 1 條(e)項之規定。
164　參看本節「一」之 2 及台灣海商法第七十五條第一項的說明。
165　大陸海商法第一百○三條的規定。

　　大陸對於「多式聯運」雖然另立章節，但除了在第四節「運輸單證」的第七十三條「提單內容」有「多式聯運提單增列接收貨物地點和交付貨物地點」一項是針對「多式聯運」來訂定外；在該節的五個條文中，只有第一百零六條的「貨物的滅失或者損壞發生的運輸區段不能確定的，多式聯運經營人應當依照本章關於承運人賠償責任和責任限額的規定負賠償責任」。要求「多式聯運經營人」對於全程運輸負責，較有意義，其責任依第一百零五條「貨物的滅失或者損壞發生於多式聯運的某一運輸區段的，多式聯運經營人的賠償責任和責任限額，適用調整該區段運輸方式的有關法律規定」。所以所謂的「特別規定」，其實是一樣的。大陸「海商法」並無真正為「多式聯運」制定什麼的「特別規定」。

　　至於台灣「海商法」對於運送人的責任，仍堅持為「裝船迄卸船止」之海上責任，如台灣海商法第七十五條第一項「連續運送同時涉及海上運送及其他方法之運送者，其海上運送部份適用本法之規定」，及同條第二項「貨物毀損滅失發生時間不明者，推定其發生於海上運送階段」，台灣「海商法」並沒有專門提出「貨櫃」或「複式」運送之名詞，只有「連續運送」可以用來解釋「複式運送」，由條文來看，「海商法」仍只限規範海上運送，也就是海牙與威士比規則的「港對港」責任。在台灣，運送人所簽發之複式運送載貨證券則必須海上部份適用「海商法」，陸上或航空部份適用民法，不像大陸「海商法」的貨櫃運送，是一票到底之全部運送，全部都由「海商法」管轄，較為單純。

責任內容

　　按大陸「海商法」，在運送人責任期間貨物發生「滅失或者損壞」，承運人應負賠償責任[166]。此外，如果承運人有過失，使貨

---

166 大陸海商法第 46 條。

物「因遲延交付而滅失或損壞」的，承運人亦應負賠償責任[167]。因承運人有過失，致貨物「遲延交付」而遭受「經濟損失」的，即使無滅失或損壞，承運人仍應負賠償責任[168]。

總結以上說明，承運人對貨物的責任，包括「滅失」、「損壞」以及在承運人有過失的情形下負責「遲延造成的滅失及損壞」與「遲延造成的經濟損失」。負責「經濟損失」這一點，在各國法律裏，尚是少見的嚴格規定。

至於遲延的意義，包括：

1．未能在明確約定時間內，在約定的卸貨港交付的，爲遲延交付。以及

2．未能在以上時間屆滿六十日內交付貨物，可以認爲已經滅失[169]。

承運人自向收貨人交付貨物的次日起連續六十日內未收到收貨人有關經濟損失提交書面通知的，不負賠償責任[170]。

台灣「海商法」只有針對運送人對貨物毀損滅失的責任規定，分別見諸於海商法第五十五條、五十六條、六十二條、六十九條、七十條、七十二條及第七十五條，雖然亦間歇性的於海商法第六十一條、七十四條及第七十六條提到運送人對於遲延責任的規定，但對於遲延責任的定義或賠償的方法，卻缺乏具體的說明。民法第六百三十四條，另有「運送人對於運送物之喪失、毀損或遲到，應負責任」的規定，遲到的定義、及遲到責任的範圍，也沒有如以上大陸「海商法」這樣明確的定義[171]。

---

167 大陸海商法第 50 條第三項。
168 大陸海商法第 50 條第 3 項。
169 大陸海商法第 50 條第 1 項及第 4 項。
170 大陸海商法第 82 條。
171 民法第六百三十四條規定「託運物品應於約定期間內運送之，無約定者依習慣，無約定亦無習慣者，應於相當期間內運送之。」屬於比較籠統的規定。

另外，在文字上來看，「遲到」應指船舶抵港時間的遲延，與「遲延交付」單指交貨之遲延，有所不同，這與以前港到港運送，只考慮到港遲延，可能有些關係。但是對於「遲延交付」的定義，大陸「海商法」早已比照「漢堡規則」，以「貨物未能在明確約定的時間內，在約定的卸貨港交付的，為遲延交付」[172]作為「遲延交付」的定義，所以目前與「遲到」的定義是相同的。

責任限額

對於貨物滅失的賠償額

大陸「海商法」規定對於貨物滅失的賠償額，按實際價值計算，實際價值按貨物裝船時的價值、加保險費、加運費計算後減去因滅失而少付、或免付的有關費用[173]。其賠償限額則比照「威士比規則」，每件或每貨運單位為國際貨幣基金提款權的 666.67 個計算單位。或按貨物重量每公斤為二個計算單位，以二者較重者為準[174]，以上限額亦適用於以侵權理由提起之訴訟[175]。

貨物如裝於貨櫃或其他裝運器具中的，且提單有載明件數的，所載件數為「裝運單位」；未載明的，每一裝運器具為一貨運單位數，裝運器具如非承運人所有或所提供的，裝運器具本身作為一件或一個單位[176]。

對於貨物損壞的賠償額

大陸「海商法」對於貨物損壞的賠償額，按貨物前後實際價值的差額或貨物的修復費用計算，受損前的實際價值仍指前款所述的「貨物裝船時的價值加運費加保險費」計算[177]。至於受損後的價值，則未規定如何計算，依慣例當指受損時的市價或出售價

---

172 大陸海商法第 50 條。
173 大陸海商法第 55 條。
174 大陸海商法第 56 條第一項。
175 大陸海商法第 58 條第一項。
176 大陸海商法第 56 條第二項、第三項。
177 大陸海商法第 55 條。

而言，至於受損前後價值的差額，及修復費用兩者不相等時，應以較高或較低者爲準，「海商法」中沒有明說，但是如果依照賠償額，應該以較高的爲準。是否依一般法律保護經濟上弱者的立場，是否應該由託運人選擇，也有疑問，至於賠償限額亦以前款之滅失限額爲準[178]。以上限制除合同責任外，也適用以侵權行爲對運送人提起之訴訟[179]。

　　此外，對承運人之受僱人或代理人提起之索賠，也適用該限額[180]，但不論承運人、其受僱人、代理人如有故意、輕率作爲、或不作爲，造成滅失、損壞的，則不能再適用責任限額[181]。

　　　對於遲延交付的賠償額

　　按大陸「海商法」的規定因遲延交付造成滅失、損壞的，賠償額當如前述。

　　遲延交付造成經濟損失的，僅限於承運人有過失才需要賠償，賠償限額爲該貨物的運費額[182]，至於貨物的滅失、損壞、與遲延交付同時發生的，承運人之責任限額仍適用前述滅失、損壞的責任限額[183]。就侵權行爲提起遲延交付訴訟的。亦適用同一限額[184]。經證明，由於承運人的故意或者明知可能造成損失而輕率地作爲或不作爲造成的遲延交付，則不得爰用前項的責任限額[185]。有關責任限額可適用、或不得爰用之規定，亦適用於承運人、實際承運人之代理人、受僱人[186]。合同有規定由實際承運人負責

178　大陸海商法第 56 條。
179　大陸海商法第 58 條第一項。
180　大陸海商法第 58 條第二項。
181　大陸海商法第 59 條第一項、第二項。
182　大陸海商法第 57 條。
183　大陸海商法第 57 條。
184　大陸海商法 58 條第一項。
185　大陸海商法第 59 條。
186　大陸海商法第 58 條第二項、59 條第二項、61 條。

的,承運人可以不負責[187]。

以上責任限額不論對承運人、實際承運人、兩者之代理人、受雇人提起賠償請求的,其賠償總額不超過該限額的規定[188]。且承運人與實際承運人都負有賠償責任的,應當在此項責任範圍內負連帶責任[189]。

台灣「海商法」主要賠償責任訂定針對毀損、滅失的賠償責任作規定,除第七十條第二項規定「除貨物之性質及價值於裝載前已經託運人聲明,並註明於載貨證券者外,運送人或船舶所有人對於貨物之毀損、滅失,其賠償責任亦比照威士比規則,以每件特別提款權 666.67 個單位或每公斤特別提款權二單位計算所得的金額,兩者較高者為限」。對於遲到賠償額之計算,並無大陸「海商法」如此詳盡之規定。但民法六百四十條有「因遲到之損害賠償額,不得超過因其運送貨物全部喪失可得請求之賠償額」之限制。

台灣「海商法」第七十條之賠償限額,業已修正比照威士比規則,與大陸「海商法」相同,事實上,近幾年各國新修之「海商法」賠償限額幾乎已經全部修正,比照海牙威士比規則的布魯爾議定書了。

運送人之免責

關於運送人之免責部份,大陸海商法與台灣海商法相同,均仍沿用海牙規則的免責範圍,如大陸「海商法」第五十一條之免責,與台灣「海商法」第六十九條比較,除某些免責項目是以數款併為為一款之外,並沒有什麼不同,以下就以大陸「海商法」第五十一條免責項目的排序與台灣「海商法」比較如下:

船長、海員、引航員或承運人之其他受僱人在駕駛船舶或

---

187 大陸海商法第 60 條。
188 大陸海商法第 64 條。
189 大陸海商法第 63 條。

管理船舶中的過失。（等於台灣「海商法」第六十九條第一項第 1 款）。

火災、但是由於承運人本人過失所造成的除外。（等於台灣「海商法」第六十九條第一項第 3 款）。

天災、海上或其他可航水域的危險、或者意外事故。（等於台灣「海商法」第六十九條第一項第 2 款、第 4 款之合併）。

戰爭或者武裝衝突。（等於台灣「海商法」第六十九條第一項第 5、6、7 等三款的合併）。

政府或者主管部門的行為、檢疫限制或者司法扣押。（等於台灣「海商法」第六十九條第一項第 8 款與第 9 款兩款的合併）。

罷工、停工、或者勞動受到限制。（等於台灣「海商法」第六十九條第一項第 10 款）。

在海上救助、或者企圖救助人命或者財產。（等於台灣「海商法」第六十九條第一項第 11 款）。

託運人、貨物所有人或者他行代理人的行為。（等於台灣「海商法」第六十九條第一項第 15 款）。

貨物的自然特性或者固有缺陷。（等於台灣「海商法」第六十九條第一項第 14 款）。

貨物的包裝不良、或者標誌欠缺、不清。（等於台灣「海商法」第六十九條第一項第 12、13 兩款的合併）。

經謹慎處理仍未發現的船舶潛在缺陷。（等於台灣「海商法」第六十九條第一項第 16 款）。

非由於承運人或者承運人的受僱人、代理人的過失造成的其他原因。（等於台灣「海商法」第六十九條第一項第 17 款）。

　　以上免責項目，除　項外，大陸「海商法」規定，都由承運人舉證。除以上十二項運送人法定的免責，而且無須盡任何義務，即可無條件免責之外，其他有條件的免責，還有：

　　　　運送人如果已經履行託運人的特別要求，且可證明貨物是因某些固有特殊風險遭遇滅失或損害的，運送人不負責運送活動物滅失、損害的賠償責任[190]。

　　　　運送人與託運人有協議或因航行慣例或符合有關法律行政法規、則由特種風險所造成艙面貨物的滅失損壞，運送人不負賠償責任[191]。

　　但是以上所謂的「特種風險」，到底包括哪些種類，法規上卻沒有清楚的界定，例如貨櫃運送常常發生的天候因素落海，屬於一般法定免責，其他任何因素的落海或滅失，是否可以都以「特種風險」來推託，可能要看司法的認定，用來判別是否這個規定過度的寬鬆或嚴謹了，但至今似仍缺乏這種判定的案例。

　　以上這兩種免責造成的滅失損害，運送人均應負舉證責任[192]。因為必須由運送人舉證的關係，因此雖然是「免責條款」，運送人是否獲得免責，還應該有充分的舉證，以及不至於被反證所推翻才行。

　　危險貨物的名稱、性質應由託運人以書面通知承運人，託運人未通知、或通知有誤的，承運人即使故意卸下或銷毀而不必負賠償責任，承運人知道危險性質而同意裝載的，也可以在該危險貨物對船舶、人員、或其他貨物構成實際危險時，將貨物卸下，故意銷毀而不必負賠償責任[193]。

　　與台灣「海商法」比較，這些大陸「海商法」的免責內容，

190　大陸海商法 52 條。
191　大陸海商法 53 條。
192　大陸海商法 54 條。
193　大陸海商法 68 條。

台灣「海商法」都有類似的條文，但是不同的地方，在於台灣「海商法」沒有「舉證歸屬」的規定，另外台灣「海商法」還多了「船舶於發航後因突失航行能力」之免責[194]，這是比一般國際公約多出來的規定，這項舉證免責的說明雖然依法應由運送人舉證[195]，但是運送人掌握航行工具，即使需要舉證，卻不容易被推翻，對於貨方是不公平的。

索賠時限

按大陸「海商法」的規定，關於貨物滅失損壞的索賠時限為一年[196]，向第三人的追償期限為九十天，自解決原賠償請求之日起算或自追償請求人解決原賠償請求之日起或者收到受理對其本人提起訴訟的法院的起訴狀副本之日起計算[197]。但訂有論程租船契約（航次租船合同）的，時效時間則為二年，且自知道或應當知道權利被侵害時起算[198]。除了以上時效規定之外，索賠還有以下時限的規定：

貨物滅失損壞，應於交貨時以書面通知運送人[199]。

滅失損壞非顯而易見的，貨櫃貨應於十五日內、非貨櫃貨應於七日內，以書面通知運送人[200]。

已作共同檢驗的，不必給書面通知[201]。

對於運送人因遲延交付應該負責的「經濟損失」，受貨人應於交貨次日起算之六十日內提書面通知[202]。

總之，船、貨雙方相互索賠之最終時效都是一年，比照海牙

---

194 台灣海商法第 62 條。
195 同上第第 62 條第三項。
196 大陸海商法第 257 條。
197 大陸海商法第 257 條。
198 大陸海商法第 257 條。
199 大陸海商法第 80 條第一項。
200 大陸海商法第 81 條第二項。
201 大陸海商法第 81 條第三項。
202 大陸海商法第 82 條。

規則,這一個部份與台灣的「海商法」相同,另有租船契約的索賠時效,為兩年。這一個部分台灣「海商法」就沒有規定,台灣「海商法」雖然涵蓋租船契約的部分,對於租船契約與一般定期運送不同的部分,條文上根本沒有作交代,兩者一體適用同一部「海商法」「運送」的規定。所以在台灣,不管是不是訂有租船契約,索賠時效也還是一年。國際貨物運輸公約因為大都是針對「載貨證券」,根本排除「租船契約」的適用,所以一年或兩年的索賠時效,只能適用於定期船運輸單證所代表的的運送契約,根本不會訂定租船契約的索賠時效。但台灣「海商法」既然已經將租船一併訂入「海商法」,卻對於租船與定期船不同的部分沒有作交代,這是台灣「海商法」含糊籠統的地方,也是兩岸「海商法」很不同的部分。

　　台灣「海商法」對於索賠時限,不分租船或件貨運送,一律規定為一年,自貨物受領之日或應受領之日起算,此外,在台灣「海商法」之中,另有多處有關解除運送人「運送責任」的規定,如「貨物一經受領權利人認領,推定運送人已照載貨證券之記載交清貨物」[203]等,至於追償時限、侵權訴訟的時效等,則未有規定,侵權訴訟因此必須引用民法第一百九十七條的規定:「知有損害及賠償義務人起,兩年內不行使而消滅,或自侵權行為時起算,逾十年亦同」。貨方「索賠之通知時限」,也與大陸「海商法」的規定不同,不同之處在於台灣「海商法」仍比照「海牙及海牙威士比規則」,仍為「毀損滅失情形不顯著,應於提貨後三日內以書面通知運送人」。不同於大陸「海商法」的「滅失損壞非顯而易見的,貨櫃貨應於十五日內、非貨櫃貨應於七日內,以書面通知運送人」。另外台灣「海商法」還多了一個「在收貨證件上註明毀損滅失」,以取代書面毀損、滅失通知的規定。至於對於「經濟損失」,

---

203 台灣海商法第 56 條。

因為台灣「海商法」對於「經濟損失」沒有賠償的規定，當然對於「經濟損失」的通知，也沒有規定了。

三、結論及建議

兩岸海商法最大之不同處

由以上分析可看出，大陸海商法對運送人之責任程度，包括責任範圍、舉證責任、賠償內容等，似乎比台灣「海商法」更明確，責任也更重，但是這一點與對錯無關，政策制定原就有運輸方、貨方何者為重的分別。大陸在改革開放的進程中，必須兼顧兩者的利益。加入國際組織，在運輸服務開放國民待遇的壓迫下，也必須考慮國內的生態平衡，這些都是國內法律不得不兼顧的重點。大陸「海商法」把侵權行為之訴訟亦列入「海商法」之責任制度範圍內，應能較有效地遏止侵權訴訟之氾濫，對於從事海上運送，可以說是一種鼓勵。

立法沿革造成的影響

台灣「海商法」訂自民國十八年，民國五十一年修正，由於時間上當時貨櫃運輸尚未普遍，國際上又僅通過「海牙規則」，連「海牙威士比規則」當時都還沒有公布，因此對於取法英、美、德、日立法例，[204]翻譯之「海牙規則」及美國一九三六年的「海上貨物運輸法」[205]的舊海商法而言，確實許多地方不合時宜，民國八十八年修正「海商法」，本來有機會大刀闊斧的變更舊規定，但是由於利益團體的包袱、立法院的遊說，加上出席代表之保守及偏頗，使整個大方向沒有能夠均衡掌握，以致於停留在舊海商法的巢臼內打轉，最明顯的，就是缺乏名詞定義，其次是把各式租船與件貨運送全部擺在「運送」一章，規定自有許多混淆之處，

---

204 王洸，「航政法規要義」，民國 54 年 3 月海運出版社增訂版，21 頁。
205 交通部，海商法修改要旨說明，民國 76 年。

客運一節尤其離譜,「旅客之運送,除本節規定外,適用本章第一節的規定」。雖然本書不論及「客運」,但該部分之混淆,正足以說明,「海上貨物運輸」更必須另行立法的理由。

比較兩岸「海商法」有關件貨運送之異同,除有因適用國際公約的不同,而造成運送人責任之寬嚴不一致外,台灣「海商法」缺乏專有名詞的解釋,造成各自解讀,而判決不一致的情形,影響尤具大。

司法制度造成的影響

良好的法律,有賴於健全的司法體系予以維繫,司法的獨立性、司法的專業程度,均影響法律之解釋、應用、及審判之公正性,沒有良好的司法制度配合,將使當事人躊躇不前,產生疑慮,徒留良法成為美意而已。

台灣沒有專屬之海事法庭,但由於開放較早,法院較易接受國際的航運慣例及看法,大陸雖有專屬的海事法庭[206],海商法之內容雖較週全,但一般對於大陸「人治」優於「法治」的疑慮,使一般人害怕在大陸打官司。

個人認為將來兩岸海事糾紛的處理,應以訂定雙邊協定,採用以下原則,決定司法審判地點的方式來解決,在何處仲裁或訴訟,即適用該地之規定或法律,建議的原則,以載貨證券簽發之簽發地點為準。

類似以上明確內容之雙邊協定,應在兩岸通航談判時列入議程,因為這是通航以後馬上要面臨的問題。

法律與實際無法配合的遺憾

大陸海商法只承認「承運人、其授權之人」,有權簽發提單[207],另規定「載貨船舶的船長」可以簽發提單[208],但係「代表承運人」

206　大陸的海事法庭業於今(1999)年併入人民法院。
207　大陸海商法第72條、75條。
208　大陸海商法第73條。

簽發[209]。至於論時及光船租賃中，租船人既為承運人，法律規定雖如此詳盡，但是在一九九七年十二月九日，兩岸於基隆舉行之學術研討會中，經與會航商指稱，在大陸，只有一級船代 ── 中國遠洋代理總公司一家、及一級貨代 ── 中國對外貿易運輸公司一家，有權簽發載貨證券，台灣航商在大陸，既不容易拿到一級船代或貨代執照，透過中國對外貿易運輸公司或中國外輪代理公司核章，又要多耗費成本及時間，真是苦不堪言。另外透過雙邊協定，許多外商航運公司也獲得提單簽發的權利[210]。

　　至於複式運送提單之簽發，大陸海商法第四章第八節「複式聯運合同的特別規定」中，簽發人為「複式運送人」，並說明「多式聯運經營人是指本人或者委託他人以本人名義與託運人訂立複式聯運合同的人」[211]，由於多式聯運經營人一詞並不為第四章定義名詞之一，此一名詞係按 multi-modal operator 譯來，因此此一名稱，當仍歸類於運送人範圍內，且大陸海商法第一百○六條亦說明多式聯運經營人之責任，則仍以「承運人之賠償責任和責任限額的規定」為準。也都表示運送人是可以簽發提單的人，但如前之說明，實際上的情形卻完全與法律規定的情形不同。

　　台灣「海商法」第五十三條「運送人或船長於貨物裝載後……發給載貨證券」及五十四條「載貨證券應載明……由運送人或船長簽名」，及航業法第二十四條「船舶運送業因……簽發裝船載貨證券」等規定均可看出，只有「運送人」及「船長」是台灣「海商法」規定有權簽發載貨證券的人。至於有關承攬運送人簽發載貨證券的問題，依現行航業法第四十八條「船舶貨運承攬業除船舶運送業兼營者外，不得租船舶運送其所承攬貨物」及依海運承

209　大陸海商法第 72 條。
210　指經過雙邊協定獲得提單簽發權的 Maersk, P & O, APL, Sea Land 等。
211　大陸海商法第 102 條。

攬運送業管理規則民國八十五年五月二十九日修正第十七條第一項「海運承攬運送業應將簽發之提單或收貨憑證樣本送請當地航政機關備查」來看。本地承攬運送業簽發載貨證券已由一九八一年航業法之不合法，修正為合法，而實務上台灣之承攬運送業多係無船舶資產獨立經營，非船舶運送業兼營，配合信用狀要求，經常性簽發載貨證券，這類載貨證券因信用狀同意自為銀行所接受，可以押匯。法律將其納入管理，是合理的，亦與大陸的規定相同。但大陸的「多式聯運經營人」一詞若仍統一採用「承運人」一詞，則意義可更明確，亦更有一貫性，且與台灣的規定 ── 將承攬運送業亦視為運送業，有權可以簽發提單的規定相比較，可以相互一致，與其他國家的規定也可以一致。大陸只有一級船代、一級貨代實際上有權簽發提單之事實，明顯違反海商法有關載貨證券簽發之規定，這是法律與實際無法配合的遺憾，也嚴重違反國際上的潮流。

建議參考事項

　　大陸「海商法」內容可說比照了海牙、威士比、及漢堡三公約之綜合，及尚未生效的聯合國國際複式運送公約，分類方面則頗為詳盡，內容兼含實務上的有關原則，趨勢上未與潮流脫節。台灣「海商法」自一九八七年就開始研商修正，但因舊海商法沿用太久，若干觀念習之以為常，不願多作改變；又因民意高漲，各單位均只考慮本身之權益，最後妥協的結果，只好在舊巢臼內，如「運送」章原有識者建議重列「定義」，並分列「件貨運送」、「租船」等章，卻未獲同意，建議主管當局能捐棄成見，多所爰引，使兩岸「海商法」能趨向同等規範，將來直航適用時，方不致發生司法問題的困擾。

第七章 提單實務

第一節 提單的歷史及來源概述

在貨物運送的場合，最常見的單證就是「提單」了，英文原名是"Bill of Lading"，台灣「海商法」的法定名稱是「載貨證券」，因為性質與台灣民法中的「提單」類似，而且台灣海商法第六十條也規定「民法第六百二十七條至第六百三十條關於提單之規定，於載貨證券準用之」，因此載貨證券在實務界亦稱之為「海運提單」、或簡稱「提單」。「空運單證」通常就稱「空運提單」"Air Waybill"，比較少逕稱之為「提單」，但「陸運單證」其實就是「陸運收據」"Land Receipt"，卻也常逕稱之為「提單」或「提貨單」。海運上還有比照「空運提單」"Air Waybill"的「海運單」"Sea Waybill"，其性質比較偏向「空運提單」"Air Waybill"，反而與「載貨證券」比較不相同，將於後續之章節中再詳細說明。

本書主題的「國際運輸公約」的適用，其實經常受「運輸單證」的影響，「運輸單證」的「至上條款」是「運送契約」適用哪個運輸公約最具影響力的條款，而各種「運輸單證」之中，又以「海運提單」的使用率最高，因為「海運提單」在複式運輸中簽發的比例最高。所以本章特地從實質層面來探討「海運提單」，一為「海運提單」的實質；包括「海運提單」的內容、其正、背面的條文、其性質、及其意義，比照之前其在貨物運輸公約中的地

位，與本章實務上的性質，更能透澈地瞭解「海運提單」。

雖然海運貨物已有千年以上的歷史，卻無從知曉提單到底起源於何時，西元一〇六三年「Trani 之海運結構」"Ordonnance Maritime of Trani"一書[1]，談到船長帶書記員上船，並談到有關船舶的文書及登記事項，這是有關「貨物裝船應登記」的記載。

其後法國人"Desjardins"在其「海商權利」Droit Commercial Maritime 一書中談到一二五五年船長就有將「所有裝船的物品均予登記，並記下其性質及數量」的事情，但船長真正對貨主開收據則是若干年以後的事，在巴黎有一份保存的十四世紀的手稿中標題爲「海上慣例」"Customs of the Sea"，咸信是在西班牙巴塞隆納簽的，裏面就談到「船上登記簿由書記員保管」、「船舶準備開航時，貨主就應將裝船的貨物內容告知書記員」「因爲未登記貨物的損壞，船東是不負責任的」等事項，及有關「收據」與「付款」等事項，這無異就是提單的雛形了。性質具「文義性」亦隱含有關「權利之證明」等內容。

當登記方式由書面代替口頭，貨主也不再跟著自己的貨物航行時，依據登記簿簽字的登記摘要，乃由貨主執持作爲領貨之證明乙節，乃應運而生。

十六世紀後半，「提單」已經很普遍了，在"Le Guidon de la Mer"一書中定義「提單」爲「作爲船長收到貨量、品質的證據」，也把載貨證據與租船契約區別出來，並且有「一式要簽三份」[2]、及「三份中的一份若完成交貨，其餘提單即失去效力」等說明，此外，一五三四年 Chapman v.s Peer 案中，亦有「未在『證券文書』"Book Of Lading"中登記的貨物，船長及船東可以不必負什麼

---

1 Trani 爲義大利的城市名。
2 一式簽三份，據傳是因爲當時郵遞並不方便，常發生提單再郵遞中遺失等情事，因此有分三批寄送，以避免遺失。即使現在，銀行依然分兩批寄送，以避免遺失，因此此種說法，應具有可信度。

責任，這是由來已久的慣例與法理」。

此外，背書轉讓在十八世紀以前就有了，那個時候可轉讓的「提單」已經獲得普遍的使用[3]。

目前使用的提單由於是「國際商會」"International Chamber Of Commerce,ICC" 提供給「國貿程序簡化局」"Simplication Of International Trade Procedure Board, SITPRO" 的版本，採用國際通用的 A4 大小的紙張，在海運先進國販售海運單證的書局裏都可以買得到未印有公司抬頭的簡式提單，除基本內容外，其內容也可以隨著運送人的需要嗜好，配合航行區域慣例，作一些大同小異的改變，將於後敘章節中說明。

國貿流程是一個複雜的蛛網式結構[4]，其中包含買賣契約、運送契約、保險契約、及信貸契約等，而「海運提單」恰居其中，做連繫的工作，「海運提單」既然如此的不可或缺，因此在基本上，對於載貨證券的簽發，其種類、其作用等，不得不先作一番整理，整理之後，「海運提單」的地位明朗化了，才好作進一步的探討。

一、從買賣雙方的立場看載貨證券

雙方簽訂買賣契約。

買方向開狀銀行申請開發信用狀，並繳保證金或銀行要求的其他條件。

開狀銀行拍發電報、或航寄信用狀。

出口之通知銀行通知賣方轉達信用狀。

出口商出貨。

船方簽發海運提單。

載貨證券副本寄目的地代理行或分公司。

3　Alan Michelhill, "Bills of Lading, Law and Practice", 1983,page 1-2.

4　Tim Howard,The Carriage of Good By Sea Act 1992, Journal of Maritime Law And Commerce Vol.,24,.1/1/,1993,page 181.

分公司或代理行通知買方。

賣方憑「海運提單」、依信用狀之條件申請押匯。

出口之通知銀行憑單墊款。

銀行墊款後航寄跟單匯票、單證等給開狀銀行。

開狀銀行通知賣方。

買方向開狀銀行付款贖單。

銀行交付「海運提單」。

買方向船方代理行或分公司交出「海運提單」以換取「小提單」。

船方憑貨方出示「小提單」交付貨物。

以上過程以圖示之如下：

附圖：　　　　　**國 貿 流 程**

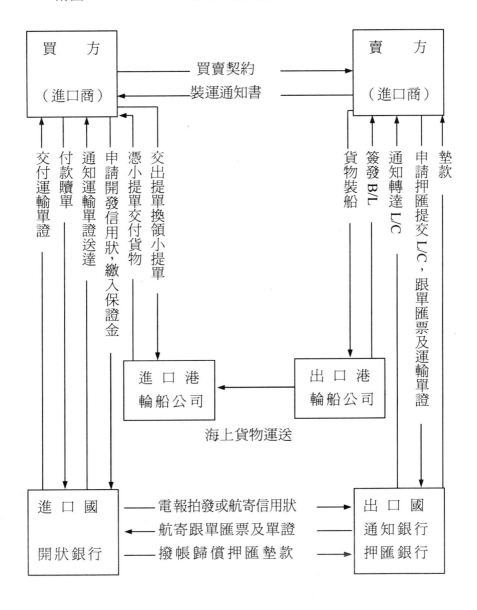

二、自裝運流程看載貨證券

傳統的託運人至船方領填「裝貨單」

「裝貨單」一式六至八聯，第一份爲「裝貨單」"Shipping Order"，簡稱 S/O，其次爲「收貨單」"Dock's or Mate's Receipt" 簡稱 D/R 或 M/R，或逕稱「收據」"Receipt"，其餘各聯均爲「訂運單」"Booking Note"，簡稱 B/N，及/或稱「留底」"Copy"，每聯內容均與「海運提單」正面內容類似。由於電腦連線的日益普遍，這項收放單流程已經逐漸由網路連線鍵入所取代，但文件格式及通知作業流程則仍然存在。新一波的網路傳輸技術亦可能完全取消「裝貨單」的存在。

船方接受訂運，並在「裝貨單」上編號

但船方在「裝貨單」上註明並編號，並非保證有艙位可裝載，任何原因使艙位無法容納貨物時，船方並不負責賠償。

託運人憑單出貨。

船方於收貨時在「收貨單」上簽字，貨物之表面情狀將註記於「收貨單」，將來憑「收貨單」以製作「海運提單」。

船方憑「收貨單」製作「海運提單」，簽發給託運人

因爲「裝貨單」資料均由「託運人」繕製，因此憑「收貨單」製作由船方「海運提單」除了收貨情況係依船方加註外，其餘內容在理論上應該按照貨方「託運人」提供的資料製作，這一個在某些運送人允許託運方自行列印提單的情形下，許多附加功能：例如貨物內容與「提單」內容不符合，或有瑕疵，或者不實的記載，責任應該由哪一方來承擔等，本來是非常重要的參考，現在也多失去了。

託運人憑載貨證券向銀行辦理押匯，銀行轉開狀銀行

收貨人於繳交貨款後取得載貨證券，或因載貨證券未寄達，

由銀行提供「銀行擔保書」"Letter of Undertaking"，以換領「小提單」。辦理提貨手續。

以圖示之如下：

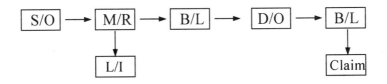

S/O：裝貨單（Shipping Order）
M/R：收貨單（Mate's Receipt）
L/I：保證書（Letter of Indemnity）
B/L：載貨證券（Bill of Lading）
D/O：交貨單或小提單（Delivery Order）

第二節　海運提單的種類

海運提單的分類方式有很多樣貌，但本節所提出的分類方式只是與探討性質相關的分類方式，以增進對提單的瞭解為主，並利於後節性質之探討。

一、由簽發人之不同分類

因簽發人之不同，計有船東簽發的提單、租船人簽發的提單，以及由海運承攬運送人所簽發的提單等三大項，分述如下：

船東簽發之提單

這是最傳統的海運提單，「船東」目前仍舊是不定期船運提單最主要的簽發者。租船人亦可能是不定期船運提單的簽發者。租

船人甚至是跨定期船與不定期船處於與船東地位相同的海運提單的簽發者。但是定期航線運輸之發展,顯然影響提單的簽發,定期航線的船運由貨櫃船幾乎全面取代傳統雜貨船之後,船東簽發提單的數量已經越來越少,甚至追隨空運發展的腳步,船東將會只留下不到百分之十的發單量。目前各國法律承認的有權簽發提單的「運送人」已經包含「無船運送人」,船東已經不再是傳統認定的「運送人」。但是一旦發生船、貨糾紛時,貨方的最後保障——申請扣船的權利行使,就不如以往船舶所有人擔任運送人情況下,來得方便了。基於現在航運趨勢的進展,船舶來源已經不僅造船或買船一途可言,也就是說,大量租船已經成為趨勢,國際上擁有船舶的船舶管理公司,通常不經營船舶,所以日後的發展船舶所有人擔任運送人的狀況將越來越少了。

依據現行「海商法」第五十三條規定「運送人或船長於貨物裝載後,因託運人之請求,應發給提單」,又現行的「航業法」第二十四條規定「船舶運送業因託運人之請求簽發提單……」,至於船舶運送業的定義則已摒棄以往「以自有及租賃」之船舶來源的限制,改以「以船舶經營客貨運送而受報酬之事業」[5]。除了自有船舶的船東以外,不論以任何方式取得船舶的營運使用權,包括船舶所有人、光船租船人、及論時租船人均可為運送人,都有權簽發提單。

由租船人簽發之海運提單

租船人包括「光船租船」之租船人,以及「論時租船」之租船人,台灣「航業法」目前亦承認只要有一艘自有船舶,就屬於船舶運送業的範疇,這兩種租船人都可以「自為運送」[6],也就是都有權簽發提單。由於漢堡規則中之「運送人」,已經分類為「運

---

5 航業法第 2 條第 2 款。
6 參考航業法第 48 條的文字。

送人」與「實際運送人」，因此也就是包括簽發提單的租船人「運送人」與提供船舶的船東「實際運送人」無疑[7]。依據航運實務，在論時租船、及空船租船情形下，與託運人訂立運送契約並簽發海運提單的運送人，經常正是以論時租船或空船租船方式取得營運船舶權利之租船人，租船人作為運送人，既為國際公約及法律所承認，則此種提單，因提單簽發人的租船人負運送人責任，及仍有免責範圍與責任限制之保障，屬合法及較可靠的提單。

由海運承攬運送業簽發之提單

「海運承攬運送人」就是英文"Freight Forwarder"，在台灣以往一般通稱之為「併櫃公司」"Forwarding Company or Consolidator"，依據目前修正的台灣「航業法」第二條草案「海運承攬運送業」的定義，已經修正為「接受貨方委託，以本身或委託人名義，辦理貨物國際運輸等相關業務並收取報酬之事業」，這個定義不同於以往，取材自民法傳統「承攬運送」的說法，也就是「指以自己之名義，為他人之計算，使船舶運送業運送貨物而受報酬之事業」，正是這種錯誤「為他人之計算」的認定，讓「海運承攬運送業」的發展遲滯了許多年。能夠「辦理貨物國際運輸」，就能夠「自為運送」，就能夠「簽發自己名義的提單」了，不至於像民國七十年以前，「航業法」不同意「海運承攬運送業」簽發提單的現象了，雖然當時「海運承攬運送人」仍舊能夠以「配合信用狀要求」的理由，簽發提單，而且實務上能被銀行所接受，但到底當時是屬於違法簽發提單的狀況。

不僅台灣如此，就連一九七三年的「信用狀統一慣例」，還不能接受「海運承攬運送人」簽發的提單押匯，甚至到了一九八三年的「信用狀統一慣例」，也只接受「國際貨運承攬商協會」授權

---

7 原文為 "Carrier" Means Any Person By Whom or In Whose Name A Contract Of Carriage Of Goods By Sea Has Been Concluded With A Shipper"。

發行的提單"FIATA B/L"，簡稱"FBL"的押匯。這種「海運承攬運送人」簽發提單的現象，現在由於貨櫃化帶動海運分工的普遍發展，已經越來越多。「海運承攬運送人」初始經由船舶貨櫃化的帶動，不同於傳統的「承攬運送」，在國際上逐漸竄起時，由於多數本身沒有船舶資產，也不需要大的投資額，比較容易成立，因此也比較容易有良莠不齊的現象，經常漠視貨方權益，不主動處理索賠糾紛，而且不僅台灣如此，國際之「海運承攬運送業」亦然。「國際貨運承攬商協會」"Federation Internionale De Association De Transitarces Assimiles" 簡稱 FIATA，爲維持「承攬運送」之聲譽，亦爲強化其同盟之組織力量，設計有國際通用格式的承攬運送業提單，稱爲 FIATA Bill of Lading，簡稱 FBL，只提供會員使用，其發行份數有一定限制，是公會自我約束的一個例子。所以一九八三年的「信用狀統一慣例」才會以這種 FBL 作爲對於「海運承攬運送業」簽發的提單中，唯一承認的一種。

　　一九九一年針對「複式運輸單證」之「聯合國貿易發展委員會／國際商會規則」"UNCTAD/ICC Rules for Multi-modal Transport Documents"，其中之「複式運送人」"Multi-modal Transport Operator"，簡稱 MTO 之定義，就已經包含「承攬運送人」的意義在內[8]。在大陸，「承攬運送業」叫做「貨運代理業」屬於「對外經濟貿易部」管轄，源於「複式運送人」翻譯的「多式聯運經營人」則屬於「交通部」管理的範圍，其實兩者二而爲一，這些都是主管當局誤認其意義的結果。

　　一般「海運承攬運送人」的情形，與空運簽發提單的狀況相當類似，大致情形如下：

　　由「船東」或「租船人」簽發提單給「承攬運送人」，通稱「主

---

8 原文爲"MTO"Means Any Person Who Concludes A Multi-modal Transport Contract And Assumes Responsibility For The Performance Thereof As A Carrier。

提單」"Master B/L"，以「承攬運送人」為「託運人」，「船東」或「租船人」則是「運送人」，再由「承攬運送人」以「運送人」身份簽發本身名義之提單，稱為「分提單」"House B/L"給「託運人」的貨主。這是一整套「無船運送」的提單簽發過程。其次就是由「承攬運送人」簽發「貨物收據」給貨主「託運人」，再由貨主「託運人」向「船東」或「租船人」領取「主提單」"Master B/L"，憑以押匯，或如果信用狀可以同意，直接以「貨物收據」押匯。或者就直接由「承攬運送人」獲得「船東」或「租船人」授權，代為簽發「船東」或「租船人」名義的提單。這些複雜的操作過程用圖示的方法，表明如下：

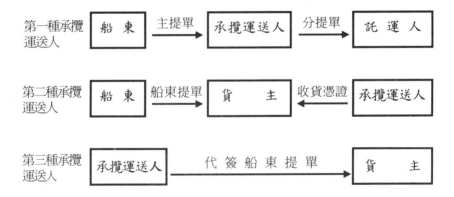

以上有「分提單」亦有「主提單」"Master B/L"簽發的情形下，多數都是整櫃進出（CY/CY）由承攬運送人將零星貨作整併成櫃的功夫，類似包艙位的方式，「主提單」此時通常僅作為收、交貨物的「收據」作用，而不作正式用途，「分提單」才有押匯等的功能。但是由「船東」或「租船人」授權「承攬運送人」簽發的「主提單」，就不一定是整櫃進出了，這一種提單也才通常可以作正式用途如押匯之用。

　　主提單「Master B/L」如前述以「承攬運送人」作爲「託運人」地位的說法，也是規範在美國一九九八年「海運修正法」"Shipping Reform Act,1998"第三章定義屬於「海上運輸中間人」"Ocean Transportation Intermediary"中的「無船公共運送人」"Non-vessel Operating Common Carrier"的作業狀況；而「船東」或「租船人」授權「承攬運送人」簽發「主提單」的狀況，或者前述由「承攬運送人」簽發「貨物收據」給「託運人」的「承攬運送人」，在美國就只是「承攬運送人」"Ocean Freight Forwarder"而已。所以在美國，同樣的「承攬運送人」"Ocean Freight Forwarder"一詞，與國際上其他地方"Ocean Freight Forwarder"的意義是不同的[9]。

　　由於規模較大的「託運人」有能力與「運送人」洽得較優惠的條件，以及較優惠的運費。「承攬運送人」所攬載之貨載，雖然大都是不滿一整櫃的零星貨載，但是在湊滿許多整櫃之後，再以大「託運人」的身份代表與「運送人」接洽，獲得之優惠條件及優惠運費，還可以回饋給零星貨物的「託運人」，除了「承攬運送人」本身可以獲利之外，零星貨物的「託運人」亦獲得回饋之優惠運費或較佳之運送條件，「承攬運送人」不僅爲「船東」或「租船人」解決了艙位空虛的問題，亦節省其零星攬載貨物之支出，「承攬運送人」的存在，可以說是一種三蒙其利的因緣際會。也是定期航運不斷走向分工的趨勢與動力。

　　這類提單所以在國際上有許多爭議，大致因爲：

9　一九九八年「海運修正法」於一九九九年五月一日生效，其第三章定義中，「海上運輸中間人」包括「承攬運送人」"Ocean Freight Forwarder"與「無船公共運送人」"Non-vessel-operating Common Carrier, NVOCC"兩種，對於「承攬運送人」之定義爲「代表託運人，透過公共運送人，安排艙位、攬貨、催促船運、處理文件、或履行相關船運活動的人」。對於「無船公共運送人」之說明爲「指不營運船舶而提供海上運送服務，與海上公共運送人間之關係爲託運人之公共運送人」。

1. 尚有許多國家沒有、或不夠週全的法律保障及管轄，沒有明確之責任範圍。
2. 貨物發生毀損滅失，簽發者極易與貨物脫離關係。
3. 處理共同海損時身份發生問題，因爲沒有資產可進行留置。
4. 國際上還有許多「承攬運送人」沒有法律上強制保險的保障，或者沒有完善的保險審核規範，包括台灣的「海運承攬運送業」在內[10]。

承攬運送業這十數年成長頗爲快速，尤其在台灣，提單的出單量已經超過了台灣出口貨物總出單量的百分之八十[11]，無船公共運送的優勢已逐漸發揮，在法律管轄尚不十分完善情形下，後續發展有賴於業者的自律與努力了。

二、由提單的本質分類

若以提單之本質，即運送責任之涵蓋範圍不同，可分爲「海運提單」，「複式運送提單」、及「聯運提單」等基本大類，而實際上，爲因應地區習慣，地理特性，亦有其他具地區特質之提單，像美國受政府補貼的的「聯運提單」，包括如「海陸聯運提單」"Over-Land Common Point, OCP B/L"，複式的「迷你陸橋海陸聯運提單」"Mini-Land Bridge B/L"，或者「微陸橋海陸聯運提單」"Micro-Land Bridge B/L"等。都屬於「聯運提單」的範疇，分述如下：

「海運提單」"Ocean B/L or Port to Port B/L"

全部運送只涵蓋海運過程，是最原始的提單，也是「海運提單」的原貌，海牙規則鉤對鉤之責任劃分方式即針對這種提單而

---

10 參閱王肖卿撰，「海運承攬運送業的管理」，核保學報，2004.3.，第十二卷。
11 依據台北市承攬運送公會的非正式統計。由於不定期船運的提單發單量有限，因此這項統計數字應該是可信的。

來，目前之油運、散裝貨運及其他大宗運送仍用這一種提單，就貨物數量來說，這類提單所代表的貨量佔全世界百分之七十左右，但是發單量就不大，油運的數十萬噸，散裝的數萬噸，乃至十餘萬噸，可能都只有一張或數張提單，就可以涵蓋。相對於以下的「複式運送提單」"Multi-modal Transport B/L"，也有人稱呼這種提單是「單式運送提單」"Uni-modal Transport B/L"[12]。

「複式運送提單」及「聯運提單」

包括海、陸、空的運送過程，目前之貨櫃運送使用的提單，就是「複式運送提單」"Multi-modal Transport B/L"。

由於一九九一年六月十一日「國際商會」公布獲得「聯合國貿易發展委員會」"UNCTAD"授權，擬定的標準規章，經「聯合國貿易發展委員會」秘書處的核可，稱之為「複式運送單證的聯合國貿易發展委員會／國際商會規則」"UNCTAD/ ICC Rules For Multi-modal Transport Documents"，以取代一九七五年之「複合運送單證國際商會規則」"ICC Rules For A Combined Transport Document, 1975"的關係，在運送領域中，應該以「複式運送提單」"Multi-modal Transport B/L"取代舊的「複合運送提單」"Combined Transport B/L"名稱。另外依據一九九三年「國際商會」公布、一九九四年十月一日生效之「信用狀統一慣例」"Uniform Customs And Practice For Documentary Credits，1993"第二十六條，台灣「國際商會中華民國總會」對於"Multi-modal Transport Document"之正式翻譯，亦仍以「複式運送單證」稱之，因此國際上以「複式運送」"Multi-modal Transport"一詞取代「複合運送」"Combined-transport"，但是以當時英文原文都一律是"Combined-transport"及「聯運」"Through Transport"的趨勢，目前

---

12 Article 1 of "Standard Conditions,1997" of "FIATA Multi-modal Transport Bill of Lading"..

實務上，舊的「複式運送」或「複合運送」"Combined-transport"幾乎已經不再見到了。但是這個趨勢，對於中文翻譯的各種說法來講，看不出有什麼大的不同。

　　由於一九七四年統一慣例第十九條 b 項中的「聯運提單」"Through B/L"的定義，「即使包括好幾種運輸方式，但是係由船運公司或他們的代理行簽發」"Issued By Shipping Companies Or Their Agents Even Though They Cover Several Modes Of Transport"。涵括「好幾種運輸方式」的意義，就是「複式運送」的原意，而由「船運公司或他們的代理行簽發」的提單就是「複式運送提單」，既然當時的「聯運提單」就是現在的「複式運送提單」，加上一九八三年及一九九三年的「信用狀統一慣例」中，已經不再有「聯運」"Through Transport"這個名詞，即使連"Combined-transport"這個名詞也被"Multi-modal Transport"這個詞所取代，更可以明白國際上「聯運」"Through"與舊的「複式運送」"Combined-transport"已經完全被"Multi-modal"這個詞所取代的意義。另外還有一種實務界的說法，則是說「聯運」"Through Transport"一詞指的是同一種運輸工具的移轉，也就是「轉船運送」但以運送人簽發一張單證涵蓋整個運送航程為主，與「接駁運送」、例如「境外航運中心」的「集貨子船」"Feeder Service"與「母船」間之接駁。這個意義當然又不同於一個三角航程、簽一張提單的運送。因為舊式一個三角航程簽一張提單的運送方式，早已改變為兩個直線航程，以分別簽發兩張、或三張提單的方式來執行。所以兩者是不同的。"Through"一詞，雖然已經從一九八三年起的「信用狀統一慣例」消失，但一九九八年美國「海運修正法」第三章，仍有一段對於「聯運運送」"Through Transportation"的定義，說明「聯運」是指「介於美國內陸點或港口與外國內陸點、或港口間包含至少一個公共運送人之兩個以上運送人所為連續，

而收取聯運運費之運送」"Through Transportation""Means continuous transportation between origin and destination for which a through rate is assessed and which is offered or performed by one or more carriers, at least one of which is common carrier, between a United States point or port and a foreign point or port.",這項定義與前述美國之「海陸聯運提單」"Over-Land Common Point, OCP B/L",複式的「迷你陸橋海陸聯運提單」"Mini-Land Bridge B/L",或者「微陸橋海陸聯運提單」"Micro-Land Bridge B/L"之提單應該是意義相通的,與複式運送的定義也沒有什麼不同,所以應該是因爲存在於美國一區的提單而已。

三、由貨物裝船與否分類

由貨物是否已經裝船來分,可分「裝船提單」"Shipped on board B/L or On board B/L"與「候裝提單」"Receive for shipment B/L"兩種,但是信用狀交易中,銀行願意接受作爲押匯用途的提單,則只有「裝船提單」一種而已,因此台灣航業法第二十四條及海商法第五十三條都規定「運送人簽發提單,應於貨物裝船之後爲之」。但是銀行接受與否,與貿易實務上發生與否,究竟是兩回事,法律應該配合貿易實務上的狀況,何況並非所有的國際交易,都是信用狀交易。舊的國際貨物運輸公約規定只能在裝船後簽發提單,新國際貨物運輸公約的漢堡規則現在已經不反對有「候裝提單」的存在了,法律在這一方面應該跟進,才追得上國際法規與實務。

至於裝船前簽發之「候裝提單」,內容與「裝船提單」都是相同的,只是沒有填列裝船日期而已,但是如果在裝船之後,補填裝船日期,就已經是「裝船提單」了。在「複式運送」頻繁的今天,國際貨物運輸法規已經涵蓋「複式運送人」的責任,也就是

「複式運送人」的責任已經從海運到內陸收、交貨物都可以適用國際貨物運輸法規，運送人或實際運送人只要貨物在其託管下即可應託運人之請求，由運送人或其授權之人簽發提單[13]。

雖然一九九三年「信用狀統一慣例」已經可以說，部分解決了「候裝提單」銀行接不接受押匯的問題，把「簽發時間」"issue date"、「接管時間」"take in charge"都視爲「裝船時間」"on board date"，但是原則性的訂定，還是要看各別信用狀的文字，才知道「候裝提單」能不能被接受[14]。

四、由運費的付款方式分類

由運費的付款方式來分類，提單可分成「預付運費提單」"Freight prepaid B/L"、及「到付運費提單」"Freight collect B/L"兩種，「預付運費」與「到付運費」實際上是貿易條件的反應，如「預付運費」通常都是「成本、運費在內」"Cost and Freight, CFR"、或「成本、保險、運費在內價」"Cost, Insurance, Freight, CIF"的貿易條件反應，而「到付運費」則多是因爲「船邊交貨」"Free on Board, FOB"的貿易條件反應[15]。

實務上，運送人對於「預付運費提單」，必須在收到運費後，才發放提單給託運人，以保證運費的取得，「到付運費提單」則通常必須在收到運費後，才准於放貨，以資取得運費之保障。

對於運送人權利的保障，「預付運費提單」的保障性比較高，因爲運費乃是「貨物送到目的地完質完整交貨，始可賺取之酬勞」[16]，如果貨物雖然送到目的港，貨方卻以貨物瑕疵、規格不合等不是船方原因的理由拒絕領貨，並且作爲拒付運費之藉口，或者

---

13 漢堡規則第 14 條第 1 項及第 2 項。
14 參閱本書第三章第一節。
15 參看「國貿條規」"INCO Terms,2000"。
16 參看台灣民法第 645 條「運送物於運送中，因不可抗力而喪失者，運送人不得請求運費，其因運送而受領的數額，應返還之」。

因爲買賣雙方已經有糾紛，受貨人藉機逃避，不出面繳付費並領貨時，也可能造成運送人許多的不方便，即使運送人認爲無理，藉由司法途徑解決問題，也將耗日費時，終究有許多不方便的地方[17]。

特別值得注意的，提單上之「運費將預付」"Freight Is Pre-payable At..."，或者「運費將已付」"Freight Is to be Prepaid"的字樣，都不能將之視爲「運費預付」"Freight Prepaid"的提單。

五、以受貨人之有無特別指定分類

實務上這種分類方式，分爲「指示提單」"to order BL"、以及「記名提單」[18]"straight B/L"兩種；前者也就是一般所分類的「可轉讓提單」"Negotiable B/L"，持有人可持之背書轉讓，因此提單的「受貨人」"consignee"欄位，常常是「待指定」"To Order"字樣，大陸的「海商法」稱這種提單是「不記名提單」[19]，或因爲由銀行決定，以哪個人付款贖單，以指定哪個人是「受貨人」的「銀行指定」"To order of the Bank of …"，也有因爲買賣條件不同，而有「待託運人指示」"To order of the Shipper"的[20]。後者則爲「不可轉讓提單」"Non-negotiable B/L"，原則上根本不能轉讓。

早期爲免除押匯過程中，「轉讓提單」產生的風險，如貴重品、藝術品、金銀條塊的運送，就不須押匯過程，由船方直接簽發「記名提單」。或者如「樣品」"Sample"運送，因爲件數、金額都小，省了押匯過程，反而方便許多。這種提單是不能轉讓的。現在由於空運貨運發達，以上貴重物品的運送已經改採空運，又因爲航

---

17 參閱王肖卿撰，「海上貨物運送－運費請求權之研究」，第三章，44頁，依案例解釋，「到付運費」應該依據民法第 268 條，「以第三者爲給付之契約，於第三者不爲給付時，當事人應負損害賠償責任」。
18 撰爲「直達提單」，理由見本書「兩岸商法之比較」。
19 大陸海商法第七十九條。
20 大陸海商法以上兩種爲指示提單，同上註之陸海商法第七十九條。

程縮短、牽涉金額不大、或方便的因素，「樣品運送」也改採空運運送了。但是「記名提單」不但沒有消失，反而更多。因為「記名提單」可以直接在提單的「受貨人」欄位上填上「受貨人」的名字，甚至「託運人」與「受貨人」根本就是同一個人，使用起來更為方便的關係。

在歐洲，這種「記名提單」的用途，多數都被「海運單」"Sea Waybill"所取代，但是在美洲地區，仍以使用「記名提單」為主。所以也可以說，因為使用習慣不同，而有歐洲用「海運單」，美洲用「記名提單」的區分。但是兩者性質究竟是大不相同的，本書在第五章第三節已經說明得非常清楚，因此不再贅述。「記名提單」多數由託運人逕自郵寄受貨人，買方憑券付款，亦憑券領貨，台灣民法第六百二十八條之記名式提單，雖然與國際實務及各國法律殊不相同，本書仍因應實務，亦將"Straight B/L"將其翻譯為「記名提單」。

「海運單」理論上在貨到目的港前仍可由託運人改換受貨人，因此得以中間一手為銀行的方式進行押匯，但經向銀行外匯部門查證，實務上少見有「海運單」辦理押匯及轉讓。

「記名提單」的正面，多由運送人註明「非轉讓」、或「不可轉讓」"Non-negotiable or Not Negotiable"字樣。「海運單」依據本書第五章第三節「國際海事委員會海運單規則」第六條的規定，託運人在交貨之前，均有權通知運送人改變受貨人，但只有託運人有這個通知改變的權利，受通知人是無法繼受這個權利的。

在交貨方面，「國際海事委員會海運單規則」倒是規定只要辨識受貨人的身分，海運單可以不必繳還，即可逕行領貨，台灣民法第六百三十條則是「受貨人請求交付貨物時，應將提單交還。」，即只要稱是「提單」，就須在交付貨物時交還單證。

六、以提單之有無批註分類

　　以提單是否有批註而分「清潔提單」"Clean B/L"、與「不潔提單」"Foul B/L or Unclean B/L"兩種，但所謂「清潔」與「不潔」，僅僅是理論上的分類，因為「不潔提單」無法辦理押匯，所以實務上根本就沒有，至於提單的「清潔」與否，理論上以「收貨單」上的記錄為準，「收貨單」上有「批註」[21]"remark"，實務上解決的方式為以「收貨單」換發提單之前，由託運人進行瑕疵貨品的更換，或整補。然後再由運送人正式簽發清潔提單，但因貨品短缺，或時間上不及更換貨品時，實務上為由貨方「託運人」簽給運送人一份「貨損保證書」"Letter of Indemnity, L/I"，以換取「清潔提單」，「貨損保證書」內容通常是運送人制式印刷，再由「託運人」簽字，內容多是由「託運人保證，貨物於裝船時已有瑕疵，在目的港發生之一切貨損責任，均由託運人承擔」，但是這麼一簽，無異運送人書面承認所簽之「清潔提單」為一種作偽；證明「運送人」在裝貨港就知悉「貨物有瑕疵」的事實，所以簽發「清潔提單」，就有隱含「刻意隱瞞受讓人」的故意，並利於「託運人」轉讓提單，獲得不法利益。

　　因此「貨損保證書」雖然是船方印就之文書，以往國際貨物運輸公約卻無法公開承認其存在的事實，隱而不提。屬於一種實質存在而理論不存在的東西，身分與「不潔提單」正好相反。

　　漢堡規則第十七條，正式正視「貨損保證書」存在之事實，並賦予合法性，法定「貨損保證書如果沒有詐欺的意圖，可以拿來對抗託運人」，甚至「提單轉讓以後，託運人必要時亦應該出面負責，以補償運送人」，但是如果「經發現託運人與運送人有共同詐欺意圖時，保證書不但對託運人無效，託運人也可以不遵守自

---

21 有關貨物內容違反常態的記載。

己原來的承諾，甚至運送人亦喪失其責任限制的權利」[22]。

　　至於提單是否是「清潔提單」或「不潔提單」，也就是貨物「批註」"remark"的認定，除收貨上船時，明確註明的貨品「瑕疵」之外，務實的船、貨雙方都知道，其實以銀行認定為準。沒有配合信用狀規定的，就是瑕疵的批註，例如像提單上註明的「如租船契約」"As Per Charter Party"、「託運人之裝貨、丈量、及計算」"Shipper's Load, Weight, And Count"、「據告知」"Said To Be"、「託運人自己包裝」"Shipper Packed Container"等，以往這些敘述事實的「註記」，多曾被銀行認定為「瑕疵的批註」但現在新的信用狀統一慣例已經明文訂定「可接受」"acceptable"了。甚至因為多一個逗點，或者文字是原來信用狀拼錯的字，改正為正確的字，也多曾被銀行認定為「瑕疵的批註」，應予以修正成原來錯誤的樣子，或者予以刪除，以符合銀行接受的押匯文件要求。甚至更離譜的，是銀行自行認定，而被認係不潔之「批註」，也要配合修改才行。部份銀行業者對於提單之不瞭解，常常造成提單因若干不相干的「批註」，而被認定屬於「不潔提單」的情況，非常冤枉。

　　好在一九九三年之「信用狀統一慣例」業已接受前述附有「如租船契約」"As Per Charter Party"的「租船提單」，及附有「託運人之裝貨、丈量、及計算」、「據告知」、「據告含」"said to contain"、「託運人自己包裝」等以往有爭議的批註，讓提單能夠恢復其原始的流通功能。

七、以提單背面條款之有無分類

　　以提單背面條款之有無，實務上將提單分成「長式提單」"Long Form B/L"及「短式提單，或稱簡式提單」"Short Form B/L"兩類，「長式提單」就是一般常見的、其上端印有運送人名義之抬

---

22 漢堡規則第 17 條第 3 項及第，4 項。

頭，以及背面印有條款的提單，背面條款中，至上條款、仲裁條款、適用法律、司法管轄等均都是提單遵循的準則，在沒有其他契約的約定下，包括其他條款在內，一般都是船、貨雙方所應該共守的約定。「簡式提單」則多適用於訂有論程租船契約的場合，其提單正面沒有「運送人名義」的抬頭、背面也沒有印刷的條款，正面則印有「依據租船契約」"subject to Charter Party……."的字樣，「簡式提單」主要作用，僅在為收貨及交貨的憑證，在海運先進國，這種無抬頭的「簡式提單」在書局即可購買，因證券正面多已印有「條款、條件、及免責約定以租船契約為主」"All Terms, Conditions, and Exceptions as per C/P"，對運送人而言甚為方便，但「簡式提單」在訴訟上，亦因無抬頭的原故，常有當事人不清楚的困擾，以致常在司法程序階段，就遭到敗訴。

八、以直接貿易與三角貿易的狀況分類

貿易的接訂單與原料產地，或者與出貨地點經常是完全不同的地點或國家，在本書第一章已經有清楚的說明，三角貿易就是這種貿易情況下的產物，因而產生了「原提單」與「換提單」"Switch B/L"的差異，不僅提單如此，為了三角貿易的需要，信用狀亦可能開兩套，兩套「信用狀」與「兩套」提單可以說內容完全相同，相同的程度可以用「條件字字相符」"back to back"來形容，唯一不同的是「當事人」：「買方」與「賣方」，以及「出口地點」與「進口地點」的不同，為了避免「買方」知道「賣方」的名稱，或者「賣方」知道「買方」的身分，為了隱瞞，不讓「賣方」知道「出口地點」，或者「買方」知道「進口地點」，中間商必須另行開立與原「信用狀」完全條件相同的「信用狀」，因此中間商也必須有「換提單」"Switch B/L"的動作，「換提單」最需要注意的地方，必須收回原來簽發的「提單」，而且確認原來簽發的正本的份數，

以便一併收回，才可以換發新提單，尤其電報驗放的場合，更應該委託可靠、小心謹慎的代理行，否則發生的責任，可能是運送人無力承擔的大責任。

二○○五年五月「國際運輸仲介人協會」"International Transport Intermediaries Club, ITIC"發佈一項通告，表示針對由銀行、船東和託運人針對許多運輸代理人：包括承攬運送人及船務代理提起的大量鉅額索賠，都是因為運輸代理人在沒有獲得第一套提單的情況下，就憑著貿易公司或中間商的擔保函就向其簽發了第二套提單。該類案件中的不肖貿易公司總是在將兩套提單承兌獲取現金之後就宣布破產了。該協會針對這一個嚴肅的問題做了詳盡的解釋，因此「國際運輸仲介人協會」的經理人建議凡是受委託簽發提單作業有關的所有會員，應該注意一些與簽發第二份轉換提單該注意一些以下的事項，首先換提單的背景應該包括：

不僅要獲得委託人關於簽發轉換提單的書面授權，而且要獲得其對原提單內容所有變更的書面授權；

只有在收回全部第一套提單繳回作廢後，才能簽發第二套提單；

第二套提單不應該有錯誤表示，包括有關真正的裝貨港、或貨物狀況，或裝貨日期。如果簽發的轉換提單含有不同的內容，那運送人及其代理人簽發第二套提單將面臨來自因該不同的內容，可能須面對受損一方索賠的風險。

實務上由於因應發單時的時間壓力，「轉換」提單多是在第一套提單外另行先簽發，而不是在繳回第一套提單後再發的。如此操作的理由有很多，譬如：第一套提單可能滯留在裝船國，或船舶可能比第一套提單先期抵達卸貨港。另一個可能的理由是，貨物的中間貿易商希望在其付款給發貨人之前，先從最終收貨人處收取貨款，以改善其現金流。委託人可能指示其船舶代理人，

在沒有收回第一套提單的情況下簽發第二套提單，並且委託人或者第二套提單接收人可能爲此提供了擔保函。這種危險的做法經常導致運輸代理人在面臨第一套提單持有人：例如託運人、提單的受讓銀行或受讓人的索賠時，除了一份可能毫無作用的擔保信以外，別無所依，與沒有財產的租船人或已將涉案船舶出售的船東相比，一個設立多年或跨國的運輸代理人很可能就成爲提單持有人的追索賠償的目標。所以代理人在接受委託簽發第二套提單時，自己就要考慮以下的事情：

1.授權簽發第二套提單的委託人可靠嗎？即使委託人提供了擔保函，代理人也應當謹記擔保函能否得以履行主要是依靠擔保函出具人本身的信用；

2．代理人必須取得委託人的書面授權和委託人簽署的擔保函，如代理人認爲必要，應由銀行背書，以保證賠償代理人因簽發第二套提單可能遭受的所有後果；

3.代理人也應考慮是否需要取得因該行爲而可能受到不利影響的其他關係人，包括如船東、託運人、或者銀行的書面授權。如果代理人受租船人委託代表船長簽發第二套提單，那麼他還必須取得船長或船東的書面授權。否則，船東可能會以代理人未經授權簽發第二套提單而使其受損害爲由，提出有理有據的索賠；

4.如果委託人要求代理人取得第二套提單接收人提供的擔保函，代理人就應當得到委託人對擔保函文本和擔保方式，例如是否需要由銀行背書的書面認可。代理人應當將擔保函存放在安全場所，並盡合理努力收取第一套提單。如果第一套提單在一個月內還未能提交，那麼代理人應當立即通知委託人並請求其指示。

以上提單的種類析論到這裡，主要是在幫助對於各式提單的了解，一般使用的提單，以定期航運的雜貨運輸來說，可以同時是「承攬運送人簽發的提單」，是「複式運送提單」，是「清潔提

單」,「運費預付的提單」,是「指示提單」,是「裝船提單」,也是
「長式提單」,甚至也可以是「換提單」,因爲這都是定期航運的
常態。反過來說,不定期的散裝貨提單,就有可能是「船東運送
人簽發的提單」,是「海運提單」,是「清潔提單」,「運費預付的
提單」,是「指示提單」,是「裝船提單」,也是「簡式提單」。至
於是否是「換提單」,就不一定了,因爲這也都是不定期航運的常
態。

第三節　提單的正面內容

　　法學者常說「提單是一種文義證券」[23],這是因爲國際公約
與各國法律均規定提單上應記載之事項,而依其文義,提單的後
手,敢於買受承接該批載運之貨物,「海牙及海牙威士比規則」規
定提單之應記載事項較爲簡單,「漢堡規則」規定之記載項數則較
多,卻也特別聲明:「以上規定如漏列一項或多項,並不影響提單
的法律性質」[24],整體來講,提單的應記載事項至少包括三者:
　　一、貨物的主要標誌。
　　二、貨物的包裝數量、重量。
　　三、表面情狀[25]。
　　依現行海商法第四十條,法定的要式記載事項,還有「船舶
名稱」、「託運人之姓名或名稱」,以及「依照託運人書面通知之貨
物名稱、件數或重量、或其包裝之種類、個數、及標誌」、「裝載

---

23 張特生,「海商法實務問題專論」,五南圖書出版公司,1998.2。張
　新平,「海商法」,五南圖書出版公司,2001.2。賴源河,「實用海商
　法精義」,五南圖書出版公司,1998.10。陳國義,「海商法」,智勝
　文化事業有限公司,2002.5。
24 漢堡規則第 15 條。
25 海牙及海牙威士比規則第Ⅲ條第 3 款(a)(b)(c)項。

港及卸貨港」、「運費支付」、「提單之份數」及提單「填發之年、月、日」等。

實務上提單正面的必要記載事項，比法定的記載當然更多，該些記載也影響提單之有效性；提單的有效與否，主要還是關係到包括押匯、作為墊款保證、及轉讓的實際需要，所以雖然不屬於法定必要記載事項，卻是現實上之必要，現在就一一把提單正面的必要記載說明如下：

一、託運人

提單上的「託運人」"Shipper"欄位，記載的「託運人」名稱，就是提單作為契約證明之「契約當事人」，即使是「到付運費」"Freight Collect"的提單，亦只是以「第三人為給付的契約」，按照民法第二百六十八條，「託運人」於「收貨人」不為給付時，應負損害賠償責任，並不因為「到付運費」的關係，就改以「收貨人」作為「契約當事人」。此外，運送人有權留置貨物，但是「留置權」是權利，不是義務，當留置貨物仍無法獲得運費之償付，拍賣貨物亦不足以清償運費時，「託運人」仍須以「契約當事人」身分，負責清償「到付運費」[26]。

二、受貨人

除記名提單、海運單之外，一般提單大多為指示式的提單，提單上的「受貨人」"Consignee"欄位大多是填列「待銀行指示」"To order of the bank"、「待託運人指示」"To order of the Shipper"、或直接寫「待指示」"To Order"的字樣。記名提單、海運單才有清清楚楚的「受貨人」名稱、地址、電話等詳細的記載。

三、受通知人

由於大多數的提單均屬指示式的提單，提單在貨到目的港前

---

26 王肖卿著，「海上貨物運送運費請求權之研究」，文笙書印版行，1984.3,5~46 頁。

都可以轉讓，「受貨人」欄位爲「待指示」字樣，而「受通知人」欄才是原始的貿易對方的「貨物買受人」，「貨物買受人」不是正式的提單一份子，「貨物買受人」多以「受通知人」"Notify Party"欄位呈現，「受通知人」欄位中除了有「受通知人」的姓名外、「受通知人」的地址、電話、傳真等資料都很詳盡，以便於船貨到達之前，「運送人」可以通知尚未取得正本提單的「買受人」，辦理有關提貨之手續。

四、運送人

以船東或承攬運送人爲「運送人」的提單，正面多印船東或承攬運送人名義的「抬頭」"B/L head"，有「抬頭」的提單，提單上是沒有「運送人」"Carrier"這個欄位的，承攬運送人簽發的提單和船東簽發提單的不同，從外觀是看不出來的，但是依據台灣的「海運承攬運送業管理規則」，承攬運送人簽發的提單正面必須印出承攬運送人獲得交通部許可證的字號。提單的「運送人」「抬頭」名義主要是用來提供本次運輸負責之人，除了前述的船東、承攬運送人之外，空船租船人、或論時租船人，也有可能是「運送人」。

提單下方之簽發人，如果不是「運送人」本人，而是如「代理行」、如「船長」等，就要參酌所代表的人，以決定運送責任的歸屬，「船長」簽字包括租船在內，大多是代表「船東」；「代理行」則須視該「代理契約」的對造，配合前面的「抬頭」名義，以決定這次「運輸責任」負責的人。這就是沒有「抬頭」的「簡式提單」與有「抬頭」的「長式提單」比較，對於貨方而言，「簡式提單」風險比較大、糾紛比較多的原因。

五、船名、航次

這個欄位有時候分成兩個欄位，有的提單則是列一個欄位。「船名」在散裝的不定期航線比較明確，複式運送原則上以海運

航程的第一個或主要的「船名」"Ocean Carrier"為主，接駁船名通常是不列出來的，但也可能有「接駁船名」"Local Carrier or Pre-carriage by"欄寫出接駁的船名，至於「航次」"voyage number"，則有的提單打在航次後頭，或者單獨一個欄位。但是現在的複式運送，由於船舶調度的方便，「船名」與實際裝船的「船名」經常兜不攏，所以「航次」也更是徒具形式而已了。但是由於「運送人」責任的加重，如遲延責任的追索，所以這一個欄位在追償責任的時候，也許有關鍵性的作用。

六、裝貨港（Port of Loading）

七、收貨地點（Place of Receipt）

這一欄只有複式運送的提單才有。

八、卸貨港（Port of Discharge）

九、交貨地點（Place of Delivery）

只適用於複式運送的七、九兩欄旁通常附加說明適用於複式運送。另交貨地點通常所附地址為補充「受通知人」一欄地址之不足。

十、貨物內容（Description of Cargo）

此欄內容通常依據託運人所繕打的「託運單」內容製作，但是「運送人」認為有顯著跡象「疑其不相符合或無法核對時，才可不予記載」[27]。實際上，為了符合提單使用上的需要，「運送人」沒有「不載明」的自由，雖然「運送人」多在這個欄位前面說明「由託運人提供」"Particulars furnished by shipper"字樣，卻仍無法逃脫「一經記載，就需要對善意持有人負責」的法定責任。這個欄位包括：

貨物標誌（Marks And Numbers）

本來「貨物標誌」是指貨物外表的主要辨認標示，然作為整

---

27 台灣海商法第 98 條第二項。

櫃運送時，本項標示已經沒有作用，而以貨櫃「封標號碼」"Seal Number"作為辨認的依據。

「貨物標誌」分為「主標誌」"Leading Marks"與「副標誌」"Marks"兩種，主要是貨主以貨物特質、產地、目的地及總量作特徵性的顯示來製作，以方便拆、併櫃及交、收貨時辨識之用，以避免誤裝、誤卸，以及交、收貨、裝、卸貨物時必須更小心操作等注意事項，如強調「易碎」"fragile"等。

件　數（Number of Packages or Number of Containers）

「件數」"Number of Packages"為併櫃貨與什貨有關「件數」的計載。「櫃數」"No. of Containers"則為整櫃運送件數欄位的「件數」，但作為運送人之責任限制標準之每件賠償限額中之「件」數資料，則以本欄的記載為準了。因此「據告含」"Said to contain"（用於貨櫃貨）、「據告稱」"Said to be"（一般雜貨、或散裝貨）的附註，也多出現在這個欄位。

貨物內容（Description of Goods）

貨物品名、種類的記載，如有危險性質者應予以附註。

毛　重（Gross Weight）

連同包裝外皮的總重量，多以公斤為單位。併櫃貨、雜貨、散裝貨之運費，如果重量大於容積，以一千公斤為一公噸計算運費。一般散裝貨物的運送契約大都以重量噸計算運費，不論重量大於容積，或容積大過於重量。但是一般雜貨、併櫃貨大多是以哪個數字較大做標準，如果容積大於重量，所以多按三十五立方英呎作為一立方公尺計算運費。

呎　碼（Measurement）

為連同包裝外皮的丈量計算，多以立方公尺、或立方英呎為單位，併櫃貨、雜貨的運費，多以三十五立方英呎之呎碼噸與重量噸（一千公斤）之比較，以較大者為準，一般雜貨多為呎碼噸

大於重量噸。實務上運送人多請「檢定公司」或叫做「公證行」丈量，重量則由貨方自己提出，因爲大多數的雜貨，重量與容積相去甚遠，根本不成比例的關係。

其他記載

本欄下方多需以大寫字體繕打「聲明貨物件數、或貨數」"SAY：……CONTAINERS/PACKAGES IN TOTAL,ONLY"，用大寫字母作爲件數之重複聲明。

十一、有關「運費」之記載

此欄之前多有印就之「運費及附加費、費率、重量、或呎碼依修正者爲準，加值附加部份以宣告者爲主」等字樣，此欄內容包括：

「費率表適用之項目及費率」"Tariff Item No. & Rate"

適用項目之不同可能造成費率極大之差異。

「運費噸」(Revenue Ton)

此欄已就比較後選定之重量或呎碼列入。

「預付」或「到付」欄"Prepaid, Collect"

註明運費「到付」或「預付」，「預付」運費的提單須於收到運費後簽發，「到付」運費的提單則於收到運費後放貨，這兩個原則是極爲重要的。

「付款地點」"Payable At"

付款地點的記載使運費的收受有更明確的依據。

「運費以約定者爲準」"Freight As Arranged"

此種簡單的記載以往是違反台灣海商法的，修正後的海商法在同一規定上已經改成「運費交付」，也就是說只要列出運費的付款方式就可以了。但實務上多見「以約定者爲主」的記載，以保守商業機密。由於複式運送的發展運費欄之運費內容亦日漸複雜，除運費本身外若干附加費之加總金額有時甚超過運費。附加

費之名稱常用代號表示各公司的電腦代號又多不相同，以下就是
幾個常見的代碼簡稱：

THE CHARGE ID CODE LIST

CODE 電 碼	ABBREV 提單上之簡稱	DESCRIPTION 全 名
BF	BAF	BUNKER ADJUSTMENT FACTOR 燃油附加費
CF	CAF	CURRENCY ADJUSTMENT FACTOR 幣值附加費
DC	DDC	DESTINATION DELIVERY CHARGE 目的地交貨附加費
CY	CYRC	CY RECEIVING CHARGE 整批收貨附加費
CD	CYDC	CY DELIVERY CHARGE 整批交貨附加費
EH	EHC	EQUIPMENT HANDOVER CHARGE 貨物交接附加費
DF	DOC	DOCUMENTATTON FEE 製單附加費
TH	THC	TERMINAL HANDLING CHARGE 貨物場棧操作附加費
OA	ARB	OUTPORT ARBITRARY SURCHARGE 外港駁運附加費
IH	IHC	INLAND HAULAGE CHARGE 內陸拖運附加費
ET	ETC	EQUIPMENT TRANSFER CHARGE 貨物搬運附加費
EB	EBS	EMERGENCY BUNKER SURCHARGE

緊急燃油附加費

OF	OFR	OCEAN FREIGHT 海運運費
PC		PRECARRIAGE CHARGE 裝船前運送附加費（可能包含駁般費）
PA		PANAMA CANAL CHARGE 巴拿馬運河附加費
PG		PORT CONGESTION SURCHARGE 港口擁擠附加費

十二、簽發時地（Place And Date of Issuance）

十三、裝船日期（On Board Date）

"On Board"原意有裝車（火車、貨車、卡車）及裝船兩個意思，但習慣上縱使是複式運送的提單，大多數仍是指的「裝船日期」，目前的國際公約及各國法律仍規定，運送人的責任自「裝船」或「收貨」時開始計算，並以「簽發日期」後於「裝船日期」為合法，裝船日期填寫的重要性由此可知了。

十四、提單編號（B/L Number）

為運送人訂定之編號，自編號上可看出裝、卸代碼、或航次代號、或船方自定可供辨識之暗號、密碼等。

十五、提單正面之其他印刷條款

提單簽發的份數正本份數通常註明在簽發者簽名的上方，除註明正本份數外（正本份數通常是三份，也有四至五份的），並註記如「一份已完成交貨時，其餘份數的正本失其效力」的記載。

「提單上各種正反面條款或免責條款，無論書寫、印刷、
打字、蓋印戳記，貨方均應遵守，如同貨方自行簽字一樣」。
這項文字在法律上雖有些時候也因出現辯解，而不一定有
效，卻通常出現在正面的印刷條款中。

「其他任何運費協議，自簽發提單後均無效，任何協議均
以提單的記載爲準」。本項註記須視提單上有無其他附註，
如「依據……運送契約爲準」，作爲是否有效之標準。

第四節　提單的背面條款

以前由於簽發提單的「運送人」大多是船東，或是論時租船
或空船租船的「租船人」，而「租船人」也多半是有船的船東，所
以傳統上，「長式提單」多是由船東自行印製，各船東公司自行印
製的提單背面，大多印有三十組左右的條款，各公司印製的條款
由於都經過律師研究，所以標題大致相同，內容則隨航行地區之
當地法律、及貿易習慣之不同，而有所變化及增減。

條款之解釋，必須配合正面內容之說明，因爲蓋印或書寫文
字之效力高於印刷之條款。司法判決之演變亦使運送人在擬定背
面條款時多作思量。現在的「運送人」已經不僅是當初的船東那
麼單純，由於立場不一樣的關係，多數「運送人」也一樣會在擬
定條款時請教律師，以使各項「運送人」保障的條款[28]在面對司
法審判時，可以站得住腳[29]。本節之目的，在使託運人、受貨人、

---

28 多數背面條款均爲保護運送人而訂定，但按民法第二百四十七條之
一「依照當事人一方預定用於同類契約之條款而訂定之契約，爲左
列各款之約定，按其情形顯失公平者，該部分約定無效：……四、
其他於他方當事人有重大不利益者。」
29 最高法院民國六十七年第四次民事庭庭推總會決議「提單之背面條
款爲定型化契約，皆預由當事人之一方爲之，不能認爲係當事人之

銀行、保險業等從業人員於面對提單背面，字體小、字跡不易辨識、印刷緊密的文字能有確實之瞭解。

雖然傳統案例對於背面條款的效力常生疑義[30]，但由於複式運送運送關係人之複雜性、國際公約之多元，以及航運分工之演進，背面條款之效力視個案之不同，逐漸受到重視，所以本節乃在促進了解，進而促進船貨雙方之和諧。

本節介紹之條款主要以「陽明海運公司」在網路公布之條款內容，對於條款文字，除了作解釋之外，還有中英對照之翻譯，冀可進一步增進瞭解。現在以「陽明海運公司」的條款為本，對於各種條款的分門別類排序[31]作說明，介紹如下[32]：

一、名詞定義（Definitions）

本條多列為提單的第一條，因為名詞定義可以節省許多後續條款的說明。在本條款之前，「陽明海運公司」的提單，還有一段開宗明義的附加說明。以方便後續條款的解釋；例如「運送人所接受之貨物或貨櫃為外表之表面情狀良好，貨櫃內部之貨物數量係依據貨方所申報」[33]。這裡有一個關鍵字，是與國際公約不同的，就是「表面情狀」，在國際公約上只有"apparent good order and condition",這裡卻加了"external"，表示額外只承認已檢視貨櫃或其他包裝外層之表面情狀，用在這裡，非常傳神。

此外，如「提單上之「裝上」，就是指履行運送人為履行運送

合意，自無民事法律事用法第六條第一項之適用。」

30 參看民國八十年台上字第二三六二號案、八十九年台上字第七十四號案及八十六年上字第一七一號等判決。

31 邱展發，「海運提單實務」，1997.1，自版發行。

32 承攬運送提單的背面條款，國際上大多承攬運送公司都依據國際承攬公會印製一九九七年的「標準規章」"Standard Conditions"，將於本章第五節說明之。

33 原文是"Received By the Carrier the Goods or the Containers or Other Packages Said to Contain the Goods Specified Herein, In Apparent External Good Order And Condition."

將貨物裝上自收貨地點運至裝貨港之載具而言」[34]。還有

「貨方接受本提單即應受本提單正背面所有書寫、打字、印戳或印刷之條款、條件、及免責條款的約束,如同貨主本人簽字一樣,不管是否當地有任何相反的習慣或特權均不受影響。之前的任何協議或運費協定均因本提單之接受而終止」[35]。

「如運送人要求,本提單,經適當背書,應於交貨時繳回」[36]。

名詞定義依原文排列,則包括:

「運送」意指本提單之貨物由運送人所進行之全部、或部份之作業及服務」[37]

「運送人」意指陽明海運股份有限公司,簡稱「陽明」[38]。

「貨櫃」包含合乎國際標準組織之標準貨櫃、拖車、可供運送之貨箱、平面貨架及/或其他合乎國際標準組織之標準運輸機具[39]。

「運費」包含依據費率表及本提單將付給運送人的全部費用[40]。

---

34 原文是"any notation on this Bill of Lading of "ON BOARD", LOADED ONBOARD", "SHIPPED ONBOARD", or words to like effect, shall be deemed to mean onboard the Underlying Carrier performing the Carriage from the place of receipt to the port of loading."

35 原文是"In accepting this Bill of Lading, the Merchant agrees to be bound by all the stipulation, exceptions, terms and conditions on the face and back hereof, whether written, typed, stamped or printed, as if signed by the merchant any local customer or privilege to the contrary notwithstanding, and agrees that all agreements or freight engagement for the shipment of the Goods are superseded by this Bill of Lading."

36 原文是"If requested by the carrier this Bill of Lading, duly endorsed, must be surrendered in exchange for the Goods."

37 原文是(a) "Carriage" means the whole or any part of the operations and services undertaken by the carrier in respect of the Goods covered by this Bill of lading.

38 (b)"Carrier" means Yangming Marine Transport Corporation ("Yangming")

39 原文是(c)"Container" includes any ISO standard container, trailer, transportable tank, flat track, flat rack and/or other item of transportation equipment in conformance with ISO standards.

40 原文是(d)"Freight" includes all charges payable to the Carrier in

「貨物」意指從貨主收到的任何全部或部分貨物，包括不是由運送人提供、或代表運送人提供的任何機具或貨櫃[41]。

「持有人」意指任何此時持有本提單之人，貨物之財產權已交付，因此此人可以處分貨物、背書本提單、或為其他相關行為[42]。

「貨主」包括託運人、持有人、受託人、受貨人、或任何擁有或有權處理貨物、或本提單之人及其代表人[43]。

「複式運送」如有發生，將在本提單正面填列於收貨地點及/或交貨地點的欄位內[44]。

「人」包含個人、團體、公司、或其他個體[45]。

「港到港」只發生在非複式運送的情形[46]。

「次契約人」包括「運送人」之外的船舶所有人、營運人、艙位租用所有人、裝卸公司、碼頭營運人、及併櫃營運人。運送人為完成本運送所雇用之履行運送人、及獨立契約人亦包括在內[47]。

---

accordance with the applicable Tariff and this Bill of Lading.

41 原文是(e)"Goods" means the whole or any part of the cargo received from the Merchant and includes any equipment or Container(s) not supplied by or on behalf of the Carrier.

42 原文是(f)"Holder" means any Person for the time being in possession of this Bill of Lading to whom the property in the Goods has passed on, or by reason of, the consignment of the Goods or the endorsement of this Bill of Lading or otherwise

43 原文是(g)"Merchant" includes the shipper, Holder, Consignee or Receiver of the Goods, or any Person owning or entitled to the possession of the Goods or this Bill of Lading and anyone acting on behalf of any such Person."

44 原文是(h)"Multimodal Transport" arises if the Place of Receipt and/or the Place of Delivery are indicated on the face hereof in the relevant spaces.

45 原文是(i)"Person" includes an individual, group, company, or any entity

46 原文是(j)"Port to Port" arises if the Carriage is not Multimodal Transport.

47 原文是(k)"Sub-contractor" includes owners and operators of Vessels (Other Than The Carrier), slot chartered owners, stevedores, terminal and groupage operators. Underlying Carriers and any independent

「履行運送人」包括任何水運、鐵路、公路、空運、或其他運送人用來作為本提單運送過程一部分的方式[48]。

「船舶」包括本提單正面列印的船舶、及其他船舶、運具、動力駁船、非動力駁船、集貨船、渡船、或全部、或部份替代正面列印之船舶之其他運輸方式[49]。

以上名詞解釋均是爲了後續條款解釋的方便，也專用於本例之「陽明海運股份有限公司」提單，如「運送人」就直接說出是指「陽明海運股份有限公司」及"YML"的簡稱，後續說明就可以逕稱"YML"了。非常簡單方便，其他的解釋也很直接，其實大多數的船東提單也都有類似的優點。

二、至上條款（Clause Paramount）

這個條文的歷史最久，其意義是指本提單所遵循之規範或法律依據，傳統的內容大多是：「本提單依據……[50]，該法在此強制適用，除非該地區（船、貨發生糾紛之地區）之國家強制適用……法，則本提單在該地適用該法，提單正面記載與本至上條款有衝突之處，僅就衝突之處無效而已，並不影響其他部份之有效」。以往一定有的「但如所載貨物爲活動物，或如正面記載爲裝載於甲板的貨物，則本至上條款不適用，但不因此剝奪運送人得主張責

---

contractor employed by the Carrier in performance of the Carriage.

48 原文是(l)"Underlying Carrier" includes any water, rail, motor, air or other carrier utilized by the Carrier for any part of the of the transportation of the shipment covered by this Bill of Lading.

49 原文是(m)"Vessel" includes the Vessel named on the face hereof together with any ship, craft, lighter, barge, feeder ship, ferry, or other means of transportation substituted in whole or in part, for the Vessel named on the face hereof.

50 多爲依據海牙規則、或海牙威士比規則、或各國海商法等。美國海商法具強制性，所以行走美國航線的船舶，至上條款多以美國海商法作爲「至上條款」，台灣提單也有以日本海商法作爲「至上條款」的。

任限制的權利」的文字，現在有些提單如果以漢堡規則作爲至上原則，則不會出現這樣的說明。

陽明海運提單之類似條款在第 7 條，條款標題是「運送人的責任及至上條款」，把責任區分爲五種適用情況，分別是(A)港到港運送時的適用。(B)複式運送時的適用。(C)責任不明時的適用。(D)代位求償時的適用。及(E)法律衝突時的處理等。已較前述內容（前述條款目前仍適用於其他海運的散裝船公司、及其他之大宗貨、特種貨之船舶的公司提單）複雜甚多，對於目前眾多國際公約及國內法律雜陳，複式運送又必須網狀適用的情形下，提單中的本類似條款無疑地可以提供一個比較有根據的參考，將來司法審判時可能會越來越多情況會參考本條款之規定，茲按陽明條款的原始標示，逐項介紹如下：

Article 7

CARRIER'S RESPONSIBILITY AND CLAUSE PARAMOUNT

(A) Port-to-Port Shipment

when loss or damage has occurred between the time of loading the Goods by the Carrier, or any Underlying Carrier, at the port of loading and the time of discharge by the Carrier, or any underlying Carrier, at the port of discharge, the responsibility of the Carrier shall be determined in accordance with any national law making the Hague Rules, or any amendments thereto including the Hague-Visby Amendments, compulsorily applicable to this Bill of Lading. The Carrier shall be under no liability whatsoever for loss of, or damage to, the Goods, however occurring, if such loss or damage arises prior to loading on to, or subsequent to the discharge from,the Vessel. Notwithstanding the foregoing, in the event that any applicable compulsory law provides to the contrary, the Carrier shall have the benefit of every right, defense, limitation and liberty set forth in the Hague Rules as applied by this Clause during such additional compulsory period of responsibility.

Notwithstanding the preceding provision, in the event that this Bill of Lading covers shipments to or from the United States then the Carriage of Goods by Sea Act （"COGSA"）shall be compulsorily applicable and shall （Except As May Be Otherwise Specifically Provided Elsewhere Herein）also govern before the Goods are loading on and after they are discharged from the Vessel provided, however, that the Goods at said times are in the actual custody of the carrier or any Underlying Carrier or Sub-Contractor.

第七條、運送人的責任及至上條款。

(A)港到港運送時的適用。

除以下的規定外，毀損滅失發生於運送人或履行運送人於裝貨港裝貨時，迄卸貨港卸貨時，運送人責任依據 1924 年海牙規則、或依其修正後之海牙威士比規則所制訂之當地國內法律。以上海牙規則、及海牙威士比規則爲本提單所強制適用的法律。

但毀損滅失發生於裝貨前、或卸貨後，則運送人不負責任。不論以上規定如何，如遇有其他規定相反的法律強制適用時，運送人仍可適用海牙規則中有關權利、抗辯、責任限制、及其他自由條款權利，如可適用海牙威士比規則，則海牙威士比規則中之相同權利亦可適用。

不管以上第七條(A)項之規定如何，如本提單之運輸爲運往或啓運自美國之貨載，則美國「海上貨物運送法」"COGSA"應強制適用，同時也可適用在裝上船之前及卸下船之後，但所謂之前或之後應指運送人，「履行運送人」或次訂約人認係合法控管貨物的期間。

以上屬於(A)港到港運送時所適用的至上條款可歸納爲兩項：

裝卸地點與美國無關時，以海牙規則或海牙威士比規則爲主軸，且不含裝船前及卸船後。

裝卸地點（包括轉船地點）與美國有關時，以美國海上貨物運送法[51]爲主軸，且包括裝船前與卸船後，運送人可對貨物控管的期間，而眾所熟知的是在美國管轄這段責任區間的法律仍是一八九三年的「哈特法」"Harter Act, 1893"。

所謂認係「控管」應指貨物已進入運送人已簽約之倉棧，並已開立收據（收貨單之類）或已簽發候裝提單。

(B) Multimodal Transport

With respect to Multimodal Transportation from, to, or within the United States, when the Goods are in the custody of the Carrier, or any Underlying Carrier, such Multimodal Transport will be governed by the provisions of Clause 7(A).

In the event Clause 7(A) is held inapplicable to such Multimodal Transportation from, to or within the United States then the Carrier's liability will be governed by and be subject to the terms and conditions of the Underlying Carrier's Bill of Lading together with the Underlying Carrier's Tariff which shall be incorporated herein as if set forth at length. Notwithstanding the foregoing, in the event there is a private contract of Carriage between the Carrier and any Underlying Carrier, such Multimodal Transportation will governed by the terms and conditions of said contract which shall be incorporated herein as if set forth at length and copies of such contract(s) shall be available to the Merchant at any office of the Carrier upon request.

With respect to all water Multimodal Transport outside the United States where COGSA is not compulsorily applicable, then the Hague Rules, and any amendments thereto, including the Hague-Visby Amendments which are compulsorily applicable, Amendments shall apply as per Clause 7(A).

With respect to road Carriage between countries in Europe, liability shall be determined in accordance with the Convention on the Contract for the International Carriage of Goods by Road ("CMR"), dated May 19, 1956; and during rail Carriage between countries in Europe according to the International Agreement on Railway Transports ("CIM"), dated February 25, 1961. With respect to rail or road

---

51 現在有效的是 1936 年之「海上貨物運送法」"COGSA, 1936"，1999 年草案已擬妥，但眾議院尚未審核。

transportation within a State other than the United States, then liability shall be determined in accordance with internal law of such State and/or any International Convention which is compulsorily applicable by the laws of such State. In the absence of such laws or conventions then the provisions of Clause 7(B) will apply.

In the event the provisions of this sub-section 7(B) (1-4) are held inapplicable to any aspect of the Carriage covered by this Bill of Lading whether by local law or International Convention or otherwise, the Carrier shall nevertheless be relieved of liability for loss or damage occurring during the Carriage. If such loss or damage was caused by any cause or event which Carrier could not avoid and the consequences whereof he could not prevent by the exercise of reasonable diligence.

(B)複式運送時的適用

有關於運往、啓運自或在美國境內之複式運送，當貨物在運送人、履行運送人的管理之下，則該項複式運送依據 7(A)的規定。

有關於運往、啓運自或在美國境內之複式運送經判係不適用 7(A)之規定時，運送人的責任，應受制於履行運送人之提單條款、條件與費率表上之相關規定管轄，如運送人與履行運送人之間有私下協定，則複式運送部份也受該協定之管轄，該協定在此併入作爲本契約的一部份，且貨主在運送人或履行運送人之辦公處所均可取得該協定。

針對美國以外地區的全水運運送，美國海上貨物運送法非強制適用，則按 7(A)的規定，海牙規則及其修正條款，包括海牙威士比規則及其修正條款強制適用。

關於歐洲國家間之公路運送，責任依一九五六年五月十九日的「歐洲公路運送合約」"CMR,1956"來決定。而歐洲國家間之鐵路運送，則依據一九六一年二月二十五日「歐洲鐵路運輸協定」"CIM,1961"，美國以外之國家其境內之鐵、公路運輸，責任依據該國之國內法，或該國強制適用之國際公約，如果沒有國內法或該國強制適用之國際公約時，則適用 7(B)之規定。

倘不論按地區法、國際公約或其他規定，以上 7(B)(1-4)的規

定都不適用於本提單之運送時，則即使經運送人合理之注意，仍
無法避免、或防止之原因所致之毀損、滅失，運送人不負賠償責
任。

總結以上，複式運送部份的至上條款歸納如下：

與美國地區有關的運送仍適用 7(A)。

美國地區以外的水運部份適用 7(A)或司法審判地點強制適
用的法律。

歐洲國家間適用國際公路運送合約（CMR, 1956），或國際鐵
路運輸協定（CIM, 1961）。

(C)Unknown Liability-When it cannot be established in whose
custody the Goods were when the loss or damage occurred, it shall be
conclusively presumed to have occurred during sea Carriage and any
liability thereof shall be governed as provided in Clause 7(A) hereof.

(C)責任不明時的適用

"當無法判定貨物之毀損、滅失係發生在何人所管理之下發生
時，假定其發生在海上，則責任依 7(A)的規定。"

本段文字與台灣海商法 75 條的規定相同。

(D)Subrogation - When any claims are paid by the Carrier to the
Merchant, the Carrier shall be automatically subrogated to all rights of
the Merchants against all others, including Underlying Carriers, on
account of such loss or damage.

(D)代位求償時的適用

"運送人已支付理賠金予貨主，即自動取得代位貨主向他方、
包括向履行運送人求償毀損、滅失的權利。"

(E)Conflict of Law-In the event the Carriage covered by this Bill
of Lading is subject to two or more compulsory national laws, then the
national law. of jarisdiction in which any action is brought shall be
applicable.

(E)法律衝突時的處理

本提單涉及兩個以上國內法之強制適用時，則適用司法審判

地點之國內法。

　　這樣的至上條款文字，可以說是非常明確的了。台灣新版海商法草案增加第 77 條「載貨證券所載之裝載港或卸貨港為中華民國港口者，其提單所生之法律關係依涉外民事法律適用法所定應適用法律，但依本法中華民國受貨人或託運人保護較優者，應適用本法之規定」。因此，凡裝載港或卸貨港為中華民國港口之提單，其受貨人或託運人可以依據該修文，主張適用台灣的海商法。而不受提單文字的扣束。

三、免責條款（Exemption Clause）

　　自從漢堡規則自一九七八年問世，一九九二年生效之後，運送人免責之規定已經逐漸受到挑戰，各公司提單之背面條款為順應時勢，均已各自取消其原有的免責規定，陽明海運舊的「運送人責任」條款也已經併入前述之至上條款，合其中的負責規定一起作解釋，而取消了原有的免責規定。長榮海運保留的「運送人之抗辯與限制」"Defence and Limits for The Carrier"條款及陽明海運的「受僱人、代理人、裝卸公司及其他次訂約人的免責」條款"Exemptions And Immunities of Servants, Agents, Stevedores and Other Sub-contractors"，也只是為了當貨方以侵權責任索賠時，運送人得以因該條款享海商法上的抗辯與責任限制而已。

　　依據慣例，只有契約主體得以享有契約之保障，亦只有契約主體得以作為訴訟對象，船長、海員、或其他單獨之定約人：如裝卸公司等，縱使參與契約之執行，亦不得分享契約所賦予之免責、或責任限制之利益[52]，因此船東為保障其船長、海員、在提單中，均以明文訂定，免除該等人之責任，這就是本條款之由來，本條款之產生，最早因在一九五四年之"Adler 對 Dickson"案中，

---

52 1962 年 Midland Silicones 對 Scruttons 案。

該案之船舶為「喜馬拉雅」輪,「喜馬拉雅」輪是客輪,「埃德勒太太」"Mrs. Adler"自舷梯摔落到距離舷梯十六英呎之碼頭地面,因依據客票上之運送人責任條款,旅客無法向運送人求償,所以「埃德勒太太」只得轉向其受僱人的「狄克生船長」"Captain Dickson"求償,經判定該條款無法有效延伸以保障其受僱人,因此「狄克生船長」應依侵權行為負責,之後所因應訂定之「受雇人或代理人免責」適用「運送人免責」的條款,都稱之為「喜馬拉雅」條款[53]了。條款內容大抵如下:

「不論直接、間接由其行為、疏忽、或錯誤所致,運送人之代理人或受僱人(包括其他獨立訂約人),均不必對託運人、受貨人、或提單持有人負毀損、滅失、或遲延之責,在不影響一般原則下,運送人得以享有之一切權利、免責、限制責任均可延伸以保障運送人之僱用人或代理人包括獨立訂約人,且以上之代理人、受僱人在以上範圍內可被視為契約之關係人、或由提單證明之契約關係人,為本條之目的,運送人可被視為其代理人之受託人」。

由於海牙規則或海牙威士比規則第IV條規定,只有運送人之代理人、或受僱人得以享有運送人在法律上的免責,因此提單之至上條文如以威士比規則為原則時,裝卸公司是否可依「喜馬拉雅」條款獲得免責,是很難說的。但是漢堡規則因為增加了「實際運送人」的適用規定,範圍就已經包含了「獨立訂約人」,所以裝卸公司是肯定被包括在內的。

現在就介紹陽明海運相關條款如下:

---

53 1954, 2 Lloyd's Report 267(1955)Q. B185

Article 4

EXEMPTIONS AND IMMUNITIES OF SERVANTS, AGENTS, STEVEDORES AND OTHER SUB-CONTRACTORS.

In contracting for the following exemptions and limitation of, and exoneration from, liability, the Carrier is acting as agent and trustee for all other Persons named in this clause. It is understood and agreed that, other than the Carrier, no Person, firm or corporation or other legal entity whatsoever (Including The Master, Officers And Crew Of The Vessel, Agents, Underlying Carriers, Sub-Contractors And/Or Any Other Independent Contractors Whatsoever Utilized In The Carriage) is, or shall be deemed to be, liable with respect to the Goods as Carrier, bailee or otherwise. If, however, it shall be adjudged that any Person other than the Carrier is Carrier of bailee of the goods, or under responsibility with respect thereto, then all exemptions and limitations of, and exonerations from, liability provided by law or by the terms in this Bill of Lading shall be available to such Person.

It is also agreed that each of the aforementioned Persons referred to in the preceding clause are intended beneficiaries, but nothing herein contained shall be construed to limit or relieve from liability to the Carrier for acts arising or resulting from their fault or negligent.

第四條　受僱人、代理人、裝卸公司、及其他次訂約人的免責

「在將以下免責條款及責任限制條款訂入契約時，運送人是本條款所列其他各人的代理人或受信託人身份，訂約雙方當事人瞭解並同意，除運送人外、任何個人、公司行號或其他合法團體（包括本次運送之船舶、船長、高階船員、海員、代理行、履行運送人、次訂約人及其他個別簽約人）均不被視為本次運送中之運送人、受託人或其他類似應對貨物負責之人，但是一旦運送人以外之人被判係應以運送人或貨物的受託人身份對貨物負責，則該人等均得享有依法律上或依本提單所規範的免責或責任限制之

規定。

訂約雙方也同意以上有關人等，是特意訂定（為本條款之需要而特別訂定）為受益者的，以上規定並不因此免除或限制這些人因過失或疏忽對運送人的責任。」

運送人本來就有權在裝、卸貨、堆裝、倉貯、及其他任務方面委託第三者辦理，並有權另訂契約。本條內容則主要在要求貨主保證不對運送人之受僱人、代理人、或獨立契約人提出任何訴賠或歸責事項，如有任何訴賠或歸責事項發生，亦保障運送人不受其後果牽累。為以上規定的順利執行，有關運送人之有利規定，均應適用於其受僱人、代理人、及獨立訂約人，如同明文約定一樣，運送人於定本契約（即本提單）時，不僅代表自己、亦為以上受僱人、代理人、獨立訂約人之代理及受託人。

本條之「獨立訂約人」一詞，應包含直接、間接之次訂約人、及其相關之受僱人、及代理人。

由以上條款文字，可看出本條款藉由受僱人、代理人、裝卸公司、次訂約人之免責適用，點出運送人之免責，且運送人之免責項目、範圍、責任限制等已經不在條款內列出，免責及責任限制悉依法律之規定。

四、自由條款（Liberty Clause）

「自由條款」按照以往的經驗，常在司法審判時被判決無效，但自貨櫃運輸發展以來，各式國際公約及各國法律之不一，加上許多自由處置貨物的條款內容，已在貨櫃運輸下成為不得不然的因應，這類自由條款已經逐漸受到重視，傳統的「轉船」自由也在這一類「自由條款」之下、陽明的這類條款在第五條及第六條現在就分別介紹如下：

Article 5

SCOPE OF THE VOYAGE

The intended transport may include the use of Underlying Carriers and it is expressly agreed that the use of such Underlying Carriers shall not constitute a deviation. In this regard, the Carrier may at any time, and without notice to the Merchant, use any means of transport or storage whatsoever, transfer the Goods from an conveyance to another, including transshipping or carrying the Goods on a Vessel other than that specified on the face hereof, proceed by any route in his discretion (Whether or not the nearest or most direct, customary or advertised route) and proceed to, or stay at any place or port whatsoever, load and unload the goods at any place or port (Whether or not such port is named on the face of this bill of lading as the port of loading or the port of discharge) and store the Goods at any such place or ports, and/or comply with any orders or recommendations given by any government or local authority or any Person or body acting or purporting to act on behalf of such government or local authority.

The liberties set out in this clause may be involved by the Carrier for any purpose whatsoever, whether or not connected with the Carriage of the Goods, including loading or unloading other goods, bunkering, undergoing repairs, adjusting instruments, picking up or landing any persons, (Including but not limited to persons involved with the operation or maintenance of the vessel) and assisting Vessel(s) in all situations. Anything done in accordance with this clause or any delay arising therefrom shall be deemed to be within the contractual Carriage and shall not be a deviation.

第五條　航程範圍

「本運送可能包括利用履行運送人，雙方也明文同意這種利用履行運送人不構成違反契約，因此運送人可以在任何時間、與貨方不知情情況下，用任何運送或堆存方式，由一個運送工具轉到另外一個運送工具，包括轉船、或由非本提單正面所列船名之

船舶予以裝運，由運送人所決定之任何路線行駛、（不論是否最近、最直接路線或習慣路線、或廣告中之路線）或前往或停留任何港口或地點，在該等港口或地點裝卸貨（不論以上港口是否為本提單正面所列的裝卸港口），在該等港口或地點堆存貨物，或為配合政府，當地有關機關、或代表政府、當地有關機關之個人或團體之命令與建議。

以上本條之自由權、不論是否與貨物運送有關，運送人均可予以爱用。包括裝、卸其它貨物、加油、修理、調整船儀，上下人員（包含但不限於營運及保養船舶之人員），依據本條之執行造成之任何遲延不視為違反契約。」

自貨櫃運輸發展以來，為方便貨櫃運送之轉船，如曼谷至紐約之貨物，可用集貨子船，將曼谷貨先轉到新加坡，歐洲線母船回航時載回台灣，一般提單所載船名即為歐洲回航之船名，又如遠東至歐洲貨物亦有接駁至台灣再轉船的情形，因此提單船名與實際裝船船名不符的情形非常普遍，瞭解這一點，對於以上規定之自由權限也就不足為奇了。

Article 6

LIBERTY CLAUSE

If at anytime the Carriage is, or is likely, to be affected by any situation which has given, or is likely to give rise to danger, injury, loss, delay, risk of capture, seizure or detention, or disadvantage of whatsoever nature to the Vessel, the Carrier, any Underlying /carrier or Sub-Contractor utilized in the Carriage of the Goods, or if such situation makes it in any way unsafe, impracticable or unlawful or against the interest of the Carrier or the Merchant to commence or continue the Carriage of the Goods, the Carrier may, at any time, in its sole discretion:

Unpack the Container(s) or otherwise dispose of the Goods in such way as the Carrier may deem advisable at the risk and expense of the Merchant;

Carry the Goods to the contracted port of discharge or place of delivery, whichever is applicable, by any alternative route or means of transportation to that indicated in this Bill of Lading or that which is usual for Goods consigned to that port of discharge or place of delivery and any such additional Freights and charges shall be for the Merchant's account;

Suspend the Carriage of the Goods and store them ashore or afloat upon terms of this Bill of Lading and endeavor to forward them as soon as possible, but the Carrier makers no representations as to the maximum period of suspension of the Carriage. Any additional Freight or charges shall be for the account of the Merchant; or

Abandon the Carriage of the Goods and place them at the Merchant's disposal at any place or port which the Carrier may deem safe and convenient, whereupon the Carrier's responsibility in regard to the goods shall cease. Notwithstanding the abandonment, the Carrier shall nevertheless be entitled to full freight on the goods received for Carriage, and the Merchant shall pay any additional costs of the carriage to, and delivery and storage at such place or port.

The situations referred to in this Clause 6 shall include, but shall not be limited to, those caused by the existence or apprehension of war, whether declared or undeclared, hostilities, warlike or belligerent acts or operations, riots, civil commotions or other disturbances, storm, flood, earthquake or any other act of God; closure of, obstacle in or danger to any canal; blockade of port or place of interdict or prohibition or restriction on commerce of trading; quarantine, sanitary or other similar regulations or restrictions; strikes, lockouts, other labor troubles whether partial or general; congestion of port, wharf, sea terminal, or the facilities or any Sub-Contractor or Underlying Carriers used in the Carriage covered by this Bill of Lading.

第六條　自由條款

「不論任何時時，假如運送受到或可能受任何狀況影響而致發生危險、傷害、損失、遲延、或遭受捕獲、扣留、或滯留的風

險、或對運送人、履行運送人、或本次運送之次訂約人有任何不利情形、或該情形造成航行不安全、不務實際或不合法，或致運送人或貨主之利益因開始航程或繼續航程而利益受到損害的影響時，運送人可以在任何時間由其自由決定以下之行為，包括：

拆卸貨櫃，按運送人在考量上認為合理的方式，以貨主之風險與費用，任意處置貨物。

以可行的方式，將貨物送到契約指定的卸貨港或交貨地點、或以替換之路線或運輸方式將貨物運送到本提單指定的地點，或該貨物尋常指定的卸貨港或交貨地點，額外增加的運費由貨主負擔。

停止運送並依本提單堆放岸邊或船上並致力儘速繼續運送，但運送人不必說明停止期間至何時為止，任何額外的運費或費用由貨主負擔。

放棄該貨物之運送並或在運送人認為安全及方便的任何地點或港口將貨物置於貨主的管理之下，運送人對貨物的責任至此已經完成，運送人可以取得全額運費，貨主則須支付額外之堆存、交付、運送的費用。

本條 6 所訴諸的狀況將包括，但不限於由於以下原因的存在或憂慮所致；如不論正式宣戰與否的戰爭、敵意行為、類似戰爭或交戰行為、暴動、民變、或其他之騷動，暴風雨、洪水、地震或其他天災、運河之關閉、障礙或危險、港口之封鎖，對商業或貿易地點的封鎖、禁止或限制、檢疫、衛生、或其他類似規定或限制。不論部份或全面的罷工、封鎖、或其他勞工問紛爭、或本提單的次訂約人或履行運送人用於運送本項貨物之港口、碼頭、海運轉運點或其他必要設備之擁擠等。」

以上自由條款已先設定行使自由權利之前提，因此並不是有任意行使之自由。

除以上之型態之自由條款外尚有責任險協會所擬訂之「自由加油條款」"P & I Bunkering Clause"，准許船東有直航，彎航，繞回，偏離航線加油的權利，至於是否有效，則應視個案情形來判別了，以上陽明海運自由條款也涵蓋了以往戰爭條款之內容，即戰爭時才得以行使以上自由權利的自由。

以上自由條款及第 5 條航程範圍條款，若干其他船東運送人的提單也有以「運送方式與路線」"Methods and routes of transportation"來作為標題的，內容則與「陽明海運」的提單條款內容大致相同。

五、貨方之責任

大家都知道，漢堡規則主要的改變是在加重運送人的責任，但相對的，它也正式將貨方責任予以條文化及格式化，漢堡規則的生效提高了貨方的責任意識，在漢堡規則之前，貨方雖然也有一些默示及明示的保證，如宣布貨物價值，託運人對於貨物名稱，件數，重量及其包裝種類、個數，標誌之申報等之保證，但是到底沒有正式提到貨主的責任，現在貨方責任的條款，則不止出現一端，如陽明的提單上就一共有三條，都在提貨方的責任，分別是第三條「貨主保證」"Merchants Warranty"，第九條的「貨方裝櫃，貨主責任」"Container Packed By Merchant-Merchant's Responsibility"，及第十條的「運送人之貨櫃，貨主的責任」"Carrier's Container-Merchant's Responsibility"現在分別說明如下：

Article 3

MERCHANT'S WARRANTY

The Merchant warrants that in agreeing to the terms hereof he is, or has, the authority of the person owning, or entitled to possession of, the goods and this Bill of Lading.

第三條　貨主保證

「貨主保證在同意本提單條款的同時，其本人即爲或獲得授權成爲擁有貨物及提單權利之人。」

本條旨在說明貨方在接受本提單的同時，即同意受本提單的約束。

Article 9

CONTAINER PACKED BY MERCHANT－MERCHANT'S RESPONSIBILITY.

Where the Goods have been packed into Container(s) by or on behalf of the Merchant, it is mutually agreed that:

Any statement of this Bill of Lading relating to marks and numbers, number and kind of packages, description, quantity, quality, weight, measure, nature, kind, value, or other particulars of the contents of such Container(s) are as furnished by the Merchant and are unknown to the Carrier and the Carrier accepts no liability in respect thereof. The acknowledgement of the Carrier is confined to the number and apparent order and condition of Container(s).

The Merchant accepts complete responsibility for the packa- ging, securing, and stuffing of the contents of the Container(s), the closing and sealing of the Container(s) and the fitness of the Con- tainer(s) and the contents thereof for Carriage in accordance with the terms of this Bill of Lading. The Merchant hereby undertakes to indemnify the Carrier against any loss, damage, expense, liability, penalty and fine directly or indirectly suffered by the Carrier arising from any improper or inadequate packing, stuffing, securing, closing or sealing, or in fitness of the Container(s) or the contents thereof.

The Carrier shall be at liberty to inspect the Goods without notice at any time or place.

Container(s) shall be properly sealed and the seal identi- fication reference as well as the Container(s) reference shall be shown herein. If the container(s) are delivered from the Carrier with seals intact, the Carrier shall not be liable for any loss or damage to the Goods unless it is proven that such loss or damage was caused by Carrier's negligence. In case the seal of the container(s) is broken by Customs or other governmental authorities for inspection of the Goods, the Carrier shall not be liable for any loss or damage or any other consequences arising or resulting therefrom.

The Merchant is obliged to clean the Container(s) at his expense before redelivery to the Carrier so that they are suitable for further service. If the Merchant fails to redeliver the containers as aforesaid, all charges in connection herewith shall be borne by Merchant.

第九條 貨方裝櫃－貨主責任

「貨物如由貨方或代表貨方打包裝櫃,則船貨雙方均同意如下:

本提單任何有關貨物之標誌、數量、包裝種類語與件數、貨物內容、數量、品質、重量、呎碼、性質、種類、價值、或其他貨櫃內容細節,均由貨方提供,運送人不知情,亦無責任,運送人所瞭解的僅限於該貨櫃之件數及表面情況。

貨方全權負責打包、加固、及貨櫃內之堆裝、封櫃、加封條,使貨櫃準備妥當及其內之運送物內容則依提單之規定。貨主因對該貨櫃不適當或不充足之包裝、堆裝、加固、封櫃、加封條或該貨櫃或其內裝貨物未備妥當而直接或間接導致運送人之滅失、毀損、費用、責任、罰金、罰鍰、直接間接造成支出的部份,貨主應負責補償運送人。

在任何時間、地點,在不通知貨主的情形下,運送人可以自由檢查貨物。

貨櫃應適當加封條封櫃,封條辨識指示及貨櫃辨識指示應記載於提單,除非證明貨物毀損滅失係因運送人之疏忽所致,否則只要交貨時封條完好,運送人不負貨物毀損、滅失之責任。

　　如果封條破損的原因是因為海關、或其他政府機關檢查貨物所造成，運送人不負責因此所致任何毀損、滅失、或其他後果損害。

　　貨主應自費在貨櫃交還運送人之前，清洗貨櫃，以使貨櫃可以適合下一階段之運送，如貨主未能清洗貨櫃，即予交還，則所有因此發生相關費用，均應由貨主負擔。」

　　以上條款與之前舊條款貨方對於「重量、品質、標誌等之承諾」"Acknowledgement of Weight, Quality, Marks etc."，「貨物內容之敘述」"Description of Goods"，「託運人之責任」"Shipper's Responsibility"等條款的內容均已全部融入，惟以上之貨櫃清洗義務則為新增加的。

Article 10

CARRIER'S CONTAINER-MERCHANT'S RESPONSIBILITY

　　The Merchant shall inspect the Container(s) which are lent, leased, or in any way furnished by the Carrier before the Goods are packed into such Container(s), and the Container(s) so packed by the Merchant shall be deemed to have been accepted by him in good order and suitable condition for the purpose of Carriage contracted herein unless the Merchant provides written notice or remarks in writing concerning the condition of the Container(s) Unless such written notification is given, Merchant is precluded from filing claim against the Carrier for any loss or damage to the Goods by reason of insufficient or unsound condition of the Container(s).

　　The Merchant shall assume full responsibility and indemnify the Carrier for any loss or damage to the Carrier's Container(s) and/or other equipment which occurred while in his possession or in possession of his agents or inland carriers engaged by or on behalf of the Merchant.

　　The Carrier shall not, in any event, be liable for, and the Merchant shall indemnify and hold the Carrier harmless from and against, any loss or damage to property of other Persons or injuries to other Persons occurring while Carrier's Container(s) or is in the possession of, or being used by, the Merchant's agents or inland carriers engaged by or on behalf the Merchant.

第十條　運送人的貨櫃、貨主的責任

「貨主應於貨物裝櫃之前檢視運送人租借及以任何方式由運送人提供之貨櫃，除非貨主事先以書面通知或批註方式說明該貨櫃之櫃況，否則應視為貨櫃櫃況良好，為貨主所接受並適於其所訂契約之運送。除非已交付書面通知，否則貨方不得以櫃況不足或不佳，造成貨物毀損、滅失為由向運送人求償。

當貨櫃在貨主持有、或貨主代理人、或由貨主洽訂或代表貨主之內陸運送人持有時，貨主應承擔所有責任以補償運送人之貨櫃及／或運送機具的毀損滅失。

當運送人之貨櫃在貨方代理人、貨方所洽之內陸運送人或代表貨方之內陸運送人所持有或使用時造成其他之受傷或財產之毀損滅失，運送人在任何情況下均不負責，而貨主則應負責補償並使運送人不受傷害。」

本條文純粹針對貨櫃櫃皮所可能造成的諸多損失，以條文免除運送人的責任，內容重點尤其強調貨櫃係供貨方使用或持有時所造成的人身傷害或財產之毀損、滅失使運送人免責，但撰者以往服務航業公司時，曾處理一件案子，為該貨櫃在香港裝貨時，櫃角碰觸駁船上工人之頭部，造成駁船工人落海，經撈起送醫不治的案例，死者家屬雖已自裝卸公司（駁船僱主宣布破產）取得全額賠償，仍聘請律師就船上吊架是否老舊，是否事前交付修理乙節，向運送人求償，因不斷就整個船隊，對物訴訟要脅扣船，使運送人不堪其擾，最後仍以和解方式，賠償結案，可見運送人在貨櫃造成損害情形下要以以上第十條拒賠是太困難了。何況，這種情形一般也在運送人責任險的理賠範疇之內。

六、特殊貨之照料及處理

特殊貨依據貨物性質之不同，分為「高價值貨物」、「易壞死貨物」、「危險品」及「禁制貨」、「活的動、植物」等區分，還有「甲板貨物」及「特殊櫃」。提單上有關這類貨物之相關條款，則有：如「陽明」提單上第 11 條的「特殊櫃及易壞死貨物」"Special Containers And Perishable Goods"，第 12 條「裝在甲板上」"Stowage on Deck"，第 13 條的「活動物、植物、易碎貨」"Live Animals, Plants, Perishable Goods"，第 14 條的「危險品及禁制品」"Dangerous Goods and Contraband"，第 15 條的「高價值貨物」"Valuable Goods"等，現在就依序說明如下：

Article 11

SPECIAL CONTAINERS AND PERISHABLE GOODS

Unless specially requested by the Merchant in writing, the Carrier is not required to provide anything other than a 20 or 40 foot standard dry Container(s). In the event the Carrier agrees to carry the Goods in a special Container(s) such as a refrigerated, heated or insulated Container(s), Goods of a perishable nature shall be carried in such dry Container(s) without special protection, services or other measures unless it is noted on the reverse side of this Bill of lading that the Goods will be carried in a refrigerated, heated, electrically ventilated or otherwise specially equipped Container(s). The Merchant is required to give written notice of requested temperature settings of the thermostatic controls before receipt of the Goods by the Carrier. When a loaded Container(s) is received, the Carrier will verify that the thermostatic controls are set to maintain Container(s) temperature as requested. The Merchant is responsible for bringing the Goods to the proper temperature before loading the Goods into the Container(s), for the proper stowage of the goods within the Container(s), for setting the temperature (Including Maintenance And Repair) during all times before the Container(s) are delivered to the Carrier and after they are delivered to the Carrier. The Carrier is not responsible for produce deterioration caused by inherent vice, defects in the merchandise or transit times in excess of the produce shelf life. The Merchant is specifically advised that refrigerated, heated, specially ventilated or otherwise specially equipped Container(s) are not equipped to change the temperature of Goods, but solely to maintain the temperature as received from the Merchant. The Carrier is unable to determine whether the Goods were at the proper temperature when they were loaded into the Container(s) or when the Container(s) was delivered to the Carrier. Carrier shall be deemed to have fulfilled its obligations under this Bill of Lading, and shall have no liability whatsoever, if the goods are carried in a range of plus or minus 2.5 degrees centigrade (4.5 Degrees Fahrenheit) in regard to any carrying temperature designated in writing by the Merchant in this Bill of Lading.

Goods subject to deterioration or damage by extremes of heat and/or cold which are shipped by Merchant in standard dry Container(s) rather than in refrigerated or temperature controlled Container(s) which can be supplied by the Carrier are carried at Merchant's risk and Carrier assumes no liability whatsoever resulting from Merchant's acts or omissions in failing to request the proper Container(s).

第十一條　特種櫃及易壞死之貨物

「除非貨方以書面要求，運送人不必提供除二十呎或四十呎標準通櫃以外的貨櫃。如獲運送人同意以特種櫃，如冷藏櫃、加溫櫃、或絕緣櫃加以運送有易碎性質之貨物，否則除非提單正面註明該貨物必須以冷藏、加溫、電動通風或有其他特殊裝備的貨櫃裝載，貨物仍將裝載於一般乾貨櫃，無特別的保護、服務、或其他照顧。貨方對於貨物所需要的溫度、控制設定要求應於貨物交給運送人之前以書面通知運送人。

當貨櫃裝妥貨物交給運送人時，運送人應確認貨櫃之溫度控制設定能夠維持在所要求的溫度。貨方亦應負責使貨物在裝入貨

櫃前調整至適當溫度以利貨物妥當堆裝載入貨櫃內，以利交貨給運送人前後都隨時維持貨櫃之適當溫度。運送人不負責因貨物潛在瑕疵、缺陷或運送時間超過貨物安全抵達送上貨架之時間，所造成的貨物腐敗或變質。

　　貨方並確實已被告知冷藏（凍）、加溫、特別通風、或其他特別配備的貨櫃並無法改變貨物溫度，只能保持自貨方收受的溫度，當貨物裝入貨櫃，或當貨櫃交給運送人時，運送人無法自行決定貨物是否維持在適宜溫度。只要貨物被維持在貨方在本提單上書面訂定的溫度之攝氏 2.5 度（華氏 4.5 度）上下，運送人即被視為已完成本提單之義務，並不必再負其他責任。

　　貨主不申請以運送人可提供之冷藏或控溫貨櫃，卻申請以普通乾櫃裝運易因極熱或極冷而腐壞或損害之貨物，則一切風險由貨主自負，運送人對貨主因為未要求或申請適當貨櫃的行為或疏失不負任何責任。」

　　本條內容則主要在界定運送人對於特殊貨櫃相關責任的分際。特殊櫃的使用必須：

　　　　貨方事先以書面要求。

　　　　運送人同意。方得使用之。

　　　　貨物不用運送人提供之冷凍或溫度控制櫃裝載，而用一般標準乾貨櫃裝載，致貨物因過冷、過熱、變形或損壞時，係貨方之風險，運送人則對貨方之行為或疏忽未要求提供適當之貨櫃所致損害，不負責任。

　　　　特殊櫃之運送，本在核定費率即有不同的考量，因此發生貨損時多要求檢測及查閱相關紀錄，是否控制並維持一定之溫度。

　　　　特殊櫃之溫度控制機功能是否達到貨方在提單正面所要求的標準溫度。

否則不得以前述「封條完整」爲理由，以規避相關的貨損責任。

Article 12

STOWAGE ON DECK

The Carrier has the right to carry the Goods in Container(s) on deck, whether the Container(s) are owned or leased or have been packed or stuffed, by or on behalf of the Merchant or the Carrier. When Goods in Container(s) are carried on deck, the Carrier is not required to specially note, mark or stamp any statement of on deck Carriage on the face hereof, any custom to the contrary notwiths- tanding. The Goods so carried shall be subject to the applicable legislations as provided for in the Clause Paramount hereof.

Notwithstanding clause 12 as above in the case of Goods which are stated on the face hereof as being carried on deck and which are so carried, the Hague Rules shall not apply and the Carrier shall be under no liability whatsoever for loss, damage or delay, howsoever arising.

第十二條　甲板裝載

「運送人有權將貨櫃貨裝於在甲板上，無論該貨櫃係運送人或貨主自有的或租入的，不論由貨方或運送人打包或堆裝或運送人代表貨方或貨方代表運送人打包或堆裝。當貨物裝在甲板上時，不管慣例有否相反規定，運送人無須特別註明、標記或打印「甲板裝載」字樣在提單正面。這樣裝載的貨物適用本提單第 7 條至上條款之規定。

如果「甲板裝載」已註記於本提單正面，並已如是裝載時，不管以上十二條的規定如何，則第 7 條規定的海牙規則就不再適用，不管如何發生的毀損滅失及遲延，運送人均可不負任何責任，如果以上文句依當地法律無強制性，運送人仍有本提單之其他權利、抗辯權、與免責權。」

以往甲板裝載，只要在提單上，據實記載"on deck"必然有"Shipper's risk"「託運人風險」的附加記載，現在的註記雖然已簡化爲只有"on deck"「裝甲板」二字，慣例之託運人自負風險的意義仍伴隨而來，但是現在因爲貨櫃裝載於甲板已經是一個普遍的現象，廠商、報關行、承攬運送業送貨或簽發或鍵打託運單時，包括運送人本身，在裝貨前，要不是特別注意，根本不知道貨櫃是裝甲板上或甲板下，當然貨方也可能在託運單上直接要求"under deck"，但是船方因爲配載的麻煩，也可能拒收此一貨櫃。現在甲板裝載不同於以往雜貨船普及的年代，甲板裝載已經正常化，因此一九九三年信用狀統一慣例爲因應此一普遍化現象，已經將"may be carried on deck"「可能裝甲板」訂爲可接受的批註，以上十二條就是這種甲板裝載慣例的反應。

Article 13

LIVE ANIMAL, PLANTS AND PERISHABLE GOODS

The Carrier shall not be responsible for any accident, disease, mortality, loss of or damage to live animals, birds, reptiles, fish, plants and perishable Goods arising or resulting from any cause whatsoever including the Carrier's negligence or the Vessel's unseaworthiness, and shall have the benefit of all the provisions of this Bill of Lading.

第十三條 活動物、植物、生命脆弱之物

「運送人對於運送活動物、鳥類、爬蟲類動物、魚類、植物及生命脆弱物體所發生之意外、疾病、死亡、毀損、滅失，不論任何原因包括運送人的疏忽、或船舶之無適航能力等，均不負責，並享有本提單所有條款之利益。」

許多提單的背面條款中，第 12 條之「甲板裝載」與第 13 條

之「活動物」經常併在一起做說明,「陽明」之前的條款也是一樣,因為兩者都是排除海牙規則及海牙威士比規則適用之外,而漢堡規則卻一起納入適用的項目,依據運輸業的發展,傳統的雜貨運送、「裝在甲板上」為特例,迄至目前的貨櫃運送,「裝在甲板上」為常態情況下,甲板裝載條款的因應自然有其必要,但活動物的運送,則自國際公約排除在外開始,運送人始終不必負責其死亡及意外,條文內容一直是單純而統一的。所以兩者併在一起說明確有不太融洽之處。但事實上就本條款而論,活動物既已列入貨物之一種,即應享國際公約運送人責任之保障,是否尚可沿用以往慣例,包括適航能力、及運送人疏忽等不在各種國際公約之運送人免責範圍內之免責,則有待商榷。

Article 14

DANGEROUS GOODS AND CONTRABAND

The Carrier undertakes to carry the Goods of an explosive, inflammable, radioactive, corrosive, damaging, noxious, hazardous, poisonous, injurious or dangerous nature only upon the Carrier's acceptance of a prior written application by the Merchant for the Carriage of such Goods. Such application must accurately state the nature, name, label, and classification of the goods as well as the method of rendering them innocuous, with the full names and addresses of the Merchant.

The Merchant shall undertake to ensure that the nature of the goods referred to in the preceding paragraph is distinctly and permanently marked and manifested on the outside of the Goods and Container(s) and shall also undertake to submit the documents or certificates required by any applicable statutes or regulations or by the Carrier.

whenever the Goods are discovered to have been received by the

Carrier without complying with the foregoing or the Goods are found to be contraband or prohibited by any law or regulations of the port of loading, discharge or call or any place or waters during the transport, the Carrier shall be entitled to have such Goods rendered innocuous, thrown overboard or discharged or otherwise disposed of at the Carrier's discretion without compensation and the Merchant shall be liable to indemnify the Carrier against any kind of loss, damage or liability including loss of freight, and any expenses directly or indirectly arising out of resulting from such Goods.

The Carrier may exercise or enjoy the right or benefit conferred upon the Carrier under the foregoing whenever it is appre- hended that the Goods received in compliance with the terms of this clause may seem likely to become dangerous to the Carrier, Vessel, Goods, Underlying Carriers, Sub-Contractors, Persons and/or other property. The Carrier has the right to inspect the contents of the Container(s) and the Goods carried therein at any time and anywhere without the Merchant's agreement and at the risk and expense of the Goods.

第十四條 危險品及禁制品

「運送人可以在貨方事前以書面申請並獲運送人同意下，負責運送具爆炸性、易燃性、放射性、腐蝕性、致損性、有害性、危險性、有毒性、有傷害性及危險性之貨物，貨方申請書應正確記載貨物性質、名稱、標示及分級、及使其無害的方法，加上貨方完整的姓名及地址。

貨方應負責確認如上提供之貨物性質正確清楚並永久標示於貨物包裝外表及櫃皮，貨方有義務遞交依任何管轄法規或運送人所需的相關文件證書。

如果貨方未能配合以上規定情形或運送人已然收受以上貨物而貨物被發現爲裝、卸港口或運送中所停泊或所經過港口之禁制品，或沿途依法禁止進入或裝載之貨物，運送人有權使其無害，包括拋棄或卸下或由運送人自行處置而不必賠償貨方，反之貨主應補償運送人因此類貨物所致之直接或間接之任何毀損、滅失或責任包括運費喪失及任何費用。

運送人在貨物轉變為對運送人、對船舶、對貨物、對履行運送人、對次訂約人、及對人員及或財產有危險性時，可以享受以上 14 條款所規定的權利與益處。運送人有權在任何時間及地點在未獲得貨方同意下，以貨方的風險及費用檢查貨櫃的內容。」

對於危險品的處置，國際公約及各國法律均有一貫性的作法就是：

要求貨方事先申報，以便船方列入危險品艙單，於入港時按規定申報，並收取危險品照料費用，以及收取危險的加成運費。

危險品不論有無申報，航行途中如果對於船員、旅客、其他貨物、或船舶可能造成危害時，運送人可以隨時卸下及銷毀，而不必對貨方負任何責任。

至於 14 條之檢查貨櫃內容之權利，則係針對所有貨物，運送人均有檢查或抽查之權，不一定針對危險品。

Atricle 15

VALUABLE GOODS

The Carrier shall not be liable to any extent for any loss of or damage to or in connection with platinum, gold, silver, jewelry, radioisotopes, precious metals, precious stones, precious chemicals, bullion, specie, currencies, securities, negotiable instruments, writing, documents, pictures, embroideries, works of art, curios, heirlooms, collections of every nature or any other valuable goods whatsoever including Goods having particular value only for the Merchant, unless the true nature and value thereof have been declard in writing by the Merchant before receipt of the Goods by the Carrier and inserted in this Bill of Lading and unless valorem freight shall have been fully prepaid thereon.

第十五條　高價貨物

「除非在運送人收貨前，貨方已經以書面申報並列明於本提單上，且貨方已全額預付從價運費，否則運送人將不負責白金、黃金、銀、珠寶、放射性元素、珍貴金屬、珍貴礦石、珍貴化學品、金銀條塊、硬幣、現金、抵押品、可轉讓的儀器、文字作品、文件、圖畫、刺繡、工藝品、或藝術品、古玩、傳家寶、各種收藏品或其他高價貨物、包括只對貨方有特殊價值貨物等之毀損滅失。」

高價貨物的一貫處理方式與危險品一樣，也是要求貨方申報，徵收從價運費，運送人亦須向其責任保險公司申報，由責任險協會決定是否加收保險費後，同意承保，否則運送人只需將其視為一般貨物，受單位責任限制之保障。

七、運送人的責任條款（Carrier's　Liability　Clause）

本條即通稱的"CASPIANA"條款，賦予船東、船長緊急情況時以下的選擇權：

　　前往運送人自行選擇之卸貨港。

　　回裝貨港卸下貨物。

　　暫存船上、或轉船，以貨方之風險等候，並卸在原定之卸貨港。

　　未開船前即放棄裝載，並將貨物自貨櫃卸下。

以上作為均可視為已完成約定航程，運送人並應將以上處理之決定通知受貨人，運費及有關收入均視為已經賺得，為收取運費及有關費用，運送人對貨物並有留置權。

以上緊急情況包括戰爭、敵意行為、罷工、港口擁塞、封鎖、民變、隔離、冰封、暴風雨等非運送人可控制原因造成船舶之毀損滅失、或導致船貨之被捕、扣留、或滯留之情況均屬之。

　　本條款由在一九五七年的 "Renton 對 Palmyra" 案中，"Caspiana" 輪由加拿大返英倫途中，知悉倫敦罷工嚴重，並已波及"Hull"港，不得已改赴漢堡卸貨，受貨人因此索賠由漢堡轉倫敦之有關費用，判決時運送人因提單中有此條文而獲勝，本條因在該案中立下功勞，因而有"Caspiana 條款"之說。「陽明」之前海運提單有「影響履約的處理」"The Matters Affecting The Performance"的類似條款，新版則已取消該條款，因為前述之「自由條款」對於航程的處理，運送人已有充份的自主選擇，另外的相關責任條款則為 18 條的「通知與交貨條款」"Notification And Delivery"。另外，運送人對於貨櫃瑕疵的負責範圍則另有第 16 條的「滅失、水氣凝結」"Loss Condensation"及第 17 條「政府規定及罰款」"Government Regulation And Penalty"兩個條款，分別說明如下：

Article 16

LOSS, CONDENSATION, ETC.

　　It is agreed that superficial rust, oxidation or condensation inside the Container(s) or any like condition due to moisture is not the responsibility of the Carrier, unless said condition arises out of Carrier's failure to provide a seaworthy Container to the Merchant prior to loading. If the Merchant requires special arrangements or care for the Carriage of such Goods, he must request same in writing to the Carrier and said arrangements must be noted on the face of this Bill of Lading and all special Freight, as required, must be paid by the Merchant.

　　第十六條　滅失、水氣凝結等

　　「船貨雙方均同意貨櫃內部所發生之表面生銹、氧化、或水氣凝結或其他類似之潮溼情形非運送人責任，除非前述情況是因

爲裝貨前運送人未能提供適貨性之貨櫃所致，貨方如需要特殊安排以照料貨物之運送，必須以書面要求，且照料方式應記載於本提單之正面，且貨方應支付特殊之運費。」

本條內容提到適貨性，事實上在英文「適航性」與「適貨性」是同一個字，即 "Seaworthiness"，但也有把「適貨性」寫成 "Cargo-worthiness" 的，基本上其意義卻是指「適於裝載」，如冷凍貨未能裝在具冷凍機的櫃子裡、或冷凍櫃無法達到貨方要求的冷度等，就是不具「適貨性」了。因此本條對於貨櫃的提供只有在「適貨性」不足時，運送人才要負責。至於其他瑕疵，如櫃皮內部之生銹、氧化及水氣凝結造成貨損，運送人均不必負責。本條之內容基本上與特種櫃、高價貨及甲板貨之內容，精神是一致的。

相關條文另有第十七條「政府規定及罰款」 "Government Regulation And Penalty" 亦有關聯，現在說明如下：

Article 17

GOVERNMENT REGULATION AND PENALTY

The Merchant shall comply with all regulations or requirements of Customs, Government authorities, port and other authorities, and shall bear and pay all duties, taxes, fines, imposed expenses or losses incurred or suffered by reason of any failure to comply with such regulations, or by reason of any illegal, incorrect, or insufficient marking, number or addressing of the Goods, or the discovery of any drugs, narcotics, stowaways or other illegal substances within Container(s) packed by the Merchant or inside Goods supplied by the Merchant, and shall indemnify the Carrier in respect thereof.

第十七條　政府規定及罰款

「貨方應配合所有海關、政府當局、港口及其他有關機關之規定及要求，並承擔所有因未能符合這些規定或因標示，貨物件數或姓名住址等資料不合法、不正確或不充分或因貨方裝櫃之櫃內或貨方之貨物內經發現有藥物、麻醉劑、偷渡客或其他非法物品，所遭致之關稅稅賦、罰金、稽徵之費用或損失等，貨方並應補償運送人因此所致之損失。」

以上規定也有意表示，如果貨方因不合法未交稅，使運送人遭致扣船之損失，貨方亦應補償運送人。

八、通知條款（Notification Clause）

提單條款中屬於「通知」的條款共有兩個，一個是運送人對於船期通告不正確，以條款說明不負責任，一個就是屬於貨方應在期限內通知貨損的規定，超過期限，未提起訴訟，運送人解除其責任，實際上就是海商法第五十六條的內容，「陽明海運」的相關條款在第十八條及第二十二條，分述如下：

Article 18

NOTIFICATION AND DELIVERY

Any mention in this Bill of Lading of parties to be notified of the arrival of the Goods is solely for information of the Carrier, and failure to give such notification shall not involve the Carrier in any liability nor relieve the Merchant of any obligations hereunder.

The Merchant shall take delivery of the Goods within the time provided for in the Carrier's applicable Tariff.

If the Merchant fails to take delivery of the Goods, or any part thereof, in accordance with this Bill of Lading, the Carrier may without notice remove the Goods, or that part thereof, and/or store the Goods, or that part thereof, ashore, afloat, in the open or undercover. Such storage shall constitute due delivery hereunder, and thereupon all liability whatsoever of the Carrier in respect of the Goods, or that part thereof, shall cease.

The Merchant's attention is drawn to the stipulations concerning free storage time and demurrage contained in the Carrier's applicable Tariff, which is incorporated in this Bill of Lading.

第十八條　通知及交貨

「本提單有關貨物到達的任何通知只是運送人提供的資訊而已，未能給予通知不表示運送人將涉有任何責任或貨方可以免除所規範的任何義務。

貨方應依運送人運費表所列之規定，在時限內領取貨物。

如貨方未能依提單之規定領取全部或一部貨物，運送人可以不經通知情況下，移動該貨物、或移動部份貨物，或於岸邊或船上加以覆蓋或不加以覆蓋地堆存貨物或堆存部份貨物，以上之堆存即構成交貨，且運送人對貨物之責任或該部份貨物的責任可謂已經完成。

貨方應注意運送人於費率表中所列之免費堆存時間、及延滯規定，該費率表為本提單之一部份。」

船方不但會事先刊登抵達之船期廣告以使貨主隨時查閱貨物到達目的地的預估時間，而且當地分公司或代理行將各別通知貨方，但這項通知依國際公約或各國法律，尚未嚴謹到構成一項義務，運送人如疏於通知或通知未能送達時，應不涉入任何具體之責任。

另依據台灣海商法第六十三條規定「運送人對於承運貨物之裝卸、搬移、堆存、保管、運送及看守，應為必要之注意及處置。」及海商法第五十一條「受貨人怠於受領貨物時，運送人或船長得以受貨人之費用將貨物寄存於港埠管理機關或合法經營的倉庫，並通知受貨人，受貨人不明或受貨人拒絕受領貨物時，運送人或

船長依前項規定辦理，並通知託運人及受貨人」，五十一條第二項雖有「得以……辦理」的字樣，有彈性處理的可能，但以上 18 條之置於開放地點，不必覆蓋的條款是否可謂運送「責任完成」，若依海商法第五十六條「貨物一經有受領權利人受領，推定運送人已依照提單之記載交清貨物……」來看，應該運送人的責任至此尚未完成。18 條內容顯然有避重就輕，意圖免除或減輕運送人責任之嫌疑，是否有效，確實值得考慮。

Article 22

NOTICE OF CLAIM AND TIME FOR SUIT

Unless notice of loss of damage and a general nature of such loss or damage be given in writing to the Carrier at the port of discharge or place of delivery before or at the time of delivery of the Goods, or, if the loss or damage be not apparent, within three days after delivery, the Goods shall be deemed to have been delivered as described in this Bill of Lading. In any event the Carrier shall be discharged from all liability in respect of non-delivery, mis-delivery, delay, loss or damage unless suit is brought within one year after delivery of the Goods or the date when the Goods should have been delivered.

第二十二條　索賠通知及告訴期限

「除非貨物毀損損失的通知，以及毀損、滅失的一般情況，已經在卸貨港或卸貨地點於卸貨當時或卸貨之前，以書面通知運送人，或者毀損、滅失的情況不明顯，卸貨後三天內以書面通知運送人，否則就視為貨物已經按照提單條件交付。除非交貨後或應交付貨物後的一年之內提起訴訟，否則運送人即因此解除未交付、誤交付、遲延，以及對於貨物毀損、滅失的責任。」

以上第 22 條的規定，是提單條款中的關通知條款的另一項規

定，這個規定除了把毀損、滅失的通知作爲視爲運送人已安全交貨的表件證據說明外，將一年提起訴訟的時效規定也擺在一起，這對於表件證據的證據力應該有影響，依據這個條款將「未交付」、「誤交付」或「遲延」是否一樣適用毀損、滅失的通知標準，係本提單的自行設定，國際公約或國內法都是沒有根據的。

九、運費（Freight）

由於運費之本意爲「貨到時收取」[54]。所以一般「運費」條款，不論定在租船契約或提單裡，內容大都有「運費於裝船時即已賺得，貨物不論滅失與否，概不退還」的意義，並註明如果船、貨雙方同意，運費應該於裝船時付清，託運人並應負責運費之支付。

陽明海運提單的類似條款在第 19 條，標題爲「運費及費用」，內容分成四點，闡述如下：

Article 19

FREIGHT AND CHARGES

Freight shall be payable at Carrier's option, on gross intake weight or measurement, or gross discharge weight or measurement, or and ad valorem basis, or per Container or package or customary freight unit basis or any other applicable rate as set forth in Carrier's Tariff. Freight may be calculated on the basis of the description of the Goods furnished by the Merchant, but Carrier may at any time, weight, measure and value the Goods and open packages or customary freight unit to examine contents. In case the Merchant's description is found to be

---

54 王肖卿，「海上貨物運送－運費請求權之研究」，第一章第一節二、運費爲任務完成方始取得之報酬，6 頁及民法第 645 條。

erroneous and additional Freight is payable, the Goods shall be liable for any additional freight and expense incurred in examining, weighing, measuring, fumigating, and valuing the Goods.

Full Freight to the port of discharge or in case of through transportation to place of delivery named herein and all other charges against the Goods shall be considered completely earned on receipt of the Goods by the Carrier or Underlying Carrier as the case may be, whether the Freight or charges be prepaid or be stated or intended to be prepaid or to be collected at port of discharge or destination or subsequently, and the Carrier shall be entitled absolutely, to all Freight and charges, and to receive and retain them under all circumstances whatever, whether the Vessel and/or the Goods are lost or not lost, or whether the voyage changed, broken up, frustrated or abandoned.

All Freight and charges shall be paid in full and without any offset, counterclaim or deduction, in the currency named in this Bill of Lading or at the Carrier's option, in its equivalent in local currency at bank demand rates of exchange in New York as of the date payment of Freight shall be due hereunder. Any error in Freight or in charges or in the classification herein of the Goods is subject to correction, and if on correction, the Freight or charges are higher, Carrier may collect the additional amount.

The Merchant and Goods shall be jointly and severally liable to Carrier for the payment of all Freight, demurrage, General Average, salvage and other charges, including but not limited to court costs, expenses and reasonable attorney's fees incurred in collecting sums due Carrier. Payment of ocean Freight and charges to a freight forwarder, broker or anyone other than the Carrier, or its authorized agent, shall not be deemed payment to the Carrier and shall be made at payer's sole risk.

第十九條　運費及費用

「運費由運送人選擇依裝船毛重或體積、或卸船毛重或體積或從價基礎或按每櫃、每件或慣例之運費計算單位，或其他運送人費率表中之適用費率來計算。運費依貨方所提報的貨物敘述來計算，但運送人可以在任何時間稱重、丈量、估價、打開包裝或打開習慣性的計費單位以檢查貨物內容，如發現貨方申報不實，須付額外運費時，貨方及貨物須負責該額外運費，並支付因檢查、

稱重、丈量、消毒及估價所支出的費用。

　　貨物運抵卸貨港或有轉船情形運抵交貨地點的全部運費或其他所有費用，應在運送人或履行運送人接受貨物之時即認定係全部賺得，不管運費或費用係預付、或註明將要預付或將在卸貨港或目的地到付，運送人絕對有權請求運費及費用的支付並在任何情況下接受並保留運費，船貨滅失與否、行程改變與否、破壞與否、自動終止或放棄與否均不受影響。

　　運費及費用應以提單的金額為準，按提單上指定之匯率或由運送人選擇以運費到期日之當地貨幣按銀行要求之紐約市場匯率全數支付，不得用抵消方式、索賠方式、或扣除方式予以折減。貨物運費及費用或類別核定上有誤，可以更改，改過的運費較高，運送人可以加收額外之金額。

　　對於運費、延滯費、共同海損救助費及其他費用、包含但並不限於法院費用，及為收取運送人規費所發生合理的律師費用等之收取，由貨主與貨物共同連帶負責。給付給承攬運送人、經紀人、或運送人以外之任何人，或經授權之代理人之運費及費用不被視為給付給運送人，支付與否視為付款者本身之風險。」

　　貨物依其性質之不同，分成「重量貨」與「體積貨」兩種，分類方式雖無明確的界限，但依據通用以字母順序排列的貨物字典，裝載係數參考資料，每一長噸（約為 2240 磅）佔 45 立方英呎以上的貨物就屬於「體積貨」，每一長噸佔 45 立方英呎以下的貨物，就屬於「重量貨」。運費之支付除整櫃貨物係就貨櫃大小的二十呎或四十呎或者裝運距離的遠近，訂定費率之外，一般零星貨物仍須依據不同貨品種類的「費率表」"Tariff"計算運費，「費率表」之「費率」有「重量」與「體積」的呎碼兩種選擇標準，因此其費率金額之後通常見到「重量或尺碼」"Weight Or Measurement,W/M"兩種選擇基礎，就貨櫃雜貨而言，「體積貨」

多過於「重量貨」，而且「重量」與「體積」的比例相差甚大，因此多數貨物「運送人」都要求貨方自報重量，對正確性有懷疑時，再由船方抽查。

由於運費的本意為「正確及真正交貨」"on right and true delivery"時，方可取得[55]"Freight"的酬勞，因此不論提單或租船契約，都以條文表明，運用契約自由的方式，如「視為賺得」"deemed earned"，以及「船貨滅失與否概不退還」"non-returnable, ship or cargo lost or not lost"這類的字眼，反駁其原意，這類條款之有效性，可能視個案情形而有所不同。

託運人為提單之契約訂定人，也是運費付款的義務人，即使在訂定「運費到付」"Freight Collect"的提單[56]，依據民法第二百六十八條，「到付運費之提單」只是「契約當事人之一方約定由第三人對於他方為給付者」之契約，於「第三人不為給付時，應負擔損害賠償責任」，換言之，「託運人」所負之債務僅係為擔保「受貨人」給付運費，如果「受貨人」不為給付時，則「託運人」所擔保之目的未能達到，應負債務不履行之賠償責任，所以如果「受貨人」拒付運費，運送人為保全其運費權利，固可依本條、及海商法第五條準用民法第六百四十七條規定，對運送物行使「留置權」，以迫使「受貨人」支付運費，但此究為其權利，運送人可以捨此不為，而選擇對「託運人」請求損害賠償，自無不可[57]。

由於海運市場結構的轉變，傳統上雜貨運送之直接交運方式，已經多數由透過承攬運送人作為中介的交轉方式所取代，承

55　參看任何海運字典有關「運費」的說明及台灣民法第 645 條。
56　參看本章第二節「海運提單的種類」關於「到付運費之提單」的說明。
57　參看 68 年台上字第 1386 號瑞東實業公司對文山航業公司案之判決文說明。及王肖卿，「海上貨物運送、運費請求權之研究」，1985.7 初版 44-46 頁。

攬運送人因此成為運費的收取人，也要對貨方負責貨物無法送達、或貨物無法交運的法律責任。承攬運送人與船方之間另有運費協定，且承攬運送人也是負責對船方繳交運費之人。因此在船東運送人的提單條款中，就有以上「付給承攬運送人……之運費及費用，不被視為交付給船東運送人」之規定，以免擔負承攬運送人未繳交或轉交運費時，付款人抗辯「運費已繳」的風險。

運費與延滯費多相提並論於「留置權條款」"Lien Clause"或「終止條款」"Cessor Clause"之中，但本條之運費除「延滯費」外，應包含其他「運費」的「附加費」"Surcharge"，如「幣值貶值附加費」"Currency Surcharge"「燃油附加費」"Bunker Surcharge"等等，因正常運送須有額外支出、或付出額外勞力時，運送人所加收之額外補償。

十、火災條款（Fire）

火災條款在「陽明」提單裡，算是一個比較特殊的條款，因為像「長榮海運」的提單就沒有這樣或類似的條款。自從漢堡規則問世以來，實際上「火」這個字已經非常特別，近百年來運送人所享有的「免責權」[58]，在漢堡規則中已經全被取消，但是各國近年因應漢堡規則所修正的國內海商法，卻將威士比規則的免責權條款悉數保留。只有將「火災」的舉證責任，比照漢堡規則，由貨方舉證，這是責任條款中，保留漢堡規則規定的地方。舉證責任也只保留「火災」一項，由貨方舉證。此外，撰者個人曾驚奇的發現，保險公司處理的賠案中，「火災」案件很多，雖然沒有正式的統計資料，但相信海上風險中，「火災」一定佔有不小的分量。

但是實際上「火災」並不像擱淺、沈沒、碰撞、天候等，具

---

58 參看本書第七章「兩岸海商法」的說明。

有海上風險的特質。自燃、通風不良等原因，是任何倉庫中可能發生「火災」的風險，因此嚴格說來，「火災」不是海上風險，而是一種陸上風險。「陽明海運」提單的「火災」條款在第二十四條，內容說明如下：

Article 24

FIRE

　　Neither the Carrier nor any Underlying Carrier or Sub-Contractor utilized by the Carrier in the performance in this Bill of Lading Contract shall be liable to answer for or make good any loss or damage to the Goods occurring at any time the Goods are considered to be in Carrier's custody including the period before loading, or after discharge from the Vessel, by reason or by means of any fire unless such fire shall be caused by the actual fault or privity of the Carrier.

　　第二十四條　火災

　　「除非「火」是因運送人的實際過失所引起，否則運送人或履行運送人或次訂約人將不負責回應或補救貨物在運送人控管期間包含裝船前或卸船後之期間，因火災所造成任何之貨物毀損或滅失。」

　　火災是目前海商法合法免責事項之一，且為目前甫生效之漢堡規則惟一保留由貨方舉證的免責項目，除非有運送人的「實際過失」介入，否則「火災」所致貨損一律免責。

十一、責任限制（Limitation of Liability）

　　「陽明海運」提單的舊條款中叫做「賠償額條款」"The Amount of Compensation"，現在則改為「責任限制條款」"Limitation of Liability"，其意義應該是相同的，說明如下：

Article 23

LIMITATION OF LIABILITY

All claims which the Carrier may be liable for shall be adjusted and settled on the basis of the net invoice value of the Goods. In no event shall the Carrier be liable for any loss of profit or any consequential loss.

Subject to the Hague Rules contained in the International Convention for the Unification of Certain Rules Relating to Bills of Lading dated 25 August 1924, and any legislation making those rules compulsorily applicable to this Bill of Lading, including the Carriage of Goods by Sea Act of the United States of America, approved 16 April, 1936, the Carrier shall in no event be liable for any loss or damage to or in connection with the Goods in an amount exceeding the limit of U.S. Dollars $500 per package, or where the Goods are not shipped in packages per customary freight unit. If such limitation is inapplicable under local law, the applicable Hague Rules limitation amount in the country in which the action is brought shall be applied. If the shipment covered by this Bill of Lading originates in a country where the Hague Visby Amendments to the Hague Rules are mandatorily applicable, and if suit is brought in such jurisdiction, Carrier's liability shall not exceed 2 SDRs per kilo. If an action is brought in the Republic of China (Taiwan) for Goods originating or consigned to the Republic of China then Carrier's maximum liability shall be 9,000 N.T. dollars per package.

The aforementioned limitations of liability set forth in this provision shall be applicable unless the nature and value of the Goods have been declared by the Merchant before shipment and agreed to by the Carrier, and are inserted in this Bill of Lading and the Applicable "ad valorem" freight rate, as set out in Carrier's Tariff, is paid. Any partial loss or damage shall be adjusted pro rata on the basis of such, declared value and if the declared value is higher than the actual value, the Carrier shall in no event be liable to pay compensation higher than the net invoiced value of the Goods plus Freight and insurance.

第二十三條 責任限制

「所有運送人應負責之理賠應以貨物的淨發票價值理算及結算，任何情形下，運送人均不負責利潤之損失或經濟損失。

按一九二四年八月三日之海牙規則或任何使該規則適用於本提單之法律包括一九三六年四月十六日之美國海上貨物運送法之規定，運送人絕對不負責貨物未按習慣之計費單位包裝或每件限額超過 500 美元以上之貨物之毀損或滅失。

本提單之出貨地點為海牙威士比規則強制適用的國家，且以該規則提起司法訴訟時，運送人責任不超過每公斤 2 單位國際貨幣基金之特別提款權，因在中華民國出貨或卸貨而在中華民國提起訴訟時，運送人最高責任是每件新台幣九仟元。

除非貨物的性質與價值在裝船業經宣告並經運送人同意，列入提單，且貨主依運送人費率表支付了從價運費，否則以上責任限制將不適用，部份毀損滅失應按宣布價值的比例計算，惟宣布價值如高於實際價值，運送人不負擔高於貨物淨發票價值加運費加保險費的金額。」

這個條款的賠償觀念已經趨於簡單化，因為國際公約與各國法律對於責任限制已經大都低於貨物的市價，所以一反過去先談貨物的發票價加運費加保險費（CIF）、或市價、或交換價，而先由責任限制額談起。

以「國際貨幣基金」"IMF"之「特別提款權」"SDR"來說，一般基準值多維持在一個"SDR"約等於一點五美元的比例，因此每公斤合美金三元之換算標準來說，以零星雜貨一公噸約賠償美金三仟元左右，至於美金五百元的責任限制，則是現行美國一九三六年「海上貨物運送法」的標準，以目前新台幣一比三十五的兌換律計算，約新台幣一萬八仟元左右。

貨物價值經宣布後，通常貨方在繳交呎碼或重量計的正常費

率以外，還需要繳交一個從價費率計算的運費，從價費率以宣布後貨物價值的百分比計算，這樣船方賠付額才不會侷限於單位責任限制的標準。

件數的計算以提單的「件數」"Number of Packages"欄的記載為準，所以會產生零星貨件數反而高於整櫃貨物件數的情形，而整櫃貨之櫃皮如與貨物不屬於同一所有人時，櫃皮也算一件。

件貨每件賠償限額訂為每件美金五百元，是比照美國一九三六年「海上貨物運送法」的標準，現行「海商法」的責任限制已經修正為「特別提款權六六六點六七個單位」。因為一九九九年美國海上貨物運送法草案已經修正比照一九六八年「海牙威士比規則」，以國際貨幣基金六六六點六七個特別提款權為責任限制標準，與北歐、英、中國大陸等國現行海商法均相同，因此這個五百美元的責任限制標準，可以說是比一般標準為低的。

十二、留置權條款（Lien Clause）

本條與租船契約上的「留置權」條款類似，主要在說明運送人、其受僱人、或代理人對貨物有留置權，並有權拍賣貨物，用以抵償運費、延滯費、救助費、共同海損之分攤、及其他費用、或其他未了的債務等。

依據民法，運費留置權只能對同一航次之同一受貨人行使，不適用於不同航次之不同運送契約，「陽明海運」提單的「留置權」條款在第十六條，內容與一般的說法相同，惟有關貨物之拍賣，可以在不通知貨主的情況下進行，原文附之如下，以供參考。

Article 25

LIEN

The Carrier shall have a lien on the Goods and any documents relating thereto for all sums payable to the Carrier under this contract and for general average and salvage contributions to whomsoever do and for the costs of recovering same and for any penalties and assessments charged to the Carrier as a result of its Carriage of the Goods. In order to recover for such charges the Carrier shall have the right to sell the Goods by public auction or private treaty without notice to the Merchant.

第二十五條　留置權

「運送人對所有按本提單之運送契約應收之金額及為共同海損或給付予任何人之救助酬勞分攤額或為收取此等費用所支出的費用、及任何因運送本項貨物而遭致之罰款，對貨物與任何文件有留置權，為費用收回之必要，運送人有權在不通知貨主情形下公開拍賣貨物或以私下協定處理之貨物。」

條款中之應付未付費用，包括運送人依法可得之運費、延滯費，但如前所述，運費與費用條款之說明，留置權是一種權利，且行使起來非常麻煩，因為依照海運優先權與債權的順序，海運優先權均優於運費債權，因此運送人可以選擇不行使留置權，而改向託運人取償亦無不可。

十三、共同海損（General Average）

提單上通常有兩條關於「共同海損」的條款，一條是理算規則的適用，旨在說明發生共同海損時，將依據何種規則理算。另一類則為源自美國的「紐傑生」條款，主要在禁止貨方以各種理由規避共同海損分攤責任的問題，「海牙威士比規則」第五條對於

「共同海損」的規定很簡單，僅說明「本規則不反對在提單中插入有關共同海損的合法規定」。

「陽明海運」的共同海損條款與一般提單的相同條款有類似的內容，說明如下：

Article 20

GENERAL AVERAGE AND SALVAGE

General average shall be adjusted, stated and settled at any port or place at the Carrier's option according to the York-Antwerp Rules 1994, and as to matters not provided for in these rules according to the laws and usages of the port or place of adjustment, and in the currency selected by the Carrier. Average agreement and bond, together with such additional security as may be required by the Carrier, shall be furnished before delivery of the Goods.

In the event of accident, danger, damage or disaster before or after commencement of the voyage resulting from any cause whatsoever, whether due to negligence or not, for which, or for the consequences of which, the Carrier is not responsible by statute, contract or otherwise, the Goods and the Merchant jointly and severally shall contribute with the Carrier in general average to the payment of any sacrifices, losses or expenses of a general average nature that may be made or incurred and shall pay salvage and special charges incurred in respect to the goods. If a salving Vessel is owned or operated by the Carrier, salvage shall be paid for as fully and in the same manner as if such salving Vessel or Vessels belonged to strangers. In the event the Master considers that salvage services are needed, the Merchant agrees that the Master may act as his agent to procure such services to the Goods and that the Carrier may act as his agent to settle salvage remuneration.

第二十條　共同海損及救助

「共同海損應在運送人選擇之任何港口或地點，依據一九九四年約克安特衛普規則理算、列表、及運送人選擇之貨幣單位結

算，規則中未規定的事項，依據理算港口地點之法律及慣例，海損協議書、海損保證書及其他運送人額外要求的保證，應該在交貨前繳交給運送人。

　　在開航之前或之後，如發生任何意外、危險、損害、或災難，無論是否因運送人依法律、契約、或其他，均不負責的疏忽所致。貨物、貨主則應共同連帶地對於共同海損的犧牲、損失、及費用負責，並應負擔貨物之救助費、及其他特別費用，救助船如與本船爲同一船東、或同一操作公司，應視爲非同一船東般處理。船長如認爲有救助之需要，貨方同意船長可爲其代理人，召請救助該貨物，運送人並以貨方代理人身份以結算救助酬勞金。」

　　以上內容主要在說明：

　　「共同海損」之理算，依據一九九四年的「約克安特衛普規則」，該規則主要是因應一九八九年「國際救助公約」"International Salvage Convention,1989"於二○○二年生效而修改的，改變的主要內容在於救助酬勞，增加了雖未救成船舶，但爲防治環境污染所支出的金額，應由船東單方面予以補償，不得包括在由貨方一起分攤的救助酬勞中，這一個「救助不成，仍可請求一部份酬勞」的部份，原不屬於共同海損可供共攤的範圍[59]。在新的救助公約生效之後，一九七四年的「約克安特衛普規則」隨即增加了一九九○年修正案予以因應，即承認救助公約第十三條「救助費用本身包括救助者對於防治污染，促進環境保護的貢獻」，也就是一九八九年「國際救助公約」第十三條的部份內容，至於第十四條有關「救助不成，仍須支付救助酬勞以補償救助人所支出勞力及費用的部份」，則不列入「共同海損」。一九九四年約克－安特衛普規則除了反映這一點外，整體文字也作了一番整

---

59 共同海損本身，也必須要有殘值的保存，才能成立。

理與修正[60]。

「共同海損」因分攤對象多，加上須保管分攤金及分攤金幣值不同，利息的計算等工作繁複，因此慣例多委請合格的理算師理算，理算師理算後作出理算報告，送保險人核可簽字，再與各分攤單位結算分攤金額，並退還保證書等事項，因此二十條中提及理算、列表、及結算。

由於海難後油污案件的理賠額龐大，所以近十年發生了數起有關船長是否有權代表貨方簽發救助合約，甚而決定救助酬勞金的訴訟，因為貨方質疑為何由船、貨雙方分攤金額用以給付給救助公司的酬勞，卻由船長單方決定召請由那一個救助公司的施救費用，船方則辯稱在緊急情況下，船長實在沒有時間個別徵求貨方的同意，個案的判決不一而足，因為油輪通常只有少數貨主、貨櫃輪則有成千甚至上萬貨主，又因個別緊急的情況不一，因而有多個不同的答案，陽明公司提單上的第 20 條將船長召請救助公司及運送人代表結算酬勞金的條款列入條文，以避免要求貨方分攤酬勞金時發生困擾。

由於一九七四年約克—安特衛普規則的第 D 條款未在美國生效，因而之前的船東提單多有「紐傑生條款」，D 條款的內容是「縱因參與冒險一方的過失造成共同海損，其犧牲及費用不影響共同海損之分攤」，因此貨主常推託，說因共同海損係因「船長、海員」之過失所致，應該由運送人單方面負責才對，不應該要求貨主來分攤共同海損，現在這些意圖貨主阻止及反對分攤的理由，已經明文列入第二十條，如果條文可以有效，運送人就可以避免貨主在以各種理由推拒「共同海損」的分攤了。

---

60 修正的部分還包括增加「至上條款」，說明「共同海損行為必須合理化」外，其他部份也作了大幅度的修正。現在已經於二〇〇二年、二〇〇三年各有一版新的「約克安特衛普規則」，但適用那一版，仍以運送契約或提單的規定為準。

　　本條文也併入原來在其他公司背面條款中獨立的「姊妹船條款」"Sister- ship clause"，其內容就是同一公司其他船舶施行救助時，應視爲非屬同一公司之船舶，一樣須計入酬勞，並列入公攤。

　　條文中的約克安特衛普規則，已經分別有二〇〇二、二〇〇三年的版本，但因爲習慣或熟悉度的關係，許多公司的提單背面並不隨著立刻修改。

十四、雙方過失碰撞責任條款

　　本條之目的在釐清因兩船過失造成碰撞時，貨主得自他船之賠償，間接由本船支付時，應退還本船。本條的理論基礎來自海牙規則之運送人免責條款，「因下列事由所發生之毀損或滅失，運送人或船舶所有人不負賠償責任。一、船長、海員、引水人或運送人之受僱人，因航行或管理船舶之行爲而有過失者。」

　　本條無論在租船契約及任何提單，均有標準文字的條款，內容如下：

Article 21

BOTH TO BLAME COLLISION

If the Vessel comes into collision with another Vessel as a result of the negligence of another Vessel and any act, neglect or default of the master, mariner, pilot or the servants of the owner of the Vessel and in the navigation or in the management of the Vessel, the Merchant shall indemnify the Carrier against all loss or liability which might incur directly or indirectly to the other or non-carrying Vessel or her owners insofar as such liability represents !oss of or damage to his goods or any claim whatsoever of the Merchant paid or payable by the other or non-carrying Vessel or her owners to the Merchant and set-off recouped or recovered by the other or non-carrying Vessel or her owners as part of their claim against the carrying Vessel or the owner thereof. The foregoing provisions shall also apply where the owners, operators or those in charge of any Vessel or Vessel or objects other than, or in addition to, the colliding Vessel or objects are at fault in respect of a collision or contract.

第二十一條　雙方過失碰撞

「如果船舶與他船碰撞，係由於他船之疏忽，或者由於本船船長、海員、引水人於航行或管理船舶上的行為、疏忽或過失所致，貨主應補償運送人或本船船東因他船或他船船東索賠其直接或間接所遭致之損失與責任，特別是他船或他船船東直接或間接所遭致的責任中，有一部份乃是由於他船或他船船東為付予或應付予本船貨物毀損滅失之貨主之賠償或補償性抵償。

以上規定也適用在碰撞或觸撞案件中，非碰撞船之其他船舶或物體的所有人、營運人或其他負責人有過失而發生碰撞或觸撞的情形。」

以上條款主要因美國未簽署一九一○年的「布魯塞爾碰撞公約」而來，依據公約規定，凡碰撞的兩船間互有過失時，兩船亦應就過失比例對他船貨主就貨損部份，作同一比例的賠償，但在美國，除單方無過失情形外，一律以各負百分之五十作為分攤原則[61]，但對於他船貨主，則須賠付百分之百，一方船東於賠付對方貨主後，多將賠償額列入本船之損失，而要求對方船東賠償百分之五十，如此一來，本船船東無異是間接賠付了本船貨主百分之五十的金額，本船不一定為美國籍，卻可能航行美國海域，或碰撞他船為美籍，或司法管轄在美國法院，而須適用美國的法律。基於前述運送人對運送物可因「船長過失」不負貨損責任的理論，

---

61 此一原則業於 1976 年 Reliable Transfer 乙案中有所改變，該案採比例負擔原則。

因此於本條中規定，貨主雖受他船賠償，但或已列入爲他船損失的金額，由本船負擔一半，因此應再償還本船運送人[62]。本條最後一段文字則指兩船碰撞涉及第三船或固定物體時，而該第三船及物體與有過失，遭致賠償本船貨主的情形，亦可同樣適用。

　　本條標題雖爲「兩船過失碰撞」，但其內容卻主要在規範「運送人及貨主」[63]。

十五、司法管轄的規定（Jurisdiction）

　　本條款的內容主要在規定司法訴訟時之行政管轄權屬於那個法院，並以那一國的「司法管轄」的問題，「至上條款」已經有以那個國際公約或那個國家法律爲至上原則的規定，「共同海損」條款又有按那個理算規則[64]及按那個國家法律或按卸貨地國家法律的規定，因此本條之「司法管轄」權應該主要影響的是司法審判地點的規定，即訴訟地點說明，「陽明」提單的相關規定在第二十六，也是最後一條[65]，內容如下：

Article 26

JURISDICTION

　　Except as otherwise provided specifically herein any claim or dispute arising under this Bill of Lading shall be governed by the law of England and determined in the English courts sitting in the city of London to the exclusion of the jurisdiction of the courts of any other

---

62　本項理論參考 J.Bes，"Chartering & Shipping Terms"1975 第 9 版 114 頁。

63　訂於租船契約時，則係規範「船方及租方」。

64　除約克安特衞普規則外，國家亦有自定的理算規則。

65　多數提單的「司法管轄」條款都在提單背面的最後一條。

place. In the event this clause is inapplicable under local law then jurisdiction and choice of law shall lie in either the port of loading or port of discharge at carrier's option.

第二十六條　法律及司法管轄

「除了以上特殊規定外，本提單之理賠或爭議應由英國法律管轄及坐落倫敦的英國法院判決，本條款如在當地法律不適用，則司法管轄及法律之適用，應由運送人選擇以裝貨港或卸貨港之法律及司法管轄爲準。」

提單中的相關條款也可能在各國法律中遭到排除適用或各國法律本身有強制適用規定而遭到排除，美國原來因爲一九六七年"Indussa Corp"對 S.S."Randborg"案，判決在外國法院訴訟或外國仲裁之規定爲無效。後來又因爲一九九五年的"Vimar Sequros Reasaquros S.A.對 M.V. Sky Reeferetal（115 Sct 2.322.1995 Jvd）"案改判爲國外仲裁或訴訟的規定爲有效。一九九九年「海上貨物運送法草案」第五版，再以明文規定爲無效。再因各國之強力反對，修成草案第六版的條文[66]。另如本節三、免責條款中所述，台灣目前之海商法第七十八條，亦增加了「可得主張適用」的規定。

十六、其他附加規定

提單中條款亦載有附加規定可以適用的文字，在正面條款中常見的如「其他條件依據租船契約」的文字，也就是目前已爲銀行所接受的租船提單，在背面則印有如「運送人費率表」之類的條款。

本條款在陽明提單的第二條內容介紹如下：

---

66 參看本書第六章第二節「美國海上貨物運送法」。

Article 2

CARRIER'S TARIFF.

The terms and conditions of carrier's applicable tariff are incorporated herein, including those provisions relating to Con-tainer and vehicle demurrage. Copies of the relevant provisions of the applicable tariff are obtainable from the Carrier upon request. In the event of any inconsistency between this Bill of Lading and the applicable Tariff, this Bill of Lading shall prevail.

第二條　運送人費率表

「運送人的費率表中的條款，包括貨櫃及車輛延滯費條件均為本提單適用的一部份，以上費率表相關規定的影本可向運送人申請取得，提單的規定與費率表間的規定有歧異，以提單之規定優先。」

定期船之費率表經常因運費漲跌而更換，因此本條中特別提到適用的「費率表」"Tariff"，表示當期使用中的費率表。定期船費率表須向管理單位報備，報備後應客戶需求提供，表示公平對待客戶的透明化。

除運費外，費率表中亦附有其他條件，如超高櫃，如同種類貨物因客觀條件不同，如港口不同，運價亦不一樣，因此貨方欲在費率表中覓得有利條件比較因難，相反的，船方欲尋得有利條件作說明，卻方便得多。

本節已經把「陽明提單」的背面條款全部說明完畢，各航運公司的背面條款大同小異，小異的部份是因應各公司經營之路線、航行經過的國家不同而產生的，「陽明提單」以前就有航行歐洲航線與美洲航線的分類，現在已經一致使用一個樣式，所以應該是經過彙整，可以全球適用的提單條款了。

第五節　承攬運送人提單與船東運送人提單背面條款的比較

　　「承攬運送業」是航運業界自貨櫃運輸發展以後，航運業經由分工所蓬勃發展的行業，雖說「承攬運送」的歷史可以追溯自十一世紀開始，並源自大陸國家。但其實當時的「承攬運送」只做集貨，報關等簡單作業，手續簡單，營業範圍亦有限。

　　晚近的「承攬運送」，卻是與貨櫃運輸的發展息息相關，因為突然竄起，所以國際間法規的因應都很蹣跚，各國政府主管單位對「承攬運送」業務不了解是一個主要原因，船東運送人的排斥，貨方的不合作，也都是因為初期沒有充分了解「承攬運送」的緣故。造成的結果是法規不一，寬嚴亦不一，甚至管轄單位混淆，造成事權不一的情況。

　　「承攬運送」的業者本身，因為不須固定資產作經營，完全依賴熟習國際商務、國際法律、客戶關係等軟體作業，所以經營初期，一些不肖業者看準本業容易與貨物脫離關係的狀況，經常拖延對於貨損的責任，一九七〇乃至一九八〇年代「承攬運送業」雖然隨著貨櫃運送的發達，蓬勃起來，卻也面臨不肖業者破壞商譽、身分在法規中混淆定位、各國定位方式不一、法規管轄不一的國際窘態。

　　民國七十年台灣「航業法」首次公布，將「承攬運送業」列為航運業的一支，但當時的名稱是「船舶貨運承攬業」，也不允許簽發載貨證券[67]，就當時的規定來看，主管官署似將其視為船舶的攬載代理，也就是 Booking Agent 的狀態，但在那個時候之前，

67　參考舊航業法第 49 條。

因應信用狀要求、或貨方的方便、或外國承攬運送業的授權、或本國運送業的委託，承攬運送業簽發自己名義載貨證券的情況已經是一種普遍的現象。

因應現實，民國八十四年修改「航業法」將「船舶貨運承攬業」更改名成為「海運承攬運送業」，納入「運送業」的範疇之內，也准其簽發載貨證券了[68]。民國八十五年修改「海運承攬運送業管理規則」，將「海運承攬運送業」簽發載貨證券的規定予以落實，從此「海運承攬運送業」才可以合法在法律範疇內，簽發自己名義的載貨證券，根據一項「海運承攬運送業」本身非正式的統計：目前「海運承攬運送業」的簽單總數已佔載貨證券簽發總數的百分之八十以上，由於出口併櫃的載貨證券日益增加，船東自己掌握整櫃艙位的策略亦大量放寬的關係，因此「海運承攬運送業」實際簽單的數量甚至更多，但所簽的提單中自然也包含船東「運送人」授權簽發的「運送業主載貨證券」"Master Bill Of Lading"在內。

「海運承攬運送業」簽發的載貨證券種類大致分為三種，一種是獲得船東「運送人」授權簽發的「運送業載貨證券」，即前述的「主提單」"Master Bill of Lading，一種是「海運承攬運送業」自己印製，以「海運承攬運送業」公司名稱抬頭的載貨證券，俗稱的「分提單」House Bill of Lading，第三種是「國際貨運承攬商協會」為維持「承攬運送」聲譽而統一印製，發給各會員國家使用的提單，稱為「協會提單」"FIATA Bill of Lading"簡稱 FBL，這種提單在印發的提單中有「禁止仿冒」，"Copyright"的字樣及會員國的編號及序號，以保障品質。

就「承攬運送人」與「運送人」的地位而言，從貨方立場，兩者都是「運送人」，但就「運送業」的立場來看「海運承攬運送

---

68 航業法第 48 條。

業」,「海運承攬運送業」不但代貨方安排船運、辦理報關、保險包裝、拆併櫃、安排陸運、送貨進貨櫃集散站、與集散站人員聯繫併櫃等,基本上他就是貨方的「代理人」,所以大陸上才稱「海運承攬運送業」為「貨運代理」,簡稱「貨代業」,與貨方應該是一個立場的。就「承攬運送業」本身來面對貨方,雖然他也居於「運送人」的地位,但是在理賠上,在責任的承擔上,在承認運送人之代理人受僱人及獨立契約人的責任上,他卻隔著一層;如理賠時限,他必須在賠償貨方之後,在國際公認或有關之國家法律的理賠時限失效之前,先獲得船東「實際運送人」的承認及賠償,因此他能夠同意貨方的時效,自然比較短,在責任的承擔上;船東本身對於船長,海員,引水人的指揮監督,到底比承攬運送人來得直接,因此責任的承擔亦較直接,同樣是「承攬運送人」所發的提單,如果是運送人的「主提單」 "Master Bill of Lading" 或承攬運送人的「分提單」 "House Bill of Lading" 及「公會提單」 "FIATA Bill of Lading",都有許多關鍵性的不同內容。

　　一般而言,運送人的「主提單」 "Master Bill of Lading" 對貨方而言,是條件比較好的,在簽有「分提單」的場合,「主提單」的「託運人」是「承攬運送人」,而不是貨方。「承攬運送人」的「分提單」及「公會提單」可能要視各國政府對於承攬運送業的管理方式所定責任的高低了,本節內容以「國際貨運承攬商協會」的「協會提單」 "FBL" 背面條款內容作為藍本,比較其條件與前節船東提單背面條款之異同處,讓讀者能有一個更清楚的了解。

　　「船東運送人提單」與「承攬運送人提單」的異同之處,經逐條比較,分成相同之處、及相異之處,說明如下:

一、相同之處

在定義及適用性方面。

均可適用於「複式運送」"Multi-modal Transport"及「單式運送」"Uni-modal Transport"，適用範圍均爲「自收貨迄交貨」[69]，並以簽發者本人的名義運送[70]。

在提單之文義及流通性方面。

兩種提單均有註明「文義證券」、「單證之轉讓即代表貨物之轉讓」[71]。

有關於危險品裝載之規定[72]。

有關貨物內容申報及託運人對於申報內容之保證：

1. 在責任承擔方面

責任範圍均爲自收貨至交貨。

2. 責任內容均包括毀損、滅失及遲延交付，遲延交付的定義與「船東運送人提單」的規定相同，即提單明文規定的時間未抵目的港或合理時間未抵目的港爲遲延。至於明文規定或合理時間的九十天內未到，視爲已經滅失[73]。且「承攬運送」提單規定於交付貨物時，接受貨方對於該交付已構成遲延所致滅失的條件，與提單記載相符時，「承攬運送人」才應該負責[74]。

3. 如果不是由「承攬運送人」參與裝櫃之貨櫃，則包裝不固、不良等，明文規定「承攬運送人」可以不負責。甚至「承攬運送人」提供的貨櫃，只要瑕疵明顯，而貨方檢視不出，仍逕予裝載，其毀損、滅失的責任，「承攬運送人」也可以不負責[75]。

69　1992 Standard Conditions, FBL 的提單背面第 6.1 條。
70　1992 Standard Conditions, FBL 的提單背面第 1 條。
71　1992 Standard Conditions,FBL 的提單背面第 3.1 條。
72　1992 Standard Conditions,FBL 的提單背面第 4 條。
73　漢堡規則規定是六〇天。
74　1992 Standard Conditions, FBL 的提單背面第 6.4 條。
75　1992 Standard Conditions, FBL 的提單背面第 5.2 條。

4.在責任的限制上,仍多以威士比規則的規定作為標準,即
以:

以市價或交易價作標準[76]。

最高賠償限制為每件國際貨幣基金「特別提款權 666．67
個單位」"SDR"或每公斤 2 個「特別提款權單位」,以較高
者為準。內陸運送則以每公斤 8.33 個「特別提款權單位」
為限,「船東運送人提單」亦多採用相同標準[77]。

對於遲延交付所生損害,以不超過本提單複式運送運費額
的兩倍為限[78]。

侵權行為亦可適用的規定,是比照 1978 年漢堡規則來的[79]。

受僱人、代理人、獨立契約人亦可享責任限制的規定。貨
方可自承攬運送人之受僱人、代理人、獨立契約人獲得之
總賠償款不得超過以上的責任限制額[80]。

運送的路線、方法。

承攬運送業自由處理,堆存貨物的權利與「船東運送人提單」
內容相同[81]。

有關運費之定義,收受方式,選擇幣種及決定匯率之方式
[82]。

有關交付毀損滅失通知的規定:

依「承攬運送人提單」的規定是當時以書面通知,或者如果
毀損、滅失情況不顯著,應於交貨後六日內交付書面通知,否則
沒有及時通知即已構成正確交貨的表見證據[83]。前述陽明之提

---

76 1992 Standard Conditions, FBL 的提單背面第 8.2 條。
77 1992 Standard Conditions, FBL 的提單背面第 8.3, 8.5 條。
78 1992 Standard Conditions, FBL 的提單背面第 8.7 條。
79 1992 Standard Conditions, FBL 的提單背面第 9 條。
80 1992 Standard Conditions, FBL 的提單背面第 10 條。
81 1992 Standard Conditions, FBL 的提單背面第 11 條。
82 1992 Standard Conditions,FBL 的提單背面第 13 條。
83 1992 Standard Conditions,FBL 的提單背面第 16.2 條。

單、則規定最晚三天內應提出貨物毀損、滅失的通知。

有關適用法律及司法管轄的規定：

大都仍是提單的簽發地點或運送人營業處所的國家等幾個選擇[84]。

二、相異之處

「承攬運送人」只能對其本身之受僱人、代理人之行為及疏忽負責[85]

「船東運送人提單」與「承攬運送人提單」的文字是相同的，但運送人實際上可依文字對於其代理人、受僱人之行為、疏忽亦有可以適用其本人之責任限制及免責條件的規定，在執行上的意義則是不相同的，因為承攬運送人的受僱人、代理人，並不如運送人的受僱人、代理人一樣，負運送上較實際的責任。

提單上如有「託運人自己裝貨及計算」"Shipper's Load and count"或「託運人自行裝櫃」"Shipper's packed Container"的記載、運送人是否可以免責，國際公約及各國法律，目前尚處於爭議階段[86]。承攬運送人之提單則同意承攬運送人可以憑此項記載而免責[87]。

---

84 1992 Standard Conditions, FBL 的提單背面第 19 條。

85 1992 Standard Conditions,FBL 的提單背面第 2.2 條有"Subject to the Conditions of this FBL, The Freight Forwarder shall be responsible for the acts and omissions of his servants or agents acting within the scope of their employment or anyother person of whose services he makes use for the performance of the contract evidenced by this FBL,……")，

86 除已知的美國 1999 年海上貨物運送法草案 GOGSA，1999 明文規定運送人可以不負責外，其他法律尚無此規定，該草案亦尚未生效。

87 1997 Standard Conditions, FBL 的提單背面 3.2 條，則有"The information in this FBL shall be prima facie evidence of the taking in charge by the Freight Forwarder of the goods as described by such information unless a contrary indication such as "Shipper's Weight, Load And Count", "Shipper-packed Container" or similar expressions has been made in the printed text or superimposed on this FBL.。

　　「承攬運送人」仍保留「免責條款」,「船東運送人提單」則因適用國際公約的不同,而有不一樣的免責內容,如適用海牙及海牙威士比規則的國家,可以有十七項法定免責規定,而漢堡規則則已取消了免責的規定。有些「船東運送人提單」因為已經訂了「至上條款」,對於適用哪個公約已經有所規定,因此對於免責的部分就避而不談。雖然「承攬運送人」在提單上也有「至上條款」,以說明適用哪個國際公約的規定,但是「承攬運送人」的提單中仍特別條列說明,包含了以下的「免責」:

1. 貨方與貨方除承攬運送業以外,代理人的行為及疏忽[88]。
2. 包裝、貨物標示、數量記載之不固及不足[89]。
3. 貨方負責之裝、卸、堆裝、操作不良[90]。
4. 貨物的潛在瑕疵[91]。
5. 罷工、封鎖、停工或工會禁制等[92]。
6. 船長、海員、引水人及運送人的僱用人航行管理船舶的行為,疏忽或錯誤[93]。
7. 火災,非運送人(此處應指承攬運送業)實際或個人過失所致[94]。
8. 戰爭、類似戰爭之行為、疫病、罷工、政府行為、不可抗力等所致偏航成本,及其他增加之成本[95]。

　　有關以上「火災免責」的規定,必須特別說明的是,除一般有關「火災」須註明沒有「運送人」的實際過失牽涉在內以外,

---

88 1992 Standard Conditions, FBL 的提單背面第 6、5(a)條。
89 1992 Standard Conditions, FBL 的提單背面第 6、5(b)條。
90 1992 Standard Conditions, FBL 的提單背面第 6、5(c)條。
91 1992 Standard Conditions, FBL 的提單背面第 6、5(d)條。
92 1992 Standard Conditions,FBL 的提單背面第 6、5(e)條。
93 1992 Standard Conditions, FBL 的提單背面第 6、6(a)條。
94 1992 Standard Conditions,FBL 的提單背面第 6、6(b)條。
95 1992 Standard Conditions,FBL 的提單背面第 13.4 條。

尚須「承攬運送人」保證船舶的海值，並已盡相當努力以維持海值。但是由於船舶及其他運送工具非承攬運送人所擁有，但在運送工具的「選擇」上，「承攬運送人」必須負責任，因此該段文字用的是被動句，似亦可解釋為「承攬運送人」在選擇「運送工具」時在海值的維持上已盡了相當的努力[96]。

有關留置權

「承攬運送人提單」倒是不像「船東運送人的提單」一樣，列出運送人針對運費、延滯費等未收到的費用，有權對於貨物進行留置的規定。而是針對需要，對於所有的應收費用；包括貨物寄存費及為收到費用所耗成本，「承攬運送人」對於貨物及文件、單證等，可以進行留置，文字比較務實[97]。留置貨物外，可留置文件，並說明可以以任何強制方法施行之[98]。這可能是因為與「船東運送人」承擔風險、及責任不相同的緣故。

有關交付毀損滅失通知的規定

依「承攬運送人」提單的規定是在交貨當時或毀損、滅失情況不顯著者，應於交貨後六日內交付書面通知，否則即已構成正確交貨的最初證據[99]。

在「共同海損」方面

「承攬運送人」提單並沒有像「船東運送人」的提單有適用

96　1992 Standard Conditions, FBL 證券背面 6.6b 條有 "Fire, Unless caused by the actual fault or privity of the Carrier, however, always provided that whenever loss or damage has resulted from Unseaworthiness of the Ship. the Freight Forwarder can prove that Due diligence has been exercised to make the Ship Seaworthy at the commencement of the voyage."

97　1992 Standard Conditions,FBL 證券背面第 14 條有 "……For any Amount Due At Any Time to the Freight Forwarder From the Merchants Including Storage Fees And the Cost of Recovering Same,……"。

98　原文是 "……And May Enforce Such Lien In Any Reasonable Manner Which He May Thinkfit."。

99　1992 Standard Conditions, FBL 的提單背面第 16.2 條。

那個理算規則的規定，而是要求貨方在「承攬運送人」遭遇船東「共同海損」理賠的時候，應補償「承攬運送人」，及「承攬運送人」被要求支付保證金時，貨方應提供此項保證金[100]。這也是因應需要，造成「承攬運送人」的提單與「船東運送人」提單不同的地方。

時效終止的條件

「承攬運送人」由於必須在「船東運送人」規定的時效內、依適用國際公約的不同，通常是一至二年，提出索賠訴訟，因此「承攬運送人」要求貨方的時限通常較短，「承攬運送人」的提單是九個月，這也是貨方認為「承攬運送人」提單比「船東運送人」提單比較不利的地方。

「船東運送人」提單曾有一樣訂定九個月時效，卻被判該期限無效[101]的情形。所以「船東運送人」一定要適用提單至上條款有關「海牙規則」的規定，至少須有一年的時效，判決理由主要是因為時效衝突時，應做對貨方有利的解釋。

有關「至上條款」的適用

雖然「承攬運送人」提單的「至上條款」一樣是一九二四年的「海牙規則」、或一九六八年的「海牙威士比規則」，或美國「海上貨物運送法」，都特別說明包括海上及內陸、甲板上、或甲板下，以補足兩個公約的「不適用於『內陸』及『甲板上』」，這是船東運送人提單所沒有的部分[102]。

---

100 1992 Standard Conditions, FBL 證券背面第 15 條有"The Merchant Shall Indemnify the Freight Forwarder In Respect of Any Claims of A General Average Nature Which May Be Made on Him And Shall Provide Such Security As May Be Required by The Freight Forwarder In This Connection."。

101 依據 1998 年 6 月 24 日 Finagra (UK) Ltd.對 OT Africa Line Ltd. QBD 案。該案中 OT Africa Line Ltd.為運送人，不是承攬運送人。

102 1992 Standard Conditions, FBL 的提單背面第 7.2, 7.3 條。

第六節 承攬運送人提單與 海運單的標準條款

「國際貨運承攬商協會標準條款」"FIATA Model Rules for Freight Forwarding Services"共有兩套，一套專用於「提單」背面，一套專用於「海運單」背面，兩套都簡稱為「標準條款」"Standard Conditions"。專用於「提單」背面條款的「標準條款」， 全名是「一九九二年國際貨運承攬商協會複式運送提單標準條款」[103]"Standard Conditions（1992）governing the FIATA Multimodal Transport Bill of Lading"，也就是上一節與「船東運送人」提單比較的「標準條款」。 專用於「海運單」背面條款的則有「一九九七年國際貨運承攬商協會複式運送海運單標準條款」"Standard Conditions（1997）governing the FIATA Multimodal Transport Waybill"，這兩套「標準條款」的內容都已經被「國際商會」"International Chamber of Commerce, ICC" 正式認可,因而廣泛的被國際間的銀行所接受,作為押匯的文件,目前不但是國際上「國際貨物承攬商協會」的會員所廣泛使用,非會員的「承攬運送人」在擬定「提單」背面條款或「海運單」背面條款時,應該也是很好的參考但不能抄襲,因為「國際貨運承攬商協會」會主辦版權,已如本章第五節的說明。總之,提到「標準條款」,不論是「提單標準條款」或「海運單標準條款」,都是「承攬運送人」使用,「船東運送人」的「提單」或「海運單」則是自行擬定,不會使用這套「標準條款」。

「提單」或「海運單」的「標準條款」有共同的地方,也有不同的地方,不同的地方在於標榜「提單」與「海運單」兩種單

---

103 承攬運送人應主要活躍於複式運送的情況。

證的不同特徵，先從「提單」及「海運單」相同的地方說起。

一、標準條款之「提單」與「海運單」相同的地方

「標準條款」中的「運送人」正式名稱是「複式運送經營人」"Multimodal Transport Operator"

「複式運送經營人」的名稱列於「一九九二年複式運送提單標準條款」"FBL"，以及「一九九七年複式運送海運單標準條款」"FWB"的正面，都是以「運送人」的名義，承擔複式運送責任的人，在大陸「海商法」裡，有個「多式聯運經營人」的名義，行業別稱為「國際貨運代理業」，簡稱「國際貨代」，就是這個意思。台灣「海商法」就只有「運送人」一個名稱，行業別是「海空運承攬運送業」。

在「標準條款」「適用性」方面

雖然「標準條款」的名義是「複式運送」，但是在「標準條款」第一條就強調，雖然名稱是「複式運送」的「提單」或「海運單」，但是「亦可用於「單式運送」"……also apply if only one mode of transport is used"。而且「適用於承攬運送人履行標準條款所有的索賠，包括契約訴訟及侵權訴訟」，在「不違背強制適用的國際公約或國家法律情形下，本標準條款始為有效」，「以海牙或海牙威士比規則及美國海上貨物運送法為至上條款」，雖然美國「海上貨物運送法」是目前國際間海運國家中，最舊的國內「海上貨物運送法」，因為美國一九九九年「海上貨物運送法」新草案到目前都沒有通過審議。還在適用一九三六年的舊「海上貨物運送法」，但是美國「海上貨物運送法」卻有強制適用的規定。

「標準條款」中運送人的責任

運送人的責任以「運送人履行或以本身名義保證履行」，「從『接管地點』"take in charge"」，也就是「提單正面之收貨地點」

到本「標準條款」指定的「『交貨地點』的全程運送」，並「就本標準條款負責」。依據「標準條款」，運送人對於其受僱人、代理人因履行本「標準條款」契約的行為及疏失負責，其「行為及疏失」就如同「運送人」本身之「行為及疏失」。這就是「標準條款」中所謂的「承攬運送人」的「喜馬拉雅條款」的原則。依據以往的案例，「承攬運送人」的「喜馬拉雅條款」無法涵蓋「船東運送人」的責任範圍。因為「船東運送人」既不是「承攬運送人」的受僱人，也不是「承攬運送人」的代理人。

「標準條款」的記載可以為表見證據

雖然「標準條款」的記載可以作為表見證據，但是對於「託運人自行稱重及計算」，或者「託運人自行裝櫃」等類似批註，卻可以「否定本記載作為表見證據的效力」這也是美國一九九九年「海上貨物運送法」草案中的內容之一，其他國際上並無這樣類似的規定，這一個說法對於「承攬運送人」的保障性，是很有利的。

在貨方的責任方面，「標準條款」包括如下：

1. 危險品的申報責任

2. 保證貨物申報資料正確的責任

「委託人」[104] "Consignor"在向運送人申報貨物內容時，等於向運送人保證，「委託人」應向運送人提供之貨物，其性質、標誌、件數、重量、質量、數量、及危險性等資料的正確性，因此記入「提單」或「海運單」。

而且「委託人」人應補償運送人因資料之不正確、不適當所致損失、損害、及費用，即使「提單」或「海運單」已轉讓[105]，「委

---

104 與一般之「託運人」"Shipper"地位相同，迄未生效的一九八０年聯合國的「複式運送公約」就稱「託運人」"Shipper"為「委託人」"Consignor"。

105 「海運單」雖然沒有像「提單」一樣，容易轉讓，但也不像「記名

託人」亦應繼續負責。如經檢查，發現「委託人」所提供的資料不正確，因而影響運費之計算時，以正確運費與運費差價的五倍、或以正確運費之兩倍減去已收運費，以兩者之較低者，由「委託人」給付「運送人」，作為檢查費用及運費損失的補償。

3.「委託人」書面通知毀損滅失的責任

收到貨物，受貨人應將毀損滅失情形給予書面通知，毀損滅失情形不顯著，應於六天內通知。否則即成為交貨正確的表見證據。另外從交貨日起算，九個月內應該就貨損索賠，提起訴訟，否則「承攬運送人」的責任就解除了。

4.「委託人」以現金繳付運費的義務

不論是否「運送人」曾同意第三者為付款人，「委託人」均應負繳交運費之義務。表示「委託人」是「到收運費」"Collect Freight"的負責人。此外，由於戰爭、類似戰爭的行為、疫病、罷工、政府命令或不可抗力造成的偏航、遲延等增加的額外成本，「委託人」應該以比例付運費的方式補償運送人。

5.「委託人」負責繳交「共同海損」相關保證金的義務。

6.「委託人」負責繳交貨物稅賦或應繳規費的義務。

7.「委託人」應支付延遲費及應繳規費

「運送人」提供之機具，如果「運送人」沒有過失或疏忽，「委託人」應支付延遲費及應繳規費。

運送人的責任

1. 在「標準條款」下，「運送人」所負的責任是「推定過失責任」對於毀損滅失須負「舉證責任」；「舉證」證明「運送人」沒有過失或疏忽，「舉證」不足，就表示「有過失」。

2. 在「標準條款」下，「運送人」責任自「接管貨物時起至交貨時止」的期間內，包括接管期間之毀損、滅失及遲延

提單」一樣，不可轉讓。

交付。遲延交付之損失包括「遲延交付造成之毀損」、「遲延交付造成之滅失」、以及「遲延交付造成的經濟損失」。但是「運送人」負責遲延交付的先決條件，必須是「貨方應在裝貨前，宣佈及時送達的利益」，並且「運送人承認該事實」，並且「並記入『提單』或『海運單』」。

3．「運送人」在「標準條款」內的行為除了代表其「本人」之外，亦代表其「受僱人」及其「代理人」。「標準條款」並認定「運送人」之行為，視同該「受僱人」及其「代理人」之代理及受託人，並代這些人負責。除了充分表達「喜馬拉雅」原則之外，「承攬運送人」作為其「受僱人」及其「代理人」的受託人，更表彰全權負責的意思。

4．「運送人」的責任

「運送人」對於毀損滅失之賠償，在「標準條款」內的賠償方式是參考貨物交付時、交付地的價值。或者遇到滅失、或全部滅失的時候，就應該依據在「標準條款」內，應該交付時、交付地的價值。或者按照當地的交易價格決定賠償。沒有交易價格，則參考市價，沒有交易價格，也沒有市價可供參考的時候，則參考同品名、同品質貨物的正常價格。

賠償的最高額度，以每件或每單位不超過 666.67 個「國際貨幣基金」的「特別提款權單位」"SDR"為限，或者按照毀損滅失貨物之毛重，每公斤 2 個「特別提款權單位」"SDR"，以比較高的作為標準。與「海牙威士比規則」的規定是相同的。

貨物在運送人「接管」"take in charge"之前，其性質、價值業經宣佈，並為運送人接受，或已支付從價運費，並已記入本承攬運送提單或承攬運送海運單，則所宣佈之價值就是賠償限額。

貨櫃、墊板或類似運輸物件，以運輸文件上的件數或海運單位數為件數。此外，運輸物件本身也是件數或海運單位數。複式

運輸如果「不包括海上運輸或內水運輸」，也就是指「只有陸運」的狀況，「只有陸運」運程的「承攬運送」，對於毀損滅失之賠償，「承攬運送人」的賠償額以毀損滅失貨物毛重每公斤不超過8.33"SDR"為限，這也是歐洲鐵路運輸及內水運輸的標準。

　　除非貨方已宣佈貨物之性質、價值，已經支付從價運費，並已記載在背面有「標準條款」的「提單」或「海運單」內，如果該次運送必須依據其各別適用的「美國海上貨物運送法」，則「承攬運送人」的賠償責任以每件或不以件計之每單位賠償限額，是每單位美金五百元。貨物未於交貨時間起算之九十天未到達時，視為已經滅失，這個規定在漢堡規則是六十天，已經在上一節「與船東提單比較」時，有過說明，所以不再贅述。「遲延交付」的「後果責任」"Consequential Loss"，或叫做「經濟損失」，是以運費的兩倍為限，總責任額則以不超過全損之賠償限額為限。

　　運送人的權利

　　「承攬運送人」的權利與一般運送人相同，都有如下的權利，包括：

　　1. 留置權

　　運送人對於包括存倉費、及為追繳費用所支出之費用，對貨物及文件有留置權，並以合理方法強制留置權之執行。

　　2. 運費請求權

　　無論預付運費、或者在目的港付款，「標準條款」均規定，「運費應以現金支付」，不得用「索賠、相互索賠、或者抵銷的方式予以扣減或拖延」，運送人於「接管」貨物時，運費視為賺得，任何情形下均不退還。

　　3. 免責權

　　「標準條款」的運送人所享「免責權」包括如下：

　　一般運輸無過失之免責—「運送人證實貨物毀損、滅失可

歸因於以下的一個或一個以上的原因所致，在貨方原告有
權證明事實上全部或一部分之貨物毀損、滅失非因以下的
原因所致，卻未予以證明時，認定運送人的理由爲正確。」

a. 貨方或運送人以外代表貨方之人的行爲或疏忽。

b. 包裝、標誌或件數之不足或瑕疵。

c. 由於貨方或代表貨方之操作、裝貨、堆裝、卸貨作業所
致。

d. 貨物的潛在瑕疵。

e. 罷工、封鎖、停工或工人之禁制。

以上這個「標準條款」的規定文字有如下幾個特點：

舉證責任在貨方原告。

提出損害理由則在「承攬運送人」。

「標準條款」列舉之免責理由，比船東運送人依據「海牙
威士比規則」的提單爲少。

這個免責規定，適用於全程運送，包括純陸運、空運，以
及複式運送。因爲「標準條款」還有以下「海上運輸或內
河運輸」的免責規定。

水運運輸包括：海上運輸或內河運輸之過程中，運送人不
負責以下原因所致之毀損、滅失或遲延交付：

a. 船長、海員、引水人、或運送人之僱用人航行或管理船
舶的行爲、疏忽或錯誤。

b. 火災

除非因運送人的實際過失所致。但對於因船舶無適航力所致
之火災，運送人必須能證明，航程開始時，保持適航力的應盡義
務已完成，才可以免責。

水運運輸包括：「海上運輸」或「內河運輸」在內的免責權，
已經比「海牙威士比規則」的時代大爲精簡。表示「標準條款」

更為務實。

運送人責任的解除

1.「標準條款」中的「承攬運送人」責任解除的規定，包括如下：

當貨物交給受貨人或其代理人，或置於受貨人或其代理人處置之下，或依交貨地點的法律或規定，交貨給政府機關，或交貨到運送人所認定屬於貨方受交貨的地點，均視為已交貨。

運送人也可以以貨方的風險存放貨物，則運送人責任終止，費用由貨方付給運送人。

本「標準條款」之運輸，如可能或似乎可能，有阻礙或有風險(包括貨物狀況的風險)，非運送人、亦非其受僱人、代理人或類似人員的錯誤或疏忽所致、且經合理之努力亦無法避免時，運送人可以放棄運送、或將貨物放在運送人認為安全、便利貨方處置下的地點，如此視為交貨完成，運送人的責任終止。

除另有明文同意，交貨或應交貨之日起九個月內未提起訴訟，運送人責任終止。

運送人在「標準條款」中的「自由條款」

與「船東運送人的提單」一樣，「承攬運送人」的「提單」及「海運單」，在「標準條款」中也有以下的「自由條款」"Liberty Clause"，這些「自由條款」在司法訴訟時常被判決無效，「協會」的「標準條款」是否給予「承攬運送人」較寬的認定，就不可知了，但「承攬運送人」與「船東運送人」一樣是「公共運送人」，應該是平等看待才對。「標準條款」中的「自由條款」包括：

1.「承攬運送人」有權在不知會貨方的情形下將貨物裝在甲板上、甲板下、選擇替代的方法、路線、過程、以調度、

堆裝、存放、運輸貨物。

2.其他「自由條款」的內容，還有「自由變換航線」、「自由選擇加油港」、「自由灣靠中途港口卸貨」、「自由選擇地點拆併櫃」等，其實這些「自由條款」，也是「船東運送人提單」及「海運單」上的條款，不管有沒有效力，貨方的「貨物險」保險單中是承保的。

「標準條款」的司法管轄規定

對於運送人提起之訴訟，必須在提單正面記載之營業地點，並依據該營業地點的法律。

以上是「標準條款」對於「海運單」及「提單」相同的地方，以下則是「標準條款」對於「海運單」及「提單」不相同的地方。

二、標準條款中「提單」與「海運單」不同的地方

「海運單」的「標準條款」比「提單」的「標準條款」增列了第三條

1.增列的第三條點出「海運單」之「委託人」不同於「提單」的「委託人」：增列的第三條是「代理條款」"Agency"，在「代理條款」中，點出「海運單」之「委託人」"Consignor"與「提單」的「委託人」不同。不同的地方在於「第一項」"3.1"中有「委託人在本運輸契約中，不僅代表他自己，也是受貨人的代理」，而且「委託人向運送人保證，委託人有權這麼做」。

「有權這麼做」的意思，當然意指委託人會全權負責的意思[106]。

2.「海運單」的「受貨人」所承擔的責任，比「提單」"裡的

---

106 3.1 之原文如下："The consignor on entering into this transport contract does so not only on his own behalf but also as agent for and on behalf of the Consignee, and warrants to the Freight Forwarder that he has authority to do so."

「受貨人」來得輕：「海運單」「代理條款」的第三條第二項說明，即使管轄法律允許「受貨人」"Consignee"有權對「運送人」提告訴，以及被「運送人」告訴，「海運單」的「受貨人」所承擔的責任，絕對不應該比「提單」裡的「受貨人」來得重。這句話的意思是說：，「海運單」裡面的受貨人，本來是不必受讓什麼責任的，而「提單」裡面經過「提單」轉讓，因此有權受交付貨物的「受貨人」，因為受到「提單」的契約權利、契約責任一起轉讓的關係，因此受讓一定的義務，但是如果管轄法律不同，要「海運單」裡面的受貨人負起責任，則至少所負的責任，應該以不超過「提單」裡面的受貨人才對[107]。

「海運單」的「標準條款」更換的第四條條文

「海運單」的「標準條款」之第四條是「控制權」條款「控制權」"Right of Control" 條款所替換的部分是「提單」「標準條款」條款的第三條「轉讓性與貨物所有權」"Negotiability and title to the goods"，其目的是彰顯「委託人」之「控制權」[108]。「委託人」掌握的「控制權」的種類包括：「在貨物到達目的地、受貨人提出交貨要求之前，委託人應向運送人以書面或運送人可以接受的方式，更改受貨人，如因此增加額外費用，委託人應補償運送人」[109]。

---

107 3.2 之原文如下"This rule shall apply if, and only if, it be necessary by the law applicable to this transport contract so as enable the Consignee to sue and be sued thereon. The Consignee shall be under no greater liability than he would have been had the transport contract been covered by a bill of lading or similar document of title."

108 「控制權」的觀念來自於歐洲「鐵路公約」，最新版的「國際貨物運輸公約」也出現「控制權」及「控制權人」的名詞，意指「控制貨物交付之權」，請參考本書第二章第四節的說明。

109 4.1 原文是 "Unless the Consignor has exercised his option under clause 4.2 below, he shall be the only party entitled to give the Freight Forwarder instruction in relation to this transport contract. Unless prohibited by the applicable law, he shall be entitled to change the name of the Consignee at any time up to the Consignee claiming

「海運單」「標準條款」說明「受貨人」履行「控制權」
的時間限制：「海運單」「標準條款」的第四條第二項說明
「如果『委託人』有意將『控制權』讓給新的『受貨人』，
『委託人』應該在交貨給『運送人』之前，而且在『海運
單』簽發之前轉讓」。「『委託人』在『海運單』上紀錄，『控
制權』經過轉讓之後，新的『受貨人』就取得以上第四條
第一項的權利，而『委託人』的『控制權』就喪失消滅了」
[110]。

　　「海運單」增列「運送人除非未盡合理注意以確認受貨人
身分，否則不負交貨錯誤（誤放）之責任」。

　　「記名提單」或「海運單」的「錯誤放貨」是比較常易的情
形，「海運單」增列此一規定，對於運送人在「錯誤放貨」後主張
免責，提供極有利的抗辯性[111]。

---

delivery of the Goods after arrival at destination, provided he gives the
Freight Forwarder reasonable notice in writing, or by some other
means acceptable to the Freight Forwarder, thereby undertaking to
indemnify the Freight Forwarder against any additional expense caused
thereby." 與"CMI Uniform Rules for Sea Waybills, Clause 6"內容相
同。

110　4.2 的原文是"The Consignor shall have the option, to be exercised
not later than upon the receipt of the Goods by the freight Forwarder,
to transfer the right of control to the Consignee. The exercise of this
option must be noted on the FWB prior to or at the time of its issue.
Where the option has been exercised the Consignee shall have such
rights as are referred to in clause 4.1 above, and the Consignor shall
cease to have such rights."與"CMI Uniform Rules for Sea Waybills,
Clause 6"內容相同。

111　13.3 原文是"The Freight Forwarder shall not be liable for incorrect
delivery, unless he has failed to exercise reasonable care to ascertain
that the party claiming to be the Consignee is in fact that party."

「海運單」增列「運送人的費率表亦爲本標準條款的一部份，與本標準條款衝突時，以本標準條款優先」[112]：

定期航運的運送，運送人的費率表通常也附有運送條件，「海運單」增列適用費率表的規定，應較不利於貨方的「委託人」。

「海運單」的「標準條款」與「提單」的「標準條款」相比，只有以上五個相異之處，這五個部分的不同點，其實是一般「海運單」與「提單」的不同，只是「標準條款」中說得比較清楚罷了。

第七節　租船提單

租船契約分成兩大類，一類是屬於船舶租借使用的契約，一類則是屬於運送的契約。屬於船舶租借使用的契約，包括「論時租船」與「空船租船」，屬於運送的租船契約則只有一種，就是「論程租船」。雖然三種租船的英文原文都是一樣的"Charter"一個字。兩岸的翻譯卻有不同，台灣習慣把「論時租船」與「論程租船」的「租船」，翻譯成「傭船」，這個用法一方面是受日本「傭船」用字的影響，一方面則是因爲在認定上，民法上有「租賃」，「空船租船」的狀況類似空屋的「租賃」，不配置船員，直接就把光船租給「租船人」使用營業，所有的營運成本，包括固定成本也由「租船人」負擔。船東自己負擔的可能只有船價成本及利息，或者加上保險費，或者連保險費也由經營者的「租船人」負擔。與空屋的「租賃」的方式幾乎是相同的，所以「空船租船」的方式

---

112 14.1 的原文是"The terms and conditions of the Freight Forwarder's applicable tariff, if any, are incorporated herein. Copies of the relevant terms and conditions thereof are available from the Freight Forwarder upon request. In the case of inconsistency between this FWB and the applicable tariff the FWB shall prevail."

就叫做「租船」。

「論時租船」一樣是船舶租借他人使用，租金負擔的方式也與「空船租船」相同，國際上現在一般都論「日」計算租金，但是船員是船東配置的，是船東的受僱人，所以既「租船」、又「僱人」，這就是台灣習慣稱「論時租船」爲「僱船」的原因。

「論程租船」的方式是船東自己經營，「僱僱」自己的船收運費，做生意，所以「論程租船」在台灣也叫做「僱船」。

這就是在台灣，以「空船租船」應該是「租船」，「論時租船」與「論程租船」都是「僱船」的來由。但是在正式的法規裡，並沒有特別去定義這三種說法，所以「租船」或「僱船」的分類都只是口頭上的說法而已。

台灣的「海商法」甚至嚴格的說，是否涵蓋「空船租船」，都有疑問。理由是在「海商法」第三章的標題，就只是「運送」，「空船租船」的目的不在「運送」，在於船舶「使用權」的租借，是很明確的。台灣的「海商法」「運送」章的第一個條文，第三十八條就規定「貨物運送契約爲下列二種：一、以件貨運送爲目的者。二、以船舶之全部或一部供運送爲目的者」。之後的條文多是「以件貨運送爲目的的契約」如何如何，或者「以船舶之全部或一部供運送爲目的契約」如何如何，來作規定。但是因爲第四十五條有「…對船舶於一定時間內供運送…」的說法，所以法界人士作有可能包含「論時租船」的認定。總之，台灣的「海商法」不作名詞定義，是個很不明朗的狀況。而台灣的「海商法」裡沒有「空船租船」、「論時租船」與「論程租船」的正式說法，也是很確定的，其他的民法或行政法規，當然更不可能去提，所以說不論「租船」或「僱船」，都不是法定名詞，不是正式的說法。

一九九二年大陸「海商法」公布了，也是大陸第一次公布「海商法」。在大陸「海商法」裡，不論「空船租船」，「論時租船」或

「論程租船」都是「租船」。其中「論程租船」與「一般運送」在一章,可能認定「論程租船」與「一般運送」的不同僅在於「整船運送」與「零星件貨運送」之不同,「整船一個運費」與「零星件貨按費率表收運費」的不同,以及「租船契約」與以「提單代表契約」的不同罷了。而「空船租船」、「論時租船」則都另外各自闢專章來說明,根本不在「一般運送」的章節裡面作規定。這種排列至少把三種「租船」的狀況,作了一個明確的分類。本書務實的把口語上的「傭船」,一律改成為「租船」,就是基於的個理由。

「論程租船」與「提單」的差別,在於「租船契約」本身就是契約,「提單」則僅是隱含契約性質的書面憑證。所以「租船契約」的糾紛,「租船契約」文字的規定是重要的佐證,「提單」記載僅在面對第三方「善意持有人」時,該記載具有「不可否定」"estoppel"的證據力。

本節的「租船提單」是簽有「論程租船契約」的「提單」,「論程租船」在航運經營上屬於「不定期運送」"Tramp Service"的範疇。但是「不定期運送」頻率最高的營業項目不是「論程租船」,而是「論時租船」的「租船」"chartering"與「轉租船」"sub-chartering"。或者向財務管理公司以「空船租船」方式租出或租入。將船舶用「論時租船」方式「租出」"charter out"與「租入」"charter in"的方式賺取利潤,現在不僅「不定期運送」營業仍從事這種「租出」與「租入」船舶的業務。「定期運送」營業亦有以貨櫃船從事這種業務的,頻率甚至高過專業經營的「不定期運送」。貨櫃船從事「租出」與「租入」的業務,主要用在短程,以換取不同航線需要不同大小船型的需求,或者是艙位以「租出」與「租入」的方式交換,都是看上這類業務的靈活性,在經營予以變通的緣故。但是「論時租船」的經營方式與本書重點的「運

輸單證」幾乎沒有什麼關聯，因為在另外簽發的「運輸單證」是
獨立於「租船契約」之外，契約的內容在於記載船舶使用的條件
規定，「運輸單證」則針對貨載。「論程租船契約」的「內容」，與
「提單」的內容才有可能重疊，重疊的部分才有可能發生效力孰
輕孰重，以及重疊衝突的部分以哪一個記載為準的問題。

「論程租船契約」關係人是「船東」"Owners"與「租船人」
"Charterers"，「提單」的關係人則是「運送人」"Carriers"與「託
運人」"Shippers"或「委託人」"Consignor"，所以當「提單」與「論
程租船契約」的衝突，在當事人的部分，如果發生在關係人都一
樣，也就是「船東」就是「運送人」，「租船人」就是「託運人」
或「委託人」的情形時，「論程租船契約」一定優於「提單」的效
力。而當發生在關係人不一樣的情形，「提單」對於「善意持有人」
而言，效力當然優於「論程租船契約」。「提單」對於原來「論程
租船契約」的關係人，還是以「論程租船契約」的規定為準。「提
單」與「論程租船契約」的記載很重要，但是面對當事人的不同，
有些記載可能根本不生效力，這就是「租船提單」特別的地方。
現在先把本節的重點，「論程租船契約下之『租船提單』」說明如
下：

一、論程租船契約下之「租船提單」

「論程租船」"Voyage Charter"的經營方式與定期航線的經營
方式非常類似，已如前述。按載貨量的多寡收費，載貨量的多寡
多以重量計算[113]，或整船收一個整數運費，不計裝貨量的多寡，
航運上稱之為「整數包租」"Lumpsum Charter"。「整數包租」的
理由常是因為船方對貨物的性質不了解，或是說對於貨物的「裝

---

113 菲律賓的椰乾出口，以船舶容積的立方英呎單位計算，是航運界之
　　特例。

載係數」[114]不了解，無法預估船舶能裝多少數量的貨物，計算出運費，這一點貨方自然要比船方清楚，因此設計出整數包租的租船方式，裝貨量的風險由貨方承擔，船方可以有個運費的底數，可以計算成本及盈虧，所以針對本節的討論，「整數包租」與一般「論程租船」沒有區別。運送的成本幾乎全部由船東承擔，租船人僅負擔運費及裝卸費；在整數包租情形下，裝卸費一定由「租船人」負擔，一般「論程租船」的情形，裝卸費亦多數於訂約時規定由「租船人」負擔。運送責任則主要由船東承擔[115]。大陸海商法把論程租船擺在「海上貨物運輸合同」章的「航次租船合同的特別規定」的專節裡，與定期經營的件貨運送擺在一起，是相符合的。「論程租船」船東是「運送人」，且是「私有運送人」"Private Carrier"，與一般定期船船東的「公共運送人」"Common Carrier"的法律性質不同。已於本書第一章第五節說明。

由於租船運送的歷史悠久、金額較大，國際上有各航運同盟擬定的定型化租船契約，台灣海商法也有「應以書面為之」的規定，既為一定有書面、尤其是雙面的契約，只要不違反公序良俗，法律多不加以干涉，因此大陸海商法，有「在船舶租用合同沒有約定或者沒有不同的約定時適用」的說明，書面契約的效力通常高於「提單」，但「提單」的權利主張者如果是第三者，「提單」的效力就高於書面「租船契約」的效力。

「論程租船」的租船人除非有轉租船的情形，否則多數為由運送關係上的「託運人」、或者「受貨人」直接租船作運送，船東就是「運送人」，此時「租船提單」的簽發，在意義上只作為收據

---

114 每一長噸貨物所佔的立方英呎數，貨物名稱則按字母的字頭排序。市面上出售的貨物字典都有係數的記載。有些稀有貨物在字典上則沒有紀錄。

115 參考英國法律。及"Chartering And Shipping Terms "By" J.Bes", Publisher Barkers & Howard Ltd.,London In 1975, 9 Th. Edition p.169。

及憑證之用，契約關係，仍以「論程租船」契約為主，但是如果「租船提單」轉讓於第三者，該第三者與「運送人」之間的權利義務關係，就以「租船提單」上的記載為準了。

「租船提單」上有「依據租船契約」"Subject To Charter Party Dated…"記載的，對於「租船提單」的第三者（新）持有人，是否就應該以「租船提單」作為主要的權利義務根據，可能還要看個案的情形，才能決定。如果根本沒有「依據租船契約」的記載，則面對「租船提單」的第三者（新）持有人，一定依據「租船提單」。論程租船下有「整數包租」"Lumpsum Charter"的情形，應該與以上一般「論程租船」的情況沒有什麼不同。

「論程租船」轉租的情形比較少，即使轉租船，大都也是單純再以「論程租船」的方式轉租，在轉租船情形下，簽發「租船提單」的「運送人」大多仍是「租船契約」的船東，「轉租船人」還是「租船提單」的「託運人」或「受貨人」，因為「論程租船」的「原租船人」在實務上，多是中間人而已，所以「論程租船」不論是「租船」或「轉租船」，情形都是很單純的，沒有「空船租船」或「論時租船」那麼複雜。多數「論程租船」契約，除了運費之外，原「租船契約」與「轉租船契約」的條件大多都是相同的內容。為了有一個清楚的比較，再分述「空船租船」與「論時租船」如下。

二、空船租船

「空船租船」以往比較常生於油輪，經營狀況比較特殊。或造船廠與起造人發生糾紛 —— 船舶訂造人付不出船款，或造船廠個別的經營方式，特別是船方與租方交誼密切或關係比較特殊時才發生。船舶訂造人付不出船款，造船廠只好接收未付清船款之新船，用以抵償船款。或造價低靡時，造船廠將閒置的廠房、人

員及工具,就預估市場上將要流行的船型,自行造船。前者船舶取得、後者船舶完工之後,倘若景氣尚未恢復,造船廠唯有出售手中船舶或空船租船一途。至於租船對象,當然只有平日信得過的客戶,這是市場上比較容易見得到的情形。日本造船廠亦一度以這種方式在市場上營運船舶,當然以覓得信譽良好或關係特殊的船公司爲主,這些都是「空船租船」有數的例子。

現在航運因爲操作技術的進步,因應許多傳統海運國家鼓勵造船政策的影響,以及船東爲規避國際海事組織訂定國際公約,要求船東賠償責任的日見沉重,船舶的來源透過國際上財務管理公司,以空船租船的方式,獲得許多對船東來說,相對於造船及買船,更爲廉宜的租船。使空船租船成爲航運的趨勢,數量暴增。財務管理公司從傳統海運發達的造船國家獲得船舶之後,當然可以廣設公司,一公司一船或數船,也可以避免海事賠償責任的負荷。

透過空船租船,用來經營定期貨運,或者「論時」之轉租營利,或者經營「論程」之運送。船舶操作運用之便利,以非昔日之單純,集合三種租船於一身的船舶比比皆是,空船租船的數量也與日續增。

但是只要最後一個轉租船人,以租來的船舶從事運送,則一定簽有提單,這種「提單」也不叫做「租船提單」,即使有「提單」的簽發,簽發「提單」的「運送人」與「租船契約」的船東也大都沒有關係。「空船租船」多數都有「轉租船」,由於最後的轉租船人一定從事運送,所以原始租船人,與「提單」的運送關係可能也比較遠,但是原始「租船人」依據「租船契約」,必須就「租船契約」中的責任,向船東負責。

三、論時租船

已配置船員的船舶出租營利，就租期長短、按日計費，有「航次論時」"Trip Time Charter"與單純的「論時租船」"Period Time Charter or Time Charter"兩種，「航次論時」是就以一航次或多航次之航程期間作為租期之長短，單純的「論時租船」則是原始的按約定之期間「論時租船」，兩者都是就租期長短、按日計費。因為已經配置船員的關係，租金較「空船租船」高。船舶的成本由船東與租船人共同承擔。費用的分攤，以船舶的「固定成本」包含船員的薪給、伙食、淡水、船舶之保養維修、物料、機具、保險費、定期檢驗、業務管理費、公證費、折舊、購船利息及「部份貨損賠償」等均由船方負擔，而「變動成本」包含燃料油、港務費、裝卸費、清艙費、墊艙費、空放成本、理貨費及「部份貨損賠償」等則均由租方負擔[116]。

「固定成本」與「變動成本」都有的「及部份貨損賠償」幾個字，就是提單與租船契約最常發生衝突之地方。雖然「論時租船」的運送責任依據航運實務，是由船東與租船人共同承擔，租船契約對於貨損責任如何分攤，依然會有詳盡的規定。提單的貨損責任則完全由運送人承擔，「運送人」的確就非常重要了。尤其「論時租船」與「空船租船」一樣，「轉租船」的情形也非常普遍，所以提單簽發時的「運送人」大都是最後一位「租船人」，但原始「租船人」則仍須就「租船契約」的約定事項，包括貨損責任如何分攤，對「租船契約」原始的船東負責。所以當提單簽發時的「運送人」不受理或不負責貨損責任時，原始「租船人」則仍須就「租船契約」的約定事項，尤其涉及船方須連帶負責的事項，

---

116 "Chartering And Shipping Terms" By "J. Bes", Publisher Barkers & Howard Ltd., London In 1975, 9 Th. Edition p.169

向船東負責。貨損責任的內容當然亦包括不正常放貨、誤放、遲延、罰款等衍生性責任事項。

　　以下是「責任險國際集團」因為「紐約交易所」訂定的「論時租船」的運送責任不明確，所訂定的一種分攤方式，該分攤方式雖然是針對特定的「論時租船」契約，但仍可看出船、租雙方運送責任的分際。

　　　　因船舶無適航能力、或航行、管理船舶的過錯。為百分之百由船方負責。除非船方證明船舶無適航力係因裝貨、堆裝、繫固、卸貨、或其他貨物操作作業所致。如為因裝貨、堆裝、繫固、卸貨、或其他貨物操作作業所致，則貨損應依以下　的方式分攤。

　　　　貨損實際上因裝貨、堆裝、繫固、卸貨堆存岸上或其他貨物操作作業所致。為百分之百租船人責任。除非合約（指紐約交易所論時租船契約）增加「責任」（指船方應負以上裝貨、堆裝、繫固、卸貨堆存岸上或其他貨物操作作業等責任。）一詞，或有其他修正使貨物操作之責任加諸船長時，則百分之五十租船人責任，百分之五十船方責任。除非租船人證明未能適當裝貨、繫固、卸貨或操作貨物是因為船舶無適航能力，如因為船舶無適航能力，則百分之百船方責任。

　　　　所有其他貨損（包括貨物遲延之理賠）：為百分之五十租方責任，百分之五十船方責任。除非有無可辯駁的證據證明，索賠係因船、租一方人員（包括僱用人）的行為、疏忽所致，如為因船、租一方人員（包括僱用人）的行為、疏忽所致，則該方應負百分之一百的責任。

　　　　除以上　以外，短少或超載之理賠。為百分之五十租方責任，百分之五十船方責任。除非有明確而無可辯駁的證

據顯示索賠係因船、租一方人員（包括僱用人或履行契約人）的偷竊或行為或疏忽所致，則該方應負百分之一百責任。

以上協議，除非租船契約明文規定，否則應該依據英國法律及司法程序，這也是協議的附帶要求。

四、以下本節提供三種情況，供讀者思考：

當託運人即租船人，而託運人將提單背書轉讓予於第三者時，租船人是否喪失其契約權利？

理論上提單背書後，託運人即喪失其對提單之權利，但因租船人仍享租船契約之權利，故仍可主張就租船契約上之提單權利，惟以不妨害第三者之被背書人的權利為原則[117]。有關租船契約上適用一九九六年仲裁法的規定，經判決應優於提單上至上條款適用海牙規則之規定。

託運人將提單背書給租船人，則對船東而言，租船人與船東間的權利義務關係應以租船契約為準或以提單為準？則應視爭議發生之階段，及租船契約與載貨證券之內容而定。提單持有人，為租船人背書轉讓提單之人，則被背書人之權利以租船契約、或以提單為準？

應以提單為準。因提單為介於託運人/租船人/及船東之間的收據，但對於被背書人而言，卻成為與船東間隱含之契約，被背書人自租船人處獲得提單權利之讓與。

---

117 倫敦商務法庭甫於 1998 年 6 月 24 日判決一宗 Grimaldi Compagnia di Navegazione SpA.對 Sekihyo Lines Ltd.（"Seki Rolette"）。

第八節　提單遺失與提單偽造

一、提單遺失

我國「海商法」對於海運提單的遺失，應如何處理，向來沒有規定，所以一般航運公司遇到貨方申報海運提單遺失，申請補發時，都依據民法第一百二十五條，一般消滅時效期間的規定：「請求權，因十五年間不行使而消滅」。要求貨主抵押現金或債券，迄十五年期滿再歸還，但是有價證券抵押十五年，時間實在太長了，雖然這一段期間，貨主可以獲得債券的利息。

民國八十八年四月二十一日起，民法「債編」增列第五百二十九條之一，規定民法「第六百十八條之一的規定，於海運提單適用之。」正式規定海運提單遺失可以適用倉單遺失的規定。民法第六百十八條之一其實也是新新增列的，其內容是「倉單遺失、被盜或滅失者，倉單持有人得於公示催告程序開始後，向倉庫營業人提供相當之擔保，請求換發新倉單」。但是這份「提供擔保」的規定中，卻沒有說明「擔保」的時間是多久。

經參考民事訴訟法第五百三十九條，首先發現「申報權利之公示催告，以得依背書轉讓之證券及其他法律有規定者為限。公示催告，對於不申報權利人，生失權之效果」。這是第一個「公示催告」的效力。另外找到民事訴訟法第五百五十七條，還有「公示催告，由證券所載履行地之法院管轄」的規定。也就是說，辦理「公示催告」的法院，是證券所載履行地之法院，也就是裝貨港的法院。再看民事訴訟法第五百六十二條有「申報權利之期間，自公示催告之公告最後登載公報或新聞紙之日起，應有六個月以上」。因此「提供擔保」的時間，類推應改　是六個月，「公示催告」期滿之後，運送人就應該退還「擔保品」了。但是據了解，

目前航運公司或承攬運送人，很多將「擔保品」存放一年以上才退還，因為沒有法律的依據，所以應該是一種地方性的慣例。由於海運提單遺失的情況很多，所以本節再提出台灣的最大貿易夥伴，美國的法律規定，作為參考如下。

美國二○○○年「提單法」對於海運提單遺失的規定，訂於美國二○○○年「提單法」第十四條有關「遺失、偷竊、毀損可轉讓海運提單」"Lost, stolen and destroyed negotiable bills"時，應「依法院命令或保證金交貨」，說明「當可轉讓載海運提單或證券遺失、被竊或被毀時，法院可以以交付保證金方式，命運送人交付貨物給提交保證金之人，保證金金額由法院批准，以保障運送人因另簽發正本海運提單交貨之責任，法院亦得命該貨主交付合理之費用及律師費給運送人，未待法院命令，就自行以交付保證金交貨時，由當事人雙方自行負責面對持有人之責任」，「以上法院命令交貨之方式不因此免除公共運送人對於轉讓海運提單之受讓人、或未得知法院程序而以誠信價購海運提單之人的責任」，這個規定可以看出來以下的幾個立場：

當事人貨方於提單遺失時，可以訴請法院裁決，以繳付保證金方式換發新提單。

非經法院裁決即換發新提單，相關的責任由船、貨雙方自行負責。

運送人非公共運送人，法院裁決應足以對抗以誠信價購海運提單之人。

只有運送人係公共運送人時，法院之裁決亦不足以對抗以誠信價購海運提單之人，即運送人仍應對其他提單持有人負責。

依據美國的法律，海運提單遺失，法律明文保障一般運送人因海運提單遺失，不必屈服商業壓力，可經由法院合理裁示，使

貨方在依法繳付保證金情形下，換發新提單，但是即使法律的裁示，對於公共運送人而言，仍須承擔對於善意第三者的責任。

二、提單的偽造

提單的偽造亦屬於海事詐欺的範圍，尤其現在的提單發放，因為運送人服務競爭的關係，網路亦提供訂艙服務，所以已經不同於往昔的嚴密，有些運送人在網路公佈託運單樣章，託運單的形式與提單其實是一式一樣的。或者甚至提供提單樣章，本身只掌控電子簽章的方式簽發提單。比較慎重的運送人則提單仍由公司列印，而印妥提單背面條款的 A4 紙張則不隨便外流，訂艙確認之後，補上正面內容即可印刷簽發。但即使在這樣嚴密的管控之下，仍不免發生提單偽造的案例。

提單偽造的情形多嗎？次數也許不頻繁，屬於智慧型的經濟犯罪案件，可能數年才發生一次，但是單筆金額卻很大，為了維持顏面，其實許多公司多有遭遇，卻隱諱不言，亦未見有公開的討論，也許這正是這類案件層出不窮的原因了。

雖然如此，各筆偽造案件，卻有跡象可循即防範之道，如客戶來源、託運人的動向，以及公司內部的不良份子等方向。偽造案件的發生，途徑一定是有持有人以出示偽造的提單方式領貨，之後再由持有真本正本提單的人前來要求交貨。甚至託運人提出正本尚未轉讓的聲明。依據提單法理，運送人無權拒絕持真正正本的提單持有人，因此真、偽之爭便開始了。實務上見過在比對真、偽兩份提單時，連提單正面的更正章[118]都完全相同，但背面條款的印刷卻有單字字母粗細不同的瑕疵。

但是這種真、偽難辨的偽造情形卻有兩個漏洞，一是託運人

---

118 提單為有價證券，正本修正時應蓋上更正章，但製作偽造提單的人，理論上卻無從知道提單何處作過更正，而蓋有更正章。

的部分，也就是客戶控管的檢討，第二個可能就是公司的內部控管問題，但是就本例中單次案件而言，缺乏充分的證據作為抗拒對託運人負責的理由。

　　美國二〇〇〇年「提單法」，特別針對海運提單偽造，包括偽造、變造及複製，以及在明知或故意情形下，簽發或出售偽造、變造及複製之海運提單的處分規定，不但須依刑法判罰金，依該法第十六條，也可以以處五年以下有期徒刑之處罰，或者兩項均罰，以對待提單之偽造及變造。但是這些規定都需要等到偽造、變造的案情確立，才能處分。相對於一般未針對提單部分做這樣規定的國家，須比照刑法「偽造、變造有價證券」，以及「使用偽造、變造有價證券」的規定，除了民事賠償之外，這些規定也有罰金及判刑的規定[119]，但也都要在偽造事實確定之後，才能對偽造者進行處分，所以對於偽造者本身，是否能產生強烈的嚇阻作用，其實效果是值得懷疑的。

119　如台灣刑法第二〇一條「意圖供行使之用，而偽造、變造公債票，公司股票或其他有價證券者，處三年以上十年以下有期徒刑，得併科三千元以下罰金。行使偽造、變造公債票，公司股票或其他有價證券，貨意圖供行使之用，而收集或交付於人，處一年以上七年以下有期徒刑，得併科三千元以下罰金」。

參考文獻

中文部分（包含譯文）

張有恆，航空業經營與管理，華泰文化出版有限公司，2003年2月。

張有恆，運輸學，華泰文化出版有限公司，1999年7月。

張有恆，現代物流管理，華泰文化出版有限公司，2004年10月。

高中、謝碧珠，空運學－經營管理概論，五南書局，1995年11月。

凌鳳儀，航空運輸管理概論，文笙書局，2002年8月。

蘇雄義，全球運籌：國際物流管理，華泰文化出版有限公司，2005年3月。

蘇雄義，物流與運籌管理—觀念、機能、整合，華泰文化出版有限公司，2004年9月。

蘇雄義，企業物流導論，華泰文化出版有限公司，2002年9月。

河西健次、津久井英喜，物流的新趨勢，先鋒企管，2004年10月。

角井亮一，物流實務典範圖解，商周出版社，2004年4月。

陳巨星，物流中心營運案例集，物流技術出版社，2003年11月。

李孟熹,物流管理改善必備實戰手冊,群泰出版有限公司,2003 年 6 月。

張新平,海商法,五南書局,2004 年 10 月。

楊良宜,海事法,大連海是大學出版社,1999 年 10 月。

陳晶瑩,國際貿易法案力詳解,對外貿易經濟大學出版社,2002 年 6 月。

周春芳,流通業現代化與電子商務,五南書局,2003 年 4 月。

蔡孟佳,國際貿易實務,智勝文化事業有限公司出版,2000.7。

中田信哉,物流入門,大地出版社,2002 年 12 月。

中田信哉,物流・配送,大地出版社,2002 年 11 月。

愛德華・弗列佐,高效能倉儲物流管理:提升倉儲績效、強化物料處理的實用策略,美商麥格羅・希爾(McGraw-Hill)國際出版公司,2002 年 9 月。

賴宣名,全球供應鏈管理,遠擎出版社,2002 年 6 月。

蔡瑞明,行銷通路與物流管理,華泰文化出版有限公司,2002 年 4 月。

小知堂文化,物流掌上讀,小知堂文化出版社,2002 年 4 月。

陳唯晴,國際物流:論東亞在國際物流的戰略地位,華泰文化出版有限公司,2002 年 1 月。

顏憶茹,張淳智,物流管理:原理、方法與實例 3/e,前程企業管理有限公司,2001 年 8 月。

蔡緣,國際貿易實務與書類,華泰文化事業公司,2002 年 8 月。

甘其綬,海事法規論,自版發行,辛亥年 5 月。

鄭肇芳,高長久、沈滿堂,涉外海事案例精選,人民出版社,2004 年 1 月。

胡美芬,物流相關法規與國際公約,四川人民出版社,2002

年 9 月。

蘇士哲，英漢、漢英物流管理辭典，源中出版社，2001 年 8 月。

湯淺和夫、內田明美子、芝田稔子，IT 革命－超效率物流管理，小知堂文化出版社。

林群弼，海商法論，三民書局，2004 年 11 月。

柯澤東，最新海商法‧貨物運送責任篇公司法，元照出版社，2002 年 4 月。

張特生，海商法實務問題專論，五南圖書出版公司，1998 年 2 月。

鄭玉波，海商法（增訂十三版），三民書局，2003 年 9 月。

陳國義，海商法：案例式，智勝文化事業有限公司，2002 年 5 月。

王志文，商事法（保險法、海商法篇），空中大學，2003 年 1 月。

賴源河，實用商事法精義，五南圖書出版公司，1998 年 10 月。

邱展發，海運提單實務，自版發行，1997 年 7 月。

國際商會中華民國總會，二 000 版國貿條規，台北市進出口商會同業公會，1999 年 12 月。

財團法人金融人員研究訓練中心，最新版信用狀統一慣例問題解析，財團法人金融人員研究訓練中心，1995 年 9 月。

王肖卿，載貨證券，五南圖書出版公司，2001 年 11 月。

凌氤寶、康裕民、陳森松，保險學理論與實務，華泰文化事業公司，2003 年 9 月。

邱錦添、王肖卿，海上貨物索賠之理論與實務，國立編譯館，2005 年 1 月。

尹章華、徐國勇，海商法，元照出版社，2000 年 2 月。

梁宇賢主編、李復甸、張新平、陳猷龍、林群弼、尹章華、崔汴生合著，兩岸海商法比較導讀公司法，五南書局，1998年12。

游啓忠，海商法國際公約集公司法，五南書局，2000年3月。

桂裕，海商法新論，正中書局，1990年6月。

梁滿潮，國貿暨海商糾紛個案研究，華泰文化出版有限公司，2000年9月。

邱錦添，海商法，五南書局，1998年4月。

潘維大、范建得、羅美隆，商事法(修訂七版)，三民書局，2005年1月。

潘秀菊，商事法入門，元照出版社，2004年7月。

劉瀚宇，商事法，新文京開發出版有限公司，2003年7月。

鄭玉波，民法債編總論，三民書局，2002年6月。

陳瑞和，商事法，考用出版社，2000年1月。

程學文，英國一九九二年海上貨物運送法，自版發行，1995年8月。

林光、尹章華，海商法裁判彙編，文笙書局，2002年2月。

石裕泰，國際貿易法規，五南輸局，1994年10月。

李開遠，貿易法規新論，五南書局，2001年10月。

朱延智，國際貿易理論與政策貿易，五南書局，2003年9月。

Agusti,International Business Law and Its EnviromentSchaffer，華泰文化出版有限公司，1999年11月。

英文部分

R.H. Brown, Dictionary of Marine Insurance Terms , Witherby & Co., Ltd., 4th edition, 1980.

John Naisbitt, Megatreands, Ten New Directions Transforming Our Lives"

C.Debattista, Sale of Goods Carried by Sea, Buttorworths, 1990.

R.S.Cooper , COGSA amendments fail to clear out the Augean stables" , Lloyd's List International, Lloyd's List, 2004.

R.G. Edmonson , Stuck in the doldrums, Cargo Liability reform bogs down at New York Meeting" , Journal of Commerce, May 31, 2004

Tim Howard , The Carriage Of Goods By Sea Act 1992, Journal Of Maritime Law & Commerce Vol. 24. 1993.

William Tetley, Marine Cargo Claims, 3rd Edition, International Shipping Publication.

William Tetley, The Waybills: The Modern Contract of Carriage of Goods by Sea, JMLC 465, 1983.

E. Hemley, Negotiable Electronic Bill of Lading, Global Trade, 5 1991.

C. Benjamin, Sale of Goods, 4th Edition, Sweet & Maxwell, 1992

L. Kendall, The Business of Shipping, 4th Edition, Cornell Maritime Press, 1983.

G. Gilmore, C. Black, The Law of Admiralty, 2nd Edition, The Foundation Press, 1975.

T. Schoenbaum, Admiralty and Maritime Law, West Publishing Co., 1987

Scrutton, Scrutton on Charter Parties and Bills of Lading, 19th Edition, 19th Edition, 1984.

R.Grime, Shipping Law, 2nd Edition, Sweet & Maxwell, 1991.

C. Schmitthoff, Schmitthofes Export Trade: The Law & Practice of International Trade, 9th Edition, Stevens, 1990.

P. Todd, Modern Bills of Lading, 2nd Edition, Blackwell Science Publication, 1990.

R.Williams, Waybills and Short Form Documents", A Lawyer's Review, LMCLQ 297, 1979.

R.Bradgate& F. White, The Carriage of Goods Act, 1992, MLR188, 1993.

網站資料

www.cmi.com

www.privy-council.org.uk/output

http://www.onlinedmc.co.uk

4.http://www.uncitral.org/english/workinggroups/wg<unscord >2/unctadreport-pdf

www.uncittral.org-groupIII-Transport Law

http://tetley.law.mcgill.ca/comment.htm

www.fiata.org

www.forawrderlaw com

http://www.icao.int/icao/en/nr/2003/pio200318.htm

10.http://www.mnd.gov.tw/division/~defense/mil/mnd/mhtb/%E7%A 9%BA%E8%BB%8D%E5%AD%B8%E8%A1%93%E6%9C%88 %E5%88%8A/541/541-5.htm

http://www.bimcc.dk/html/documentary.htmlSenator

file://F:\Waltons

法　規　中　譯

一九九九年蒙特利爾空運公約中文版

統一國際航空運輸某些規則的公約

(1999 年 5 月 28 日訂於蒙特利爾)

本公約的當事國；

認識到一九二九年十月十二日在華沙簽訂的《統一國際航空運輸某些規則的公約》（以下稱"華沙公約"），和其他有關文件在統一國際航空私法方面作出的重要貢獻；認識到使華沙公約和相關文件現代化和一體化的必要性；認識到確保國際航空運輸消費者的利益的重要性，以及在恢復性賠償原則的基礎上提供公平賠償的必要性；　重申按照一九四四年十二月七日訂於芝加哥的《國際民用航空公約》的原則和宗旨對國際航空運輸運營的有序發展以及旅客、行李和貨物通暢流動的願望；確信國家間採取集體行動，通過制定一項新公約來增進對國際航空運輸某些規則的一致化和法典化是獲得公平的利益平衡的最適當方法；達成協定如下：

第一章　總　則

第一條　適用範圍

一、本公約適用於所有以航空器運送人員、行李或者貨物而收取報酬的國際運輸。本公約同樣適用於航空運輸企業以航空器履行的免費運輸。

二、就本公約而言，"國際運輸"系指根據當事人的約定，不論在運輸中有無間斷或者轉運，其出發地點和目的地點是在兩個當事國的領土內，或者在一個當事國的領土內，而在另一國的領土內有一個約定的經停地點的任何運輸，即使該國為非當事國。就本公約而言，在一個當事國的領土內兩個地點之間的運輸，而在另一國的領土內沒有約定的經停地點的，不是國際運輸。

三、運輸合同各方認為幾個連續的承運人履行的運輸是一項單一的業務活動的，無論其形式是以一個合同訂立或者一系列合同訂立，就本公約而言，應當視為一項不可分割的運輸，並不僅因其中一個合同或者一系列合同完全在同一國領土內履行而喪失其國際性質。

四、本公約同樣適用於第五章規定的運輸，除非該章另有規定。

第二條　國家履行的運輸和郵件運輸

一、本公約適用於國家或者依法成立的公共機構在符合第一條規定的條件下履行的運輸。

二、在郵件運輸中，承運人僅根據適用於承運人和郵政當局之間關係的規則，對有關的郵政當局承擔責任。

三、除本條第二款規定外，本公約的規定不適用於郵件運輸。

第二章　旅客、行李和貨物運輸的有關憑證和當事人的義務

第三條　旅客和行李

一、就旅客運輸而言，應當出具個人的或者集體的運輸憑證，該項憑證應當載明：

（一）對出發地點和目的地點的標示；

（二）出發地點和目的地點是在一個當事國的領土內，而在另一國的領土內有一個或者幾個約定的經停地點的，至少對其中一個此種經停地點的標示。

二、任何保存第一款內容的其他方法都可以用來代替出具該

款中所指的運輸憑證。採用此種其他方法的，承運人應當提出向旅客出具一份以此種方法保存的內容的書面陳述。

三、承運人應當就每一件托運行李向旅客出具行李識別標簽。

四、旅客應當得到書面提示，說明在適用本公約的情況下，本公約調整並可能限制承運人對死亡或者傷害，行李毀滅、遺失或者損壞，以及延誤所承擔的責任。

五、未遵守前幾款的規定，不影響運輸合同的存在或者有效，該運輸合同仍應當受本公約規則的約束，包括有關責任限制規則的約束。

第四條　貨物

一、就貨物運輸而言，應當出具航空貨運單。

二、任何保存將要履行的運輸的記錄的其他方法都可以用來代替出具航空貨運單。採用此種其他方法的，承運人應當應托運人的要求，向托運人出具貨物收據，以便識別貨物並能獲得此種其他方法所保存記錄中的內容。

第五條　航空貨運單或者貨物收據的內容

航空貨運單或者貨物收據應當包括：

（一）對出發地點和目的地點的標示；

（二）出發地點和目的地點是在一個當事國的領土內，而在另一國的領土內有一個或者幾個約定的經停地點的，至少對其中一個此種經停地點的標示；以及

（三）對貨物重量的標示。

第六條　關於貨物性質的憑證

在需要履行海關、警察和類似公共當局的手續時，托運人可以被要求出具標明貨物性質的憑證。此項規定對承運人不造成任何職責、義務或由此產生的責任。

第七條 航空貨運單的說明

一、托運人應當填寫航空貨運單正本一式三份。

二、第一份應當注明"交承運人"，由托運人簽字。第二份應當注明"交收貨人"，由托運人和承運人簽字。第三份由承運人簽字，承運人在接受貨物後應當將其交給托運人。

三、承運人和托運人的簽字可以印就或者用戳記。

四、承運人根據托運人的請求填寫航空貨運單的，在沒有相反證明的情況下，應當視爲代托運人填寫。

第八條 多包件貨物的憑證

在貨物不止一個包件時：

（一）貨物承運人有權要求托運人分別填寫航空貨運單；

（二）採用第四條第二款所指其他方法的，托運人有權要求承運人分別出具貨物收據。

第九條 未遵守憑證的規定

未遵守第四條至第八條的規定，不影響運輸合同的存在或者有效，該運輸合同仍應當受本公約規則的約束，包括有關責任限制規則的約束。

第十條 對憑證說明的責任

一、對托運人或者以其名義在航空貨運單上載入的關於貨物的各項說明和陳述的正確性，或者對托運人或者以其名義提供給承運人載入貨物收據或者載入第四條第二款所指其他方法所保存記錄的關於貨物的各項說明和陳述的正確性，托運人應當負責。以托運人名義行事的人同時也是承運人的代理人的，同樣適用上述規定。

二、對因托運人或者以其名義所提供的各項說明和陳述不符合規定、不正確或者不完全，給承運人或者承運人對之負責的任何其他人造成的一切損失，托運人應當對承運人承擔賠償責任。

　　三、除本條第一款和第二款規定的外，對因承運人或者以其名義在貨物收據或者在第四條第二款所指其他方法所保存的記錄上載入的各項說明和陳述不符合規定、不正確或者不完全，給托運人或者托運人對之負責的任何其他人造成的一切損失，承運人應當對托運人承擔賠償責任。

　　第十一條　憑證的證據價值

　　一、航空貨運單或者貨物收據是訂立合同、接受貨物和所列運輸條件的初步證據。

　　二、航空貨運單上或者貨物收據上關於貨物的重量、尺寸和包裝以及包件件數的任何陳述是所述事實的初步證據；除經過承運人在托運人在場時查對並在航空貨運單上或者貨物收據上注明經過如此查對或者其為關於貨物外表狀況的陳述外，航空貨運單上或者貨物收據上關於貨物的數量、體積和狀況的陳述不能構成不利於承運人的證據。

　　第十二條　處置貨物的權利

　　一、托運人在負責履行運輸合同規定的全部義務的條件下，有權對貨物進行處置，即可以在出發地機場或者目的地機場將貨物提回，或者在途中經停時中止運輸，或者要求在目的地點或者途中將貨物交給非原指定的收貨人，或者要求將貨物運回出發地機場。托運人不得因行使此種處置權而使承運人或者其他托運人遭受損失，並必須償付因行使此種權利而產生的費用。

　　二、托運人的指示不可能執行的，承運人必須立即通知托運人。

　　三、承運人按照托運人的指示處置貨物，沒有要求出示托運人所收執的那份航空貨運單或者貨物收據，給該份航空貨運單或者貨物收據的合法持有人造成損失的，承運人應當承擔責任，但是不妨礙承運人對托運人的追償權。

　　四、收貨人的權利依照第十三條規定開始時，托運人的權利即告終止。但是，收貨人拒絕接受貨物，或者無法同收貨人聯繫的，托運人恢復其處置權。

　　第十三條　貨物的交付

一、除托運人已經根據第十二條行使其權利外，收貨人于貨物到達目的地點，並在繳付應付款項和履行運輸條件後，有權要求承運人向其交付貨物。

二、除另有約定外，承運人應當負責在貨物到達後立即通知收貨人。

三、承運人承認貨物已經遺失，或者貨物在應當到達之日起七日後仍未到達的，收貨人有權向承運人行使運輸合同所賦予的權利。

第十四條　托運人和收貨人權利的行使

托運人和收貨人在履行運輸合同規定的義務的條件下，無論爲本人或者他人的利益，可以分別以本人的名義行使第十二條和第十三條賦予的所有權利。

第十五條　托運人和收貨人的關係或者第三人之間的相互關係

一、第十二條、第十三條和第十四條不影響托運人同收貨人之間的相互關係，也不影響從托運人或者收貨人獲得權利的第三人之間的相互關係。

二、第十二條、第十三條和第十四條的規定，只能通過航空貨運單或者貨物收據上的明文規定予以變更。

第十六條　海關、警察或者其他公共當局的手續

一、托運人必須提供必需的資料和文件，以便在貨物可交付收貨人前完成海關、警察或者任何其他公共當局的手續。因沒有此種資料、文件，或者此種資料、文件不充足或者不符合規定而引起的損失，除由於承運人、其受雇人或者代理人的過錯造成的外，托運人應當對承運人承擔責任。

二、承運人沒有對此種資料或者文件的正確性或者充足性進行查驗的義務。

第三章　承運人的責任和損害賠償範圍

第十七條 旅客死亡和傷害－行李損失

一、對於因旅客死亡或者身體傷害而產生的損失，只要造成死亡或者傷害的事故是在航空器上或者在上、下航空器的任何操作過程中發生的，承運人就應當承擔責任。

二、對於因托運行李毀滅、遺失或者損壞而產生的損失，只要造成毀滅、遺失或者損壞的事件是在航空器上或者在托運行李處於承運人掌管之下的任何期間內發生的，承運人就應當承擔責任。但是，行李損失是由於行李的固有缺陷、質量或者瑕疵造成的，在此範圍內承運人不承擔責任。關於非托運行李，包括個人物件，承運人對因其過錯或者其受雇人或者代理人的過錯造成的損失承擔責任。

三、承運人承認托運行李已經遺失，或者托運行李在應當到達之日起二十一日後仍未到達的，旅客有權向承運人行使運輸合同所賦予的權利。

四、除另有規定外，本公約中"行李"一詞系指托運行李和非托運行李。

第十八條 貨物損失

一、對於因貨物毀滅、遺失或者損壞而產生的損失，只要造成損失的事件是在航空運輸期間發生的，承運人就應當承擔責任。

二、但是，承運人證明貨物的毀滅、遺失或者損壞是由於下列一個或者幾個原因造成的，在此範圍內承運人不承擔責任：

（一）貨物的固有缺陷、質量或者瑕疵；

（二）承運人或者其受雇人、代理人以外的人包裝貨物的，貨物包裝不良；

（三）戰爭行爲或者武裝衝突；

（四）公共當局實施的與貨物入境、出境或者過境有關的行爲。

三、本條第一款所稱的航空運輸期間，系指貨物處於承運人

掌管之下的期間。

四、航空運輸期間，不包括機場外履行的任何陸路、海上或者內水運輸過程。但是，此種運輸是在履行航空運輸合同時爲了裝載、交付或者轉運而辦理的，在沒有相反證明的情況下，所發生的任何損失推定爲在航空運輸期間發生的事件造成的損失。承運人未經托運人同意，以其他運輸方式代替當事人各方在合同中約定採用航空運輸方式的全部或者部分運輸的，此項以其他方式履行的運輸視爲在航空運輸期間。

第十九條　延誤

旅客、行李或者貨物在航空運輸中因延誤引起的損失，承運人應當承擔責任。但是，承運人證明本人及其受雇人和代理人爲了避免損失的發生，已經採取一切可合理要求的措施或者不可能採取此種措施的，承運人不對因延誤引起的損失承擔責任。

第二十條　免責

經承運人證明，損失是由索賠人或者索賠人從其取得權利的人的過失或者其他不當作爲、不作爲造成或者促成的，應當根據造成或者促成此種損失的過失或者其他不當作爲、不作爲的程度，相應全部或者部分免除承運人對索賠人的責任。旅客以外的其他人就旅客死亡或者傷害提出賠償請求的，經承運人證明，損失是旅客本人的過失或者其他不當作爲、不作爲造成或者促成的，同樣應當根據造成或者促成此種損失的過失或者其他不當作爲、不作爲的程度，相應全部或者部分免除承運人的責任。本條適用於本公約中的所有責任條款，包括第二十一條第一款。

第二十一條　旅客死亡或者傷害的賠償

一、對於根據第十七條第一款所產生的每名旅客不超過100,000 特別提款權的損害賠償，承運人不得免除或者限制其責任。

二、對於根據第十七條第一款所產生的損害賠償每名旅客超過 100,000 特別提款權的部分，承運人證明有下列情形的，不應當承擔責任：

（一）損失不是由於承運人或者其受雇人、代理人的過失或

者其他不當作為、不作為造成的；或者

（二）損失完全是由第三人的過失或者其他不當作為、不作為造成的。

第二十二條　延誤、行李和貨物的責任限額

一、在人員運輸中因第十九條所指延誤造成損失的，承運人對每名旅客的責任以 4,150 特別提款權為限。

二、在行李運輸中造成毀滅、遺失、損壞或者延誤的，承運人的責任以每名旅客 1,000 特別提款權為限，除非旅客在向承運人交運托運行李時，特別聲明在目的地點交付時的利益，並在必要時支付附加費。在此種情況下，除承運人證明旅客聲明的金額高於在目的地點交付時旅客的實際利益外，承運人在聲明金額範圍內承擔責任。

三、在貨物運輸中造成毀滅、遺失、損壞或者延誤的，承運人的責任以每公斤 17 特別提款權為限，除非托運人在向承運人交運包件時，特別聲明在目的地點交付時的利益，並在必要時支付附加費。在此種情況下，除承運人證明托運人聲明的金額高於在目的地點交付時托運人的實際利益外，承運人在聲明金額範圍內承擔責任。

四、貨物的一部分或者貨物中任何物件毀滅、遺失、損壞或者延誤的，用以確定承運人賠償責任限額的重量，僅為該包件或者該數包件的總重量。但是，因貨物一部分或者貨物中某一物件的毀滅、遺失、損壞或者延誤，影響同一份航空貨運單、貨物收據或者在未出具此兩種憑證時按第四條第二款所指其他方法保存的記錄所列的其他包件的價值的，確定承運人的賠償責任限額時，該包件或者數包件的總重量也應當考慮在內。

五、經證明，損失是由於承運人、其受雇人或者代理人的故意或者明知可能造成損失而輕率地作為或者不作為造成的，不適用本條第一款和第二款的規定；對於受雇人、代理人的此種作為或者不作為，還應當證明該受雇人、代理人是在受雇、代理範圍內行事。

六、第二十一條和本條規定的限額不妨礙法院按照其法律另

外加判全部或者一部分法院費用及原告所產生的其他訴訟費用，包括利息。判給的賠償金額，不含法院費用及其他訴訟費用，不超過承運人在造成損失的事情發生後六個月內或者已過六個月而在起訴以前已書面向原告提出的金額的，不適用上述規定。

第二十三條 貨幣單位的換算

一、本公約中以特別提款權表示的各項金額，系指國際貨幣基金組織確定的特別提款權。在進行司法程式時，各項金額與各國家貨幣的換算，應當按照判決當日用特別提款權表示的該項貨幣的價值計算。當事國是國際貨幣基金組織成員的，用特別提款權表示的其國家貨幣的價值，應當按照判決當日有效的國際貨幣基金組織在其業務和交易中採用的計價方法進行計算。當事國不是國際貨幣基金組織成員的，用特別提款權表示的其國家貨幣的價值，應當按照該國所確定的辦法計算。

二、但是，非國際貨幣基金組織成員並且其法律不允許適用本條第一款規定的國家，可以在批准、加入或者其後的任何時候聲明，在其領土內進行司法程式時，就第二十一條而言，承運人對每名旅客的責任以 1,500,000 貨幣單位爲限；就第二十二條第一款而言，承運人對每名旅客的責任以 62,500 貨幣單位爲限；就第二十二條第二款而言，承運人對每名旅客的責任以 15,000 貨幣單位爲限；就第二十二條第三款而言，承運人的責任以每公斤 250 貨幣單位爲限。此種貨幣單位相當於含有千分之九百純度的六十五點五毫克的黃金。各項金額可換算爲有關國家貨幣，取其整數。各項金額與國家貨幣的換算，應當按照該有關國家的法律進行。

三、本條第一款最後一句所稱的計算，以及本條第二款所稱的換算方法，應當使以當事國貨幣計算的第二十一條和第二十二條的數額的價值與根據本條第一款前三句計算的真實價值盡可能相同。當事國在交存對本公約的批准書、接受書、核准書或者加入書時，應當將根據本條第一款進行的計算方法或者根據本條第二款所得的換算結果通知保存人，該計算方法或者換算結果發生變化時亦同。

第二十四條 限額的復審

一、在不妨礙本公約第二十五條規定的條件下，並依據本條第二款的規定，保存人應當對第二十一條、第二十二條和第二十

三條規定的責任限額每隔五年進行一次復審，第一次復審應當在本公約生效之日起第五年的年終進行，本公約在其開放簽署之日起五年內未生效的，第一次復審應當在本公約生效的第一年內進行，復審時應當參考與上一次修訂以來或者就第一次而言本公約生效之日以來累積的通貨膨脹率相應的通貨膨脹因素。用以確定通貨膨脹因素的通貨膨脹率，應當是構成第二十三條第一款所指特別提款權的貨幣的發行國消費品價格指數年漲跌比率的加權平均數。

二、前款所指的復審結果表明通貨膨脹因素已經超過百分之十的，保存人應當將責任限額的修訂通知當事國。該項修訂應當在通知當事國六個月後生效。在將該項修訂通知當事國後的三個月內，多數當事國登記其反對意見的，修訂不得生效，保存人應當將此事提交當事國會議。保存人應當將修訂的生效立即通知所有當事國。

三、儘管有本條第一款的規定，三分之一的當事國表示希望進行本條第二款所指的程序，並且第一款所指通貨膨脹因素自上一次修訂之日起，或者在未曾修訂過的情形下自本公約生效之日起，已經超過百分之三十的，應當在任何時候進行該程序。其後的依照本條第一款規定程序的復審每隔五年進行一次，自依照本款進行的復審之日起第五年的年終開始。

第二十五條 關於限額的訂定

承運人可以訂定，運輸合同適用高於本公約規定的責任限額，或者無責任限額。

第二十六條 合同條款的無效

任何旨在免除本公約規定的承運人責任或者降低本公約規定的責任限額的條款，均屬無效，但是，此種條款的無效，不影響整個合同的效力，該合同仍受本公約規定的約束。

第二十七條 合同自由

本公約不妨礙承運人拒絕訂立任何運輸合同、放棄根據本公約能夠獲得的任何抗辯理由或者制定同本公約規定不相抵觸的條件。

第二十八條 先行付款

因航空器事故造成旅客死亡或者傷害的，承運人應當在其國內法有如此要求的情況下，向有權索賠的自然人不遲延地先行付款，以應其迫切經濟需要。此種先行付款不構成對責任的承認，並可從承運人隨後作爲損害賠償金支付的任何數額中抵銷。

第二十九條 索賠的根據

在旅客、行李和貨物運輸中，有關損害賠償的訴訟，不論其根據如何，是根據本公約、根據合同、根據侵權，還是根據其他任何理由，只能依照本公約規定的條件和責任限額提起，但是不妨礙確定誰有權提起訴訟以及他們各自的權利。在任何此類訴訟中，均不得判給懲罰性、懲戒性或者任何其他非補償性的損害賠償。

第三十條 受雇人、代理人－索賠的總額

一、就本公約中所指損失向承運人的受雇人、代理人提起訴訟時，該受雇人、代理人證明其是在受雇、代理範圍內行事的，有權援用本公約中承運人有權援用的條件和責任限額。

二、在此種情況下，承運人及其受雇人和代理人的賠償總額不得超過上述責任限額。

三、經證明，損失是由於受雇人、代理人的故意或者明知可能造成損失而輕率地作爲或者不作爲造成的，不適用本條第一款和第二款的規定，但貨物運輸除外。

第三十一條 異議的及時提出

一、有權提取托運行李或者貨物的人收受託運行李或者貨物而未提出異議，爲托運行李或者貨物已經在良好狀況下並在與運輸憑證或者第三條第二款和第四條第二款所指其他方法保存的記錄相符的情況下交付的初步證據。

二、發生損失的，有權提取托運行李或者貨物的人必須在發現損失後立即向承運人提出異議，並且，托運行李發生損失的，至遲自收到托運行李之日起七日內提出，貨物發生損失的，至遲自收到貨物之日起十四日內提出。發生延誤的，必須至遲自行李

或者貨物交付收件人處置之日起二十一日內提出異議。

三、任何異議均必須在前款規定的期間內以書面形式提出或者發出。

四、除承運人一方有欺詐外，在前款規定的期間內未提出異議的，不得向承運人提起訴訟。

第三十二條　責任人的死亡

責任人死亡的，損害賠償訴訟可以根據本公約的規定，對其遺產的合法管理人提起。

第三十三條　管轄權

一、損害賠償訴訟必須在一個當事國的領土內，由原告選擇，向承運人住所地、主要營業地或者訂立合同的營業地的法院，或者向目的地點的法院提起。

二、對於因旅客死亡或者傷害而產生的損失，訴訟可以向本條第一款所述的法院之一提起，或者在這樣一個當事國領土內提起，即在發生事故時旅客的主要且永久居所在該國領土內，並且承運人使用自己的航空器或者根據商務協定使用另一承運人的航空器經營到達該國領土或者從該國領土始發的旅客航空運輸業務，並且在該國領土內該承運人通過其本人或者與其有商務協定的另一承運人租賃或者所有的處所從事其旅客航空運輸經營。

三、就第二款而言，

（一）"商務協定"系指承運人之間就其提供聯營旅客航空運輸業務而訂立的協定，但代理協定除外；

（二）"主要且永久居所"系指事故發生時旅客的那一個固定和永久的居住地。在此方面，旅客的國籍不得作為決定性的因素。

四、訴訟程式適用案件受理法院的法律。

第三十四條　仲裁

一、在符合本條規定的條件下，貨物運輸合同的當事人可以約定，有關本公約中的承運人責任所發生的任何爭議應當通過仲

裁解決。此協定應當以書面形式訂立。

二、仲裁程式應當按照索賠人的選擇，在第三十三條所指的其中一個管轄區內進行。

三、仲裁員或者仲裁庭應當適用本公約的規定。

四、本條第二款和第三款的規定應當視爲每一仲裁條款或者仲裁協定的一部分，此種條款或者協定中與上述規定不一致的任何條款均屬無效。

第三十五條 訴訟時效

一、自航空器到達目的地點之日、應當到達目的地點之日或者運輸終止之日起兩年期間內未提起訴訟的，喪失對損害賠償的權利。

二、上述期間的計算方法，依照案件受理法院的法律確定。

第三十六條 連續運輸

一、由幾個連續承運人履行的並屬於第一條第三款規定的運輸，接受旅客、行李或者貨物的每一個承運人應當受本公約規則的約束，並就在運輸合同中其監管履行的運輸區段的範圍內，作爲運輸合同的訂約一方。

二、對於此種性質的運輸，除明文約定第一承運人對全程運輸承擔責任外，旅客或者任何行使其索賠權利的人，只能對發生事故或者延誤時履行該運輸的承運人提起訴訟。

三、關於行李或者貨物，旅客或者托運人有權對第一承運人提起訴訟，有權接受交付的旅客或者收貨人有權對最後承運人提起訴訟，旅客、托運人和收貨人均可以對發生毀滅、遺失、損壞或者延誤的運輸區段的承運人提起訴訟。上述承運人應當對旅客、托運人或者收貨人承擔連帶責任。

第三十七條 對第三人的追償權

本公約不影響依照本公約規定對損失承擔責任的人是否有權向他人追償的問題。

第四章　聯合運輸

第三十八條　聯合運輸

一、部分採用航空運輸，部分採用其他運輸方式履行的聯合運輸，本公約的規定應當只適用於符合第一條規定的航空運輸部分，但是第十八條第四款另有規定的除外。

二、在航空運輸部分遵守本公約規定的條件下，本公約不妨礙聯合運輸的各方當事人在航空運輸憑證上列入有關其他運輸方式的條件。

第五章　非締約承運人履行的航空運輸

第三十九條　締約承運人-實際承運人

一方當事人（以下簡稱"締約承運人"）本人與旅客、托運人或者與以旅客或者托運人名義行事的人訂立本公約調整的運輸合同，而另一當事人（以下簡稱"實際承運人"）根據締約承運人的授權，履行全部或者部分運輸，但就該部分運輸而言該另一當事人又不是本公約所指的連續承運人的，適用本章的規定。在沒有相反證明時，此種授權應當被推定爲是存在的。

第四十條　締約承運人和實際承運人各自的責任

除本章另有規定外，實際承運人履行全部或者部分運輸，而根據第三十九條所指的合同，該運輸是受本公約調整的，締約承運人和實際承運人都應當受本公約規則的約束，締約承運人對合同考慮到的全部運輸負責，實際承運人只對其履行的運輸負責。

第四十一條　相互責任

一、實際承運人的作爲和不作爲，實際承運人的受雇人、代理人在受雇、代理範圍內的作爲和不作爲，關係到實際承運人履行的運輸的，也應當視爲締約承運人的作爲和不作爲。

二、締約承運人的作爲和不作爲，締約承運人的受雇人、代理人在受雇、代理範圍內的作爲和不作爲，關係到實際承運人履行的運輸的，也應當視爲實際承運人的作爲和不作爲。但是，實際承運人承擔的責任不因此種作爲或者不作爲而超過第二十一

條、第二十二條、第二十三條和第二十四條所指的數額。任何有關締約承運人承擔本公約未規定的義務或者放棄本公約賦予的權利或者抗辯理由的特別協定，或者任何有關第二十二條考慮到的在目的地點交付時利益的特別聲明，除經過實際承運人同意外，均不得影響實際承運人。

第四十二條　異議和指示的物件

依照本公約規定向承運人提出的異議或者發出的指示，無論是向締約承運人還是向實際承運人提出或者發出，具有同等效力。但是，第十二條所指的指示，只在向締約承運人發出時，方爲有效。

第四十三條　受雇人和代理人

實際承運人的受雇人、代理人或者締約承運人的受雇人、代理人，證明其是在受雇、代理範圍內行事的，就實際承運人履行的運輸而言，有權援用本公約規定的適用於雇用該人的或者被代理的承運人的條件和責任限額，但是經證明依照本公約其行爲不能援用該責任限額的除外。

第四十四條　賠償總額

對於實際承運人履行的運輸，實際承運人和締約承運人以及他們的在受雇、代理範圍內行事的受雇人和代理人的賠償總額不得超過依照本公約得以從締約承運人或者實際承運人獲得賠償的最高數額，但是上述任何人都不承擔超過對其適用的責任限額。

第四十五條　索賠物件

對實際承運人履行的運輸提起的損害賠償訴訟，可以由原告選擇，對實際承運人提起或者對締約承運人提起，也可以同時或者分別對實際承運人和締約承運人提起。損害賠償訴訟只對其中一個承運人提起的，該承運人有權要求另一承運人參加訴訟，訴訟程式及其效力適用案件受理法院的法律。

第四十六條　附加管轄權

第四十五條考慮到的損害賠償訴訟，必須在一個當事國的領土內，由原告選擇，按照第三十三條規定向可以對締約承運人提

起訴訟的法院提起，或者向實際承運人住所地或者其主要營業地有管轄權的法院提起。

第四十七條　合同條款的無效

任何旨在免除本章規定的締約承運人或者實際承運人責任或者降低適用于本章的責任限額的合同條款，均屬無效，但是，此種條款的無效，不影響整個合同的效力，該合同仍受本章規定的約束。

第四十八條　締約承運人和實際承運人的相互關係

除第四十五條規定外，本章的規定不影響承運人之間的權利和義務，包括任何追償權或者求償權。

第六章　其他規定

第四十九條　強制適用

運輸合同的任何條款和在損失發生以前達成的所有特別協定，其當事人藉以違反本公約規則的，無論是選擇所適用的法律還是變更有關管轄權的規則，均屬無效。

第五十條　保險

當事國應當要求其承運人就其在本公約中的責任進行充分保險。當事國可以要求經營航空運輸至該國內的承運人提供其已就本公約中的責任進行充分保險的證據。

第五十一條　特殊情況下履行的運輸

第三條至第五條、第七條和第八條關於運輸憑證的規定，不適用於承運人正常業務範圍以外的在特殊情況下履行的運輸。

第五十二條　日的定義

本公約所稱"日"，系指日曆日，而非工作日。

第七章　最後條款

第五十三條　簽署、批准和生效

　　一、本公約於一九九九年五月二十八日在蒙特利爾開放，聽由一九九九年五月十日至二十八日在蒙特利爾召開的國際航空法大會的參加國簽署。一九九九年五月二十八日以後，本公約應當在蒙特利爾國際民用航空組織總部對所有國家開放簽署，直至其根據本條第六款生效。

　　二、本公約同樣向地區性經濟一體化組織開放簽署。就本公約而言，"地區性經濟一體化組織"係指由某一地區的主權國家組成的對於本公約調整的某些事項有權能的並經正式授權可以簽署及批准、接受、核准或者加入本公約的任何組織。本公約中對"當事國"的提述，同樣適用於地區性經濟一體化組織，但是第一條第二款、第三條第一款第（二）項、第五條第（二）項、第二十三條、第三十三條、第四十六條和第五十七條第（二）項中的除外。就第二十四條而言，其對"多數當事國"和"三分之一的當事國"的提述不應適用於地區性經濟一體化組織。

　　三、本公約應當經簽署本公約的國家和地區性經濟一體化組織批准。

　　四、未簽署本公約的國家或者地區性經濟一體化組織，可以在任何時候接受、核准或者加入本公約。

　　五、批准書、接受書、核准書或者加入書應當交存國際民用航空組織，在此指定其爲保存人。

　　六、本公約應當於第三十份批准書、接受書、核准書或者加入書交存保存人後的第六十天在交存這些文件的國家之間生效。就本款而言，地區性經濟一體化組織交存的文件不得計算在內。

　　七、對於其他國家或者其他地區性經濟一體化組織，本公約應當於其批准書、接受書、核准書或者加入書交存日後六十天對其生效。

　　八、保存人應當將下列事項迅速通知各簽署方和當事國：

　　（一）對本公約的每一簽署及其日期；

　　（二）每一批准書、接受書、核准書或者加入書的交存及其日期；

（三）本公約的生效日期；

（四）對本公約所設定責任限額的任何修訂的生效日期；

（五）第五十四條所指的退出。

第五十四條　退出

一、任何當事國可以向保存人提交書面通知，以退出本公約。

二、退出應當自保存人收到通知之日後的第一百八十天起生效。

第五十五條　與其他華沙公約文件的關係

在下列情況下，本公約應當優先於國際航空運輸所適用的任何規則：

一、該項國際航空運輸在本公約當事國之間履行，而這些當事國同為下列條約的當事國：

（一）一九二九年十月十二日在華沙簽訂的《統一國際航空運輸某些規則的公約》（以下簡稱華沙公約）；

（二）一九五五年九月二十八日訂於海牙的《修訂一九二九年十月十二日在華沙簽訂的統一國際航空運輸某些規則的公約的議定書》（以下簡稱海牙議定書）；

（三）一九六一年九月十八日在瓜達拉哈拉簽訂的《統一非締約承運人所辦國際航空運輸某些規則以補充華沙公約的公約》（以下簡稱瓜達拉哈拉公約）；

（四）一九七一年三月八日在危地馬拉城簽訂的《修訂經一九五五年九月二十八日訂於海牙的議定書修正的一九二九年十月十二日在華沙簽訂的統一國際航空運輸某些規則的公約的議定書》（以下簡稱危地馬拉城議定書）；

（五）一九七五年九月二十五日在蒙特利爾簽訂的修訂經海牙議定書或者經海牙議定書和危地馬拉城議定書修正的華沙公約的第一號至第三號附加議定書以及蒙特利爾第四號議定書（以下簡稱各個蒙特利爾議定書）；或者

二、該項國際航空運輸在本公約的一個當事國領土內履行，而該當事國是上述第（一）項至第（五）項所指一個或者幾個文件的當事國。

第五十六條　有多種法律制度的國家

一、一國有兩個或者多個領土單位，在各領土單位內對於本公約處理的事項適用不同的法律制度的，該國可以在簽署、批准、接受、核准或者加入時，聲明本公約適用于該國所有領土單位或者只適用於其中一個或者多個領土單位，該國也可隨時提交另一份聲明以修改此項聲明。

二、作出此項聲明，均應當通知保存人，聲明中應當明確指明適用本公約的領土單位。

三、就已作出此項聲明的當事國而言，

（一）第二十三條所述的“國家貨幣”應當解釋爲該國有關領土單位的貨幣；並且

（二）第二十八條所述的“國內法”應當解釋爲該國有關領土單位的法律。

第五十七條　保留

對本公約不得保留，但是當事國可以在任何時候向保存人提交通知，聲明本公約不適用於：

（一）由當事國就其作爲主權國家的職能和責任爲非商業目的而直接辦理和運營的國際航空運輸；以及/或者

（二）使用在該當事國登記的或者爲該當事國所租賃的、其全部運力已爲其軍事當局或者以該當局的名義所保留的航空器，爲該當局辦理的人員、貨物和行李運輸。

下列全權代表經正式授權，已在本公約上簽字，以昭信守。

本公約於一九九九年五月二十八日訂於蒙特利爾，以中文、英文、阿拉伯文、法文、俄文和西班牙文寫成，各種文本同等作準。本公約應當存放於國際民用航空組織檔案處，由保存人將核

正無誤的公約副本分送本公約的所有當事國以及華沙公約、海牙議定書、瓜達拉哈拉公約、瓜地馬拉城議定書和各個蒙特利爾議定書的所有當事國。

一九九九年美國海上貨物運送法草案

由美國參、眾兩院集會立法

第一條　簡稱、條次表

（**a**）簡稱 —— 本法簡稱「1999 年海商法」

（**b**）條次表 —— 本法條次如下：

第二條　定　義

(a) 通則 ── 在本法中

(1) 運送人 ── 運送人指契約運送人(CONTRACTING CARRIER)、履行運送人(PERFORMING CARRIER)、或海上運送人(OCEAN CARRIER)。

(2) 契約運送人(CONTRACTING CARRIER) ── 指與貨物託運人訂定運送契約之人

(3) 履行運送人(PERFORMING CARRIER)

    (A) 通則 ── 履行運送人指

        (i) 依據運送契約履行、或有責任履行契約運送人義務的人，但

        (ii) 僅指以上(i)定義中直接、或間接依契約運送人請求、或在其控制監督下之人。

不管是否為運送契約中的一份子，或是否在運送契約中列名、或按運送契約依法應負責之人。

    (B) 除此之外─不管以上(A)之規定如何，履行運送人（除契約運送人以外）不含

        (i) 託運人或受貨人所委聘之人。

        (ii) 託運人或受貨人所委聘之人的職員、受雇人、代理人、定約人、或次契約人。

(4) 海上運送人─指擁有、營運、或租船舶以從事海上貨物運送之履行運送人。

(5) 運送契約─

    (A) 通則 ── 運送契約指

貨物運送的契約，指由海上、或部份由海上、部份由一個以上的其他運輸方式，包括提單或類似單證)，可轉讓、或不可轉讓、印

刷、或電子方式，及依據租船契約之提單（或類似單證），可轉讓、或不可轉讓，印刷、或電子，自規範介於運送人及提單持有人、或其他契約持有人間的關係開始，被認為係運送契約。

　　(B)　某些除外契約 —— 運送契約不包括
國內貿易運輸的契約，獨指大湖區、內河、或其他內陸水域、或沿岸水域，或

　　　　(i)　租船契約、長期合約、或其他功能相當的協議

　　　　(ii)　船舶拖帶契約

　　(C)　電子提單之特殊規定－電子型態的提單，可以依照訂約雙方同意的程序使用。

(6)　貨物 —— 包含除活動物外以外的必需品、製成品、商品及他各類似貨品。

(7)　船舶 —— 可於海上運送貨物的任何船舶。

(8)　貨物運送 —— 涵蓋自運送人收受貨物時起，迄運送人交貨給有權收貨之人為止。

(9)　託運人 —— 指

　　(A)　以該人、或以其人名義，或代表該人與契約運送人定契約之人，及

　　(B)　該人、或以其人名義，或代表該人，依運送契約，將貨物交給運送人的人。

(10)　服務契約 —— 其定義與1984年海運法3(21)定義相同

(11)　美國 —— 與美國法典46項2101(44)的定義相同。

(b)　電子通訊的特別規定 —— 本法中之通知、索賠、或其他通訊事項，應以書面為之，可用書面轉換，或經由電子媒介，包括電子資料交換、及其他電腦當媒介轉換。

第三條　本法之適用

(a)　通則 —— 本法適用於去、從美國之任何運送契約

(b)　對於某些動力運具運送人及鐵路運送人之適用 —— 本法不適用於對於州際動力運具運送人之索賠、或鐵路運送人的索賠，就僅針對動力運具服務、或鐵路服務之索賠而言，其運送人就索賠的立場，都不算契約運送人。本項之規定不影響契約權利延申至包括動力運具之運送人、或影響權利無效的相反規定。

(c)　對於運送人或船舶告訴的適用 —— 本法中有關貨物滅失、毀損、及運送人依本法應盡的義務，運送人或船舶免責抗辯、責任限制、或與契約貨物有關的訴訟，不管以下因素如何，均可適用。

(1)　訴訟的形式或學理。

(2)　訴訟在那個法院或審理處所提起。

(d)　救濟 —— 運送人對於貨物毀損滅失之責任，或貨物於運送契約中所獲得之責任保障，本法之救濟爲完全及唯一之救濟。

(e)　海事司法管轄 —— 本法提供海事司法管轄一個獨立的基礎。

第四條　其他法律之權利及責任

本法不影響運送人在以下法規中之權利及義務 ——

(1)　美國修正法條之 4281 至 4289 條(46 U.S.C. App 181 et seq.)

(2)　1916 年海運法(46 U.S.C. App801 et. seq)

(3)　1984 年海運法(46 U.S.C. App 1701 et. seq)

(4)　美國其他有關海船所有人責任限制的法律

第五條　運送人的義務及權利

(a) **通則** —— 運送人在運送契約中對於收貨、裝貨、操作、堆裝、運送、保管、照顧、卸貨、交貨之責任及義務、權利及免責、應依據本法之規定。

(b) **契約運送人** —— 運送契約期間內、契約運送人之責任、義務、權利、免責，應依據本法。

(c) **履行運送人** —— 履行運送人對於以下責任、義務、權利、免責，應依據本法。

(1) 自收貨、接管，迄依運送契約放棄接管時為止。

(2) 其他為履行運送契約所參與之相關活動。

第六條　運送人及船舶之責任

(a) **通則** —— 契約運送人及海上人開航前及開航時應盡該盡之注意。

(1) 使船舶具有適航性。

(2) 適當提供人員、設備及船舶之供應。

(3) 使貨艙、冷凍設備、冷藏室及其他船舶載運貨物的部份適於接收、運送、保存貨物。

(b) **收貨、操作、交貨** —— 運送人（如 2(a)(1)款之定義）應適當地、小心地收貨、裝貨、操作貨物、堆裝、運送、保管、注意、卸貨及交貨。

第七條　運送契約

(a) **簽發** —— 運送人接管貨物之後，契約運送人應在託運人要求下，以下列形式簽發運送契約。

(1) 可轉讓之提單。

(2)　如託運人同意，不可轉讓之提單。

(b)　契約表明適用本法 —— 依據以上(a)項簽發之運送契約，涵蓋自美國港口之船運，應述明該契約適用本法之規定。

(c)　內容 ——

(1)　通則 —— 依據以上(a)之運送契約，應

(A)　說明運送人自託運人處接受貨物時的表面情狀（裝後之運送契約應描述貨物裝船時或裝其他運送器具時的情況。）

(B)　表達必要辨識貨物的主要標誌，該標誌在運送人收貨前由託運人以書面提供，以打印或其他清楚的表達方式表示

(i)　在未包裝貨物上。

(ii)　在箱子或包裝外皮上。

表達程度應迄航程終了仍足以辨識。

(C)　表達由託運人以書面提供之件數、或數量、或重量。

(2)　限制－契約運送人不必陳述或表達任何標誌、件數、數量、重量之資訊，如運送人有合理的理由，懷疑以上資訊不足以正確表示實際收貨的狀況，或運送人沒有其他合理的檢查方法時。

(d)　陳述作爲表見證據 —— 除以下(e)(f)(g)之規定外，運送人簽發或代表運送人簽發的運送契約，是運送人收受貨物，述明於運送契約之表見證據。

(e)　非貨櫃貨之合格陳述

(1)　通則 —— 如果 ——

(A)　契約運送人簽發非貨櫃貨的運送契約，表明託運人、或其代理人提供之任何標誌、件數、數量、重量

之資料，及

(B)　在運送契約的簽發前，運送人能證明在運送契約簽發前，沒有運送人能有合理的方式，查明資料的正確性。

則運送人可以將貨物標誌、件數、或重量的資料用書面，以沒有運送人可以查對其正確性的方式來表達，像「據告含」或「託運人自行稱重、裝貨、及計算」、或其他定義方式表示，以有效的指出有關標誌、件數、數量、重量陳述的正確性無人可以辨識。

(2)　合格陳述、但非表見證據 —— 依據以上(1)之合格陳述

(A)　運送人自託運人處，收到如運送契約敘述的貨物情狀，非表見證據，及

(B)　不排除運送人可舉證，自託運人處收貨非如運送契約的敘述。

(3)　除外 —— 以上(1)不適用，如果

(A)運送人無權作以上(1)之陳述。

(B)　依據陳述而買受之人，舉證運送人當簽發運送契約時，不具誠信。

(f)　貨櫃貨標誌、件數、數量之合格陳述。

(1)　通則 —— 如果 ——

(A)　契約運送人對於託運人或其代理人封櫃之裝船貨櫃貨。依據託運人或其代理人書面通知資料，包括貨物標誌、件數、或數量，簽發運送契約。

(B)　運送人能證明在運送契約簽發前沒有運送人查證貨櫃之內容。

則運送人可以用書面，以沒有運送人能查證其正確性的方式敘述，像「據告含」或「託運人自行稱重、堆裝、及計算」、或其他定義方式表示，以有效的指出有關標誌、件數、或數量陳述的正

確性。

(2)　合格之陳述，但非表見證據 —— 如果運送人交貨櫃時，貨櫃及封條密封、且未損壞時，則以上依(1)，運送契約中對於貨物標誌、件數、數量之陳述為

(A)　非運送人自託運人處依運送契約收貨的表見證據。

(B)　不排除運送人有權舉證，運送人沒有自託運人處，收到如運送契約記載之貨物。

(3)　除外－以上(2)不適用，如果，

(A)　運送人無權作以上(1)之陳述

(B)　依賴以上陳述買受之人，證明運送人在簽發運送契約時不具誠信。

(g)　貨櫃貨重量的合格陳述 ——

(1)　通則 —— 如果 ——

(A)　契約運送人對於託運人或其他代理人裝貨及加封之貨櫃，簽發運送契約，述明貨櫃貨物的重量、或貨櫃加貨物之重量。

(B)　運送人能證明，運送人在運送契約發簽前，沒有稱重。則運送人應於契約上明文註明，貨櫃並未稱重。

(2)　合格之陳述，但非表見證據 —— 如果運送人交貨時，貨櫃及封條均完整無損，則依據以上(1)，運送契約中重量之陳述

(A)　非運送人自託運人處收貨如運送契約敘述的表見證據。

(B)　不排除運送人可以舉證，運送人沒有收到如運送契約敘述的貨物。

(3)　除外 —— 以上(2)不適用，如有以下情形 ——

(A)　契約運送人與託運人在收貨前有書面協議，運送人

應稱重貨櫃。

   (B)   運送人依據以上(1)無權作陳述。

   (C)   依賴陳述買受人之人舉證,運送人簽發運送約時不具誠信。

(h) 責任之免除條款 ──

   (1)   通則 ── 運送契約上的規定,以解除運送人或船舶因疏忽、過失、未盡應盡義務、及減輕其依本法對於貨物毀損滅失的責任,因違反公共政策而無效。

   (2)保險 ── 對於於運送人有利的利得保險條款,或類物似之條款,為以上(1)之需要,應視為解除運送人責任之條款。

(i) 外國法院的規定 ──

   (1)   適用 ── 本款適用於 ──

   (A)   本法立法後訂定之運送契約或其他協議,其理賠為本法規範的理賠。

   (B)   本法立法前訂定之運送契約或其他協議,其索賠為本法規範的理賠,理賠發生於本法立法之後。

   (2)   通則 ── 本法適用的運送契約或協議中,如有在外國司法審判或仲裁之規定,如果符合以下任何一種情形,契約或協議的一方,得在美國選擇適當的裁判所提起訴訟或仲裁 ──

   (A)   裝貨及卸貨港在美國境內、或預定裝、卸貨地點在美國境內。

   (B)   收貨及交貨地點在美國境內或預定收貨、交貨地點在美國境內。

   (C)   被告之營業地點,或被告習慣性居住在美國境內。

   (D)   契約在美國訂定。

(E)　運送契約中的司法管轄地點爲美國。

(3)　法院命令在國內仲裁 ── 除了以下(4)款之規定外，如果適用本款之運送契約、或其他協議規定，在外國裁判所仲裁，該條款可適用本法時，則可由雙方之一及時向法院提出，命令仲裁在美國進行。

(4)　雙方事後之協議 ── 本款不排除依據運送契約、或其他協議有爭執之雙方，於理賠發生之後協議，以司法或仲裁方式在外國裁判所解決爭端。

(j)　不適用於服務契約 ── 不論本條之(h)或(i)項，均不適用服務契約有關該契約雙方的權利，責任事項。

(k)　裝後運送契約

(1)　應要求簽發 ── 貨物在裝船或裝上其他運具後，契約運送人在託運人要求下，應簽發已裝船或已裝其他運具的運送契約。

(2)　之前契約的交還或加註 ── 如果託運人在裝船前、或裝其他運具前已獲簽發運送契約，則 ──

(A)　託運人應將該契約交還，以交換已裝船、或已裝其他運具的運送契約。

(B)　契約運送人可選擇在該契約上加註

(i)　契約運送人之裝船船舶名稱、或其他運具之名稱，及

(ii)　裝船日期、或裝其他運具之日期。

依據以上(B)目加註的運送契約，視爲已裝船、或已裝其他運具的運送契約。

第八條　散裝貨之重量

如依貿易習慣，契約中的散裝貨重量，係經託運人、運送人之外

第三者之確認或接受，按該確認或接受的事實記入，則

   (1) 運送契約不得對抗運送人，作爲收到貨物重量的表見
       證據。

   (2) 裝船時重量的正確性，不被視爲已由託運人保證。

第九條　運送人及船舶的權利及免責

(a)　因無適航能力造成的毀損及滅失 —— 運送人及船舶均
不負責因船舶無適航能力所致貨物的毀損滅失，除非毀損
滅失係因運送人未依 6(a)項，盡應盡之注意義務。

(b)　舉證責任 —— 如經訴訟判決，毀損滅失係因船舶無適航
能力，則舉證運送人已盡應盡義務的責任在運送人，或由
其他依據本條 (a)款，證明並無違失之人舉證。

(c)　特殊免責事項

   (1) 通則 —— 運送人及船舶均不負責以下原因所致之毀
       損滅失。

   (A) 海上或航路上之危險、損害、及意外。

   (B) 天災。

   (C) 戰爭。

   (D) 公共敵人的行爲。

   (E) 任何政權下之補獲、扣留或其他依法之扣押。

   (F) 檢疫限制。

   (G) 託運人或貨主，其代理人、或代表之行爲、疏忽。

   (H) 任何原因之罷工、封鎖、停工、或勞工禁制，除運
       送人本身行爲造成的以外。

   (I) 暴動、或民變。

   (J) 救助，或意圖救助海上的人命或財產

   (K) 由於潛在瑕疵、性質、或貨物缺陷造成的散裝貨之

耗損、重量之耗損、或其他毀損滅失。

(L)　　包裝不足。

(N)　　標誌不足或不正確。

(M)　　經注意仍無法發現的潛在瑕疵。

(O)　　非運送人之過失、或本身原因、及其代理人、受僱人的過失、疏忽在內之任何其他原因。

(2)　船上火災 —— 海上運送人或船舶，均不負責船上火災所致之毀損、滅失。除非火災係因運送人的過失或本身原因。契約運送人不負責船上火災。除非火災係因契約運送人的重大過失，或本身原因所致。

(d)　某些訴訟中的舉證責任

(1)　非特殊之免責 —— 在毀損滅失之訴訟中，依據(c)項之(I)(O)目，主張無責任時，舉證責任為運送人，證明非其本身過失、或本身原因所致、或其代理人、或受僱人之過失、或疏忽所致毀損滅失。

(2)　航行或管理的疏忽 —— 在毀損滅失的訴訟中，如一方主張，船長、海員、引水人或海上運送人之受僱人航行管理船舶有疏忽，該方應舉證航行管理船舶有疏忽。

(e)　損害之分配

(1)　通則 —— 如毀損滅失之造或原因，部份因運送人違反其責任，包括運送人的過失或疏忽，部份由於以上(c)款的一個以上風險所致時，則運送人或船舶應：

(A)　負責因其違反、過失、疏忽所致之毀損滅失。

(B)　不負責因以上一個、或一個以上原因所致之毀損滅失。

(2)　不足之證據－在毀損滅失訴訟的事實審，毀損滅失原因法院無法歸因以上(1)之理由，但運送人與船舶應基於

未決部份對毀損滅失負責時,其所有運送人與船舶應負的總額責任,是毀損滅失責任的一半。

(f) 託運人責任──

(1) 通則－如果沒有託運人、代理人、或其受僱人的行為,過失、疏忽因素在內,託運人不負責運送人或船舶任何原因所致之毀損滅失。

(2) 託運人正確性之保證 ── 託運人於裝船時有關貨物標誌、件數、數量、重量之通知,應視為已向運送人保證,因此應補償運送人因通知不正確所致之滅失、毀損、及費用,依本款運送人受補償的權利不影響運送人對於託運人以外,他人的義務或責任。

(g) 偏 航

(1) 通則 ── 運送人及船舶均不負責以下原因所致之毀損、滅失。

(A) 救助或意圖救助海上人命財產之偏航,或

(B) 合理的偏航。

(2) 不合理的偏航 ── 為本法之目的 ──

(A) 裝及卸 ── 為裝、卸貨物或上、下旅客之偏航,以表見證據言之,非合理之偏航。

(B) 不合理偏航之結果 ── 不合理之偏航,構成本法中運送人義務之違反,違反之補救,唯可依據本法補救之。

(h) 責任限制

(1) 通則 ── 除以上(3)款之規定,所有運送人,及船舶,依運送契約於貨物毀損、滅失的總責任額不得高於

(A) 每件 666.67 特別提款權(依國際貨幣基金之定義),或

(B)　毀損、滅失貨物毛重之每公斤 2 單位特別提款權（依國際貨幣基金之定義）。

(2)　併裝貨的特別規定 —— 如貨櫃、墊板、或類似之運具用以集併貨物時，運送契約上的包裝件數，視爲上(1)(A)之件數，除以上之規定外，這類運具本身爲本款之目的亦爲一件。

(3)　除　外

(A)　宣布價值 —— 貨物之性質及價值已由託運人在裝船前宣布，列於運送契約上，(1)款不適用，但宣布只是貨物性質及價值的表見證據。

(B)　較高責任限制之協議 —— 契約運送人與託運人協議一個較高金額作爲運送人及船舶對於貨物毀損滅失的最高責任，(1)款亦不適用，協議只對協議書的定約雙方有效。

(C)　服務契約 —— 不管(1)款規定如何，服務契約的雙方可以協定一個較高或較低的金額，作爲毀損滅失的最高責任。

(D)　某些運送人重大的行爲或疏失 —— 如果毀損滅失因以下原因所致，(1)款不適用 ——

(i)　運送人的行爲疏失、運送人本身的原因、或明知故意造成　毀損滅失、明知卻不注意毀損滅失可能發生、或，

(ii)　不合理的偏航、運送人瞭解或應瞭解、偏航可能造成毀損滅失時。

(4)　最高責任 —— 運送人或船舶，均不負責超過實際招致毀損滅失的金額。

(5)　託運人之錯誤記載 —— 如果貨物的性質或價值、託運

人明知，卻欺瞞地不實提供記載於運送契約，運送人及船舶均不負責該貨物的毀損、滅失、或其他費用。

(6) 責任限制分別判定 ── 依據(3)(D)，運送人喪失責任限制的利益，不影響對其他運送人責任限制的適用。

(i) 易燃品、爆炸品、或危險貨物。

(1)瞭解並同意運送，── 如果 ──

(A) 運送人同意運送易燃品、爆炸品或危險性質貨物之本質特性，及

(B) 貨物變為對船、貨有危險，則運送人可在任何地點，置放陸地銷毀，或使其無害，除共同海損外，無須負任何責任。

(2) 不瞭解不同意的運送 ── 如果 ──

(A) 運送人同意運送易燃品、爆炸品、或危險性貨物，但並不瞭解其本質及特性，及

(B) 貨物對於船舶或貨物變為有危險性時，則運送人可在任何地點將貨物置於陸上銷毀，或使其無害，無須賠償託運人之損失或損害、託運人應負責因載運這批貨物所致直接、間接的損害及費用。

第十條 權利之拋棄、責任之增加、共同海損

(a) 通則 ── 依本法，運送人在契約中可以全部或部份地拋棄其權利及免責權、或增加其義務及責任，契約僅對訂定該契約的雙方有效。

(b) 共同海損之規定 ── 運送契約可涵括共同海損的合法規定。

第十一條 個別貨物的特別協議

(a) 通則 ── 契約運送人、及託運人可就個別貨物訂定協
議。

(1) 運送人對貨物的責任及義務。

(2) 運送人對貨物的權利及免責權。

(3)運送人對適航能力的義務（有關適航能力的規定只要不
違公共政策）。

(4) 其受僱人、代理人對於收貨、裝貨、操作、堆裝、運
送、保管、注意、卸貨、及交貨之照顧及努力，如果
──

(b) 限制 ── (a)項

(1) 適用於交運財產的特質、情況之船運、或履行運送所
依據之環境、條款、條件，因而構成以上(a)項之特別協
議；以及如果

(A) 未簽發提單。

(B) 協議條件列於一張收據，為不可轉讓的單證，並如
此註明。但是

(2) 不適用於一般貿易過程的商業船運。

第十二條　滅失毀損之通知

(a) 通則 ── 除非毀損滅失、及毀損滅失一般性質之通知，
以書面告知契約運送人，其代理人，或履行運送人或其代
理人。

(1) 依運送契約有權收貨之人在交貨前或交貨時，

(2) 交貨時毀損滅失不明顯，交貨後三天內。

否則作為運送人如運送契約交貨的表見證據。

(b)　背書的通知 ── 在貨物收據上以背書方式作毀損滅失的通知，構成以上(a)項的書面通知。

(c)　書面通知要求的放棄 ── 在交貨時作過共同檢驗或檢查的毀損滅失，不須交付書面通知。

(d)　合理的途徑 ── 運送人及收貨人應相互提供合理方法，檢查毀損滅失情形，包括共同檢驗。

第十三條　責任限制的法律

(a)　訴訟 ── 除非交貨日期起，或應交貨日期起一年內提起訴訟，運送人或船舶，均可免除其對貨物毀損、滅失的責任。未交付毀損滅失的書面通知，不論毀損、滅失情形明顯或隱匿，並不影響或妨害一年內提起訴訟的權利。

(b)　仲裁 ── 運送契有仲裁之規定，除非自交貨或應交貨時起一年內進行仲裁、或提起訴訟、運送人或船舶免除其對貨物毀損滅失之責任。

(c)　分攤或補償的訴訟 ── 不管以上(a)(b)款之規定為何，運送人要求分攤或補償的訴訟，應於運送人經判決應負責任的裁判確定後，三個月內、或運送人已結算賠償之三個月內提起。

第十四條　對託運人的歧視

議會明文決議，本法不容許水域公共運送人於下列狀況下，對託運人歧視。

(1)　依本法規定，要求及收受提單的權利。

(2)　當簽發運送契約時

(A)　拋棄運送人的權利及免責權事項，或

(B)　增加運送人的責任及義務事項。

依本法第 10 條，或

(3) 依 1916 年海運法禁止使用的方法、或 1984 年海運法禁止使用之方法。

第十五條 1936 年海上貨物運送法法的撤銷

海上貨物運送法法(46 U.S.C. APP. 1300 et. seq.)已撤銷

第十六條 提單對於內陸貨物的適用

(a) 通則 —— 美國法典 49 項 801 章適用於依本法訂定之運送契約。

(b) 內向貨物的適用 —— 不管美國法典 49 項 80102 條之規定如何，該節 801 章（除 80116 條以外）適用於任何自外國地點到美國的船運，方式與該章有自美國赴外國運輸之提單規定相同。

(c) 49 項 801 章之適用 —— 本法適用之規定與美國法典 49 項 801 章有衝突時，應適用本法。

第十七條 生效日期

本法在立法後 90 天生效，適用於生效日起的所有船運。

二〇〇〇年美國提單法

CHAPTER 801 - BILLS OF LADING

- § 80101. Definitions. 定義

- § 80102. Application. 適用性

- § 80103. Negotiable and nonnegotiable bills. 可轉讓及不可轉讓之單證

- § 80104. Form and requirements for negotiation. 轉讓之形式及要求

- § 80105. Title and rights affected by negotiation. 因轉讓所影響之所有權及權利

- § 80106. Transfer without negotiation. 無須轉讓之移轉

- § 80107. Warranties and liability. 保證及責任

- § 80108. Alterations and additions. 修改及增添

- § 80109. Liens under negotiable bills. 可轉讓單證之留置權

- § 80110. Duty to deliver goods. 交貨之義務

- § 80111. Liability for delivery of goods. 交貨之責任

- § 80112. Liability under negotiable bills issued in parts, sets, or duplicates. 部分簽發、整套簽發、第二份正本簽發可轉讓單證之責任

- § 80113. Liability for nonreceipt, misdescription, and improper loading. 未收到貨物、錯誤陳述及不適當裝貨之責任

- § 80114. Lost, stolen, and destroyed negotiable bills.遺失、

偷竊及毀損可轉讓單證

- § 80115. Limitation on use of judicial process to obtain possession of goods from common carriers. 自公共運送人處經司法程序獲得貨物所有權之限制

- § 80116. Criminal penalty. 刑責

Sec. 80101. Definitions 定義

In this chapter – 本章中

- (1) "consignee" means the person named in a bill of lading as the person to whom the goods are to be delivered. 「受貨人」意指載貨證券指定應受交貨之人

- (2) "consignor" means the person named in a bill of lading as the person from whom the goods have been received for shipment. 「委託人」意指載貨證券指定自該人收受貨物交裝船運之人

- (3) "goods" means merchandise or personal property that has been, is being, or will be transported. 「貨物」指已經運輸、正要運輸或將要運輸之商品或個人財產

- (4) "holder" means a person having possession of, and a property right in, a bill of lading. 「持有人」指持有載貨證券、並在載貨證券中具有財產所有權之人

- (5) "order" means an order by indorsement on a bill of lading. 「指令」指在載貨證券上背書所下的命令

- (6) "purchase" includes taking by mortgage or pledge. 「購買」包括由抵押或擔保之獲得

- (7) "State" means a State of the United States, the District of Columbia, and a territory or possession of the United States. 「國家」指美國的各州、哥倫比亞區及美國其他的屬地

Sec. 80102. Application 適用性

This chapter applies to a bill of lading when the bill is issued by a common carrier for the transportation of goods – 本法適用於公共運送人因貨物運輸所簽發之載貨證券–

- (1) between a place in the District of Columbia and another place in the District of Columbia; 用於哥倫比亞區與哥倫比亞區之間

- (2) between a place in a territory or possession of the United States and another place in the same territory or possession; 用於美國屬地與屬地之間

- (3) between a place in a State and a place in another State; 用於州與州之間

- (4) between a place in a State and a place in the same State through another State or a foreign country; or 用於本州經他州或外國之間

- (5) from a place in a State to a place in a foreign country. 用於州與外國之間

Sec. 80103. Negotiable and nonnegotiable bills 可轉讓與不可轉讓之單證

- (a) Negotiable Bills. –可轉讓單證

  (1) A bill of lading is negotiable if the bill – 載貨證券如合乎以下條件為可轉讓單證

    (A) states that the goods are to be delivered to the order of a consignee; and 列明貨物交付於受貨人指令之人；且

    (B) does not contain on its face an agreement with the shipper that the bill is not negotiable. 單證表面不含與託運人有不可轉讓之協議

    (2) Inserting in a negotiable bill of lading the name of a person to be notified of the arrival of the goods – 在

可轉讓單證中插入貨物到達應受通知之人的名稱

(A) does not limit its negotiability; and
不限制其轉讓性；且
(B) is not notice to the purchaser of the goods
of a right the named person has to the goods.
不是對貨物購買者表明指定之人擁有貨物
權利的通知

- (b) Nonnegotiable Bills. 不可轉讓單證

(1) A bill of lading is nonnegotiable if the bill states
that the goods are to be delivered to a consignee. The
indorsement of a nonnegotiable bill does not – 如果載貨證
券列明貨物交付於某受貨人，則該載貨證券即為不可轉讓
之單證。不可轉讓單證之背書不能

(A) make the bill negotiable; or 使該單
證可轉讓；或者

(B) give the transferee any additional right. 給予受讓人
任何額外之權利

(2) A common carrier issuing a nonnegotiable bill of
lading must put "nonnegotiable" or "not negotiable" on the bill. This
paragraph does not apply to an informal memorandum or
acknowledgment. 公共運送人簽發不可轉讓之載貨證券時，應註
明「不可轉讓」或「非轉讓」字樣於單證之上，本節之規定不適
用於非正式之備忘錄或承諾書。

Sec. 80104. Form and requirements for negotiation 轉讓之形
式與要求

(a) General Rules. – 通則

(1)A negotiable bill of lading may be negotiated
by indorsement. An indorsement may be made in blank or to
a specified person. If the goods are deliverable to the order of
a specified person, then the bill must be indorsed by that
person. 可轉讓載貨證券可以以背書方式轉讓，背書方式

包括空白或指示背書，如果交貨為依據某人之指令交貨時，則單證應由某人背書。

(2) A negotiable bill of lading may be negotiated by delivery when the common carrier, under the terms of the bill, undertakes to deliver the goods to the order of a specified person and that person or a subsequent indorsee has indorsed the bill in blank. 當公共運送人依據單證規定，應依據某人之指令交貨，而該人或其受背書人已在單證上空白背書，則可轉讓載貨證券可以以遞交方式轉讓。

(3) A negotiable bill of lading may be negotiated by a person possessing the bill, regardless of the way in which the person got possession, if –不論載貨證券取得之方式為何，可轉讓載貨證券可以由持有人轉讓。如果

(A) a common carrier, under the terms of the bill, undertakes to deliver the goods to that person; or 公共運送人依據單證規定，應交貨於該人，或者

(B) when the bill is ncgotiatcd, it is in a form that allows it to be negotiated by delivery. 當單證轉讓時，容許以遞交方式轉讓

(b) Validity Not Affected. - The validity of a negotiation of a bill of lading is not affected by the negotiation having been a breach of duty by the person making the negotiation, or by the owner of the bil! having been deprived of possession by fraud, accident, mistake, duress, loss, theft, or conversion, if the person to whom the bill is negotiated, or a person to whom the bill is subsequently negotiated, gives value for the bill in good faith and without notice of the breach of duty, fraud, accident, mistake, duress, loss, theft, or conversion. 有效性不受影響－轉讓之人如果違反應遵守之義務，或持有人因詐欺、意外、錯誤、威脅、滅失、偷竊或強佔而被剝奪持有時，載貨證券被轉讓之有效性均不受影響，如果載貨證券已轉讓給某人，或某人以誠信價購方式取得單證，為載貨證券之次一受轉讓人，而對於有關

應遵守之義務、詐欺、意外、錯誤、威脅、滅失、偷竊或
強佔而被剝奪持有等有關事項均不知情時，載貨證券轉讓
之有效性亦不受影響。

(c) Negotiation by Seller, Mortgagor, or Pledgor to Person Without Notice. - When goods for which a negotiable bill of lading has been issued are in a common carrier's possession, and the person to whom the bill has been issued retains possession of the bill after selling, mortgaging, or pledging the goods or bill, the subsequent negotiation of the bill by that person to another person receiving the bill for value, in good faith, and without notice of the prior sale, mortgage, or pledge has the same effect as if the first purchaser of the goods or bill had expressly authorized the subsequent negotiation. 由出售人、抵押權人、擔保權人所作之轉讓而未向受讓人通知時一可轉讓載貨證券之貨物尚為公共運送人所持有，且受簽發可轉讓載貨證券之人在單證或貨物已出售、已抵押或已擔保之後，仍持有可轉讓載貨證券，則另一人以誠信價購方式受讓可轉讓載貨證券，且對前述出售、抵押或擔保均不知情，則該人與第一次之買受貨物或單證、或等同單證明文授權轉讓。

Sec. 80105. Title and rights affected by negotiation 因轉讓所影響之所有權及權利

(a) Title. - When a negotiable bill of lading is negotiated –所有權一當可轉讓載貨證券被轉讓時

(1) the person to whom it is negotiated acquires the title to the goods that - 受讓人得到以下之貨物所有權

(A) the person negotiating the bill had the ability to convey to a purchaser in good faith for value; and 單證轉讓人對於以誠信價購買受貨物之人有讓與之能力

(B) the consignor and consignee had the ability to convey to such a purchaser; and 委託人與受貨人均對於買受人有讓與之能力

(2) the common carrier issuing the bill becomes obligated

directly to the person to whom the bill is negotiated to hold possession of the goods under the terms of the bill the same as if the carrier had issued the bill to that person. 簽發單證之公共運送人依據單證條款有義務直接交貨予單證之受讓人，如同曾受簽發單證之人相同

(b) Superiority of Rights. - When a negotiable bill of lading is negotiated to a person for value in good faith, that person's right to the goods for which the bill was issued is superior to a seller's lien or to a right to stop the transportation of the goods. This subsection applies whether the negotiation is made before or after the common carrier issuing the bill receives notice of the seller's claim. The carrier may deliver the goods to an unpaid seller only if the bill first is surrendered for cancellation. 優先權─當可轉讓載貨證券轉讓於一以誠信價購方式取得之人時，該人對於貨物之權利優於賣方之留置權或使貨物停止運送之權。以上權利不論轉讓發生於公共運送人簽發載貨證券並接受賣方抗議的之前及之後適用。除非先收回並取消第一份載貨證券，運送人可以交貨給末付款的賣方。

(c) Mortgagee and Lien Holder Rights Not Affected. - Except as provided in subsection (b) of this section, this chapter does not limit a right of a mortgagee or lien holder having a mortgage or lien on goods against a person that purchased for value in good faith from the owner, and got possession of the goods immediately before delivery to the common carrier. 抵押權人及留置權持有人之權利不受影響─除以上（b）之規定外，本法不限制抵押權人及留置權持有人對於由貨主處以誠信價購方式取得貨物、並在貨物交付予公共運送人前擁有貨物之人行使抵押權及留置權。

Sec. 80106. Transfer without negotiation 無須轉讓之移轉

(a) Delivery and Agreement. - The holder of a bill of lading may transfer the bill without negotiating it by delivery and agreement to transfer title to the bill or to the goods represented by it. Subject to the agreement, the person to whom the bill is transferred has title to the goods against the transferor.遞交及同意－載貨證券持有人可以遞交及同意移轉載貨證券之所有權或移轉代表貨物所有權之方式轉讓載貨證券，依據該同意，受讓之人受移轉貨物之所有權。

(b) Compelling Indorsement. - When a negotiable bill of lading is transferred for value by delivery without being negotiated and indorsement of the transferor is essential for negotiation, the transferee may compel the transferor to indorse the bill unless a contrary intention appears. The negotiation is effective when the indorsement is made.強迫背書－當可轉讓載貨證券以價購遞交方式轉讓，而轉讓人之背書轉讓為必要時，受讓人除非因其他意圖，可以迫使轉讓人背書證券，當背書時轉讓即生效。

(c) Effect of Notification. – 通知的有效性

(1) When a transferee notifies the common carrier that a nonnegotiable bill of lading has been transferred under subsection (a) of this section, the carrier is obligated directly to the transferee for any obligations the carrier owed to the transferor immediately before the notification. However, before the carrier is notified, the transferee's title to the goods and right to acquire the obligations of the carrier may be defeated by – 當受讓人通知公共運送人不可轉讓載貨證券已依據本條(a)項轉讓，運送人因對轉讓人之義務，應在被通知前直接移轉予受讓人，但運送人在被通知前，受讓人對於貨物之所有權及其他得自轉讓人之權利，則受以下兩目之影響－

(A) garnishment, attachment, or execution on the goods by a creditor of the transferor; or 轉讓人債權人對貨物之扣押令、查封、執行令

(B) notice to the carrier by the transferor or a purchaser from the transferor of a later purchase of the goods from the transferor.轉讓人或由轉讓人處之買受人給予運送人之通知

(2) A common carrier has been notified under this subsection only if - 符合以下兩目，即等於公共運送人已依本款之規定獲得通知，當一

(A) an officer or agent of the carrier, whose actual or apparent authority includes acting on the notification, has been notified; and 運送人之職員或代理依其明顯授權含接受通知，並已被通知；且
(B) the officer or agent has had time, exercising reasonable diligence, to communicate with the agent having possession or control of the goods. 該職員或代理有時間、已盡合理之努力，與代理貨物所有人及管理人聯繫。

Sec. 80107. Warranties and liability 保證及責任

(a) General Rule. - Unless a contrary intention appears, a person negotiating or transferring a bill of lading for value warrants that - 通則一除非有相反之意圖，轉讓載貨證券以價售方式時應保證一

(1) the bill is genuine; 證券是真的

(2) the person has the right to transfer the bill and the title to the goods described in the bill; 該人有權轉讓該證券，且貨物內容與證券記載相符

(3) the person does not know of a fact that would affect the validity or worth of the bill; and 該人不清楚將影響證券有效性及價值之事實，；且
(4) the goods are merchantable or fit for a particular purpose when merchantability or

fitness would have been implied if the agreement of the parties had been to transfer the goods without a bill of lading. 當事人曾經同意貨物移轉不需載貨證券時，貨物之可銷售性及適用性即已被默認，貨物具有可銷售性及適用性。

(b) Security for Debt. - A person holding a bill of lading as security for a debt and in good faith demanding or receiving payment of the debt from another person does not warrant by the demand or receipt — 債權之保證－載貨證券持有人以載貨證券為擔保債權，並以誠信要求及接受債權之支付，支付債權之第三者不因要求或接受得到如下保證－

(1) the genuineness of the bill; or 證券之真實性；或

(2) the quantity or quality of the goods described in the bill. 證券中貨物之品質及數量

(c) Duplicates. - A common carrier issuing a bill of lading, on the face of which is the word "duplicate" or another word indicating that the bill is not an original bill, is liable the same as a person that represents and warrants that the bill is an accurate copy of an original bill properly issued. The carrier is not otherwise liable under the bill. 第二份正本－公共運送人簽發載貨證券，於其上註明第二份正本、或其他字樣表示其非第一份正本時，應負責該第二份正本與原始正本內容相同之正確性，但不負責其他。

(d) Indorser Liability. - Indorsement of a bill of lading does not make the indorser liable for failure of the common carrier or a previous indorser to fulfill its obligations. 背書人之責任－載貨證券之背書不使背書人負起公共運送人或之前之背書人未能完成義務之責任。

Sec. 80108. Alterations and additions 修改及增添

An alteration or addition to a bill of lading after its issuance by a common carrier, without authorization from the carrier in writing or noted on the bill, is void. However, the original terms of the bill are enforceable. 載貨證券在公共運送人簽發之後，任何非經運送人書面、證券上註明之授權，所爲之修改及增添均無效，但載貨證券之原始記載仍有效。

Sec. 80109. Liens under negotiable bills 可轉讓單證之留置權

A common carrier issuing a negotiable bill of lading has a lien on the goods covered by the bill for - 公共運送人簽發可轉讓載貨證券，對於單證上之貨物及以下所述事項有留置權一

(1) charges for storage, transportation, and delivery (including demurrage and terminal charges), and expenses necessary to preserve the goods or incidental to transporting the goods after the date of the bill; and 堆存費、運輸費、交貨費(含延滯費及場棧費)及保全貨物或自載貨證券簽發之後，有關運輸之額外費用。

(2) other charges for which the bill expressly specifies a lien is claimed to the extent the charges are allowed by law and the agreement between the consignor and carrier. 其他載貨證券明文記載之留置權行使之費用。其費用須爲法律許可及運送人與委託人同意範圍內，

Sec. 80110. Duty to deliver goods 交貨之義務

- (a) General Rules. - Except to the extent a common carrier establishes an excuse provided by law, the carrier must deliver goods covered by a bill of lading on demand of the consignee named in a nonnegotiable bill or the holder of a negotiable bill for the goods when the consignee or holder – 通則一除公共運送人依法律訂定免責項目外，運送人應依可轉讓載貨證券規定，交貨予可轉讓載貨證券持有人，或不可轉讓載貨證券之受貨人，當受貨人或持有人一

(1) offers in good faith to satisfy the lien of the carrier on the goods; 以誠信方式使運送人對貨物可行使留置。

(2) has possession of the bill and, if a negotiable bill, offers to indorse and give the bill to the carrier; and 如為可轉讓載貨證券，提供背書並將載貨證劵交給運送人。

(3) agrees to sign, on delivery of the goods, a receipt for delivery if requested by the carrier. 交貨時，如運送人要求，同意簽發收據

(b) Persons to Whom Goods May Be Delivered. - Subject to section 80111 of this title, a common carrier may deliver the goods covered by a bill of lading to - 應受交貨之人－依據以下 80111 之所有權規定，公共運送人可以將載貨證劵之貨物交付予－

(1) a person entitled to their possession; 有權受交貨之人

(2) the consignee named in a nonnegotiable bill; or 在不可轉讓載貨證劵上記載之受貨人；或者

(3) a person in possession of a negotiable bill if - 持有可轉讓載貨證券之人

(A) the goods are deliverable to the order of that person; or 依據該人之指令交貨；或

(B) the bill has been indorsed to that person or in blank by the consignee or another indorsee. 被背書人。或由受貨人空白背書時之另一被背書人

(c) Common Carrier Claims of Title and Possession. - A claim by a common carrier that the carrier has title to goods or right to their possession is an excuse for nondelivery of the goods only if the title or right is derived from – 公共運送人訴求所有權及持有－除非所有權及權利因以下兩種情形被剝奪，公共運送人才能以訴求所有權及持有之理由不交貨。

(1) a transfer made by the consignor or consignee after the shipment; or 裝船之後委託人或受貨人之轉讓；或

(2) the carrier's lien.運送人之留置。

(d) Adverse Claims. - If a person other than the consignee or the person in possession of a bill of lading claims title to or possession of goods and the common carrier knows of the claim, the carrier is not required to deliver the goods to any claimant until the carrier has had a reasonable time to decide the validity of the adverse claim or to bring a civil action to require all claimants to interplead. 反訴求－除受貨人與載貨證券持有人以外，有人訴求貨物之所有權及權利，且公共運送人亦知悉此項訴求時，運送人應以充分的時間決定該訴求之有效性、或以民事訴訟方式要求所有之原告相互告訴之後，再將貨物交予請求者。

(e) Interpleader. - If at least 2 persons claim title to or possession of the goods, the common carrier may - 相互告訴者－兩人以上訴求貨物之所有權及權利時，公共運送人可以

(1) bring a civil action to interplead all known claimants to the goods; or 以民事訴訟方式要求所有已知此事的原告互提告訴；或

(2) require those claimants to interplead as a defense in an action brought against the carrier for nondelivery. 在以「未交貨」對運送人之告訴中，要求這些請求者相互訴訟作為抗辯。

(f) Third Person Claims Not a Defense. - Except as provided in subsections (b), (d), and (e) of this section, title or a right of a third person is not a defense to an action brought by the consignee of a nonnegotiable bill of lading or by the holder of a negotiable bill against the common carrier for failure to deliver the goods on demand unless enforced by legal process. 第三者之索賠不能作爲抗辯一除以上(b)(d)(e)項之規定外，在不可轉讓載貨證券之受貨人、或可轉讓載貨證券之持有人對公共運送人未能依要求交貨之訴訟中，第三者對於貨物之所有權及權利的訴求，非經法律程序，不得作爲一種抗辯。

Sec. 80111. Liability for delivery of goods 交貨之責任

(a) General Rules. - A common carrier is liable for damages to a person having title to, or right to possession of, goods when - 通則一當有以下情形時，公共運送人應對對貨物有所有權及權利之人的損害，負責賠償一

> (1) the carrier delivers the goods to a person not entitled to their possession unless the delivery is authorized under section 80110(b)(2) or (3) of this title; 除非依據80110(b)(2)或(3)之授權，運送人把貨物交給無權受領之人。

> (2) the carrier makes a delivery under section 80110(b)(2) or 運送人依據80110(b)(2)交貨；或

> (3) of this title after being requested by or for a person having title to, or right to possession of, the goods not to make the delivery; or 在被提出要求之後或因某人對貨物有所有權、或有權利，無法交貨，或

> (4) at the time of delivery under section 80110(b)(2) or (3) of this title, the carrier has information it is delivering the goods to a

person not entitled to their possession. 依據80110(b)(2)或(3)交貨時,運送人獲得訊息該受交貨人無權利接受交貨。

(b) Effectiveness of Request or Information. - A request or information is effective under subsection (a)(2) or (3) of this section only if – 要求或訊息之有效性─當有以下情形時,依據以下本項(a)(2)或(3)之要求或訊息是有效的─

(1) an officer or agent of the carrier, whose actual or apparent authority includes acting on the request or information, has been given the request or information; and 運送人之職員或代理,經實際或明顯之授權,應依要求或訊息行事,已接受要求或訊息;及
(2) the officer or agent has had time, exercising reasonable diligence, to stop delivery of the goods. 該職員或代理,以充分時間並經合理之努力,終止交貨。

(c) Failure To Take and Cancel Bills. - Except as provided in subsection (d) of this section, if a common carrier delivers goods for which a negotiable bill of lading has been issued without taking and canceling the bill, the carrier is liable for damages for failure to deliver the goods to a person purchasing the bill for value in good faith whether the purchase was before or after delivery and even when delivery was made to the person entitled to the goods. The carrier also is liable under this paragraph if part of the goods are delivered without taking and canceling the bill or plainly noting on the bill that a partial delivery was made and generally describing the goods or the remaining goods kept by the carrier. 未能採取行動並取消單證─除以下(d)之規定外,公共運送人依據未能採取行動並取消之可轉讓載貨證券交貨,該公共運送人即應對以誠信價購方式購買可轉讓載貨證券、而未對其交貨一節,負責損害之賠償,不管其價購載貨證券是在交貨之前或之後。即使交貨對象係有權受交貨之人,運送人亦應負責損害之賠償。貨物已一部

份交貨，對於未能採取行動並取消之單證、或在單證上知會、或在單證上註明已交貨及尚存留貨物之內容時，運送人亦應負責損害之賠償。

(d) Exceptions to Liability. - A common carrier is not liable for failure to deliver goods to the consignee or owner of the goods or a holder of the bill if - 免責一如有以下情形，公共運送人不負責未能交貨予受貨人、貨主及載貨證券持有人一

(1) a delivery described in subsection (c) of this section was compelled by legal process; 以上(c)項情形被迫需依法律程序交貨時；

(2) the goods have been sold lawfully to satisfy the carrier's lien; 貨物合法售出以配合運送人之留置權需要；

(3) the goods have not been claimed; or 貨物未被要求提領；或

(4) the goods are perishable or hazardous. 貨物有易碎裂性及危險性。

Sec. 80112. Liability under negotiable bills issued in parts, sets, or duplicates 部分簽發、非整套簽發、第二份正本簽發可轉讓單證之責任

(a) Parts and Sets. - A negotiable bill of lading issued in a State for the transportation of goods to a place in the 48 contiguous States or the District of Columbia may not be issued in parts or sets. A common carrier issuing a bill in violation of this subsection is liable for damages for failure to deliver the goods to a purchaser of one part for value in good faith even though the purchase occurred after the carrier delivered the goods to a holder of one of the other parts. 部分及非整套一當貨物自一州運送至其他48個鄰近的州或哥倫比亞區，則不可以部分及非整套方式簽發可轉讓載貨證券。公共運

送人違反此項規定，對於未能將貨物交給以誠信價購方式已支付部分價款之買受人，運送人應負責損害之賠償。即使該價購發生於運送人已交貨給其他部分之載貨證券持有人之後，運送人亦應負責損害之賠償。

(b) Duplicates. - When at least 2 negotiable bills of lading are issued in a State for the same goods to be transported to a place in the 48 contiguous States or the District of Columbia, the word "duplicate" or another word indicating that the bill is not an original must be put plainly on the face of each bill except the original. A common carrier violating this subsection is liable for damages caused by the violation to a purchaser of the bill for value in good faith as an original bill even though the purchase occurred after the carrier delivered the goods to the holder of the original bill.第二份正本－當至少兩份以上可轉讓載貨證券簽發，自一州運送至其他48個鄰近的州或哥倫比亞區，其「第二份」字樣或其他表明其非第一份正本之字樣應表明於載貨證券之正面，公共運送人違反此項規定，對於未能將貨物交給以誠信價購方式、以為購買第一份正本之買受人，運送人應負責損害之賠償。即使該價購發生於運送人已交貨給第一份正本之持有人，運送人亦應負責損害之賠償。

Sec. 80113. Liability for nonreceipt, misdescription, and improper loading 未收到、錯誤陳述及不適當裝貨之責任

(a) Liability for Nonreceipt and Misdescription. - Except as provided in this section, a common carrier issuing a bill of lading is liable for damages caused by nonreceipt by the carrier of any part of the goods by the date shown in the bill or by failure of the goods to correspond with the description contained in the bill. The carrier is liable to the owner of goods transported under a nonnegotiable bill (subject to the right of stoppage in transit) or to the holder of a negotiable bill if the owner or holder gave value in good faith relying on the description of the goods in the bill or on the shipment being made on the date shown in the bill. 未收到、錯誤陳述之責任－除本條之規定外，簽發載貨證券之公共運送人應負責在載貨證券日期前未收到貨物或未依載貨證券貨物內容收到貨物的責任。不可轉讓載貨證券之

貨主、可轉讓載貨證券之持有人依賴載貨證券之記載、以誠信價購方式取得載貨證券時，運送人對於記載不實之責任，應負責賠償。

(b) Nonliability of Carriers. - A common carrier issuing a bill of lading is not liable under subsection (a) of this section - 運送人無責任—公共運送人簽發載貨證券可以不負以上(a)之責任—

(1) when the goods are loaded by the shipper; 當貨物爲託運人所裝載時；

(2) when the bill - 當載貨證券

(A) describes the goods in terms of marks or labels, or in a statement about kind, quantity, or condition; or 依據標誌、標籤或依據貨方對於品質、條件之陳述敘述貨物；或

(B) is qualified by "contents or condition of contents of packages unknown", "said to contain", "shipper's weight, load, and count", or words of the same meaning; and 註明「包裝內容或狀況不清楚」、「據告含」、「託運人自行稱重、裝貨及計算」或相同意義之文字；

(3) to the extent the carrier does not know whether any part of the goods were received or conform to the description.以運送人不清楚是否貨物之一部份已收到或是否符合敘述的內容爲限。

(c) Liability for Improper Loading. - A common carrier issuing a bill of lading is not liable for damages caused by improper loading if - 不適當裝貨之責任—公共運送人簽發載貨證券，不負責不適當裝貨之損害，如果

(1) the shipper loads the goods; and 託運人自行裝載；及

(2) the bill contains the words "shipper's weight, load, and count", or words of the same meaning indicating the shipper loaded the goods. 單證含「託運人自行稱重、裝貨及計算」或相同意義指明「託運人自行裝貨」之文字；

(d) Carrier's Duty To Determine Kind, Quantity, and Number. - 運送人決定貨物種類、數量及件數之義務一

(1)When bulk freight is loaded by a shipper that makes available to the common carrier adequate facilities for weighing the freight, the carrier must determine the kind and quantity of the freight within a reasonable time after receiving the written request of the shipper to make the determination. In that situation, inserting the words "shipper's weight" or words of the same meaning in the bill of lading has no effect. 當散裝貨業經託運人交裝，公共運送人並有適當機具稱重，運送人應於收到託運人書面要求之合理時間內，決定貨物之種類及數量。在該種情況下，於載貨證券內插入「託運人自行稱重」或其他相同意義的文字是無效的。

(2) When goods are loaded by a common carrier, the carrier must count the packages of goods, if package freight, and determine the kind and quantity, if bulk freight. In that situation, inserting in the bill of lading or in a notice, receipt, contract, rule, or tariff, the words "shipper's weight, load, and count" or words indicating that the shipper described and loaded the goods, has no effect except for freight concealed by packages. 當貨物已由公共運送人裝載，如為件貨，運送人應計算貨物之包件，如為散裝貨，運送人應決定貨物之種類及品質，在該種情況下，於載貨證券內插入、或以通知、收據、契約、規則或費率表註明「託運人自行稱重、裝貨及計算」或以文字表明貨物依託運人之敘述或託運人交裝等，都是不生效的。除非貨物業已封死於包件內。

Sec. 80114. Lost, stolen, and destroyed negotiable bills 可轉讓載貨證券之遺失、被竊及被毀

(a) Delivery on Court Order and Surety Bond. - If a negotiable bill of lading is lost, stolen, or destroyed, a court of competent jurisdiction may order the common carrier to deliver the goods if the person claiming the goods gives a surety bond, in an amount approved by the court, to indemnify the carrier or a person injured by delivery against liability under the outstanding original bill. The court also may order payment of reasonable costs and attorney's fees to the carrier. A voluntary surety bond, without court order, is binding on the parties to the bond. 依法院命令及保證金交貨－當可轉讓載貨證券遺失、被竊及被毀時，法院可以以交付保證金方式，命運送人交付貨物給提存保證金之人，保證金金額由法院批准，以保障運送人因另簽發正本載貨證券交貨之責任，法院亦得命該人交付合理之費用及律師費給運送人。未待法院命令自動交付保證金，由當事人雙方自行負責。

(b) Liability to Holder. - Delivery of goods under a court order under subsection (a) of this section does not relieve a common carrier from liability to a person to whom the negotiable bill has been or is negotiated for value without notice of the court proceeding or of the delivery of the goods. 對持有人之責任－以上(a)之一法院命令交貨的方式不因此免除公共運送人對於可轉讓載貨證券之受讓人、或未得知法院程序而以誠信價購載貨證券之人之責任。

Sec. 80115. Limitation on use of judicial process to obtain possession of goods from common carriers 依司法程序自公共運送人處獲得貨物所有權之限制

(a) Attachment and Levy. - Except when a negotiable bill of lading was issued originally on delivery of goods by a person that did not have the power to dispose of the goods, goods in the possession of a common carrier for which a negotiable bill has been issued may be attached through judicial process or levied on in execution of a judgment only if the bill is surrendered to the carrier or its negotiation is enjoined. 查封及扣押－除非可轉讓載貨證券簽發時，即簽發給交貨卻無權處置貨物之人。已簽發之可轉讓載貨證券，只有在證券已繳還運送人、證券業已禁止轉讓，且貨物由公共運送人保管中，才可以透過司法程序查封證券，或執行司法判決扣押證券。

(b) Delivery. - A common carrier may be compelled by judicial process to deliver goods under subsection (a) of this section only when the bill is surrendered to the carrier or impounded by the court. 交貨－只有當證券已繳還運送人，或證券已被法院扣押，公共運送人才有依以上(a)之司法程序交貨的可能。

Sec. 80116. Criminal penalty　刑罰

A person shall be fined under title 18, imprisoned for not more than 5 years, or both, if the person – 觸犯以下行為，當事人應依第 title 18(Crimes and Criminal Procedure 刑事及刑事程序法)處罰金或判刑五年以下，或兩者均罰

(1) violates this chapter with intent to defraud; or 本法之故意詐欺；或

(2) knowingly or with intent to defraud – 明知而故意－

(A) falsely makes, alters, or copies a bill of lading subject to this chapter; 依本法偽作、偽修及複製載貨證券。
(B) utters, publishes, or issues a falsely made, altered, or copied bill subject to this chapter; or 發表、發行、簽發依本法之偽作、偽修及複製之載貨證券。

(C) negotiates or transfers for value a bill containing a false statement. 以出售方式轉讓或移轉含錯誤陳述之載貨證券。

國際承攬運送公會(FIATA)一九九二年標準條款

承攬運送載貨證券(FBL)背面條款及其翻譯

Standard Conditions (1992) governing the

FIATA MULTIMODAL TRANSPORT BILL OF LADING

Definition定義

"Freight Forwarder" means the multimodal Transport Operator who issues this FBL and is named on the face of it and assumes liability for the performance of the multimodal transport contract as a carrier.

--「承攬運送人」指簽發FBL的複式運送經營人，其名稱列於FBL正面，以運送人名義承擔複式運送責任之人。

"Merchant" means in includes the Shipper, the Consignor, the Consignee, the Holder of this FBL, the receiver and the Owner of the Goods.

--「貨方」包括託運人、委託人、受貨人、FBL持有人、收貨人及貨主。

"Consignor" means the person who concludes the multimodal transport contract with the Freight Forwarder.

--「委託人」指與承攬運送人訂定複式運送契約之人。

"Consignee" means the person entitled to receive the goods from the Freight　　　　　Forwarder.

--「受貨人」指有權自承攬運送人處接受貨物之人。

"Taken in charge" means that the goods have been handed over to and accepted for carriage by the Freight Forwarder at the place of receipt evidenced in this FBL.

--「接管」指貨物已交接，並由承攬運送人接受，自FBL記載的收受地點運送。

"Goods" means any property including live animals as well as containers, pallets or similar articles of transport or packaging not supplied by the Freight Forwarder, irrespective of whether such property to be or is carried on or under deck.

--「貨物」指包括活動物、貨櫃、墊板、或非由承攬運送人提供的類似運送單位、或包裝單位在內的財物，不論是裝甲板上，或甲板下。

1. Applicability 適用性

Notwithstanding the heading "FIATA Multimodal Transport Bill of Lading (FBL)" these conditions shall also apply if only one mode of transport is used.

不管以上國際承攬運送公會(FIATA)複式運送載貨證券(FBL)的抬頭，標準條款也可以用於單式運送。

2. Issuance of this FBL FBL 的簽發

2.1. By issuance of this FBL the Freight Forwarder 因簽發本FBL，承攬運送人應

a)undertakes to perform and/or in his own name to procure the performance of the entire transport, from the place at which the goods are taken in charge (place of receipt evidenced in this FBL) to the place of delivery designated in this FBL;

a)履行、或以本身名義履行自接管地點(FBL 正面的收貨地點)至本 FBL 指定交貨地點的全程運輸。

b)assumed liability as set out in these conditions.

b)就本標準條款負責。

2.2. Subject to the conditions of this FBL the Freight Forwarder shall be responsible for the acts and omissions of his servants or agents acting within the scope of their employment , or any other person of whose services he makes use for the performance of the contract evidenced by this FBL, as if such acts and omissions were his own.

依據本 FBL 標準條款，承攬運送人應對其僱用人、代理人在其僱用範圍內的行爲、疏失負責，或其他承攬運送人用以履行本 FBL 之人的行爲、疏失負責，一如其本人的行爲、疏失。

3. Negotiability and Title to the goods 轉讓及貨物的所有權

3.1. This FBL is issued in a negotiable form unless it is marked "non negotiable". It Shall constitute title to the goods and the holder, by endorsement of this FBL, shall be entitled to receive or to transfer the goods herein mentioned.

除非有「不可轉讓」的記載，本 FBL 爲可轉讓型態，經由背書，構成貨物所有權及持有人的轉移。

3.2. The information in this FBL shall be prima facie evidence of the taking in charge by the Freight Forwarder of the goods as described by such information unless a contrary indication, such as "shipper's weight, load and count" "shipper-packed containers" or similar expressions, has been made in the printed text or superimposed on this FBL. However, proof to the contrary shall not be admissible when the FBL has been transferred to the consignee for valuable consideration who in good faith has relied and acted thereon.

除非有相反的記載，如「託運人自行稱重、及計算」「託運人自行打　包」，以印刷或附記方式列明時，本 FBL 就是承攬運送人收貨時的表件證據。但受貨人依本 FBL 之記載，善意接受本 FBL 時，承攬運送人提出反證就不能被承認。

4. Dangerous Goods and Indemnity 危險品及補償

4.1. The Merchant shall comply with rules which are mandatory according to the national law or by reason of international convention, relating to the carriage of goods of a dangerous nature and shall in any case inform the Freight Forwarder in writing of the exact nature of the danger before goods of a dangerous nature are taken in charge by the Freight Forwarder and indicate to him, if need be, the precautions to be taken.

對於具有危險性質的貨物，貨方應配合國際公約、或國內法有關的規定，於承攬運送人接管貨物時，告知貨物真實的情形，必要時並告知其預防措施。

4.2. If the merchant fails to provide such information and the Freight Forwarder is unaware of the dangerous nature of the goods and necessary precautions to be taken and if. at any time, they are deemed to be a hazard to life or property, they may at any place be unloaded, destroyed or rendered harmless, as circumstances may require, without compensation. The Merchant shall indemnify the Freight Forwarder against all loss, damage, liability or expense arising out of their being taken in charge, or their carriage ,or of any service incidental thereto. The burden of proving that the Freight Forwarder knew the exact nature of the danger constituted by the carriage of the said goods shall rest on the Merchant.

貨方如未提供這些資訊，承攬運送人不知貨物的危險性及預防措施，致於某一時刻造成人命、財產有損害之虞時，在任何地點，均可予以卸下、銷毀，並視當時情況，使其無害，而無須賠償。如承攬運送人因接管、運輸、服務這些貨物致有損失、損害、責任、或費用發生時，貨方並應補償承攬運送人。證明承攬運送人知有貨物危險性質之責任在於貨方。

4.3. If any goods shall become a danger to life or property, they may in like manner be unloaded or landed at any place or destroyed or rendered harmless. If such danger was not caused by the fault and neglect of the Freight Forwarder he shall have no liability and Merchant shall indemnify him against all loss, damage, liability and expense arising therefrom.

對於任何可能轉變為對人命、財產致有危險的貨物，均可以類似方式，　在任何地點卸下、銷毀、使其無害。如非因承攬運送人本身之錯誤、疏忽因素，承攬運送人就沒有責任。貨方對

承攬運送人的損失、損害、責任、或費用,應予以補償。

5. Description of Goods and Merchant's Packing and Inspection 貨物的描述及貨方的包裝及檢查

5.1. The Consignor shall be deemed to have guaranteed to the Freight Forwarder the accuracy. At the time the goods were taken in charge by the Freight Forwarder , of all particulars relating the general nature of the goods, their marks, number, weight, volume and quantity and if applicable, to the dangerous character of the goods, as furnished by him or on his behalf for insertion on the FBL. The Consignor shall indemnify the Freight Forwarder against all loss, damage and expense resulting from any inaccuracy or inadequacy of such particulars. The Consignor shall remain liable even if the FBL has been transferred by him. The right of the Freight Forwarder to such an indemnity shall in no way limit his   liability under this FBL to any person other than the Consignor.

委託人應在承攬運送人接管貨物時,向承攬運送人保證,委託人提供的貨物性質、 標誌、件數、重量、質量、數量、及危險性等資料的正確性,以列入 FBL。委託人應補償承攬運送人因這些內容的不正確、不適當所致的損失、損害、及費用,即使 FBL 已轉讓,委託人仍應繼續負責。承攬運送人這項補償權,不得影響承攬運送人對委託人以外任何人之責任。

5.2. The Freight Forwarder shall not be liable for any loss, damage or expense caused by defective or insufficient packing of goods or by inadequate loading or packing within containers or other transport units when such loading or packing has been performed by the Merchant or on his behalf by an person other than the Freight Forwarder, or by   the defect or unsuitability of the containers or other transport units supplied by the Merchant, or if supplied by the Freight Forwarder if a defect or unsuitability of the container or other transport unit would have been apparent upon reasonable inspection by the Merchant. The Merchant shall indemnify the Freight Forwarder against all loss, damage, liability and expense so caused.

　　貨方或承攬運送人以外，代表貨方填裝、打包貨櫃，其貨物之包裝不足或瑕疵，或貨櫃、或運輸單位內部填裝之不適當，由貨方提供的貨櫃、或運輸運具的瑕疵或不適當，承攬運送人不負責以上原因所致之毀損、滅失及費用，由承攬運送人所提供的貨櫃或運輸運具有瑕疵或不適當，如果情況明顯，可經合理檢查而發現者，承攬運送人也　　可不負責因此所致之毀損、滅失及費用。貨方並應補償承攬運送人所致之毀損、滅失及費用。

6. Freight Forwarder's Liability 承攬運送人之責任

　　6.1. The responsibility of the Freight Forwarder for the goods under these conditions covers the period from the time the Freight Forwarder has taken the goods in his charge to the time of their delivery.

　　在本標準條款下，承攬運送人對貨物的責任自接管時起，迄交貨時止。

　　6.2. The Freight Forwarder shall be liable for loss of or damage to the goods as well as for delay in delivery if the occurrence which caused the loss, damage or delay in delivery took place while the goods were in his charge as defined in Clause 2.1.a unless the Freight Forwarder prove that no fault or neglect of his own, his servants or agents or　　any other person referred to in Clause2.2. has caused or contributed to such loss, damage or delay. However, the Freight Forwarder shall only be liable for loss following from delay in delivery if the Consignor has made a declaration of interest in timely delivery which has been accepted by the Freight Forwarder and stated in this FBL.

　　除非承攬運送人能證明其本人、其僱用人、代理人或其他 2.2. 所規範之人對於造成貨物的毀損、滅失或遲延無錯誤、或疏忽，承攬運送人應對其 2.1.a. 定義之接管下的貨物的毀損、滅失或遲延交付負責。如果委託人已於交貨時宣佈貨物及時送達的利益，由承攬運送人接受並記載於 FBL 時，承攬運送人應負責遲延交付的後果損失。

　　6.3. Arrival times are not guaranteed by the Freight Forwarder. However, delay in delivery occurs when the goods have not been delivered within the time expressly agreed upon or, in the absence of such agreement. within the time which would be reasonable to require of a diligent Freight Forwarder. having regard to the circumstances of the case.

承攬運送人不保證到達時間，但應按雙方同意的時間送達，或雙方無約定的時間，未能於一個勤勉之承攬運送人所能達成的合理時間內達時，依個案情況，可以構成遲延交付。

6.4. If the goods have not been delivered within ninety consecutive days following such date of delivery as determined in clause 6.3., the claimant may, in the absence of evidence to the contrary, treat the goods as lost.

如果貨物未能如以下 6.3.定義的交貨時間起算九十個連續日送達時，在無其他相反證明情形下，貨物視爲已經滅失。

6.5. When the Freight Forwarder establishes that, in the circumstances of the case, the loss or damage could be attributed to one or more causes or events, specified in a –e of the present clause, it shall be presumed that it was so caused, always provided., however, that the claimant shall be entitled to prove that the loss or damage was not, in fact, caused wholly or partly by one or more of such causes or events.

就個案情形，當承攬運送人證實貨物毀損、滅失可歸因於以下 a-e 的一個以上原因所致，則在原告有權證明事實上全部或一部之毀損、滅失，非因以下原因所致，而未予證明時，認定承攬運送人之理由爲正確。

a)An act or omission of the Merchant, or person other than the Freight Forwarder acting on behalf of the Merchant or from whom the Freight Forwarder took the goods in charge;

a)貨方或承攬運送人以外代表貨方之人的行爲或疏忽，或承攬運送人從該等人處接管貨物的該等人之行爲或疏忽；

b)insufficiency or defective condition of the packaging or marks and/or numbers;

b)包裝、標誌、或件數之不足或瑕疵。

c)handling, loading, stowage or unloading of the goods by the Merchant or any person acting on behalf of the Merchant;

c)貨方或代表貨方之人的貨物操作、裝貨、堆裝或卸貨。

d)inherent vice of the goods;

d)貨物的潛在瑕疵。

e)strike, lockout, stoppage or restraint of labor.

e)罷工、封鎖、停工或工人的禁制

6.6. Defences for carriage by sea or inland waterways 海上運輸或內河運輸之免責抗辯

Notwithstanding Clause 6.2.,6.3., and 6.4. the Freight Forwarder shall not be liable for loss, damage or delay in delivery with respect to goods carried by sea or inland waterways when such loss, damage or delay during such Carriage has been caused by:

不管以上 6.2.6.3.6.4.的規定為何，承攬運送人不負責以下原因所致之海上運輸或內河運輸之毀損、滅失及遲延交付：

a)act, neglect, or default of the master, mariner, pilot or the servants of the carrier in the navigation or in the management of the ship.

a)船長、海員、引水人、或運送人的僱用人航行或管理船舶的行為、疏忽或錯誤。

b)Fire, unless caused by the actual fault or privity of the carrier, however, always provided that whenever loss or damage has resulted from unseaworthiness of the ship, the Freight Forwarder can prove that due diligence has been exercised to make the ship seaworthy at the commencement of the voyage.

b)火災。除非因運送人的實際過失所致。對於因船舶無適航力所致之火災，承攬運送人能證明，航程開始時，保持適航力的

應盡義務均已完成。

7. Paramount Clauses 至上條款

7.1. These conditions shall only take effect to the extent that they are not contrary to the mandatory provisions of International Conventions or national law applicable to the contract evidenced by this FBL.

在不違反本 FBL 強制適用之國際公約或國家法律情形下，標準條款才能有效。

7.2. The Hague Rules contained in the International Convention for the unification of certain rules relating to Bills of Lading, dated Brussels 25th August 1924, or in those countries where there are already in force the Hague-Visby Rules contained in the Protocol of Brussels, dated 23rd February 1968, as enacted in the Country of shipment, shall apply to all carriage of goods by sea and also to the carriage of goods by inland　waterways, and such provisions shall apply to all goods whether carried on deck or under deck.

在適用一九二四年海牙規則的國家或一九六八年海牙威士比規則的國家，海牙規則、及海牙威士比規則可各適用於海上或內河運送，不論裝甲板上或甲板下。

7.3. The Carriage of Goods by Sea Act of the United States of America(COGSA) shall apply to the carriage of goods by sea, whether on deck or under deck, if compulsorily applicable to this FBL or would be applicable but for the goods being carried on deck in accordance with a statement on this FBL.

本 FBL 有強制適用美國海上貨物運送法之規定時，不論裝甲板上或甲板下，美國海上貨物運送法均應適用之。或者除了裝在甲板上之貨物依本 FBL 的甲板記載規定外，亦應強制適用美國海上貨物運送法。

8. Limitations of Freight Forwarder's Liability 承攬運送人的責任限制

8.1. Assessment of compensation for loss of or damage to the goods shall be made by reference to the value of such goods at the place and time they are delivered to the consignee or at the place and time when, in accordance with this FBL, they should have been so delivered.

評估貨物毀損滅失的賠償，應參考貨物交付受貨人時、地的價值，或依本 FBL 規定應交付時、地的價值。

8.2. The value of the goods shall be determined according to the current commodity exchange price or, if there is no such price, according to the current market price or, if there are no such prices, by reference to the normal value of goods of the same name and quality.

貨物價值應按當地現值貨物的交易價決定，沒有這個資料，就要參考市價，沒有市價，應參考同品名、同品質貨物的正常價格。

8.3. Subject to the provisions of subclauses 8.4. to 8.9. inclusive, the Freight Forwarder shall in no event be or become liable for any loss of or damage to the goods in an amount exceeding the equivalent of 666.67 SDR per package or unit or 2 SDR per kilogramme of gross weight of the goods lost or damaged,. whichever is the higher,   unless the nature and value of the goods shall have been declared by the Consignor and accepted by the Freight Forwarder before the goods have been take in his charge, or the ad valorem freight rate paid, and such value is stated in the FBL by him, then such declared value shall be the limit.

依據 8.4.及 8.9.的規定，承攬運送人對於貨物毀損滅失的賠償，以不超過每件或每單位 666.67 個國際貨幣基金的特別提款權單位(SDR)為限，或毀損滅失貨物毛重每公斤 2SDR，以較高者為準，除非貨物接管之前，性質、價值人經授權人宣佈，為承攬運送人接受，或已支付從價費率，價值並已列入本 FBL，則所宣佈的價值就是賠償限額。

8.4. Where a container, pallet or similar article of transport is loaded with more then one package or unit, the packages or other shipping units enumerated in the FBL as packed in such article of transport are deemed packages or shipping units. Except as aforesaid, such article of transport shall be considered the package or unit.

　　貨櫃、墊板或類似運輸運具，一件或一單位以上被裝船時，FBL 上的件或海運單位被視為件數、或海運單位數，除以上所述者外，運輸物件本身也是件數、或海運單位數。

　　8.5. Notwithstanding the above mentioned provisions, if the multimodal transport does not, according to the contract, include carriage of goods by sea or by inland waterways, the liability of the Freight Forwarder shall be limited to an amount not exceeding 8.33 SDR per kilogramme of gross weight of the goods lost or damaged.

　　不管以上規定如何，如果複式運送契約不含海上運輸或內水運輸，則承攬運送人對於貨物毀損滅失的賠償，以不超過貨物毛重每公斤 8.33SDR 為限。

　　8.6. a) When the loss of or damage to the goods occurred during one particular stage of the multimodal transport, in respect of which an applicable international convention or mandatory national law would have provided another limit of liability if a seperate contract of carriage had been made for that particular stage of transport, then the limit of the Freight Forwarder's liability for such loss or damage shall be determined by reference to the provisions of such convention or mandatory national law.

　　貨物毀損滅失發生於某一階段，該階段另訂有契約，該契約另有適用的國際公約或國內法律，而有不同的責任限制時，則承攬運送人對於貨物毀損滅失的賠償限額，應參考該國際公約或國內法律。

　　b)Unless the nature and value of the goods shall have been declared by the Merchant and inserted in this FBL, and the ad valorem freight rate paid, the liability of the Freight Forwarder under COGSA, where applicable, shall not exceed US500 per package or, in the case of goods not shipped in packages, per customary freight unit.

　　除非貨方已宣佈貨物的性質、價值，並已列入本 FBL，已支

付從價費率，依據各種適用的海上貨物運送法，每件或不以件計算，每單位的賠償限額，爲美金 500 元。

8.7. If the Freight Forwarder is liable in respect of loss following from delay in delivery or consequential loss or damage other than loss of or damage to the goods, the liability of the Freight Forwarder shall be limited to an amount not exceeding the equivalent of twice the freight under the multimodal contract for the multimodal transport under this FBL.

如果承攬運送人該負責遲延交付之損失或除毀損滅失本身之外，毀損滅失造成的後果損失，承攬運送人的責任以本 FBL 複式運送契約運費的兩倍爲限。

8.8. The aggregate liability of the Freight Forwarder shall not exceeding the limits of liability for total loss of the goods.

承攬運送人之總責任額不超過貨物全損之賠償限額。

8.9. The Freight Forwarder is not entitled to the benefit of the limitation of liability if it is proved that the loss, damage or delay in delivery resulted from a personal act or omission of the Freight Forwarder done with the intent to cause such loss, damage or delay, or recklessly and with knowledge that such loss, damage or delay would probably result.

如經證實承攬運送人本身的行爲疏失故意造成貨物的毀損滅失、或遲延交付，或明知其可能發生仍不經意的造成毀損滅失、或遲延交付時，承攬運送人不得再享責任限制的利益。

9. Applicability to Action in Tort 侵權訴訟的適用

These conditions apply to all claims against the Freight Forwarder relating to the performance of the contract evidenced by this FBL, whether the claim be founded in contract or in tort.

不論契約訴訟或侵權訴訟，本標準條款適用於承攬運送人履行本 FBL 契約所有的索賠。

10. Liability of Servants and other Persons 受雇人及其他人

的責任

10.1. These conditions apply whenever claims relating to the performance of the contract evidenced by this FBL are made against any servant, agent or other person (including any independent contractor) whose services have been used in order to perform the contract, whether such claims are founded in contract or in tort, and the aggregate liability of the Freight Forwarder and of such servants, agents or other persons shall not exceed the limits in clause 8.

本標準條款適用於本FBL契約履行時向任何履行本契約之受僱人、代理人或其他人(包括獨立契約人)的索賠,不論契約訴訟或侵權訴訟,包括承攬運送人在內,其責任總額不超過第8條的責任限額。

10.2. In entering into this contract as evidenced by this FBL, the Freight Forwarder , to the extent of these provisions, does not only act on his own behalf, but also as agent or trustee for such persons, and such persons shall to this extent be or be deemed to be parties to this contract.

承攬運送人在本FBL契約範圍內之行為,不只代表他自己,也作為契約內之他人、或視為契約一部份之他人的代理人及受託人。

10.3. However, if it is proved that the loss of or such loss or damage to the goods resulted from a personal act or omission of such a person referred to in Clause10.1., done with intent to cause damage, or recklessly and with knowledge that damage would probably result, such person shall not be entitled to benefit of limitation of liability provided for in Clause 8.

但如經證實貨物的毀損滅失造成的損失係因以上 10.1 定義人員的行為疏失故意造成損害,或明知可能仍不經意造成時,這些人無權再享責任限制的利益。

10.4. The aggregate of the amounts recoverable from the Freight Forwarder and the persons referred to in Clauses 2.2. and 10.1.shall not exceed the limits provided in these conditions.

自承攬運送人及以上 2.2. 及 10.1. 等人員處回復的總責任額，不超過本標準條款的限額。

11. Method and Route of Transportation 運輸的方法及路線

Without notice to the Merchant, the Freight Forwarder has the liberty to carry the goods on or under deck and to choose or substitute the means, route and procedure to be followed in the handling, stowage, storage and transportation of the goods.

承攬運送人有權在不知會貨方情形下，將貨物裝甲板上或甲板下、選擇替代的方法、路線、過程，以作人、堆裝、存放、運輸貨物。

12. Delivery 交貨

12.1. Goods shall be deemed to be delivered when they have been handed over or placed at the disposal of the Consignee or his agents in accordance with this FBL, or when the goods have been handed over to any authority or other party to whom, pursuant to the law or regulation applicable at the place of delivery , the goods must be handed over, or such other place at which the Freight Forwarder is entitled to call upon the Merchant to take delivery.

當貨物依本 FBL 交給受貨人或其代理人，或置於受貨人或代理人處置之下，或依據交貨地點的法律或規定，交給政府機關，或承攬運送人認定屬於貨方受交的地點，均視爲已交貨。

12.2. The Freight Forwarder shall also be entitled to store the goods at the sole risk of the Merchant, and the Freight Forwarder's liability shall cease, and the cost of such storage shall be paid, upon demand, by the Merchant to the Freight Forwarder.

承攬運送人也可以貨方風險存放貨物，則承攬運送人責任終止，存放費用經要求，由貨方付予承攬運送人。

12.3. If at any time the carriage under this FBL is or is likely to be affected by any hindrance or risk of any kind (including the condition of the goods) not arising from any fault or neglect of the Freight Forwarder or a person referred to in Clause 2.2.and within can not be avoided by the exercise or reasonable endeavours the Freight Forwarder may: abandon the carriage of the goods under this FBL and, where reasonably possible, place the goods or any part of them at the Merchant's disposal at any place which the Freight Forwarder may deem safe and convenient, whereupon delivery shall be deemed to have been made, and the responsibility of the Freight Forwarder in respect of such goods shall cease. In any event, the Freight Forwarder shall be entitled to full freight under this FBL and the Merchant shall pay any additional costs resulting from the above mentioned circumstances.

本 FBL 下之運輸，如可能或似乎可能有阻礙或風險(包括貨物狀況)，若非承攬運送人、或 2.2.定義人員的錯誤或疏忽所致，且經合理的努力仍無法避免時，承攬運送人依本 FBL，可以放棄運送，可能的話，可將貨物置放承攬運送人認爲安全便利、貨方處置下之地點，如此視爲交貨完成，承攬運送人對貨物的責任可以終止。任何情形下，承攬運送人依本 FBL.有權取得全額運費，貨方則應支付因以上情況所致之額外費用。

13. Freight and charges 運費及費用

13.1 Freight shall be paid in cash, without any reduction or deferment on account of any claim, counter-claim or set-off, whether prepaid or payable at destination. Freight shall be considered as earned by the Freight Forwarder at the moment when the goods have been taken in his charge, and not to be returned in any event.

無論預付、或在目的港付款，運費應用現金支付，不能用索賠、相互索賠、抵銷方式予以扣減或拖延，當承攬運送人接管貨物，運費即視爲已經賺得，任何情形下均不退還。

13.2 Freight and all other amounts mentioned in this FBL are to be paid in the currency named in this FBL or, at the Freight Forwarder's option, in the currency of the country of dispatch or destination at the highest rate of exchange for bankers sight bills current for prepaid freight on the day of dispatch and for freight payable at destination on the day when the Merchant is notified on arrival of the goods there or on the date of withdrawal of the delivery order, whichever rate is the higher, or at the option of the Freight Forwarder on the date of this FBL.

本 FBL 下的運費及其他金額，依本 FBL 的貨幣支付，或由承攬運送人選擇，以裝港貨幣或目的港貨幣，以最高之匯率、銀行即期票據支付預付運費，或當貨方被通知貨物到達、或收回小提單時，支付到付運費，以上兩者，以較高的匯率日期爲準，或由承攬運送人在本 FBL 的日期中選擇。

13.3 All dues, taxes and charges or other expenses in connection with the goods shall be paid by the Merchant. Where equipment is supplied by the Freight Forwarder, the Merchant shall pay all demurrage and charges which are not due to a fault or neglect of the Freight Forwarder.

有關貨物的稅負或應繳規費、費用，應由貨方支付，承攬運送人提供的機具，如無承攬運送人的過失疏忽在內，貨方應支付延遲費及應繳規費。

13.4 The Merchant shall reimburse the Freight Forwarder in proportion to the amount of freight for any costs for deviation or delay or any other increase of costs of whatever nature caused by war, warlike operations, epidemics, strikes , government directions or force majeure.

由於戰爭、類似戰爭的行爲、疫病、罷工、政府命令或不可抗力造成的偏航、遲延等額外成本，貨方應以支付比例運費的方式彌補承攬運送人。

13.5 The Merchant warrants the correctness of the declaration of contents, insurance, weight, measurements or value of the goods but the Freight Forwarder has the liberty to have the contents inspected and the weight, measurements or value verified. If on such inspection it is found that the declaration is not correct it is agreed that a sum equal either to five times the difference between the correct figure and the freight charged, or to double the correct freight less the freight charged, whichever sum is the smaller, shall be payable as liquidated damages to the Freight Forwarder for his inspection costs and losses of freight on the goods notwithstanding any other sum having been stated on this FBL as freight payable.

貨方應保證所宣佈的貨物內容、保險、重量、尺碼或價值的正確性，如經檢查後，發現以上宣佈內容不正確，不論 FBL 上記載的運費為何，則以正確運費與已洽收運費差價的五倍、與正確運費的兩倍減去已洽收運費，兩者之中較低者，由貨方付給承攬運送人，作為檢查費用及運費損失的損害賠償。

13.6 Despite the acceptance by the Freight Forwarder of instructions to collect freight, charges or other expenses from any other person in respect of the transport under this FBL, The Merchant shall remain responsible for such monies on receipt of evidence of demand and the absence of payment for whatever reason.

承攬運送人依據本 FBL 收取到付運費、規費，不論向任何人收取，貨方均應負責運費的支付。

14. Lien 留置權

The Freight Forwarder shall have a lien on the goods and any documents relating thereto for any amount due at any time to the Freight Forwarder from the Merchant including storage fees and the cost of recovering same, and may enforce such lien in any reasonable manner which he may think fit.

承攬運送人對於包括存倉費、及為追繳費用所支出的費用，對於貨物及文件有留置權，如果認為合適，承攬運送人應以合理方式強制留置權的執行。

15. General Average 共同海損

The Merchant shall indemnify the Freight Forwarder in respect of any claims of a General Average nature which may be made on him and shall provide such security as may be required by the Freight Forwarder in this connection.

貨方對於共同海損性質的索賠，應補償承攬運送人，承攬運送人應繳交相關的保證金時，貨方應提供。

15. Notice 通知

15.1. Unless notice of loss of or damage to the goods, specifying the general nature of such loss or damage, is given in writing by the consignee to the Freight Forwarder when the goods are delivered to the consignee in accordance with clause 12, such handling over is prima facie evidence of the delivery by the Freight Forwarder of the goods as described in this FBL.

當貨物依第 12 條交付受貨人時，除非受貨人將毀損滅失情形以書面通知承攬運送人，否則以上交付即為承攬運送人交付貨物的表見證據。

15.2. Where the loss or damage is not apparent, the same prima facie effect shall apply if notice in writing is not given within 6 consecutive days after the day when the goods were delivered to the consignee in accordance with clause 12.

毀損滅失情形不顯著，書面通知於依 12 條交付後六個連續日內交出，仍構成表見證據的效力。

16. Time Bar 時限

The Freight Forwarder shall, unless otherwise expressly agreed, be discharged of all liability under these conditions unless suit is brought within 9 months after the delivery of the goods, or the date when the goods should have been delivered, or the date when in accordance with clause 6.4. failure to deliver the goods would give the consignee the right to treat the goods as lost.

除另有明文同意，交貨或應交貨後 9 個月內未提起訴訟，承攬運送人依本標準條款的責任終止。未依 6.4. 條交貨，受貨人有權認定貨物已經滅失。

17. Partial Invalidity 部分無效

If any clause or a part thereof is held to be invalid, the validity of this FBL, and the remaining clauses or a part thereof shall not be affected.

如某條或某部分條款被判定無效，本 FBL 的有效性及其餘條款的有效性不受影響。

18. Jurisdiction and applicable law 司法管轄及適用的法律

Actions against the Freight Forwarder may be instituted only in the place where the Freight Forwarder has his place of business as stated on the reverse of this FBL and shall be decided according to the law of the country in which that place of business is situated.

對承攬運送人提起訴訟的地點，應爲 FBL 正面承攬運送人的營業地點，依據該經營人地點國家的法律。

法 規 原 文

一九二四年海牙規則

International Convention for the Unification of Certain Rules of Law relating to Bills of Lading ("Hague Rules"), and Protocol of Signature

(Brussels, 25 August 1924)

The President of the German Republic, the President of the Argentine Republic, His Majesty the King of the Belgians, the President of the Republic of Chile, the President of the Republic of Cuba, His Majesty the King of Denmark and Iceland, His Majesty the King of Spain, the Head of the Estonian State, the President of the United States of America, the President of the Republic of Finland, the President of the French Republic, His Majesty the King of the United Kingdom of Great Britain and Ireland and of the British Dominions beyond the Seas, Emperor of India, His Most Supreme Highness the Governor of the Kingdom of Hungary, His Majesty the King of Italy, His Majesty the Emperor of Japan, the President of the Latvian Republic, the President of the Republic of Mexico, His Majesty the King of Norway, Her Majesty the Queen of the Netherlands, the President of the Republic of Peru, the President of the Polish Republic, the President of the Portuguese Republic, His Majesty the King of Romania, His Majesty the King of the Serbs, Croats and Slovenes, His Majesty the King of Sweden, and the President of the Republic of Uruguay,

HAVING RECOGNIZED the utility of fixing by agreement certain uniform rules of law relating to bills of lading,

HAVE DECIDED to conclude a convention with this object and have appointed the following Plenipotentiaries:

WHO, duly authorized thereto, have agreed as follows:

Article 1

In this Convention the following words are employed with the meanings set out below:

(a) "Carrier" includes the owner or the charterer who enters into a contract of carriage with a shipper.

(b) "Contract of carriage" applies only to contracts of carriage covered by a bill of lading or any similar document of title, in so far as such document relates to the carriage of goods by sea, including any bill of lading or any similar document as aforesaid issued under or pursuant to a charter party from the moment at which such bill of lading or similar document of title regulates the relations between a carrier and a holder of the same.

(c) "Goods" includes goods, wares, merchandise and articles of every kind whatsoever except live animals and cargo which by the contract of carriage in stated as being carried on deck and is so carried.

(d) "Ship" means any vessel used for the carriage of goods by sea.

(e) "Carriage of goods" covers the period from the time when the goods are loaded on to the time they are discharged from the ship.

Article 2

Subject to the provisions of Article 6, under every contract of carriage of goods by sea the carrier, in relation to the loading, handling, stowage, carriage, custody, care and discharge of such goods, shall be subject to the responsibilities and liabilities, and entitled to the rights and immunities hereinafter set forth.

Article 3

1. The carrier shall be bound before and at the beginning of the voyage to exercise due diligence to:

(a) Make the ship seaworthy.

(b) Properly man, equip and supply the ship.

(c) Make the holds, refrigerating and cool chambers, and all other parts of the ship in which goods are carried, fit and safe for their reception, carriage and preservation.

2. Subject to the provisions of Article 4, the carrier shall properly and carefully load, handle, stow, carry, keep, care for, and discharge the goods carried.

3. After receiving the goods into his charge the carrier or the master or agent of the carrier shall, on demand of the shipper, issue to the shipper a bill of lading showing among other things:

(a) The leading marks necessary for identification of the goods as the same are furnished in writing by the shipper before the loading of such goods starts, provided such marks are stamped or otherwise shown clearly upon the goods if uncovered, or on the cases or coverings in which such goods are contained, in such a manner as should ordinarily remain legible until the end of the voyage.

(b) Either the number of packages or pieces, or the quantity, or weight, as the case may be, as furnished in writing by the shipper.

(c) The apparent order and condition of the goods.

Provided that no carrier, master or agent of the carrier shall be bound to state or show in the bill of lading any marks, number, quantity, or weight which he has reasonable ground for suspecting not accurately to represent the goods actually received, or which he has had no reasonable means of checking.

4. Such a bill of lading shall be prima facie evidence of the receipt by the carrier of the goods as therein described in accordance with paragraph 3(a), (b) and (c).

5. The shipper shall be deemed to have guaranteed to the carrier the accuracy at the time of shipment of the marks, number, quantity and weight, as furnished by him, and the shipper shall indemnity the carrier against all loss, damages and expenses arising or resulting from inaccuracies in such particulars. The right of the carrier to such indemnity shall in no way limit his responsibility and liability under the contract of carriage to any person other than the shipper.

6. Unless notice of loss or damage and the general nature of such loss or damage be given in writing to the carrier or his agent at the port of discharge before or at the time of the removal of the goods into the custody of the person entitled to delivery thereof under the contract of carriage, or, if the loss or damage be not apparent, within three days, such removal shall be prima facie evidence of the delivery by the carrier of the goods as described in the bill of lading.

If the loss or damage is not apparent, the notice must be given within three days of the delivery of the goods.

The notice in writing need not be given if the state of the goods has, at the time of their receipt, been the subject of joint survey or inspection.

In any event the carrier and the ship shall be discharged from all liability in respect of loss or damage unless suit is brought within one year after delivery of the goods or the date when the goods should have been delivered.

In the case of any actual or apprehended loss or damage the carrier and the receiver shall give all reasonable facilities to each other for inspecting and tallying the goods.

7. After the goods are loaded the bill of lading to be issued by the carrier, master, or agent of the carrier, to the shipper shall, if the shipper so demands, be a "shipped" bill of lading, provided that if the shipper shall have previously taken up any document of title to such goods, he

shall surrender the same as against the issue of the "shipped" bill of lading, but at the option of the carrier such document of title may be noted at the port of shipment by the carrier, master, or agent with the name or names of the ship or ships upon which the goods have been shipped and the date or dates of shipment, and when so noted, if it shows the particulars mentioned in paragraph 3 of Article 3, shall for the purpose of this Article be deemed to constitute a "shipped" bill of lading.

8. Any clause, covenant, or agreement in a contract of carriage relieving the carrier or the ship from liability for loss or damage to, or in connexion with, goods arising from negligence, fault, or failure in the duties and obligations provided in this Article or lessening such liability otherwise than as provided in this Convention, shall be null and void and of no effect. A benefit of insurance in favour of the carrier or similar clause shall be deemed to be a clause relieving the carrier from liability.

Article 4

1. Neither the carrier nor the ship shall be liable for loss or damage arising or resulting from unseaworthiness unless caused by want of due diligence on the part of the carrier to make the ship seaworthy and to secure that the ship is properly manned, equipped and supplied, and to make the holds, refrigerating and cool chambers and all other parts of the ship in which goods are carried fit and safe for their reception, carriage and preservation in accordance with the provisions of paragraph 1 of Article 3. Whenever loss or damage has resulted from unseaworthiness the burden of proving the exercise of due diligence shall be on the carrier or other person claiming exemption under this Article.

2. Neither the carrier nor the ship shall be responsible for loss or damage arising or resulting from:

(a) Act, neglect, or default of the master, mariner, pilot, or the servants of the carrier in the navigation or in the management of the ship.

(b) Fire, unless caused by the actual fault or privity of the carrier.

(c) Perils, dangers and accidents of the sea or other navigable waters.

(d) Act of God.

(e) Act of war.

(f) Act of public enemies.

(g) Arrest or restraint or princes, rulers or people, or seizure under legal process.

(h) Quarantine restrictions.

(i) Act or omission of the shipper or owner of the goods, his agent or representative.

(j) Strikes or lockouts or stoppage or restraint of labour from whatever cause, whether partial or general.

(k) Riots and civil commotions.

(l) Saving or attempting to save life or property at sea.

(m) Wastage in bulk or weight or any other loss or damage arising from inherent defect, quality or vice of the goods.

(n) Insufficiency of packing.

(o) Insufficiency or inadequacy of marks.

(p) Latent defects not discoverable by due diligence.

(q) Any other cause arising without the actual fault or privity of the carrier, or without the actual fault or neglect of the agents or servants of the carrier, but the burden of proof shall be on the person claiming the benefit of this exception to show that neither the actual fault or privity of the carrier nor the fault or neglect of the agents or servants of the carrier contributed to the loss or damage.

3. The shipper shall not be responsible for loss or damage sustained by the carrier or the ship arising or resulting from any cause without the act, fault or neglect of the shipper, his agents or his servants.

4. Any deviation in saving or attempting to save life or property at sea or any reasonable deviation shall not be deemed to be an infringement or breach of this Convention or of the contract of carriage, and the carrier shall not be liable for any loss or damage resulting therefrom.

5. Neither the carrier nor the ship shall in any event be or become liable for any loss or damage to or in connexion with goods in an amount exceeding 100 pounds sterling per package or unit, or the equivalent of that sum in other currency unless the nature and value of such goods have been declared by the shipper before shipment and inserted in the bill of lading.

This declaration if embodied in the bill of lading shall be prima facie evidence, but shall not be binding or conclusive on the carrier.

By agreement between the carrier, master or agent of the carrier and the shipper another maximum amount than that mentioned in this paragraph may be fixed, provided that such maximum shall not be less than the figure above named.

Neither the carrier nor the ship shall be responsible in any event for loss or damage to, or in connexion with, goods if the nature or value thereof has been knowingly misstated by the shipper in the bill of lading.

6. Goods of an inflammable, explosive or dangerous nature to the shipment whereof the carrier, master or agent of the carrier has not consented with knowledge of their nature and character, may at any time before discharge be landed at any place, or destroyed or rendered innocuous by the carrier without compensation and the shipper of such goods shall be liable for all damage and expenses directly or indirectly arising out of or resulting from such shipment. If any such goods shipped with such knowledge and consent shall become a danger to the ship or cargo, they may in like manner be landed at any place, or destroyed or rendered innocuous by the carrier without liability on the part of the carrier except to general average, if any.

Article 5

A carrier shall be at liberty to surrender in whole or in part all or any of his rights and immunities or to increase any of his responsibilities and obligations under this Convention, provided such surrender or increase shall be embodied in the bill of lading issued to the shipper.

The provisions of this Convention shall not be applicable to charter parties, but if bills of lading are issued in the case of a ship under a charter party they shall comply with the terms of this Convention. Nothing in these rules shall be held to prevent the insertion in a bill of lading of any lawful provision regarding general average.

Article 6

Notwithstanding the provisions of the preceding Articles, a carrier, master or agent of the carrier and a shipper shall in regard to any particular goods be at liberty to enter into any agreement in any terms as to the responsibility and liability of the carrier for such goods, and as to the rights and immunities of the carrier in respect of such goods, or his obligation as to seaworthiness, so far as this stipulation is not contrary to public policy, or the care or diligence of his servants or agents in regard to the loading, handling, stowage, carriage, custody, care and discharge of the goods carried by sea, provided that in this case no bill of lading has been or shall be issued and that the terms agreed shall be embodied in a receipt which shall be a non-negotiable document and shall be marked as such.

Any agreement so entered into shall have full legal effect.

Provided that this Article shall not apply to ordinary commercial shipments made in the ordinary course of trade, but only to other shipments where the character or condition of the property to be carried or the circumstances, terms and conditions under which the carriage is to be performed are such as reasonably to justify a special agreement.

Article 7

Nothing herein contained shall prevent a carrier or a shipper from entering into any agreement, stipulation, condition, reservation or exemption as to the responsibility and liability of the carrier or the ship for the loss or damage to, or in connexion with, the custody and care and handling of goods prior to the loading on, and subsequent to, the discharge from the ship on which the goods are carried by sea.

Article 8

The provisions of this Convention shall not affect the rights and obligations of the carrier under any statute for the time being in force relating to the limitation of the liability of owners of sea-going vessels.

Article 9

The monetary units mentioned in this Convention are to be taken to be gold value.

Those contracting States in which the pound sterling is not a monetary unit reserve to themselves the right of translating the sums indicated in this Convention in terms of pound sterling into terms of their own monetary system in round figures.

The national laws may reserve to the debtor the right of discharging his debt in national currency according to the rate of exchange prevailing on the day of the arrival of the ship at the port of discharge of the goods concerned.

Article 10

The provisions of this Convention shall apply to all bills of lading issued in any of the contracting States.

Article 11

After an interval of not more than two years from the day on which the Convention is signed, the Belgian Government shall place itself in communication with the Governments of the High Contracting Parties which have declared themselves prepared to ratify the Convention, with a view to deciding whether it shall be put into force. The ratifications shall be deposited at Brussels at a date to be fixed by agreement among the said Governments. The first deposit of ratifications shall be recorded in a procès-verbal signed by the representatives of the Powers which take part therein and by the Belgian Minister of Foreign Affairs.

The subsequent deposit of ratifications shall be made by means of a written notification, addressed to the Belgian Government and accompanied by the instrument of ratification.

A duly certified copy of the procès-verbal relating to the first deposit of ratifications, of the notifications referred to in the previous paragraph, and also of the instruments of ratification accompanying them, shall be immediately sent by the Belgian Government through the diplomatic channel to the Powers who have signed this Convention or who have acceded to it. In the cases contemplated in the preceding paragraph, the said Government shall inform them at the same time of the date on which it received the notification.

Article 12

Non-signatory States may accede to the present Convention whether or not they have been represented at the International Conference at Brussels.

A State which desires to accede shall notify its intention in writing to the Belgian Government, forwarding to it the document of accession, which shall be deposited in the archives of the said Government.

The Belgian Government shall immediately forward to all the States which have signed or acceded to the Convention a duly certified copy of the notification and of the act of accession, mentioning the date on which it received the notification.

Article 13

The High Contracting Parties may at the time of signature, ratification or accession declare that their acceptance of the present Convention does not include any or all of the self-governing dominions, or of the colonies, overseas possessions, protectorates or territories under their sovereignty or authority, and they may subsequently accede separately on behalf of any self-governing dominion, colony, overseas possession, protectorate or territory excluded in their declaration. They may also denounce the Convention separately in accordance with its provisions in respect of any self-governing dominion, or any colony, overseas possession, protectorate or territory under their sovereignty or authority.

Article 14

The present Convention shall take effect, in the case of the States which have taken part in the first deposit of ratifications, one year after the date of the protocol recording such deposit.

As respects the States which ratify subsequently or which accede, and also in cases in which the Convention is subsequently put into effect in accordance with Article 13, it shall take effect six months after the notifications specified in paragraph 2 of Article 11 and paragraph 2 of Article 12 have been received by the Belgian Government.

Article 15

In the event of one of the contracting States wishing to denounce the present Convention, the denunciation shall be notified in writing to the Belgian Government, which shall immediately communicate a duly certified copy of the notification to all the other States, informing them of the date on which it was received.

The denunciation shall only operate in respect of the State which made the notification, and on the expiry of one year after the notification has reached the Belgian Government.

Article 16

Any one of the contracting States shall have the right to call for a fresh conference with a view to considering possible amendments.

A State which would exercise this right should notify its intention to the other States through the Belgian Government, which would make arrangements for convening the Conference.

DONE at Brussels, in a single copy, August 25th, 1924.

PROTOCOL OF SIGNATURE

At the time of signing the International Convention for the Unification of Certain Rules of Law relating to Bills of Lading the Plenipotentiaries whose signatures appear below have adopted this Protocol, which will have the same force and the same value as if its provisions were inserted in the text of the Convention to which it relates.

The High Contracting Parties may give effect to this Convention either by giving it the force of law or by including in their national legislation in a form appropriate to that legislation the rules adopted under this Convention.

They may reserve the right:

1. To prescribe that in the cases referred to in paragraph 2(c) to (p) of Article 4 the holder of a bill of lading shall be entitled to establish responsibility for loss or damage arising from the personal fault of the carrier or the fault of his servants which are not covered by paragraph (a).

2. To apply Article 6 in so far as the national coasting trade is concerned to all classes of goods without taking account of the restriction set out in the last paragraph of that Article.

DONE at Brussels, in single copy, August 25th, 1924.

一九六八年海牙威士比規則

Protocol to Amend the International Convention for the Unification of Certain Rules of Law Relating to Bills of Lading ("Visby Rules")

(Brussels, 23 February 1968)

THE CONTRACTING PARTIES,

CONSIDERING that it is desirable to amend the International Convention for the unification of certain rules of law relating to Bills of Lading, signed at Brussels on 25th August 1924,

HAVE AGREED as follows:

Article 1

(1) In Article 3, paragraph 4, shall be added:

"However, proof to the contrary shall not be admissible when the Bill of Lading has been transferred to a third party acting in good faith".

(2) In Article 3, paragraph 6, sub-paragraph 4 shall be deleted and replaced by:

"Subject to paragraph 6bis the carrier and the ship shall in any event be discharged from all liability whatsoever in respect of the goods, unless suit is brought within one year of their delivery or of the date when they should have been delivered. This period may, however, be extended if the parties so agree after the cause of action has arisen".

(3) In Article 3, after paragraph 6, shall be added the following paragraph 6bis:

"An action for indemnity against a third person may be brought even after the expiration of the year provided for in the preceding paragraph if brought within the time allowed by the law of the Court seized of the case. However, the time allowed shall be not less than three months, commencing from the day when the person bringing such action for indemnity has settled the claim or has been served with process in the action against himself".

Article 2

Article 4, paragraph 5, shall be deleted and replaced by the following:

"(a) Unless the nature and value of such goods have been declared by the shipper before shipment and inserted in the Bill of Lading, neither the carrier nor the ship shall in any event be or become liable for any loss or damage to or in connection with the goods in an amount exceeding the equivalent of 10,000 francs per package or unit or 30 francs per kilo of gross weight of the goods lost or damaged, whichever is the higher.

(b) The total amount recoverable shall be calculated by reference to the value of such goods at the place and time at which the goods are discharged from the ship in accordance with the contract or should have been so discharged.

The value of the goods shall be fixed according to the commodity exchange price, or, if there be no such price, according to the current market price, or, if there be no commodity exchange price or current market price, by reference to the normal value of goods of the same kind and quality.

(c) Where a container, pallet or similar article of transport is used to consolidate goods, the number of packages or units enumerated in the Bill of Lading as packed in such article of transport shall be deemed the number of packages or units for the purpose of this paragraph as far as these packages or units are concerned. Except as aforesaid such article of transport shall be considered the package or unit.

(d) A franc means a unit consisting of 65.5 milligrammes of gold of millesimal fineness 900'. The date of conversion of the sum awarded into national currencies shall be governed by the law of the Court seized of the case.

(e) Neither the carrier nor the ship shall be entitled to the benefit of the limitation of liability provided for in this paragraph if it is proved that the damage resulted from an act or omission of the carrier done with intent to cause damage, or recklessly and with knowledge that damage would probably result.

(f) The declaration mentioned in sub-paragraph (a) of this paragraph, if embodied in the Bill of Lading, shall be prima facie evidence, but shall not be binding or conclusive on the carrier.

(g) By agreement between the carrier, master or agent of the carrier and the shipper other maximum amounts than those mentioned in sub-paragraph (a) of this paragraph may be fixed, provided that no maximum amount so fixed shall be less than the appropriate maximum mentioned in that sub-paragraph.

(h) Neither the carrier nor the ship shall be responsible in any event for loss or damage to, or in connection with, goods if the nature or value thereof has been knowingly mis-stated by the shipper in the Bill of Lading".

Article 3

Between Articles 4 and 5 of the Convention shall be inserted the following Article 4bis:

"1. The defences and limits of liability provided for in this Convention shall apply in any action against the carrier in respect of loss or damage to goods covered by a contract of carriage whether the action be founded in contract or in tort.

2. If such an action is brought against a servant or agent of the carrier (such servant or agent not being an independent contractor), such servant or agent shall be entitled to avail himself of the defences and limits of liability which the carrier is entitled to invoke under this Convention.

3. The aggregate of the amounts recoverable from the carrier, and such servants and agents, shall in no case exceed the limit provided for in this Convention.

4. Nevertheless, a servant or agent of the carrier shall not be entitled to avail himself of the provisions of this Article, if it is proved that the damage resulted from an act or omission of the servant or agent done with intent to cause damage or recklessly and with knowledge that damage would probably result".

Article 4

Article 9 of the Convention shall be deleted and replaced by the following:

"This Convention shall not affect the provisions of any international Convention or national law governing liability for nuclear damage".

Article 5

Article 10 of the Convention shall be deleted and replaced by the following:

"The provisions of this Convention shall apply to every Bill of Lading relating to the carriage of goods between ports in two different States if:

(a) the Bill of Lading is issued in a Contracting State, or

(b) the carriage is from a port in a Contracting State, or

(c) the contract contained in or evidenced by the Bill of Lading provides that the rules of this Convention or legislation of any State giving effect to them are to govern the contract

whatever may be the nationality of the ship, the carrier, the shipper, the consignee, or any other interested person.

Each Contracting State shall apply the provisions of this Convention to the Bills of Lading mentioned above.

This Article shall not prevent a Contracting State from applying the rules of this Convention to Bills of Lading not included in the preceding paragraphs".

Article 6

As between the Parties to this Protocol the Convention and the Protocol shall be read and interpreted together as one single instrument.

A Party to this Protocol shall have no duty to apply the provisions of this Protocol to Bills of Lading issued in a State which is a Party to the Convention but which is not a Party to this Protocol.

Article 7

As between the Parties to this Protocol, denunciation by any of them of the Convention in accordance with Article 15 thereof, shall not be construed in any way as a denunciation of the Convention as amended by this Protocol.

Article 8

Any dispute between two or more Contracting Parties concerning the interpretation or application of the Convention which cannot be settled through negotiation, shall, at the request of one of them, be submitted to arbitration. If within six months from the date of the request for arbitration the Parties are unable to agree on the organization of the arbitration, any one of those Parties may refer the dispute to the International Court of Justice by request in conformity with the Statute of the Court.

Article 9

(1) Each Contracting Party may at the time of signature or ratification of this Protocol or accession thereto, declare that it does not consider itself bound by Article 8 of this Protocol. The other Contracting Parties shall not be bound by this Article with respect to any Contracting Party having made such a reservation.

(2) Any Contracting Party having made a reservation in accordance with paragraph 1 may at any time withdraw this reservation by notification to the Belgian Government.

Article 10

This Protocol shall be open for signature by the States which have ratified the Convention or which have adhered thereto before the 23rd February 1968, and by any State represented at the twelfth session (1967-1968) of the Diplomatic Conference on Maritime Law.

Article 11

(1) This Protocol shall be ratified.

(2) Ratification of this Protocol by any State which is not a Party to the Convention shall have the effect of accession to the Convention.

(3) The instruments of ratification shall be deposited with the Belgian Government.

Article 12

(1) States, Members of the United Nations or Members of the specialized agencies of the United Nations, not represented at the twelfth session of the Diplomatic Conference on Maritime Law, may accede to this Protocol.

(2) Accession to this Protocol shall have the effect of accession to the Convention.

(3) The instruments of accession shall be deposited with the Belgian Government.

Article 13

(1) This Protocol shall come into force three months after the date of the deposit of ten instruments of ratification or accession, of which at least five shall have been deposited by States that have each a tonnage equal or superior to one million gross tons of tonnage.

(2) For each State which ratifies this Protocol or accedes thereto after the date of deposit of the instrument of ratification or accession determining the coming into force such as is stipulated in paragraph (1) of this Article, this Protocol shall come into force three months after the deposit of its instrument of ratification or accession.

Article 14

(1) Any Contracting State may denounce this Protocol by notification to the Belgian Government.

(2) This denunciation shall have the effect of denunciation of the Convention.

(3) The denunciation shall take effect one year after the date on which the notification has been received by the Belgian Government.

Article 15

(1) Any Contracting State may at the time of signature, ratification or accession or at any time thereafter declare by written notification to the Belgian Government which among the territories under its sovereignty or for whose international relations it is responsible, are those to which the present Protocol applies.

The Protocol shall three months after the date of the receipt of such notification by the Belgian Government extend to the territories named therein, but not before the date of the coming into force of the Protocol in respect of such State.

(2) This extension also shall apply to the Convention if the latter is not yet applicable to those territories.

(3) Any Contracting State which has made a declaration under paragraph (1) of this Article may at any time thereafter declare by notification given to the Belgian Government that the Protocol shall cease to extend to such territory. This denunciation shall take effect one year after the date on which notification thereof has been received by the Belgian Government; it also shall apply to the Convention.

Article 16

The Contracting Parties may give effect to this Protocol either by giving it the force of law or by including in their national legislation in a form appropriate to that legislation the rules adopted under this Protocol.

Article 17

The Belgian Government shall notify the States represented at the twelfth session (1967-1968) of the Diplomatic Conference on Maritime Law, the acceding States to this Protocol, and the States Parties to the Convention, of the following:

1. The signatures, ratifications and accessions received in accordance with Articles 10, 11 and 12.

2. The date on which the present Protocol will come into force in accordance with Article 13.

3. The notifications with regard to the territorial application in accordance with Article 15.

4. The denunciations received in accordance with Article 14.

IN WITNESS WHEREOF the undersigned Plenipotentiaries, duly authorized, have signed this Protocol.

DONE at Brussels, this 23rd day of February 1968, in the French and English languages, both texts being equally authentic, in a single copy, which shall remain deposited in the archives of the Belgian Government, which shall issue certified copies.

一九七九年布魯塞爾議定書(SDR 議定書)

for the Unification of Certain Rules of Law relating to Bills of Lading of 25 August 1924 (The Hague Rules), as amended by the Protocol of 23 February 1968 (Visby Rules)

(Brussels, 21 December 1979)

THE CONTRACTING PARTIES TO THE PRESENT PROTOCOL,

BEING PARTIES to the International Convention for the unification of certain rules of law relating to bills of lading, done at Brussels on 25th August 1924, as amended by the Protocol to amend that Convention, done at Brussels on 23rd February 1968,

HAVE AGREED as follows:

Article I

For the purpose of this Protocol, "Convention" means the International Convention for the unification of certain rules of law relating to bills of lading and its Protocol of signature, done at Brussels on 25th August 1924, as amended by the Protocol, done at Brussels on 23rd February 1968.

Article II

(1) Article 4, paragraph 5(a) of the Convention is replaced by the following:

"(a) Unless the nature and value of such goods have been declared by the shipper before shipment and inserted in the bill of lading, neither the carrier nor the ship shall in any event be or become liable for any loss or damage to or in connection with the goods in an amount exceeding 666.67 units of account per package or unit or 2 units of account per kilogramme of gross weight of the goods lost or damaged, whichever is the higher."

(2) Article 4, paragraph 5(d) of the Convention is replaced by the following:

"(d) The unit of account mentioned in this Article is the Special Drawing Right as defined by the International Monetary Fund. The amounts mentioned in sub-paragraph (a) of this paragraph shall be converted into national currency on the basis of the value of that currency on a date to be determined by the law of the Court seized of the case.

The value of the national currency, in terms of the Special Drawing Right, of a State which is a member of the International Monetary Fund, shall be calculated in accordance with the method of valuation applied by the International Monetary Fund in effect at the date in question for its operations and transactions. The value of the national currency, in terms of the Special Drawing Right, of a State which is not a member of the International Monetary Fund, shall be calculated in a manner determined by that State.

Nevertheless, a State which is not a member of the International Monetary Fund and whose law does not permit the application of the provisions of the preceding sentences may, at the time of ratification of the Protocol of 1979 or accession thereto or at any time thereafter, declare that the limits of liability provided for in this Convention to be applied in its territory shall be fixed as follows:

(i) in respect of the amount of 666.67 units of account mentioned in sub-paragraph (a) of paragraph 5 of this Article, 10,000 monetary units;

(ii) in respect of the amount of 2 units of account mentioned in sub-paragraph (a) of paragraph 5 of this Article, 30 monetary units.

The monetary unit referred to in the preceding sentence corresponds to 65.5 milligrammes of gold of millesimal fineness 900'. The conversion of the amounts specified in that sentence into the national currency shall be made according to the law of the State concerned.

The calculation and the conversion mentioned in the preceding sentences shall be made in such a manner as to express in the national currency of the State as far as possible the same real value for the amounts in sub-paragraph (a) of paragraph 5 of this Article as is expressed there in units of account.

States shall communicate to the depositary the manner of calculation or the result of the conversion as the case may be, when depositing an instrument of ratification of the Protocol of 1979 or of accession thereto and whenever there is a change in either."

Article III

Any dispute between two or more Contracting Parties concerning the interpretation or application of the present Protocol, which cannot be settled through negotiation, shall, at the request of one of them, be submitted to arbitration. If within six months from the date of the request for arbitration the Parties are unable to agree on the organisation of the arbitration, any one of those Parties may refer the dispute to the International Court of Justice by request in conformity with the Statute of the Court.

Article IV

(1) Each Contracting Party may at the time of signature or ratification of this Protocol or of accession thereto, declare that it does not consider itself bound by Article III.

(2) Any Contracting Party having made a reservation in accordance with paragraph (1) may at any time withdraw this reservation by notification to the Belgian Government.

Article V

This Protocol shall be open for signature by the States which have signed the Convention of 25 August 1924 or the Protocol of 23 February 1968 or which are Parties to the Convention.

Article VI

(1) This Protocol shall be ratified.

(2) Ratification of this Protocol by any State which is not a Party to the Convention shall have the effect of ratification of the Convention.

(3) The instruments of ratification shall be deposited with the Belgian Government.

Article VII

(1) States not referred to in Article V may accede to this Protocol.

(2) Accession to this Protocol shall have the effect of accession to the Convention.

(3) The instruments of accession shall be deposited with the Belgian Government.

Article VIII

(1) This Protocol shall come into force three months after the date of the deposit of five instruments of ratification or accession.

(2) For each State which ratifies this Protocol or accedes thereto after the fifth deposit, this Protocol shall come into force three months after the deposit of its instrument of ratification or accession.

Article IX

(1) Any Contracting Party may denounce this Protocol by notification to the Belgian Government.

(2) The denunciation shall take effect one year after the date on which the notification has been received by the Belgian Government.

Article X

(1) Each State may at the time of signature, ratification or accession or at any time thereafter declare by written notification to the Belgian Government which among the territories for whose international relations it is responsible, are those to which the present Protocol applies. The Protocol shall three months after the date of the receipt of such notification by the Belgian Government extend to the territories

named therein, but not before the date of the coming into force of the Protocol in respect of such State.

(2) This extension also shall apply to the Convention if the latter is not yet applicable to these territories.

(3) Any Contracting Party which has made a declaration under paragraph (1) of this Article may at any time thereafter declare by notification given to the Belgian Government that the Protocol shall cease to extend to such territories. This denunciation shall take effect one year after the date on which notification thereof has been received by the Belgian Government.

Article XI

The Belgian Government shall notify the signatory and acceding States of the following:

1. The signatures, ratifications and accessions received in accordance with Articles V, VI and VII.

2. The date on which the present Protocol will come into force in accordance with Article VIII.

3. The notifications with regard to the territorial application in accordance with Article X.

4. The declarations and communications made in accordance with Article II.

5. The declarations made in accordance with Article IV.

6. The denunciations received in accordance with Article IX.

IN WITNESS WHEREOF the undersigned, duly authorized thereto, have signed this Protocol.

DONE at Brussels, this 21st day of December 1979, in the English and French languages, both texts being equally authentic, in a single copy, which shall remain deposited in the archives of the Belgian Government, which shall issue certified copies.

一九七八年漢堡規則

United Nations Convention on the Carriage of Goods by Sea ("Hamburg Rules")

(Hamburg, 31 March 1978)

PREAMBLE

THE STATES PARTIES TO THIS CONVENTION,

HAVING RECOGNIZED the desirability of determining by agreement certain rules relating to the carriage of goods by sea,

HAVING DECIDED to conclude a convention for this purpose and have thereto agreed as follows:

PART I. GENERAL PROVISIONS

Article 1. Definitions

In this Convention:

1. "Carrier" means any person by whom or in whose name a contract of carriage of goods by sea has been concluded with a shipper.

2. "Actual carrier" means any person to whom the performance of the carriage of the goods, or of part of the carriage, has been entrusted by the carrier, and includes any other person to whom such performance has been entrusted.

3. "Shipper" means any person by whom or in whose name or on whose behalf a contract of carriage of goods by sea has been concluded with a carrier, or any person by whom or in whose name or on whose behalf the goods are actually delivered to the carrier in relation to the contract of carriage by sea.

4. "Consignee" means the person entitled to take delivery of the goods.

5. "Goods" includes live animals; where the goods are consolidated in a container, pallet or similar article of transport or where they are packed, goods includes such article of transport or packaging if supplied by the shipper.

6. "Contract of carriage by sea" means any contract whereby the carrier undertakes against payment of freight to carry goods by sea from one port to another; however, a contract which involves carriage by sea and also carriage by some other means is deemed to be a contract of carriage by sea for the purposes of this Convention only in so far as it relates to the carriage by sea.

7. "Bill of lading" means a document which evidences a contract of carriage by sea and the taking over or loading of the goods by the carrier, and by which the carrier undertakes to deliver the goods against surrender of the document. A provision in the document that the goods are to be delivered to the order of a named person, or to order, or to bearer, constitutes such an undertaking.

8. "Writing" includes, inter alia, telegram and telex.

Article 2. Scope of application

1. The provisions of this Convention are applicable to all contracts of carriage by sea between two different States, if:

(a) the port of loading as provided for in the contract of carriage by sea is located in a Contracting State, or

(b) the port of discharge as provided for in the contract of carriage by sea is located in a Contracting State, or

(c) one of the optional ports of discharge provided for in the contract of carriage by sea is the actual port of discharge and such port is located in a Contracting State, or

(d) the bill of lading or other document evidencing the contract of carriage by sea is issued in a Contracting State, or

(e) the bill of lading or other document evidencing the contract of carriage by sea provides that the provisions of this Convention or the legislation of any State giving effect to them are to govern the contract.

2. The provisions of this Convention are applicable without regard to the nationality of the ship, the carrier, the actual carrier, the shipper, the consignee or any other interested person.

3. The provisions of this Convention are not applicable to charter-parties. However, where a bill of lading is issued pursuant to a charter-party, the provisions of the Convention apply to such a bill of lading if it governs the relation between the carrier and the holder of the bill of lading, not being the charterer.

4. If a contract provides for future carriage of goods in a series of shipments during an agreed period, the provisions of this Convention apply to each shipment. However, where a shipment is made under a charter-party, the provisions of paragraph 3 of this article apply.

Article 3. Interpretation of the Convention

In the interpretation and application of the provisions of this Convention regard shall be had to its international character and to the need to promote uniformity.

PART II. LIABILITY OF THE CARRIER

Article 4. Period of responsibility

1. The responsibility of the carrier for the goods under this Convention covers the period during which the carrier is in charge of the goods at the port of loading, during the carriage and at the port of discharge.

2. For the purpose of paragraph 1 of this article, the carrier is deemed to be in charge of the goods

(a) from the time he has taken over the goods from:

(i) the shipper, or a person acting on his behalf; or

(ii) an authority or other third party to whom, pursuant to law or regulations applicable at the port of loading, the goods must be handed over for shipment;

(b) until the time he has delivered the goods:

(i) by handing over the goods to the consignee; or

(ii) in cases where the consignee does not receive the goods from the carrier, by placing them at the disposal of the consignee in accordance with the contract or with the law or with the usage of the particular trade, applicable at the port of discharge; or

(iii) by handing over the goods to an authority or other third party to whom, pursuant to law or regulations applicable at the port of discharge, the goods must be handed over.

3. In paragraphs 1 and 2 of this article, reference to the carrier or to the consignee means, in addition to the carrier or the consignee, the servants or agents, respectively of the carrier or the consignee.

Article 5. Basis of liability

1. The carrier is liable for loss resulting from loss of or damage to the goods, as well as from delay in delivery, if the occurrence which caused the loss, damage or delay took place while the goods were in his charge as defined in article 4, unless the carrier proves that he, his servants or agents took all measures that could reasonably be required to avoid the occurrence and its consequences.

2. Delay in delivery occurs when the goods have not been delivered at the port of discharge provided for in the contract of carriage by sea within the time expressly agreed upon or, in the absence of such agreement, within the time which it would be reasonable to require of a diligent carrier, having regard to the circumstances of the case.

3. The person entitled to make a claim for the loss of goods may treat the goods as lost if they have not been delivered as required by article 4 within 60 consecutive days following the expiry of the time for delivery according to paragraph 2 of this article.

4. (a) The carrier is liable

(i) for loss of or damage to the goods or delay in delivery caused by fire, if the claimant proves that the fire arose from fault or neglect on the part of the carrier, his servants or agents;

(ii) for such loss, damage or delay in delivery which is proved by the claimant to have resulted from the fault or neglect of the carrier, his servants or agents in taking all measures that could reasonably be required to put out the fire and avoid or mitigate its consequences.

(b) In case of fire on board the ship affecting the goods, if the claimant or the carrier so desires, a survey in accordance with shipping practices must be held into the cause and circumstances of the fire, and a copy of the surveyors report shall be made available on demand to the carrier and the claimant.

5. With respect to live animals, the carrier is not liable for loss, damage or delay in delivery resulting from any special risks inherent in that kind of carriage. If the carrier proves that he has complied with any special instructions given to him by the shipper respecting the animals and that, in the circumstances of the case, the loss, damage or delay in delivery could be attributed to such risks, it is presumed that the loss, damage or delay in delivery was so caused, unless there is proof that all or a part of the loss, damage or delay in delivery resulted from fault or neglect on the part of the carrier, his servants or agents.

6. The carrier is not liable, except in general average, where loss, damage or delay in delivery resulted from measures to save life or from reasonable measures to save property at sea.

7. Where fault or neglect on the part of the carrier, his servants or agents combines with another cause to produce loss, damage or delay in delivery, the carrier is liable only to the extent that the loss, damage or delay in delivery is attributable to such fault or neglect, provided that the carrier proves the amount of the loss, damage or delay in delivery not attributable thereto.

Article 6. Limits of liability

1. (a) The liability of the carrier for loss resulting from loss of or damage to goods according to the provisions of article 5 is limited to an amount equivalent to 835 units of account per package or other shipping unit or 2.5 units of account per kilogram of gross weight of the goods lost or damaged, whichever is the higher.

(b) The liability of the carrier for delay in delivery according to the provisions of article 5 is limited to an amount equivalent to two and a half times the freight payable for the goods delayed, but not exceeding the total freight payable under the contract of carriage of goods by sea.

(c) In no case shall the aggregate liability of the carrier, under both subparagraphs (a) and (b) of this paragraph, exceed the limitation which would be established under subparagraph (a) of this paragraph for total loss of the goods with respect to which such liability was incurred.

2. For the purpose of calculating which amount is the higher in accordance with paragraph 1 (a) of this article, the following rules apply:

(a) Where a container, pallet or similar article of transport is used to consolidate goods, the package or other shipping units enumerated in the bill of lading, if issued, or otherwise in any other document evidencing the contract of carriage by sea, as packed in such article of transport are deemed packages or shipping units. Except as aforesaid the goods in such article of transport are deemed one shipping unit.

(b) In cases where the article of transport itself has been lost or damaged, that article of transport, if not owned or otherwise supplied by the carrier, is considered one separate shipping unit.

3. Unit of account means the unit of account mentioned in article 26.

4. By agreement between the carrier and the shipper, limits of liability exceeding those provided for in paragraph 1 may be fixed.

Article 7. Application to non-contractual claims

1. The defences and limits of liability provided for in this Convention apply in any action against the carrier in respect of loss of or damage to the goods covered by the contract of carriage by sea, as well as of delay in delivery whether the action is founded in contract, in tort or otherwise.

2. If such an action is brought against a servant or agent of the carrier, such servant or agent, if he proves that he acted within the scope of his employment, is entitled to avail himself of the defences and limits of liability which the carrier is entitled to invoke under this Convention.

3. Except as provided in article 8, the aggregate of the amounts recoverable from the carrier and from any persons referred to in paragraph 2 of this article shall not exceed the limits of liability provided for in this Convention.

Article 8. Loss of right to limit responsibility

1. The carrier is not entitled to the benefit of the limitation of liability provided for in article 6 if it is proved that the loss, damage or delay in delivery resulted from an act or omission of the carrier done with the intent to cause such loss, damage or delay, or recklessly and with knowledge that such loss, damage or delay would probably result.

2. Notwithstanding the provisions of paragraph 2 of article 7, a servant or agent of the carrier is not entitled to the benefit of the limitation of liability provided for in article 6 if it is proved that the loss, damage or delay in delivery resulted from an act or omission of such servant or agent, done with the intent to cause such loss, damage or delay, or recklessly and with knowledge that such loss, damage or delay would probably result.

Article 9. Deck cargo

1. The carrier is entitled to carry the goods on deck only if such carriage is in accordance with an agreement with the shipper or with the usage of the particular trade or is required by statutory rules or regulations.

2. If the carrier and the shipper have agreed that the goods shall or may be carried on deck, the carrier must insert in the bill of lading or other document evidencing the contract of carriage by sea a statement to that effect. In the absence of such a statement the carrier has the burden of proving that an agreement for carriage on deck has been entered into; however, the carrier is not entitled to invoke such an agreement against a third party, including a consignee, who has acquired the bill of lading in good faith.

3. Where the goods have been carried on deck contrary to the provisions of paragraph 1 of this article or where the carrier may not under paragraph 2 of this article invoke an agreement for carriage on deck, the carrier, notwithstanding the provisions of paragraph 1 of article 5, is liable for loss of or damage to the goods, as well as for delay in delivery, resulting solely from the carriage on deck, and the extent of his liability is to be determined in accordance with the provisions of article 6 or article 8 of this Convention, as the case may be.

4. Carriage of goods on deck contrary to express agreement for carriage under deck is deemed to be an act or omission of the carrier within the meaning of article 8.

Article 10. Liability of the carrier and actual carrier

1. Where the performance of the carriage or part thereof has been entrusted to an actual carrier, whether or not in pursuance of a liberty under the contract of carriage by sea to do so, the carrier nevertheless remains responsible for the entire carriage according to the provisions of this Convention. The carrier is responsible, in relation to the carriage performed by the actual carrier, for the acts and omissions of the actual carrier and of his servants and agents acting within the scope of their employment.

2. All the provisions of this Convention governing the responsibility of the carrier also apply to the responsibility of the actual carrier for the carriage performed by him. The provisions of paragraphs 2 and 3 of article 7 and of paragraph 2 of article 8 apply if an action is brought against a servant or agent of the actual carrier.

3. Any special agreement under which the carrier assumes obligations not imposed by this Convention or waives rights conferred by this Convention affects the actual carrier only if agreed to by him expressly and in writing. Whether or not the actual carrier has so agreed, the carrier nevertheless remains bound by the obligations or waivers resulting from such special agreement.

4. Where and to the extent that both the carrier and the actual carrier are liable, their liability is joint and several.

5. The aggregate of the amounts recoverable from the carrier, the actual carrier and their servants and agents shall not exceed the limits of liability provided for in this Convention.

6. Nothing in this article shall prejudice any right of recourse as between the carrier and the actual carrier.

Article 11. Through carriage

1. Notwithstanding the provisions of paragraph 1 of article 10, where a contract of carriage by sea provides explicitly that a specified part of the carriage covered by the said contract is to be performed by a named person other than the carrier, the contract may also provide that the carrier is not liable for loss, damage or delay in delivery caused by an occurrence which takes place while the goods are in the charge of the actual carrier during such part of the carriage. Nevertheless, any stipulation limiting or excluding such liability is without effect if no judicial proceedings can be instituted against the actual carrier in a court competent under paragraph 1 or 2 of article 21. The burden of proving that any loss, damage or delay in delivery has been caused by such an occurrence rests upon the carrier.

2. The actual carrier is responsible in accordance with the provisions of paragraph 2 of article 10 for loss, damage or delay in delivery caused by an occurrence which takes place while the goods are in his charge.

PART III. LIABILITY OF THE SHIPPERS

Article 12. General rule

The shipper is not liable for loss sustained by the carrier or the actual carrier, or for damage sustained by the ship, unless such loss or damage was caused by the fault or neglect of the shipper, his servants or agents. Nor is any servant or agent of the shipper liable for such loss or damage unless the loss or damage was caused by fault or neglect on his part.

Article 13. Special rules on dangerous goods

1. The shipper must mark or label in a suitable manner dangerous goods as dangerous.

2. Where the shipper hands over dangerous goods to the carrier or an actual carrier, as the case may be, the shipper must inform him of the dangerous character of the goods and, if necessary, of the precautions to be taken. If the shipper fails to do so and such carrier or actual carrier does not otherwise have knowledge of their dangerous character:

(a) the shipper is liable to the carrier and any actual carrier for the loss resulting from the shipment of such goods, and

(b) the goods may at any time be unloaded, destroyed or rendered innocuous, as the circumstances may require, without payment of compensation.

3. The provisions of paragraph 2 of this article may not be invoked by any person if during the carriage he has taken the goods in his charge with knowledge of their dangerous character.

4. If, in cases where the provisions of paragraph 2, subparagraph (b), of this article do not apply or may not be invoked, dangerous goods become an actual danger to life or property, they may be unloaded, destroyed or rendered innocuous, as the circumstances may require,

without payment of compensation except where there is an obligation to contribute in general average or where the carrier is liable in accordance with the provisions of article 5.

PART IV. TRANSPORT DOCUMENTS

Article 14. Issue of bill of lading

1. When the carrier or the actual carrier takes the goods in his charge, the carrier must, on demand of the shipper, issue to the shipper a bill of lading.

2. The bill of lading may be signed by a person having authority from the carrier. A bill of lading signed by the master of the ship carrying the goods is deemed to have been signed on behalf of the carrier.

3. The signature on the bill of lading may be in handwriting, printed in facsimile, perforated, stamped, in symbols, or made by any other mechanical or electronic means, if not inconsistent with the law of the country where the bill of lading is issued.

Article 15. Contents of bill of lading

1. The bill of lading must include, inter alia, the following particulars:

(a) the general nature of the goods, the leading marks necessary for identification of the goods, an express statement, if applicable, as to the dangerous character of the goods, the number of packages or pieces, and the weight of the goods or their quantity otherwise expressed, all such particulars as furnished by the shipper;

(b) the apparent condition of the goods;

(c) the name and principal place of business of the carrier;

(d) the name of the shipper;

(e) the consignee if named by the shipper;

(f) the port of loading under the contract of carriage by sea and the date on which the goods were taken over by the carrier at the port of loading;

(g) the port of discharge under the contract of carriage by sea;

(h) the number of originals of the bill of lading, if more than one;

(i) the place of issuance of the bill of lading;

(j) the signature of the carrier or a person acting on his behalf;

(k) the freight to the extent payable by the consignee or other indication that freight is payable by him;

(l) the statement referred to in paragraph 3 of article 23;

(m) the statement, if applicable, that the goods shall or may be carried on deck;

(n) the date or the period of delivery of the goods at the port of discharge if expressly agreed upon between the parties; and

(o) any increased limit or limits of liability where agreed in accordance with paragraph 4 of article 6.

2. After the goods have been loaded on board, if the shipper so demands, the carrier must issue to the shipper a "shipped" bill of lading which, in addition to the particulars required under paragraph 1 of this article, must state that the goods are on board a named ship or ships, and the date or dates of loading. If the carrier has previously issued to the shipper a bill of lading or other document of title with respect to any of such goods, on request of the carrier the shipper must surrender such document in exchange for a "shipped" bill of lading. The carrier may amend any previously issued document in order to meet the shippers demand for a "shipped" bill of lading if, as amended, such document includes all the information required to be contained in a "shipped" bill of lading.

3. The absence in the bill of lading of one or more particulars referred to in this article does not affect the legal character of the document as a bill of lading provided that it nevertheless meets the requirements set out in paragraph 7 of article 1.

Article 16. Bills of lading: reservations and evidentiary effect

1. If the bill of lading contains particulars concerning the general nature, leading marks, number of packages of pieces, weight or quantity of the goods which the carrier or other person issuing the bill of lading on his behalf knows or has reasonable grounds to suspect do not accurately represent the goods actually taken over or, where a "shipped" bill of lading is issued, loaded, or if he had no reasonable means of checking such particulars, the carrier or such other person must insert in the bill of lading a reservation specifying these inaccuracies, grounds of suspicion or the absence of reasonable means of checking.

2. If the carrier or other person issuing the bill of lading on his behalf fails to note on the bill of lading the apparent condition of the goods, he is deemed to have noted on the bill of lading that the goods were in apparent good condition.

3. Except for particulars in respect of which and to the extent to which a reservation permitted under paragraph 1 of this article has been entered:

(a) the bill of lading is prima facie evidence of the taking over or, where a "shipped" bill of lading is issued, loading, by the carrier of the goods as described in the bill of lading; and

(b) proof to the contrary by the carrier is not admissible if the bill of lading has been transferred to a third party, including a consignee, who in good faith has acted in reliance on the description of the goods therein.

4. A bill of lading which does not, as provided in paragraph 1, subparagraph (k), of article 15, set forth the freight or otherwise indicate that freight is payable by the consignee or does not set forth demurrage incurred at the port of loading payable by the consignee, is prima facie evidence that no freight or such demurrage is payable

by him. However, proof to the contrary by the carrier is not admissible when the bill of lading has been transferred to a third party, including a consignee, who in good faith has acted in reliance on the absence in the bill of lading of any such indication.

Article 17. Guarantees by the shipper

1. The shipper is deemed to have guaranteed to the carrier the accuracy of particulars relating to the general nature of the goods, their marks, number, weight and quantity as furnished by him for insertion in the bill of lading. The shipper must indemnify the carrier against the loss resulting from inaccuracies in such particulars. The shipper remains liable even if the bill of lading has been transferred by him. The right of the carrier to such indemnity in no way limits his liability under the contract of carriage by sea to any person other than the shipper.

2. Any letter of guarantee or agreement by which the shipper undertakes to indemnify the carrier against loss resulting from the issuance of the bill of lading by the carrier, or by a person acting on his behalf, without entering a reservation relating to particulars furnished by the shipper for insertion in the bill of lading, or to the apparent condition of the goods, is void and of no effect as against any third party, including a consignee, to whom the bill of lading has been transferred.

3. Such a letter of guarantee or agreement is valid as against the shipper unless the carrier or the person acting on his behalf, by omitting the reservation referred to in paragraph 2 of this article, intends to defraud a third party, including a consignee, who acts in reliance on the description of the goods in the bill of lading. In the latter case, if the reservation omitted relates to particulars furnished by the shipper for insertion in the bill of lading, the carrier has no right of indemnity from the shipper pursuant to paragraph 1 of this article.

4. In the case of intended fraud referred to in paragraph 3 of this article, the carrier is liable, without the benefit of the limitation of liability provided for in this Convention, for the loss incurred by a third party, including a consignee, because he has acted in reliance on the description of the goods in the bill of lading.

Article 18. Documents other than bills of lading

Where a carrier issues a document other than a bill of lading to evidence the receipt of the goods to be carried, such a document is prima facie evidence of the conclusion of the contract of carriage by sea and the taking over by the carrier of the goods as therein described.

PART V. CLAIMS AND ACTIONS

Article 19. Notice of loss, damage or delay

1. Unless notice of loss or damage, specifying the general nature of such loss or damage, is given in writing by the consignee to the carrier not later than the working day after the day when the goods were handed over to the consignee, such handing over is prima facie evidence of the delivery by the carrier of the goods as described in the document of transport or, if no such document has been issued, in good condition.

2. Where the loss or damage is not apparent, the provisions of paragraph 1 of this article apply correspondingly if notice in writing is not given within 15 consecutive days after the day when the goods were handed over to the consignee.

3. If the state of the goods at the time they were handed over to the consignee has been the subject of a joint survey or inspection by the parties, notice in writing need not be given of loss or damage ascertained during such survey or inspection.

4. In the case of any actual or apprehended loss or damage, the carrier and the consignee must give all reasonable facilities to each other for inspecting and tallying the goods.

5. No compensation shall be payable for loss resulting from delay in delivery unless a notice has been given in writing to the carrier within 60 consecutive days after the day when the goods were handed over to the consignee.

6. If the goods have been delivered by an actual carrier, any notice given under this article to him shall have the same effect as if it had

been given to the carrier; and any notice given to the carrier shall have effect as if given to such actual carrier.

7. Unless notice of loss or damage, specifying the general nature of the loss or damage, is given in writing by the carrier or actual carrier to the shipper not later than 90 consecutive days after the occurrence of such loss or damage or after the delivery of the goods in accordance with paragraph 2 of article 4, whichever is later, the failure to give such notice is prima facie evidence that the carrier or the actual carrier has sustained no loss or damage due to the fault or neglect of the shipper, his servants or agents.

8. For the purpose of this article, notice given to a person acting on the carriers or the actual carriers behalf, including the master or the officer in charge of the ship, or to a person acting on the shippers behalf is deemed to have been given to the carrier, to the actual carrier or to the shipper, respectively.

Article 20. Limitation of actions

1. Any action relating to carriage of goods under this Convention is time-barred if judicial or arbitral proceedings have not been instituted within a period of two years.

2. The limitation period commences on the day on which the carrier has delivered the goods or part thereof or, in cases where no goods have been delivered, on the last day on which the goods should have been delivered.

3. The day on which the limitation period commences is not included in the period.

4. The person against whom a claim is made may at any time during the running of the limitation period extend that period by a declaration in writing to the claimant. This period may be further extended by another declaration or declarations.

5. An action for indemnity by a person held liable may be instituted even after the expiration of the limitation period provided for in the

preceding paragraphs if instituted within the time allowed by the law of the State where proceedings are instituted. However, the time allowed shall not be less than 90 days commencing from the day when the person instituting such action for indemnity has settled the claim or has been served with process in the action against himself.

Article 21. Jurisdiction

1. In judicial proceedings relating to carriage of goods under this Convention the plaintiff, at his option, may institute an action in a court which according to the law of the State where the court is situated, is competent and within the jurisdiction of which is situated one of the following places:

(a) the principal place of business or, in the absence thereof, the habitual residence of the defendant; or

(b) the place where the contract was made, provided that the defendant has there a place of business, branch or agency through which the contract was made; or

(c) the port of loading or the port of discharge; or

(d) any additional place designated for that purpose in the contract of carriage by sea.

2. (a) Notwithstanding the preceding provisions of this article, an action may be instituted in the courts of any port or place in a Contracting State at which the carrying vessel or any other vessel of the same ownership may have been arrested in accordance with applicable rules of the law of that State and of international law. However, in such a case, at the petition of the defendant, the claimant must remove the action, at his choice, to one of the jurisdictions referred to in paragraph 1 of this article for the determination of the claim, but before such removal the defendant must furnish security sufficient to ensure payment of any judgement that may subsequently be awarded to the claimant in the action.

(b) All questions relating to the sufficiency or otherwise of the security shall be determined by the court of the port or place of the arrest.

3. No judicial proceedings relating to carriage of goods under this Convention may be instituted in a place not specified in paragraph 1 or 2 of this article. The provisions of this paragraph do not constitute an obstacle to the jurisdiction of the Contracting States for provisional or protective measures.

4. (a) Where an action has been instituted in a court competent under paragraphs 1 or 2 of this article or where judgement has been delivered by such a court, no new action may be started between the same parties on the same grounds unless the judgement of the court before which the first action was instituted is not enforceable in the country in which the new proceedings are instituted;

(b) For the purpose of this article, the institution of measures with a view to obtaining enforcement of a judgement is not to be considered as the starting of a new action;

(c) For the purpose of this article, the removal of an action to a different court within the same country, or to a court in another country, in accordance with paragraph 2 (a) of this article, is not to be considered as the starting of a new action.

5. Notwithstanding the provisions of the preceding paragraphs, an agreement made by the parties, after a claim under the contract of carriage by sea has arisen, which designates the place where the claimant may institute an actions, is effective.

Article 22. Arbitration

1. Subject to the provisions of this article, parties may provide by agreement evidenced in writing that any dispute that may arise relating to carriage of goods under this Convention shall be referred to arbitration.

2. Where a charter-party contains a provision that disputes arising thereunder shall be referred to arbitration and a bill of lading issued pursuant to the charter-party does not contain special annotation providing that such provision shall be binding upon the holder of the bill of lading, the carrier may not invoke such provision as against a holder having acquired the bill of lading in good faith.

3. The arbitration proceedings shall, at the option of the claimant, be instituted at one of the following places:

(a) a place in a State within whose territory is situated:

(i) the principal place of business of the defendant or, in the absence thereof, the habitual residence of the defendant; or

(ii) the place where the contract was made, provided that the defendant has there a place of business, branch or agency through which the contract was made; or

(iii) the port of loading or the port of discharge; or

(b) any place designated for that purpose in the arbitration clause or agreement.

4. The arbitrator or arbitration tribunal shall apply the rules of this Convention.

5. The provisions of paragraphs 2 and 4 of this article are deemed to be part of every arbitration clause or agreement, and any term of such clause or agreement which is inconsistent therewith is null and void.

6. Nothing in this article affects the validity of an agreement relating to arbitration made by the parties after the claim under the contract of carriage by sea has arisen.

PART VI. SUPPLEMENTARY PROVISIONS

Article 23. Contractual stipulations

1. Any stipulation in a contract of carriage by sea, in a bill of lading, or in any other document evidencing the contract of carriage by sea is null and void to the extent that it derogates, directly or indirectly, from the provisions of this Convention. The nullity of such a stipulation does not affect the validity of the other provisions of the contract or document of which it forms a part. A clause assigning benefit of insurance of goods in favour of the carrier, or any similar clause, is null and void.

2. Notwithstanding the provisions of paragraph 1 of this article, a carrier may increase his responsibilities and obligations under this Convention.

3. Where a bill of lading or any other document evidencing the contract of carriage by sea is issued, it must contain a statement that the carriage is subject to the provisions of this Convention which nullify any stipulation derogating therefrom to the detriment of the shipper or the consignee.

4. Where the claimant in respect of the goods has incurred loss as a result of a stipulation which is null and void by virtue of the present article, or as a result of the omission of the statement referred to in paragraph 3 of this article, the carrier must pay compensation to the extent required in order to give the claimant compensation in accordance with the provisions of this Convention for any loss of or damage to the goods as well as for delay in delivery. The carrier must, in addition, pay compensation for costs incurred by the claimant for the purpose of exercising his right, provided that costs incurred in the action where the foregoing provision is invoked are to be determined in accordance with the law of the State where proceedings are instituted.

Article 24. General average

1. Nothing in this Convention shall prevent the application of provisions in the contract of carriage by sea or national law regarding the adjustment of general average.

2. With the exception of article 20, the provisions of this Convention relating to the liability of the carrier for loss of or damage to the goods also determine whether the consignee may refuse contribution in

general average and the liability of the carrier to indemnify the consignee in respect of any such contribution made or any salvage paid.

Article 25. Other conventions

1. This Convention does not modify the rights or duties of the carrier, the actual carrier and their servants and agents provided for in international conventions or national law relating to the limitation of liability of owners of seagoing ships.

2. The provisions of articles 21 and 22 of this Convention do not prevent the application of the mandatory provisions of any other multilateral convention already in force at the date of this Convention relating to matters dealt with in the said articles, provided that the dispute arises exclusively between parties having their principal place of business in States members of such other convention. However, this paragraph does not affect the application of paragraph 4 of article 22 of this Convention.

3. No liability shall arise under the provisions of this Convention for damage caused by a nuclear incident if the operator of a nuclear installation is liable for such damage:

(a) under either the Paris Convention of 29 July 1960 on Third Party Liability in the Field of Nuclear Energy as amended by the Additional Protocol of 28 January 1964, or the Vienna Convention of 21 May 1963 on Civil Liability for Nuclear Damage, or

(b) by virtue of national law governing the liability for such damage, provided that such law is in all respects as favourable to persons who may suffer damage as is either the Paris Convention or the Vienna Convention.

4. No liability shall arise under the provisions of this Convention for any loss of or damage to or delay in delivery of luggage for which the carrier is responsible under any international convention or national law relating to the carriage of passengers and their luggage by sea.

5. Nothing contained in this Convention prevents a Contracting State from applying any other international convention which is already in force at the date of this Convention and which applies mandatorily to contracts of carriage of goods primarily by a mode of transport other than transport by sea. This provision also applies to any subsequent revision or amendment of such international convention.

Article 26. Unit of account

1. The unit of account referred to in article 6 of this Convention is the special drawing right as defined by the International Monetary Fund. The amounts mentioned in article 6 are to be converted into the national currency of a State according to the value of such currency at the date of judgement or the date agreed upon by the parties. The value of a national currency, in terms of the special drawing right, of a Contracting State which is a member of the International Monetary Fund is to be calculated in accordance with the method of valuation applied by the International Monetary Fund in effect at the date in question for its operations and transactions. The value of a national currency, in terms of the special drawing right, of a Contracting State which is not a member of the International Monetary Fund is to be calculated in a manner determined by that State.

2. Nevertheless, those States which are not members of the International Monetary Fund and whose law does not permit the application of the provisions of paragraph 1 of this article may, at the time of signature, or at the time of ratification, acceptance, approval or accession or at any time thereafter, declare that the limits of liability provided for in this Convention to be applied in their territories shall be fixed as 12,500 monetary units per package or other shipping unit or 37.5 monetary units per kilogram of gross weight of the goods.

3. The monetary unit referred to in paragraph 2 of this article corresponds to sixty-five and a half milligrams of gold of millesimal fineness nine hundred. The conversion of the amounts referred to in paragraph 2 into the national currency is to be made according to the law of the State concerned.

4. The calculation mentioned in the last sentence of paragraph 1 and the conversion mentioned in paragraph 3 of this article is to be made in such a manner as to express in the national currency of the Contracting State as far as possible the same real value for the amounts in article 6 as is expressed there in units of account. Contracting States must communicate to the depositary the manner of calculation pursuant to paragraph 1 of this article, or the result of the conversion mentioned in paragraph 3 of this article, as the case may be, at the time of signature or when depositing their instruments of ratification, acceptance, approval or accession, or when availing themselves of the option provided for in paragraph 2 of this article and whenever there is a change in the manner of such calculation or in the result of such conversion.

PART VII. FINAL CLAUSES

Article 27. Depositary

The Secretary-General of the United Nations is hereby designated as the depositary of this Convention.

Article 28. Signature, Ratification, Acceptance, Approval, Accession

1. This Convention is open for signature by all States until 30 April 1979 at the Headquarters of the United Nations, New York.

2. This Convention is subject to ratification, acceptance or approval by the signatory States.

3. After 30 April 1979, this Convention will be open for accession by all States which are not signatory States.

4. Instruments of ratification, acceptance, approval and accession are to be deposited with the Secretary-General of the United Nations.

Article 29. Reservations

No reservations may be made to this Convention.

Article 30. Entry into force

1. This Convention enters into force on the first day of the month following the expiration of one year from the date of deposit of the twentieth instrument of ratification, acceptance, approval or accession.

2. For each State which becomes a Contracting State to this Convention after the date of the deposit of the twentieth instrument of ratification, acceptance, approval or accession, this Convention enters into force on the first day of the month following the expiration of one year after the deposit of the appropriate instrument on behalf of that State.

3. Each Contracting State shall apply the provisions of this Convention to contracts of carriage by sea concluded on or after the date of the entry into force of this Convention in respect of that State.

Article 31. Denunciation of other conventions

1. Upon becoming a Contracting State to this Convention, any State Party to the International Convention for the Unification of certain Rules relating to Bills of Lading signed at Brussels on 25 August 1924 (1924 Convention) must notify the Government of Belgium as the depositary of the 1924 Convention of its denunciation of the said Convention with a declaration that the denunciation is to take effect as from the date when this Convention enters into force in respect of that State.

2. Upon the entry into force of this Convention under paragraph 1 of article 30, the depositary of this Convention must notify the Government of Belgium as the depositary of the 1924 Convention of the date of such entry into force, and of the names of the Contracting States in respect of which the Convention has entered into force.

3. The provisions of paragraphs 1 and 2 of this article apply correspondingly in respect of States Parties to the Protocol signed on 23 February 1968 to amend the International Convention for the Unification of certain Rules relating to Bills of Lading signed at Brussels on 25 August 1924.

4. Notwithstanding article 2 of this Convention, for the purposes of paragraph 1 of this article, a Contracting State may, if it deems it

desirable, defer the denunciation of the 1924 Convention and of the 1924 Convention as modified by the 1968 Protocol for a maximum period of five years from the entry into force of this Convention. It will then notify the Government of Belgium of its intention. During this transitory period, it must apply to the Contracting States this Convention to the exclusion of any other one.

Article 32. Revision and amendment

1. At the request of not less than one third of the Contracting States to this Convention, the depositary shall convene a conference of the Contracting States for revising or amending it.

2. Any instrument of ratification, acceptance, approval or accession deposited after the entry into force of an amendment to this Convention is deemed to apply to the Convention as amended.

Article 33. Revision of the limitation amounts and unit of account or monetary unit

1. Notwithstanding the provisions of article 32, a conference only for the purpose of altering the amount specified in article 6 and paragraph 2 of article 26, or of substituting either or both of the units defined in paragraphs 1 and 3 of article 26 by other units is to be convened by the depositary in accordance with paragraph 2 of this article. An alteration of the amounts shall be made only because of a significant change in their real value.

2. A revision conference is to be convened by the depositary when not less than one fourth of the Contracting States so request.

3. Any decision by the conference must be taken by a two-thirds majority of the participating States. The amendment is communicated by the depositary to all the Contracting States for acceptance and to all the States signatories of the Convention for information.

4. Any amendment adopted enters into force on the first day of the month following one year after its acceptance by two thirds of the

Contracting States. Acceptance is to be effected by the deposit of a formal instrument to that effect with the depositary.

5. After entry into force of an amendment a Contracting State which has accepted the amendment is entitled to apply the Convention as amended in its relations with Contracting States which have not within six months after the adoption of the amendment notified the depositary that they are not bound by the amendment.

6. Any instrument of ratification, acceptance, approval or accession deposited after the entry into force of an amendment to this Convention is deemed to apply to the Convention as amended.

Article 34. Denunciation

1. A Contracting State may denounce this Convention at any time by means of a notification in writing addressed to the depositary.

2. The denunciation takes effect on the first day of the month following the expiration of one year after the notification is received by the depositary. Where a longer period is specified in the notification, the denunciation takes effect upon the expiration of such longer period after the notification is received by the depositary.

Done at Hamburg, this thirty-first day of March, one thousand nine hundred and seventy-eight, in a single original, of which the Arabic, Chinese, English, French, Russian and Spanish texts are equally authentic.

一九九一年聯合國運輸集散站經營人責任公約

UNITED NATIONS CONVENTION ON THE LIABILITY OF OPERATORS OF TRANSPORT TERMINALS IN INTERNATIONAL TRADE

PREAMBLE

THE CONTRACTING STATES:

REAFFIRMING THEIR CONVICTION that the progressive harmonization and unification of international trade law, in reducing or removing legal obstacles to the flow of international trade, especially those affecting the developing countries, would significantly contribute to universal economic cooperation among all States on a basis of equality, equity and common interest and to the elimination of discrimination in international trade and, thereby, to the well-being of all peoples;

CONSIDERING the problems created by the uncertainties as to the legal regime applicable with regard to goods in international carriage when the goods are not in the charge of carriers nor in the charge of cargo-owning interests but while they are in the charge of operators of transport terminals in international trade;

INTENDING to facilitate the movement of goods by establishing uniform rules concerning liability for loss of, damage to or delay in handing over such goods while they are in the charge of operators of transport terminals and are not covered by the laws of carriage arising out of conventions applicable to the various modes of transport,

HAVE AGREED AS FOLLOWS:

Article 1. Definitions

In this Convention:

(a) "Operator of a transport terminal" (hereinafter referred to as "operator") means a person who, in the course of his business, undertakes to take in charge goods involved in international carriage in order to perform or to procure the performance of transport-related services with respect to the goods in an area under his control or in respect of which he has a right of access or use. However, a person is not considered an operator whenever he is a carrier under applicable rules of law governing carriage;

(b) Where goods are consolidated in a container, pallet or similar Article of transport or where they are packed, "goods" includes such Article of transport or packaging if it was not supplied by the operator;

(c) "International carriage" means any carriage in which the place of departure and the place of destination are identified as being located in two different States when the goods are taken in charge by the operator;

(d) "Transport-related services" includes such services as storage, warehousing, loading, unloading, stowage, trimming, dunnaging and lashing;

(e) "Notice" means a notice given in a form which provides a record of the information contained therein;

(f) "Request" means a request made in a form which provides a record of the information contained therein.

Article 2. Scope of application

(1) This Convention applies to transport-related services performed in relation to goods which are involved in international carriage:

> (a) When the transport-related services are performed by an operator whose place of business is located in a State Party, or
> (b) When the transport-related services are performed in a State Party, or
> (c) When, according to the rules of private international law, the transport-related services are governed by the law of a State Party.

(2) If the operator has more than one place of business, the place of business is that which has the closest relationship to the transport-related services as a whole.

(3) If the operator does not have a place of business, reference is to be made to the operator's habitual residence.

Article 3. Period of responsibility

The operator is responsible for the goods from the time he has taken them in charge until the time he has handed them over to or has placed them at the disposal of the person entitled to take delivery of them.

Article 4. Issuance of document

(1) The operator may, and at the customer's request shall, within a reasonable period of time, at the option of the operator, either:

> (a) Acknowledge his receipt of the goods by signing and dating a document presented by the customer that identifies the goods, or
> (b) Issue a signed document identifying the goods, acknowledging his receipt of the goods and the date thereof, and

stating their condition and quantity in so far as they can be ascertained by reasonable means of checking.

(2) If the operator does not act in accordance with either subparagraph (a) or (b) of paragraph (1), he is presumed to have received the goods in apparent good condition, unless he proves otherwise. No such presumption applies when the services performed by the operator are limited to the immediate transfer of the goods between means of transport.

(3) A document referred to in paragraph (1) may be issued in any form which preserves a record of the information contained therein. When the customer and the operator have agreed to communicate electronically, a document referred to in paragraph (1) may be replaced by an equivalent electronic data interchange message.

(4) The signature referred to in paragraph (1) means a handwritten signature, its facsimile or an equivalent authentication effected by any other means.

Article 5. Basis of liability

(1) The operator is liable for loss resulting from loss of or damage to the goods, as well as from delay in handing over the goods, if the occurrence which caused the loss, damage or delay took place during the period of the operator's responsibility for the goods as defined in Article 3, unless he proves that he, his servants or agents or other persons of whose services the operator makes use for the performance of the transport-related services took all measures that could reasonably be required to avoid the occurrence and its consequences.

(2) Where a failure on the part of the operator, his servants or agents or other persons of whose services the operator makes use for the performance of the transport-related services to take the measures referred to in paragraph (1) combines with another cause to produce loss, damage or delay, the operator is liable only to the extent that the loss

resulting from such loss, damage or delay is attributable to that failure, provided that the operator proves the amount of the loss not attributable thereto.

(3) Delay in handing over the goods occurs when the operator fails to hand them over to or place them at the disposal of a person entitled to take delivery of them within the time expressly agreed upon or, in the absence of such agreement, within a reasonable time after receiving a request for the goods by such person.

(4) If the operator fails to hand over the goods to or place them at the disposal of a person entitled to take delivery of them within a period of 30`consecutive days after the date expressly agreed upon or, in the absence of such agreement, within a period of 30 consecutive days after receiving a request for the goods by such person, a person entitled to make a claim for the loss of the goods may treat them as lost.

Article 6. Limits of liability

(1) (a) The liability of the operator for loss resulting from loss of or damage to goods according to the provisions of Article 5 is limited to an amount not exceeding 8.33 units of account per kilogram of gross weight of the goods lost or damaged.

(b) However, if the goods are handed over to the operator immediately after carriage by sea or by inland waterways, or if the goods are handed over, or are to be handed over, by him for such carriage, the liability of the operator for loss resulting from loss of or damage to goods according to the provisions of Article 5 is limited to an amount not exceeding 2.75 units of account per kilogram of gross weight of the goods lost or damaged. For the purposes of this paragraph, carriage by sea or by inland waterways includes pick-up and delivery within a port.

(c) When the loss of or damage to a part of the goods affects the value of another part of the goods, the total weight of the lost or damaged goods and of the goods whose value is affected shall be taken into consideration in determining the limit of liability.

(2) The liability of the operator for delay in handing over the goods according to the provisions of Article 5 is limited to an amount equivalent to two and a half times the charges payable to the operator for his services in respect of the goods delayed, but not exceeding the total of such charges in respect of the consignment of which the goods were a part.

(3) In no case shall the aggregate liability of the operator under both paragraphs (1) and (2) exceed the limitation which would be established under paragraph (1) for total loss of the goods in respect of which such liability was incurred.

(4) The operator may agree to limits of liability exceeding those provided for in paragraphs (1), (2) and (3).

Article 7. Application to non-contractual claims

(1) The defences and limits of liability provided for in this Convention apply in any action against the operator in respect of loss of or damage to the goods, as well as delay in handing over the goods, whether the action is founded in contract, in tort or otherwise.

(2) If such an action is brought against a servant or agent of the operator, or against another person of whose services the operator makes use for the performance of the transport-related services, such servant, agent or person, if he proves that he acted within the scope of his employment or engagement by the operator, is entitled to avail himself of the defences and limits of liability which the operator is entitled to invoke under this Convention.

(3) Except as provided in Article 8, the aggregate of the amounts recoverable from the operator and from any servant, agent or person

referred to in the preceding paragraph shall not exceed the limits of liability provided for in this Convention.

Article 8. Loss of right to limit liability

(1) The operator is not entitled to the benefit of the limitation of liability provided for in Article 6 if it is proved that the loss, damage or delay resulted from an act or omission of the operator himself or his servants or agents done with the intent to cause such loss, damage or delay, or recklessly and with knowledge that such loss, damage or delay would probably result.

(2) Notwithstanding the provision of paragraph (2) of Article 7, a servant or agent of the operator or another person of whose services the operator makes use for the performance of the transport-related services is not entitled to the benefit of the limitation of liability provided for in Article 6 if it is proved that the loss, damage or delay resulted from an act or omission of such servant, agent or person done with the intent to cause such loss, damage or delay, or recklessly and with knowledge that such loss, damage or delay would probably result.

Article 9. Special rules on dangerous goods

If dangerous goods are handed over to the operator without being marked, labelled, packaged or documented in accordance with any law or regulation relating to dangerous goods applicable in the country where the goods are handed over and if, at the time the goods are taken in charge by him, the operator does not otherwise know of their dangerous character, he is entitled:

(a) To take all precautions the circumstances may require, including, when the goods pose an imminent danger to any person or property, destroying the goods, rendering them innocuous, or disposing of them by any other lawful means, without payment of compensation for damage to or destruction of the goods resulting from such precautions, and

(b) To receive reimbursement for all costs incurred by him in taking the measures referred to in subparagraph (a) from the person who failed to meet any obligation under such applicable law or regulation to inform him of the dangerous character of the goods.

Article 10. Rights of security in goods

(1) The operator has a right of retention over the goods for costs and claims which are due in connection with the transport-related services performed by him in respect of the goods both during the period of his responsibility for them and thereafter. However, nothing in this Convention affects the validity under the applicable law of any contractual arrangements extending the operator's security in the goods.

(2) The operator is not entitled to retain the goods if a sufficient guarantee for the sum claimed is provided or if an equivalent sum is deposited with a mutually accepted third party or with an official institution in the State where the operator has his place of business.

(3) In order to obtain the amount necessary to satisfy his claim, the operator is entitled, to the extent permitted by the law of the State where the goods are located, to sell all or part of the goods over which he has exercised the right of retention provided for in this Article. This right to sell does not apply to containers, pallets or similar Articles of transport or packaging which are owned by a party other than the carrier or the shipper and which are clearly marked as regards ownership except in respect of claims by the operator for the cost of repairs of or improvements to the containers, pallets or similar Articles of transport or packaging.

(4) Before exercising any right to sell the goods, the operator shall make reasonable efforts to give notice of the intended sale to the owner of the goods, the person from whom the operator received them and the person entitled to take delivery of them from the operator. The operator shall account appropriately for the balance of the proceeds of the sale in

excess of the sums due to the operator plus the reasonable costs of the sale. The right of sale shall in all other respects be exercised in accordance with the law of the State where the goods are located.

Article 11. Notice of loss, damage or delay

(1) Unless notice of loss or damage, specifying the general nature of the loss or damage, is given to the operator not later than the third working day after the day when the goods were handed over by the operator to the person entitled to take delivery of them, the handing over is prima facie evidence of the handing over by the operator of the goods as described in the document issued by the operator pursuant to paragraph (1)(b) of Article 4 or, if no such document was issued, in good condition.

(2) Where the loss or damage is not apparent, the provisions of paragraph (1) apply correspondingly if notice is not given to the operator within 15 consecutive days after the day when the goods reached the final recipient, but in no case later than 60 consecutive days after the day when the goods were handed over to the person entitled to take delivery of them.

(3) If the operator participated in a survey or inspection of the goods at the time when they were handed over to the person entitled to take delivery of them, notice need not be given to the operator of loss or damage ascertained during that survey or inspection.

(4) In the case of any actual or apprehended loss of or damage to the goods, the operator, the carrier and the person entitled to take delivery of the goods shall give all reasonable facilities to each other for inspecting and tallying the goods.

(5) No compensation is payable for loss resulting from delay in handing over the goods unless notice has been given to the operator within 21 consecutive days after the day when the goods were handed over to the person entitled to take delivery of them.

Article 12. Limitation of actions

(1) Any action under this Convention is time-barred if judicial or arbitral proceedings have not been instituted within a period of two years.

(2) The limitation period commences:

> (a) On the day the operator hands over the goods or part thereof to, or places them at the disposal of, a person entitled to take delivery of them, or
> (b) In cases of total loss of the goods, on the day the person entitled to make a claim receives notice from the operator that the goods are lost, or on the day that person may treat the goods as lost in accordance with paragraph (4) of Article 5, whichever is earlier.

(3) The day on which the limitation period commences is not included in the period.

(4) The operator may at any time during the running of the limitation period extend the period by a notice to the claimant. The period may be further extended by another notice or notices.

(5) A recourse action by a carrier or another person against the operator may be instituted even after the expiration of the limitation period provided for in the preceding paragraphs if it is instituted within 90 days after the carrier or other person has been held liable in an action against himself or has settled the claim upon which such action was based and if, within a reasonable period of time after the filing of a claim against a carrier or other person that may result in a recourse action against the operator, notice of the filing of such a claim has been given to the operator.

Article 13. Contractual stipulations

(1) Unless otherwise provided in this Convention, any stipulation in a contract concluded by an operator or in any document signed or issued by the operator pursuant to Article 4 is null and void to the extent that it derogates, directly or indirectly, from the provisions of this Convention. The nullity of such a stipulation does not affect the validity of the other provisions of the contract or document of which it forms a part.

(2) Notwithstanding the provisions of the preceding paragraph, the operator may agree to increase his responsibilities and obligations under this Convention.

Article 14. Interpretation of the Convention

In the interpretation of this Convention, regard is to be had to its international character and to the need to promote uniformity in its application.

Article 15. International transport conventions

This Convention does not modify any rights or duties which may arise under an international convention relating to the international carriage of goods which is binding on a State which is a party to this Convention or under any law of such State giving effect to a convention relating to the international carriage of goods.

Article 16. Unit of account

(1) The unit of account referred to in Article 6 is the Special Drawing Right as defined by the International Monetary Fund. The amounts mentioned in Article 6 are to be expressed in the national currency of a State according to the value of such currency at the date of judgement or the date agreed upon by the parties. The equivalence between the national currency of a State Party which is a member of the International Monetary Fund and the Special Drawing Right is to be calculated in accordance with the method of valuation applied by the International Monetary Fund in effect at the date in question for its

operations and transactions. The equivalence between the national currency of a State Party which is not a member of the International Monetary Fund and the Special Drawing Right is to be calculated in a manner determined by that State.

(2) The calculation mentioned in the last sentence of the preceding paragraph is to be made in such a manner as to express in the national currency of the State Party as far as possible the same real value for amounts in Article 6 as is expressed there in units of account. States Parties must communicate to the depositary the manner of calculation at the time of signature or when depositing their instrument of ratification, acceptance, approval or accession and whenever there is a change in the manner of such calculation.

FINAL CLAUSES

Article 17. Depositary

The Secretary-General of the United Nations is the depositary of this Convention.

Article 18. Signature, ratification, acceptance, approval, accession

(1) This Convention is open for signature at the concluding meeting of the United Nations Conference on the Liability of Operators of Transport Terminals in International Trade and will remain open for signature by all States at the Headquarters of the United Nations, New York, until 30 April 1992.

(2) This Convention is subject to ratification, acceptance or approval by the signatory States.

(3) This Convention is open to accession by all States which are not signatory States as from the date it is open for signature.

(4) Instruments of ratification, acceptance, approval and accession are to be deposited with the Secretary-General of the United Nations.

Article 19. Application to territorial units

(1) If a State has two or more territorial units in which different systems of law are applicable in relation to the matters dealt with in this Convention, it may, at the time of signature, ratification, acceptance, approval or accession, declare that this Convention is to extend to all its territorial units or only to one or more of them, and may at any time substitute another declaration for its earlier declaration.

(2) These declarations are to state expressly the territorial units to which the Convention extends.

(3) If, by virtue of a declaration under this Article, this Convention extends to one or more but not all of the territorial units of a State Party, this Convention shall be applicable only if

(a) The transport-related services are performed by an operator whose place of business is located in a territorial unit to which the Convention extends, or
(b) The transport-related services are performed in a territorial unit to which the Convention extends, or
(c) According to the rules of private international law, the transport-related services are governed by the law in force in a territorial unit to which the Convention extends.

(4) If a State makes no declaration under paragraph (1) of this Article, the Convention is to extend to all territorial units of that State.

Article 20. Effect of declaration

(1) Declarations made under Article 19 at the time of signature are subject to confirmation upon ratification, acceptance or approval.

(2) Declarations and confirmations of declarations are to be in writing and to be formally notified to the depositary.

(3) A declaration takes effect simultaneously with the entry into force of this Convention in respect of the State concerned. However, a declaration of which the depositary receives formal notification after such entry into force takes effect on the first day of the month following the expiration of six months after the date of its receipt by the depositary.

(4) Any State which makes a declaration under Article 19 may withdraw it at any time by a formal notification in writing addressed to the depositary. Such withdrawal takes effect on the first day of the month following the expiration of six months after the date of the receipt of the notification by the depositary.

Article 21. Reservations

No reservations may be made to this Convention.

Article 22. Entry into force

(1) This Convention enters into force on the first day of the month following the expiration of one year from the date of deposit of the fifth instrument of ratification, acceptance, approval or accession.

(2) For each State which becomes a Contracting State to this Convention after the date of the deposit of the fifth instrument of ratification, acceptance, approval or accession, this Convention enters into force on the first day of the month following the expiration of one year after the date of the deposit of the appropriate instrument on behalf of that State.

(3) Each State Party shall apply the provisions of this Convention to transport-related services with respect to goods taken in charge by the

operator on or after the date of the entry into force of this Convention in respect of that State.

Article 23. Revision and amendment

(1) At the request of not less than one third of the States Parties to this Convention, the depositary shall convene a conference of the Contracting States for revising or amending it.

(2) Any instrument of ratification, acceptance, approval or accession deposited after the entry into force of an amendment to this Convention is deemed to apply to the Convention as amended.

Article 24. Revision of limitation amounts

(1) At the request of at least one quarter of the States Parties, the depositary shall convene a meeting of a Committee composed of a representative from each Contracting State to consider increasing or decreasing the amounts in Article 6.

(2) If this Convention enters into force more than five years after it was opened for signature, the depositary shall convene a meeting of the Committee within the first year after it enters into force.

(3) The meeting of the Committee shall take place on the occasion and at the location of the next session of the United Nations Commission on International Trade Law.

(4) In determining whether the limits should be amended, and if so, by what amount, the following criteria, determined on an international basis, and any other criteria considered to be relevant, shall be taken into consideration:

(a) The amount by which the limits of liability in any transport-related convention have been amended;
(b) The value of goods handled by operators;

(c) The cost of transport-related services;

(d) Insurance rates, including for cargo insurance, liability insurance for operators and insurance covering job-related injuries to workmen;

(e) The average level of damages awarded against operators for loss of or damage to goods or delay in handing over goods; and

(f) The costs of electricity, fuel and other utilities.

(5) Amendments shall be adopted by the Committee by a two-thirds majority of its members present and voting.

(6) No amendment of the limits of liability under this Article may be considered less than five years from the date on which this Convention was opened for signature.

(7) Any amendment adopted in accordance with paragraph (5) shall be notified by the depositary to all Contracting States. The amendment is deemed to have been accepted at the end of a period of 18 months after it has been notified, unless within that period not less than one third of the States that were States Parties at the time of the adoption of the amendment by the Committee have communicated to the depositary that they do not accept the amendment. An amendment deemed to have been accepted in accordance with this paragraph enters into force for all States Parties 18 months after its acceptance.

(8) A State Party which has not accepted an amendment is nevertheless bound by it, unless such State denounces the present Convention at least one month before the amendment enters into force. Such denunciation takes effect when the amendment enters into force.

(9) When an amendment has been adopted in accordance with paragraph (5) but the 18-month period for its acceptance has not yet expired, a State which becomes a State Party to this Convention during that period is bound by the amendment if it enters into force. A State

which becomes a State Party after that period is bound by any amendment which has been accepted in accordance with paragraph (7).

(10) The applicable limit of liability is that which, in accordance with the preceding paragraphs, is in effect on the date of the occurrence which caused the loss, damage or delay.

Article 25. Denunciation

(1) A State Party may denounce this Convention at any time by means of a notification in writing addressed to the depositary.

(2) Subject to paragraph (8) of Article 24, the denunciation takes effect on the first day of the month following the expiration of one year after the notification is received by the depositary. Where a longer period is specified in the notification, the denunciation takes effect upon the expiration of such longer period after the notification is received by the depositary.

DONE at Vienna, this nineteenth day of April one thousand nine hundred and ninety-one, in a single original, of which the Arabic, Chinese, English, French, Russian and Spanish texts are equally authentic.

IN WITNESS WHEREOF the undersigned plenipotentiaries, being duly authorized by their respective Governments, have signed the present Convention.

EXPLANATORY NOTE BY THE UNCITRAL SECRETARIAT ON THE UNITED NATIONS CONVENTION ON THE LIABILITY OF OPERATORS OF TRANSPORT TERMINALS IN INTERNATIONAL TRADE[1]

1. The United Nations Convention on the Liability of Operators of Transport Terminals in International Trade was adopted on 17 April 1991 and was opened for signature on 19 April 1991 by a universal

diplomatic conference at Vienna, Austria. The Convention is based upon a draft prepared by the United Nations Commission on International Trade Law (UNCITRAL) and an earlier preliminary draft Convention elaborated by the International Institute for the Unification of Private Law (UNIDROIT).

2. The Convention establishes a uniform legal regime governing the liability of an operator of a transport terminal (referred to herein also as "terminal operator" or "operator") for loss of or damage to goods and for delay in handing goods over. Terminal operators are commercial enterprises that handle goods before, during or after the carriage of goods. Their services may be contracted for by the consignor, the carrier or the consignee. Typically, an operator performs one or more of the following transport-related operations: loading, unloading, storage, stowage, trimming, dunnaging or lashing. The terms used in practice to refer to such enterprises are varied and include, for example: warehouse, depot, storage, terminal, port, dock, stevedore, longshoremen's or dockers' companies, railway station, or air-cargo terminal. The applicability of the Convention is determined on the basis of the transport-related services such enterprises perform, irrespective of the name or designation of the enterprise.

A. Policies underlying the Convention

1. Need for mandatory liability rules

3. Under many national laws the parties are in principle free to regulate by contract the liability of terminal operators. Many operators take advantage of this freedom and include in their general contract conditions clauses that considerably limit their liability for the goods. In some national laws the freedom of terminal operators to limit their liability is subject to mandatory restrictions.

4. The limitations of liability found in general contract conditions restrict, for example, the standard of care owed by the operator, exclude or limit responsibility for acts of employees or agents of the operator,

place on the claimant the burden of proof of circumstances establishing the Operator's liability, stipulate short limitation periods for actions against the operator, and set low financial limits of liability. The financial limits of liability are often so low that for most types of goods the maximum recoverable damages amount to a small fraction of the actual damage.

5. Such broad limitations and exclusions of liability give rise to serious concerns. It is considered in principle undesirable to shift the risk of loss or damage from the terminal operator, who is best placed to ensure the safety of goods, to the cargo owner, who has limited influence on the causes for loss or damage. Broad exclusions and limits of liability are likely, over a longer period of time, to reduce the incentive for terminal operators to pay continuous attention to working procedures designed to avoid loss or damage to goods. Furthermore, since the cargo owner has limited access to information about the origin of the damage, placing on the cargo owner the burden of proving facts establishing the operator's liability is seen as an improper impediment to recovery of damages.

6. Those concerns may become even more serious when transport-related services for a particular transport route are provided by only one or a limited number of operators.

2. Gaps in liability regimes left by international conventions

7. When the consignor hands over goods for carriage to a terminal operator, the carrier's liability may not yet begin; at the place of destination, the carrier's liability may end when the carrier hands the goods over to a terminal operator, which is usually before the goods are handed over to the consignee or to the next carrier. While the carrier's liability is through various transport conventions to a large degree subject to harmonized and mandatory rules, there may exist periods during which the goods in transit are not subject to a mandatory regime. The negative consequences of those gaps in the liability regime are serious because, according to statistics, most cases of lost or damaged

goods occur not during the actual carriage but during transport-related operations before or after the carriage.

3. Need for harmonization and modernization

8. The rules in national legal systems governing the liability of terminal operators differ widely, as to both their source and content. The rules may be contained in civil or commercial codes or in other bodies of law governing the deposit or bailment of goods. As to the standard of liability, in some legal systems the terminal operator is strictly liable for the goods, and he can be exonerated only if certain narrow exonerating circumstances are established. In other systems the operator is liable for negligence, i.e. if he did not take reasonable care of the goods. Further differences concern the burden of proving the circumstances establishing the operator's liability. Under many systems a limited quantum of evidence put forward by the claimant is sufficient to establish a presumption of the operator's liability, and it is then up to the operator to prove exonerating circumstances. There are, however, also legal systems in which it is up to the claimant to prove circumstances establishing the operator's liability. Disparities exist also in respect of financial limits of liability. In some legal systems the operator's liability is unlimited, while in others limits are established. Further differences concern limitation periods. In some legal systems these periods may be very long. The disparities may be complicated by the fact that in some legal systems operators are subject to different liability rules depending upon the nature of services rendered. For example, storing goods in the operator's warehouse and loading of goods into the vessel's hold may be subject to different sets of rules.

9. Such disparity of laws causes problems in particular to carriers and other users of transport-related services who are in contact with terminal operators in different countries.

10. Furthermore, many national laws are not suited for modern practices in transport terminals. For example, national laws may not accommodate the use of containers or computerized communication

techniques or may not deal adequately with the question of dangerous goods.

4. Consequences and benefits of the Convention

11. The Convention was prepared in order to eliminate or reduce the above described deficiencies in the legal regimes applicable to the international carriage of goods. The solutions adopted bear in mind the legitimate interests of cargo owners, carriers and terminal operators.

12. The Convention benefits cargo owners in that it provides a certain and balanced legal regime for obtaining compensation from the operator. This is significant for the cargo owner in particular when goods are damaged or lost by the operator before the carrier has become responsible for the goods or after the carrier has ceased to be responsible for the goods. In such a situation, in which the terminal operator is normally the only person from whom compensation for the damage can be sought, the nonmandatory national liability rules may offer a limited possibility for the cargo owner to obtain compensation from the terminal operator.

13. The Convention also benefits carriers when goods are damaged by the terminal operator during the period in which the carrier is responsible for the goods. In such a case, in which the carrier is often liable to the owner of the goods under a mandatory regime, the carrier will be able to base the recourse action against the terminal operator on the mandatory regime of the Convention.

14. Improvement and harmonization of liability rules brought about by the Convention also benefits terminal operators. The Convention provides a modern legal regime appropriate to the developing practices in terminal operations. Rules on documentation are liberal and harmonized, and they allow the operator to make use of electronic data interchange (EDI). Among other rules in the interest of the terminal operator are those establishing rather low financial limits of liability and

those giving the operator a right of retention over goods for costs and claims due to the operator.

B. Preparatory work

15. The Convention has its origins in work by the International Institute for the Unification of Private Law (UNIDROIT) on the topic of bailment and warehousing contracts, which led to the adoption in 1983 by the UNIDROIT Governing Council of the preliminary draft Convention on the Liability of Operators of Transport Terminals.[2]

16. By agreement between UNIDROIT and UNCITRAL, the preliminary draft Convention was placed before UNCITRAL in 1984 with a view to preparing uniform rules on the subject. The UNCITRAL Working Group on International Contract Practices, to which the task of preparing uniform rules was assigned, devoted four sessions to the preparation of the uniform rules,[3] and recommended the adoption of the uniform rules in the form of a convention. The draft Convention was transmitted to all States and to interested international organizations for comments. In 1989, after making various modifications to the text,[4] UNCITRAL adopted the draft Convention on the Liability of Operators of Transport Terminals in International Trade. The United Nations General Assembly, on the recommendation by UNCITRAL, decided to convene a diplomatic conference to conclude a Convention.

17. The United Nations Conference on the Liability of Operators of Transport Terminals in International Trade was held at Vienna, Austria, from 2 to 19 April 1991. Forty-eight States were represented at the Conference as well as intergovernmental organizations and international non-governmental organizations interested in the topic. The Conference thoroughly reviewed all issues, including views that were considered and rejected during the preparatory work within UNCITRAL. The Convention was adopted on 17 April 1991.[5] Until 30 April 1992, the deadline for signing the Convention, the following States signed it: France, Mexico, Philippines, Spain and the United States of America.

C. Salient features of the Convention

1. Definitions

18. For the Convention to apply, the transport-related services must be performed by a person who falls within the scope of the definition of the "operator of a transport terminal". The operator of a transport terminal is defined in Article 1(a) as "a person who, in the course of his business, undertakes to take in charge goods involved in international carriage in order to perform or to procure the performance of transport-related services with respect to the goods in an area under his control or in respect of which he has a right of access or use. However, a person is not considered an operator whenever he is a carrier under applicable rules of law governing carriage".

19. "In the course of his business". The Convention applies only if the transport-related services constitute a commercial activity. This does not mean that a particular transport-related service must be subject to the payment of a fee. For example, in some terminals short-term storage at the place of destination may be "free of charge" and the charges would start to accrue after the second or third day.

20. "Goods involved in international carriage". If transport-related services are performed with respect to goods involved in domestic carriage, the Convention does not apply. In order to provide certainty as to the applicable regime, Article 1(c) provides that the places of departure and destination must be "identified" as being located in different States already at the time when the goods are taken in charge by the operator.

21. "Transport-related services". The Convention provides in Article 1(d) a non-exhaustive list of services that fall within the category of transport-related services governed by the Convention. The examples given (storage, warehousing, loading, unloading, stowage, trimming, dunnaging and lashing) indicate that those services include only physical

handling of goods and not, for instance, industrial processing such as repacking or cleaning of goods, or financial or commercial services.

22. "Area under his control or in respect of which he has a right of access or use". At an early stage of the preparatory work within the UNCITRAL Working Group it was considered that the draft Convention should apply only if the safekeeping of goods was part of the operator's services. That approach would exclude, for example, those stevedoring companies that limited their services to loading and unloading of goods without themselves storing the goods. In order to express more clearly that approach, the Working Group included in the definition the criterion that the operator should perform his services "in an area under his control or in respect of which he has a right of access or use". The scope of application of the draft Convention was subsequently broadened to include the performance of various transport-related services even if no safekeeping of goods is involved. In light of the broadened scope of application, the criterion relating to the area in which the services are performed also has a broader meaning. It means, for example, that stowing or trimming of goods in the hold of a vessel would be considered a service performed in an area to which the operator has a right of access; a wharf on which the operator moves goods and which is used by various enterprises would be an area of which the operator has a right of use; the operator's warehouse would be an area under his control.

23. "A person is not considered an operator whenever he is a carrier under applicable rules of law governing carriage". The Convention excludes from its scope of application the cases when a person performs transport-related services while he is responsible for the goods under the rules of law governing carriage. For example, if a particular carriage of goods by sea is subject to the Hamburg Rules, and the carrier takes the goods in charge at the port of loading and stores them until the commencement of the voyage, or keeps the goods in his charge for some time at the port of discharge, the Hamburg Rules, and not the Convention on terminal operators, will govern the carrier's liability for the goods held by him in the port.

2. Period of responsibility

24. The operator's responsibility for goods begins when the operator has taken them in charge, and ends when the operator has handed them over to, or has placed them at the disposal of, the person entitled to take delivery of them (Article 3). The concept of "taking goods in charge" should be seen in the light of the types of services that an operator might perform and in the light of the fact that an operator may perform the services while another person, usually a carrier, is responsible for the goods. When the operator takes goods over in order to put them in a warehouse, he would be in charge of the goods from the time he has custody of or control over the goods. When, however, the operator commences to handle goods by performing services such as loading, unloading, stowage, trimming, dunnaging or lashing, the operator's services may be performed while the goods are "in charge" of the carrier. During the performance of these services, the operator may not be considered to have assumed the custody of or full control over the goods. Being "in charge" of the goods in these cases may be considered to commence when the operator comes in physical contact with the goods.

25. Similarly, the meaning of the concept of "handing goods over or placing them at the disposal of the person entitled to take delivery of them" depends on the circumstances of the case. If "handing over" is done by releasing goods from the operator's warehouse and putting them in the custody of the carrier or the consignee, the relevant moment would be the one when the operator relinquishes his custody of or control over the goods. If the operator's services were limited, for example, to stowage, trimming, dunnaging or lashing, which are often performed while the goods are in the charge of the carrier, the operator's period of responsibility would end when the operator completes his manipulation of the goods.

26. The purpose of the concept of placing goods "at the disposal of the person entitled to take delivery of them" is to allow the operator to terminate his responsibility under the Convention when he has fulfilled all of his obligations even if the person entitled to take delivery of the

goods fails to take them over. For the responsibility under the Convention to be terminated, the placing of goods at the disposal of the entitled person must be done in accordance with the contract and the usages applicable to the situation.

3. Issuance of document

27. The Convention in principle leaves it up to the operator whether to issue a document acknowledging receipt of goods (Article 4). However, if the customer requests such a document, the operator must issue it. Such a solution is necessary in order to take into account practices in various types of terminal operations. For example, when the operations are limited to lashing containers, stowing or trimming cargo, or dunnaging, it may be customary not to issue a document. When the operations include warehousing, operators usually issue a document acknowledging receipt of the goods.

28. The Convention provides that a document may be issued "in any form which preserves a record of the information contained therein". It is further provided that a signature can be a "handwritten signature, its facsimile or an equivalent authentication effected by any other means". This provision is not qualified by a requirement that a particular means of authentication must be permitted by the applicable law. The expression "equivalent authentication" should be understood as a requirement that the method used must be sufficiently reliable in the light of the usages relevant to the situation.

29. The Convention refers in several places to notices and requests (Articles 4(1); 5(3)(4); 10(4); 11(1),(2),(5); 12(2),(4),(5)). Article 1(e) and (f) specifies that a notice or a request may be given "in a form which preserves a record of the information contained therein". The purpose of the provision, which parallels the provision on the form of a document issued by the operator and is modelled on equivalent formulations in several international legal texts, is to make it clear, on the one hand, that a notice or request under the Convention cannot validly be made orally, and, on the other hand, that a notice or request may be given in the form

of a written paper or may be transmitted by the use of electronic data interchange (EDI). Since the use of EDI requires that both parties use suitable and compatible equipment, the use of electronic transmission techniques presupposes previous agreement by the parties.

4. Basis of liability

30. The Convention deals with the operator's liability for loss resulting from physical loss of or damage to goods as well as from delay in handing over the goods (Article 5). The question whether the concept of "loss" includes lost profits is left to the applicable law.

31. The liability of the operator under the Convention is based on the principle of presumed fault or neglect. This means that, after a claimant has established that the loss or damage occurred during the operator's period of responsibility, it is presumed that the loss or damage was caused by the operator's negligence. The operator can be relieved of his liability if he proves that he, his servants or agents, or other persons of whose services the operator makes use for the performance of the transport-related services took all measures that could reasonably be required to avoid the loss or damage.

32. Reservations were expressed about the principle of presumed liability on the ground that in some terminals people who deposited goods in the terminal may come in the terminal in order to inspect the goods, take samples or show the goods to prospective buyers, and that, as a result, the terminal operators could not exercise full control over goods. Those reservations were not accepted since it was considered that placing the burden of proof of negligence on the owner of goods would in practice often mean that the owner would not be able to establish liability for losses arising from pilferage, theft and poor organization of work. Moreover, it is reasonable to expect that operators should organize proper supervision over goods and that the principle of presumed liability was a suitable stimulus therefor.

5. Limits of liability

33. The Convention provides two different financial limits for the operator's liability, depending upon the mode of transport to which the terminal operations relate (Articles 6 and 16). The lower limits are applicable to terminal operations relating to the carriage of goods by sea or inland waterways, and the higher limits apply to other terminal operations; this distinction reflects the fact that the value of goods carried by sea or inland waterways tends to be lower than in other modes of transport. Furthermore, those lower limits, which are close to the limits set in conventions dealing with carriage of goods by sea or inland waterways, are designed to treat sea and inland-waterways terminals in a similar way as the sea and inland-waterways carriers.

34. The limits for loss of, or damage to, goods are based exclusively on the weight of goods. The Convention does not provide an alternative limit based on the package or other shipping unit as, for example, do the Hamburg Rules and the Hague Rules. This will mean that, the lighter and smaller the packages, the lower will be the operator's limits compared to the sea carrier's limits. A reason for not providing a per-package limit was a desire to avoid difficulties in interpreting the limits based on the package or other shipping unit.

35. The Convention does not provide an overall limit of liability when damage is caused by a single event to goods pertaining to a number of different owners. For example, a fire in a terminal can give rise to an extensive liability of the operator despite the limitation applicable to each claimant. Such a "catastrophic" limit was not adopted because a single limit would likely be too low for large terminals and would not represent a real limitation of liability for the smaller ones. No satisfactory criterion could be found for providing different overall limits depending on the size of the terminal. Furthermore, it was considered that insurance can be a solution for liability arising from such catastrophic events.

6. Application to non-contractual claims

36. Article 7(2) and (3) deals with defences and liability limits enjoyed by the operator's servants, agents or independent contractors. The provisions do not establish a right of action against those persons. The provisions merely extend to those persons the defences and liability limits if a right of action exists against them under the applicable law.

37. The Convention does not expressly address the question whether an agreement between the operator and a customer to increase liability limits or to waive defences binds the operator's servants, agents or independent contractors.

7. Loss of right to limit liability

38. The operator loses the benefit of the financial limits of liability if it is proved that he himself or his servants or agents acted in a reckless manner defined in Article 8. The operator does not lose the benefit of liability limits if an operator's independent contractor acted in such manner.

39. During the preparation of the Convention, it was proposed that the operator should lose the benefit of the liability limit only if he himself acted with qualified fault and that he should not lose that benefit if his servants or agents so acted. The prevailing view, however, was that the operator has a duty to supervise his servants and agents and that he should bear the risk for their reckless actions.

8. Rights of security in goods

40. Article 10, which gives the operator a right of retention over goods for claims due to him, does not itself establish a right of sale of retained goods. The right of sale is dealt with in the Convention only to the extent such a right exists under the law of the State where the retained goods are located.

9. Limitation of actions

41. In providing a two-year limitation period for actions against the operator (Article 12), the drafters of the Convention wanted to avoid a situation in which it would be difficult or impossible for a carrier to institute a recourse action against the operator. This would be the case when the carrier is sued or held liable close to or after the expiration of the two-year limitation period. Article 12(5) allows a claim against the operator even after the expiration of the limitation period if the action is instituted within 90 days after the carrier has been held liable in an action against himself or has settled the claim upon which such action was based.

10. Final clauses

42. Despite proposals for permitting reservations to the Convention, it was decided not to allow reservations (Article 21).

43. The desire for the Convention to enter into force soon is reflected in Article 22, according to which the Convention enters into force when five States have adhered to it.

Further information about the Convention may be obtained from:

中華民國海商法與運輸單證有關規定

中華民國八十九年一月二十六日 修正

第一章 通 則

第一條

本法稱船舶者，謂在海上航行，或在與海相通之水面或水中航行之船舶。

第二條

本法稱船長者，謂受船舶所有人僱用主管船舶一切事務之人員；稱海員者，謂受船舶所有人僱用由船長指揮服務於船舶上所有人員。

第三條

下列船舶除因碰撞外，不適用本法之規定：

一、船舶法所稱之小船。

二、軍事建制之艦艇。

三、專用於公務之船舶。

四、第一條規定以外之其他船舶。

第四條

船舶保全程序之強制執行，於船舶發航準備完成時起，以迄航行至次一停泊港時止，不得爲之。但爲使航行可能所生之債務，或因船舶碰撞所生之損害，不在此限。國境內航行船舶之保全程序，得以揭示方法爲之。

第五條

海商事件，依本法之規定，本法無規定者，適用其他法律之規定。

第三章 運　送

第一節 貨物運送

第三十八條

貨物運送契約爲下列二種：

一、以件貨之運送爲目的者。

二、船舶之全部或一部供運送爲目的者。

第三十九條

以船舶之全部或一部供運送爲目的之運送契約，應以書面爲之。

第四十條

前條運送契約應載明下列事項：

一、當事人姓名或名稱，及其住所、事務所或營業所。

二、船名及對船舶之說明。

三、貨物之種類及數量。

四、契約期限或航程事項。

五、運費。

第四十一條

以船舶之全部或一部供運送契約，不因船舶所有權之移轉而受影響。

第四十二條

運送人所供給之船舶有瑕疵，不能達運送契約之目的時，託運人得解除契約。

第四十三條

以船舶之全部供運送時，託運人於發航前得解除契約。但應支付運費三分之一，其已裝載貨物之全部或一部者，並應負擔因裝卸所增加之費用。

前項如爲往返航程之約定者，託運人於返程發航前要求終止契約時，應支付運費三分之二。

前二項之規定，對於當事人之間，關於延滯費之約定不受影響。

第四十四條

以船舶之一部供運送時，託運人於發航前，非支付其運費之全部，不得解除契約。如託運人已裝載貨物之全部或一部者，並應負擔因裝卸所增加之費用及賠償加於其他貨載之損害。

前項情形，託運人皆爲契約之解除者，各託運人僅負前條所規定之責任。

第四十五條

前二條之規定，對船舶於一定時期內供運送或爲數次繼續航行所訂立之契約，不適用之。

第四十六條

以船舶之全部於一定時期內供運送者，託運人僅得以約定或以船舶之性質而定之方法，使爲運送。

第四十七條

前條託運人，僅就船舶可使用之期間，負擔運費。但因航行事變所生之停止，仍應繼續負擔運費。

前項船舶之停止，係因運送人或其代理人之行爲或因船舶之狀態所致者，託運人不負擔運費，如有損害，並得請求賠償。

船舶行蹤不明時，託運人以得最後消息之日爲止，負擔運費之全部，並自最後消息後，以迄於該次航行通常所需之期間應完成之日，負擔運費之半數。

第四十八條

以船舶之全部或一部供運送者，託運人所裝載貨物，不及約定之數量時，仍應負擔全部之運費。但應扣除船舶因此所減省費用之全部，及因另裝貨物所取得運費四分之三。

第四十九條

託運人因解除契約，應付全部運費時，得扣除運送人因此減省費用之全部，及另裝貨物所得運費四分之三。

第五十條

貨物運達後，運送人或船長應即通知託運人指定之應受通知人或受貨人。

第五十一條

受貨人怠於受領貨物時，運送人或船長得以受貨人之費用，將貨物寄存於港埠管理機關或合法經營之倉庫，並通知受貨人。

受貨人不明或受貨人拒絕受領貨物時，運送人或船長得依前項之規定辦理，並通知託運人及受貨人。

運送人對於前二項貨物有下列情形之一者，得聲請法院裁定准予拍賣，於扣除運費或其他相關之必要費用後提存其價金之餘額：

一、不能寄存於倉庫。

二、有腐壞之虞。

三、顯見其價值不足抵償運費及其他相關之必要費用。

第五十二條

以船舶之全部或一部供運送者，運送人非於船舶完成裝貨或卸貨準備時，不得簽發裝貨或卸貨準備完成通知書。

裝卸期間自前項通知送達之翌日起算，期間內不工作休假日及裝卸不可能之日不算入。但超過合理裝卸期間者，船舶所有人

得按超過之日期，請求合理之補償。

前項超過裝卸期間，休假日及裝卸不可能之日亦算入之。

第五十三條

運送人或船長於貨物裝載後，因託運人之請求，應發給載貨證券。

第五十四條

載貨證券，應載明下列各款事項，由運送人或船長簽名：

一、船舶名稱。

二、託運人之姓名或名稱。

三、依照託運人書面通知之貨物名稱、件數或重量，或其包裝之種類、個數及標誌。

四、裝載港及卸貨港。

五、運費交付。

六、載貨證券之份數。

七、填發之年月日。

前項第三款之通知事項，如與所收貨物之實際情況有顯著跡象，疑其不相符合，或無法核對時，運送人或船長得在載貨證券內載明其事由或不予載明。載貨證券依第一項第三款為記載者，推定運送人依其記載為運送。

第五十五條

託運人對於交運貨物之名稱、數量，或其包裝之種類、個數及標誌之通知，應向運送人保證其正確無訛，其因通知不正確所發生或所致之一切毀損、滅失及費用，由託運人負賠償責任。

運送人不得以前項託運人應負賠償責任之事由，對抗託運人以外之載貨證券持有人。

第五十六條

貨物一經有受領權利人受領，推定運送人已依照載貨證券之記載，交清貨物。但有下列情事之一者，不在此限：

一、提貨前或當時，受領權利人已將毀損滅失情形，以書面通知運送人者。

二、提貨前或當時，毀損滅失經共同檢定，作成公證報告書者。

三、毀損滅失不顯著而於提貨後三日內，以書面通知運送人者。

四、在收貨證件上註明毀損或滅失者。

貨物之全部或一部毀損、滅失者，自貨物受領之日或自應受領之日起，一年內未起訴者，運送人或船舶所有人解除其責任。

第五十七條

運送人或船舶所有人所受之損害，非由於託運人或其代理人受僱人之過失所致者，託運人不負賠償責任。

第五十八條

載貨證券有數份者，在貨物目的港請求交付貨物之人，縱僅持有載貨證券一份，運送人或船長不得拒絕交付。

不在貨物目的港時，運送人或船長接受載貨證券之全數，不得為貨物之交付。

二人以上之載貨證券持有人請求交付貨物時，運送人或船長應即將貨物按照第五十一條之規定寄存，並通知曾為請求之各持有人，運送人或船長，已依第一項之規定，交付貨物之一部後，他持有人請求交付貨物者，對於其賸餘之部分亦同。

載貨證券之持有人有二人以上者，其中一人先於他持有人受貨物之交付時，他持有人之載貨證券對運送人失其效力。

第五十九條

載貨證券之持有人有二人以上，而運送人或船長尚未交付貨物者，其持有先受發送或交付之證券者，得先於他持有人行使其權利。

第六十條

民法第六百二十七條至第六百三十條關於提單之規定，於載貨證券準用之。

以船舶之全部或一部供運送為目的之運送契約另行簽發載貨證券者，運送人與託運人以外載貨證券持有人間之關係，依載貨證券之記載。

第六十一條

以件貨運送為目的之運送契約或載貨證券記載條款、條件或約定，以減輕或免除運送人或船舶所有人，對於因過失或本章規定應履行之義務而不履行，致有貨物毀損、滅失或遲到之責任者，其條款、條件或約定不生效力。

第六十二條

運送人或船舶所有人於發航前及發航時，對於左列事項，應為必要之注意及措置：

一、使船舶有安全航行之能力。

二、配置船舶相當船員、設備及供應。

三、使貨艙、冷藏室及其他供載運貨物部分適合於受載、運送與保存。

船舶於發航後因突失航行能力所致之毀損或滅失，運送人不負賠償責任。運送人或船舶所有人為免除前項前項責任之主張，應負舉證之責。

第六十三條

運送人對於承運貨物之裝載、卸載、搬移、堆存、保管及運送、看守應為必要之注意及處置。

第六十四條

運送人知悉貨物爲違禁物或不實申報物者，應拒絕載運。其貨物之性質足以毀損船舶或危害船舶上人員健康者亦同。但爲航運或商業習慣所許者，不在此限。運送人知悉貨物之性質具易燃性、易爆性或危險性並同意裝運後，若此貨物對於船舶或貨載有危險之虞時，運送人得隨時將其起岸、毀棄或使之無害，運送人除由於共同海損者外，不負賠償責任。

第六十五條

運送人或船長發見未經報明之貨物，得在裝載港將其起岸，或使支付同一航程同種貨物應付最高額之運費，如有損害並得請求賠償。

前項貨物在航行中發見時，如係違禁物或其性質足以發生損害者，船長得投棄之。

第六十六條

船舶發航後，因不可抗力不能到達目的港而將原裝貨物運回時，縱其船舶約定爲去航及歸航之運送，託運人僅負擔去航運費。

第六十七條

船舶在航行中，因海上事故而須修繕時，如託運人於到達目地港前提取貨物者，應付全部運費。

第六十八條

船舶在航行中遭難或不能航行，而貨物仍由船長設法運到目地港時，如其運費較低於約定之運費者，託運人減支兩運費差額之半數。如新運費等於約定之運費，託運人不負擔任何費用，如新運費較高於約定之運費，其增高額由託運人負擔之。

第六十九條

因下列事由所發生之毀損或滅失，運送人或船舶所有人不負賠償責任：

一、船長、海員、引水人或運送人之受僱人，於航行或管理

船舶之行為而有過失。

二、海上或航路上之危險、災難或意外事故。

三、非由於運送本人之故意或過失所生之火災。

四、天災。

五、戰爭行為。

六、暴動。

七、公共敵人之行為。

八、有權力者之拘捕、限制或依司法程序之扣押。

九、檢疫限制。

十、罷工或其他勞動事故。

十一、救助或意圖救助海上人命或財產。

十二、包裝不固。

十三、標誌不足或不符。

十四、因貨物之固有瑕疵、品質或特性所致之耗損或其他毀損滅失。

十五、貨物所有人、託運人或其代理人、代表人之行為或不行為。

十六、船舶雖經注意仍不能發現之隱有瑕疵。

十七、其他非因運送人或船舶所有人本人之故意或過失及非因其代理人、受僱人之過失所致者。

第七十條

託運人於託運時故意虛報貨物之性質或價值，運送人或船舶所有人對於其貨物之毀損或滅失，不負賠償責任。

除貨物之性質及價值於裝載前，已經託運人聲明並註明於載貨證券者外，運送人或船舶所有人對於貨物之毀損滅失，其賠償責任，以每件特別提款權六六六‧六七單位或每公斤特別提款權

二單位計算所得之金額,兩者較高者爲限。

前項所稱件數,係指貨物託運之包裝單位。其以貨櫃、墊板或其他方式併裝運送者,應以載貨證券所載其內之包裝單位爲件數。但載貨證券未經載明者,以併裝單位爲件數其使用之貨櫃係由託運人提供者,貨櫃本身得作爲一件計算。

由於運送人或船舶所有人之故意或重大過失所發生之毀損或滅失,運送人或船舶所有不得主張第二項單位限制責任之利益。

第七十一條

爲救助或意圖救助海上人命、財產,或因其他正當理由偏航者,不得認爲違反運送契約,其因而發生毀損或滅失時,船舶所有人或運送人不負賠償責任。

第七十二條

貨物未經船長或運送人之同意而裝載者,運送人或船舶所有人,對於其貨物之毀損或滅失,不負責任。

第七十三條

運送人或船長如將貨物裝載於甲板上,致生毀損或滅失時,應負賠償責任。但經託運人之同意並載明於運送契約或航運種類或商業習慣所許者,不在此限。

第七十四條

載貨證券之發給人,對於依載貨證券所記載應爲之行爲,均應負責。

前項發給人,對於貨物之各連續運送人之行爲,應負保證之責。但各連續運送人,僅對於自己航程中所生之毀損滅失及遲到負其責任。

第七十五條

連續運送同時涉及海上運送及其他方法之運送者,其海上運送部分適用本法之規定。貨物毀損滅失發生時間不明者,推定其發生於海上運送階段。

第七十六條

本節有關運送人因貨物滅失、毀損或遲到對託運人或其他第三人所得主張之抗辯及責任限制之規定，對運送人之代理人或受僱人亦得主張之。但經證明貨物之滅失、毀損或遲到，係因代理人或受僱人故意或重大過失所致者，不在此限。

前項之規定，對從事商港區域內之裝卸、搬運、保管、看守、儲存、理貨、穩固、墊艙者，亦適用之。

第七十七條

載貨證券所載之裝載港或卸貨港為中華民國港口者，其載貨證券所生之法律關係依涉外民事法律適用法所定應適用法律。但依本法中華民國受貨人或託運人保護較優者，應適用本法之規定。

第七十八條

裝貨港或卸貨港為中華民國港口者之載貨證券所生之爭議，得由我國裝貨港或卸貨港或其他依法有管轄權之法院管轄。

前項載貨證券訂有仲裁條款者，經契約當事人同意後，得於我國進行仲裁，不受載貨證券內仲裁地或仲裁規則記載之拘束。

前項規定視為當事人仲裁契約之一部。但當事人於爭議發生發另有書面合意者，不在此限。

中華人民共和國海商法與運輸單證有關之規定

（1992 年 11 月 7 日第七屆全國人民代表大會常務委員會第二十八次會議通過　1992年11月7日中華人民共和國主席令第六十四號公布　1993年7月1日起施行）

第一章　總　則

第一條　爲了調整海上運輸關系、船舶關系維護當事人各方的合法權益，促進海上運輸和經濟貿易的發展，制定本法。

第二條　本法所稱海上運輸，是指海上貨物運輸和海上旅客運輸，包括海江之間、江海之間的直達運輸。

本法第四章海上貨物運輸合同的規定，不適用於中華人民共和國港口之間的海上貨物運輸。

第三條　本法所稱船舶，是指海船和其他海上移動式裝置，但是用於軍事的、政府公務的船舶和２０總噸以下的小型船艇除外。

前款所稱船舶，包括船舶屬具。

第四條　中華人民共和國港口之間的海上運輸和拖航，由懸掛中華人民共和國國旗的船舶經營。但是法律、行政法規另有規定的除外。

非經國務院交通主管部門批准，外國籍船舶不得經營中華人民共和國港口之間的海上運輸和拖航。

第五條　船舶經依法登記取得中華人民共和國國籍，有權懸掛中華人民共和國國旗航行。

船舶非法懸掛中華人民共和國國旗航行的，由有關機關予以制止，處以罰款。

第六條　海上運輸由國務院交通主管部門統一管理，具體辦法由國務院交通主
管部門制定，報國務院批準后施行。

第四章　海上貨物運輸合同

第一節　一般規定

第四十一條　海上貨物運輸合同，是指承運人收取運費，負責將托運人托運的貨物經海路由一港運至另一港的合同。

第四十二條　本章下列用語的含義：

（一）"承運人"，是指本人或者委托他人以本人名義與托運人訂立海上貨物運輸合同的人。

（二）"實際承運人"，是指接受承運人委托，從事貨物運輸或者部分運輸的人，包括接受轉委托從事此項運輸的其他人。

（三）"托運人"，是指：

1．本人或者委托他人以本人名義或者委托他人爲本人與承運人訂立海上貨物運輸合同的人；

2．本人或者委托他人以本人名義或者委托他人爲本人將貨物交給與海上貨物運輸合同有關的承運人的人。

（四）"收貨人"，是指有權提取貨物的人。

（五）"貨物"，包括活動物和由托運人提供的用於集裝貨物的集裝箱、貨盤或者類似的裝運器具。

第四十三條　承運人或者托運人可以要求書面確認海上貨物運輸合同的成立。但是，航次租船合同應當書面訂立。電報、電傳和傳真具有書面效力。

第四十四條　海上貨物運輸合同和作爲合同憑證的提單或者其他運輸單證中的條款，違反本章規定的，無效。此類條款的無效，不影響該合同和提單或者其他運輸單證中其他條款的效力。將貨物的保險利益轉讓給承運人的條款或者類似條款無效。

第四十五條　本法第四十四條的規定不影響承運人在本章規定的承運人責任和義務之外，增加其責任和義務。

第二節　承運人的責任

第四十六條　承運人對集裝箱裝運的貨物的責任期間，是指

從裝貨港接收貨物時起至卸貨港交付貨物時止，貨物處於承運人掌管之下的全部期間。承運人對非集裝箱裝運的貨物的責任期間，是指從貨物裝上船時起至卸下船時止，貨物處於承運人掌管之下的全部期間。在承運人的責任期間，貨物發生滅失或者損壞，除本節另有規定外，承運人應當負賠償責任。

前款規定，不影響承運人就非集裝箱裝運的貨物，在裝船前和卸船后所承擔的責任，達成任何協議。

第四十七條　承運人在船舶開航前和開航當時，應當謹慎處理，使船舶處於適航狀態，妥善配備船員、裝備船舶和配備供應品，并使貨艙、冷藏艙、冷氣艙和其他載貨處所適於并能安全收受、載運和保管貨物。

第四十八條　承運人應當妥善地、謹慎地裝載、搬移、積載、運輸、保管、照料和卸載所運貨物。

第四十九條　承運人應當按照約定的或者習慣的或者地理上的航線將貨物運往卸貨港。

船舶在海上為救助或者企圖救助人命或者財產而發生的繞航或者其他合理繞航，不屬於違反前款規定的行為。

第五十條　貨物未能在明確約定的時間內，在約定的卸貨港交付的，為遲延交付。

除依照本章規定承運人不負賠償責任的情形外，由於承運人的過失，致使貨物因遲延交付而滅失或者損壞的，承運人應當負賠償責任。

除依照本章規定承運人不負賠償責任的情形外，由於承運人的過失，致使貨物因遲延交付而遭受經濟損失的，即使貨物沒有滅失或者損壞，承運人仍然應當負賠償責任。

承運人未能在本條第一款規定的時間屆滿六十日內交付貨物，有權對貨物滅失提出賠償請求的人可以認為貨物已經滅失。

第五十一條　在責任期間貨物發生的滅失或者損壞是由於下列原因之一造成的，承運人不負賠償責任：

（一）船長、船員、引航員或者承運人的其他受雇人在駕駛船舶或者管理船舶中的過失；

（二）火災，但是由於承運人本人的過失所造成的除外；

（三）天災，海上或者其他可航水域的危險或者意外事故；

（四）戰爭或者武裝沖突；

（五）政府或者主管部門的行爲、檢疫限制或者司法扣押；

（六）罷工、停工或者勞動受到限制；

（七）在海上救助或者企圖救助人命或者財産；

（八）托運人、貨物所有人或者他們的代理人的行爲；

（九）貨物的自然特性或者固有缺陷；

（十）貨物包裝不良或者標志欠缺、不清；

（十一）經謹慎處理仍未發現的船舶潛在缺陷；

（十二）非由於承運人或者承運人的受雇人、代理人的過失造成的其他原因。

承運人依照前款規定免除賠償責任的，除第（二）項規定的原因外，應當負舉證責任。

第五十二條　因運輸活動物的固有的特殊風險造成活動物滅失或者損害的，承運人不負賠償責任。但是，承運人應當證明業已履行托運人關於運輸活動物的特別要求，并證明根據實際情況，滅失或者損害是由於此種固有的特殊風險造成的。

第五十三條　承運人在艙面上裝載貨物，應當同托運人達成協議，或者符合航運慣例，或者符合有關法律、行政法規的規定。

承運人依照前款規定將貨物裝載在艙面上，對由於此種裝載的特殊風險造成的貨物滅失或者損壞，不負賠償責任。

承運人違反本條第一款規定將貨物裝載在艙面上，致使貨物遭受滅失或者損壞的，應當負賠償責任。

第五十四條 貨物的滅失、損壞或者遲延交付是由於承運人或者承運人的受雇人、代理人的不能免除賠償責任的原因和其他原因共同造成的,承運人僅在其不能免除賠償責任的範圍內負賠償責任;但是,承運人對其他原因造成的滅失、損壞或者遲延交付應當負舉證責任。

第五十五條 貨物滅失的賠償額,按照貨物的實際價值計算;貨物損壞的賠償額,按照貨物受損前后實際價值的差額或者貨物的修復費用計算。

貨物的實際價值,按照貨物裝船時的價值加保險費加運費計算。

前款規定的貨物實際價值,賠償時應當減去因貨物滅失或者損壞而少付或者免付的有關費用。

第五十六條 承運人對貨物的滅失或者損壞的賠償限額,按照貨物件數或者其他貨運單位數計算,每件或者每個其他貨運單位為666.67計算單位,或者按照貨物毛重計算,每公斤為2計算單位,以二者中賠償限額較高的為準。但是,托運人在貨物裝運前已經申報其性質和價值,并在提單中載明的,或者承運人與托運人已經另行約定高於本條規定的賠償限額的除外。

貨物用集裝箱、貨盤或者類似裝運器具集裝的,提單中載明裝在此類裝運器具中的貨物件數或者其他貨運單位數,視為前款所指的貨物件數或者其他貨運單位數;未載明的,每一裝運器具視為一件或者一個單位。

裝運器具不屬於承運人所有或者非由承運人提供的,裝運器具本身應當視為一件或者一個單位。

第五十七條 承運人對貨物因遲延交付造成經濟損失的賠償限額,為所遲延交付的貨物的運費數額。貨物的滅失或者損壞和遲延交付同時發生的,承運人的賠償責任限額適用本法第五十六條第一款規定的限額。

第五十八條 就海上貨物運輸合同所涉及的貨物滅失、損壞或者遲延交付對承運人提起的任何訴訟,不論海事請求人是否合同的一方,也不論是根據合同或者是根據侵權行為提起的,均適

用本章關於承運人的抗辯理由和限制賠償責任的規定。

前款訴訟是對承運人的受雇人或者代理人提起的，經承運人的受雇人或者代理人證明，其行為是在受雇或者受委托的範圍之內的，適用前款規定。

第五十九條　經證明，貨物的滅失、損壞或者遲延交付是由於承運人的故意或者明知可能造成損失而輕率地作為或者不作為造成的，承運人不得援用本法第五十六條或者第五十七條限制賠償責任的規定。

經證明，貨物的滅失、損壞或者遲延交付是由於承運人的受雇人、代理人的故意或者明知可能造成損失而輕率地作為或者不作為造成的，承運人的受雇人或者代理人不得援用本法第五十六條或者第五十七條限制賠償責任的規定。

第六十條　承運人將貨物運輸或者部分運輸委托給實際運輸人履行的，承運人仍然應當依照本章規定對全部運輸負責。對實際承運人承擔的運輸，承運人應當對實際承運人的行為或者實際承運人的受雇人、代理人在受雇或者受委托的範圍內的行為負責。

雖有前款規定，在海上運輸合同中明確約定合同所包括的特定的部分運輸由承運人以外的指定的實際承運人履行的，合同可以同時約定，貨物在指定的實際承運人掌管期間發生的滅失、損壞或者遲延交付，承運人不負賠償責任。

第六十一條　本章對承運人責任的規定，適用於實際承運人。對實際承運人的受雇人、代理人提起訴訟的，適用本法第五十八條第二款和第五十九條第二款的規定。

第六十二條　承運人承擔本章未規定的義務或者放棄本章賦予的權利的任何特別協議，經實際承運人書面明確同意的，對實際承運人發生效力；實際承運人是否同意，不影響此項特別協議對承運人的效力。

第六十三條　承運人與實際承運人都負有賠償責任的，應當在此項責任範圍內負連帶責任。

第六十四條　就貨物的滅失或者損壞分別向承運人、實際承

運人以及他們的受雇人、代理人提出賠償請求的，賠償總額不超過本法第五十六條規定的限額。

第六十五條　本法第六十條至第六十四條的規定，不影響承運人和實際承運人之間相互追償。

第三節　托運人的責任

第六十六條　托運人托運貨物，應當妥善包裝，并向承運人保證，貨物裝船時所提供的貨物的品名、標志、包數或者件數、重量或者體積的正確性；由於包裝不良或者上述資料不正確，對承運人造成損失的，托運人應當負賠償責任。

承運人依照前款規定享有的受償權利，不影響其根據貨物運輸合同對托運人以外的人所承擔的責任。

第六十七條　托運人應當及時向港口、海關、檢疫、檢驗和其他主管機關辦理貨物運輸所需要的各項手續，并將已辦理各項手續的單證送交承運人；因辦理各項手續的有關單證送交不及時、不完備或者不正確，使承運人的利益受到損害的，托運人應當負賠償責任。

第六十八條　托運人托運危險貨物，應當依照有關海上危險貨物運輸的規定，妥善包裝，作出危險品標志和標簽，并將其正式名稱和性質以及應當采取的預防危害措施書面通知承運人；托運人未通知或者通知有誤的，承運人可以在任何時間、任何地點根據情況需要將貨物卸下、銷毀或者使之不能爲害，而不負賠償責任。托運人對承運人因運輸此類貨物所受到的損害，應當負賠償責任。

承運人知道危險貨物的性質并已同意裝運的，仍然可以在該項貨物對於船舶、人員或者其他貨物構成實際危險時，將貨物卸下、銷毀或者使之不能爲害，而不負賠償責任。但是，本款規定不影響共同海損的分攤。

第六十九條　托運人應當按照約定向承運人支付運費。

托運人與承運人可以約定運費由收貨人支付；但是，此項約定應當在運輸單證中載明。

第七十條　托運人對承運人、實際承運人所遭受的損失或者船舶所遭受的損壞，不負賠償責任；但是，此種損失或者損壞是由於托運人或者托運人的受雇人、代理人的過失造成的除外。

托運人的受雇人、代理人對承運人、實際承運人所遭受的損失或者船舶所遭受的損壞，不負賠償責任；但是，這種損失或者損壞是由於托運人的受雇人、代理人的過失造成的除外。

第四節　運輸單證

第七十一條　提單，是指用以證明海上貨物運輸合同和貨物已經由承運人接收或者裝船，以及承運人保證據以交付貨物的單證。提單中載明的向記名人交付貨物，或者按照指示人的指示交付貨物，或者向提單持有人交付貨物的條款，構成承運人據以交付貨物的保證。

第七十二條　貨物由承運人接收或者裝船后，應托運人的要求，承運人應當簽發提單。

提單可以由承運人授權的人簽發。提單由載貨船舶的船長簽發的，視為代表承運人簽發。

第七十三條　提單內容，包括下列各項：

（一）貨物的品名、標志、包數或者件數、重量或者體積，以及運輸危險貨物時對危險性質的說明；

（二）承運人的名稱和主營業所；

（三）船舶名稱；

（四）托運人的名稱；

（五）收貨人的名稱；

（六）裝貨港和在裝貨港接收貨物的日期；

（七）卸貨港；

（八）多式聯運提單增列接收貨物地點和交付貨物地點；

（九）提單的簽發日期、地點和份數；

（十）運費的支付；

（十一）承運人或者其代表的簽字。

提單缺少前款規定的一項或者幾項的，不影響提單的性質；但是，提單應當符合本法第七十一條的規定。

第七十四條　貨物裝船前，承運人已經應托運人的要求簽發收貨待運提單或者其他單證的，貨物裝船完畢，托運人可以將收貨待運提單或者其他單證退還承運人，以換取已裝船提單；承運人也可以在收貨待運提單上加注承運船舶的船名和裝船日期，加注后的收貨待運提單視爲已裝船提單。

第七十五條　承運人或者代其簽發提單的人，知道或者有合理的根據懷疑提單記載的貨物的品名、標志、包數或者件數、重量或者體積與實際接收的貨物不符，在簽發已裝船提單的情況下懷疑與已裝船的貨物不符，或者沒有適當的方法核對提單記載的，可以在提單上批注，說明不符之處、懷疑的根據或者說明無法核對。

第七十六條　承運人或者代其簽發提單的人未在提單上批注貨物表面狀況的，視爲貨物的表面狀況良好。

第七十七條　除依照本法第七十五條的規定作出保留外，承運人或者代其簽發提單的人簽發的提單，是承運人已經按照提單所載狀況收到貨物或者貨物已經裝船的初步證據；承運人向善意受讓提單的包括收貨人在內的第三人提出的與提單所載狀況不同的證據，不予承認。

第七十八條　承運人同收貨人、提單持有人之間的權利、義務關系，依據提單的規定確定。

收貨人、提單持有人不承擔在裝貨港發生的滯期費、虧艙費和其他與裝貨有關的費用，但是提單中明確載明上述費用由收貨人、提單持有人承擔的除外。

第七十九條　提單的轉讓，依照下列規定執行：

（一）記名提單：不得轉讓；

（二）指示提單：經過記名背書或者空白背書轉讓；

（三）不記名提單：無需背書，即可轉讓。

第八十條　承運人簽發提單以外的單證用以證明收到待運貨物的，此項單證即爲訂立海上貨物運輸合同和承運人接收該單證中所列貨物的初步證據。

承運人簽發的此類單證不得轉讓。

第五節　貨物交付

第八十一條　承運人向收貨人交付貨物時，收貨人未將貨物滅失或者損壞的情況書面通知承運人的，此項交付視爲承運人已經按照運輸單證的記載交付以及貨物狀況良好的初步證據。

貨物滅失或者損壞的情況非顯而易見的，在貨物交付的次日起連續七日內，集裝箱貨物交付的次日起連續十五日內，收貨人未提交書面通知的，適用前款規定。

貨物交付時，收貨人已經會同承運人對貨物進行聯合檢查或者檢驗的，無需就所查明的滅失或者損壞的情況提交書面通知。

第八十二條　承運人自向收貨人交付貨物的次日起連續六十日內，未收到收貨人就貨物因遲延交付造成經濟損失而提交的書面通知的，不負賠償責任。

第八十三條　收貨人在目的港提取貨物前或者承運人在目的港交付貨物前，可以要求檢驗機構對貨物狀況進行檢驗；要求檢驗的一方應當支付檢驗費用，但是有權向造成貨物損失的責任方追償。

第八十四條　承運人和收貨人對本法第八十一條和第八十三條規定的檢驗，應當相互提供合理的便利條件。

第八十五條　貨物由實際承運人交付的，收貨人依照本法第八十一條的規定向實際承運人提交的書面通知，與向承運人提交書面通知具有同等效力；向承運人提交的書面通知，與向實際承

運人提交書面通知具有同等效力。

第八十六條　在卸貨港無人提取貨物或者收貨人遲延、拒絕提取貨物的，船長可以將貨物卸在倉庫或者其他適當場所，由此產生的費用和風險由收貨人承擔。

第八十七條　應當向承運人支付的運費、共同海損分攤、滯期費和承運人爲貨物墊付的必要費用以及應當向承運人支付的其他費用沒有付清，又沒有提供適當擔保的，承運人可以在合理的限度內留置其貨物。

第八十八條　承運人根據本法第八十七條規定留置的貨物，自船舶抵達卸貨港的次日起滿六十日無人提取的，承運人可以申請法院裁定拍賣；貨物易腐爛變質或者貨物的保管費用可能超過其價值的，可以申請提前拍賣。

拍賣所得價款，用於清償保管、拍賣貨物的費用和運費以及應當向承運人支付的其他有關費用；不足的金額，承運人有權向託運人追償；剩余的金額，退還託運人；無法退還、自拍賣之日起滿一年又無人領取的，上繳國庫。

第六節　合同的解除

第八十九條　船舶在裝貨港開航前，托運人可以要求解除合同。但是，除合同另有約定外，托運人應當向承運人支付約定運費的一半；貨物已經裝船的，并應當負擔裝貨、卸貨和其他與此有關的費用。

第九十條　船舶在裝貨港開航前，因不可抗力或者其他不能歸責於承運人和托運人的原因致使合同不能履行的，雙方均可以解除合同，并互相不負賠償責任。除合同另有約定外，運費已經支付的，承運人應當將運費退還給托運人；貨物已經裝船的，托運人應當承擔裝卸費用；已經簽發提單的，托運人應當將提單退還承運人。

第九十一條　因不可抗力或者其他不能歸責於承運人和托運人的原因致使船舶不能在合同約定的目的港卸貨的，除合同另有約定外，船長有權將貨物在目的港鄰近的安全港口或者地點卸載，視爲已經履行合同。

　　船長決定將貨物卸載的，應當及時通知托運人或者收貨人，并考慮托運人或者收貨人的利益。

　　第七節　航次租船合同的特別規定

　　第九十二條　航次租船合同，是指船舶出租人向承租人提供船舶或者船舶的部分艙位，裝運約定的貨物，從一港運至另一港，由承租人支付約定運費的合同。

　　第九十三條　航次租船合同的內容，主要包括出租人和承租人的名稱、船名、船籍、載貨重量、容積、貨名、裝貨港和目的港、受載期限、裝卸期限、運費、滯期費、速遣費以及其他有關事項。

　　第九十四條　本法第四十七條和第四十九條的規定，適用於航次租船合同的出租人。

　　本章其他有關合同當事人之間的權利、義務的規定，僅在航次租船合同沒有約定或者沒有不同約定時，適用於航次租船合同的出租人和承租人。

　　第九十五條　對按照航次租船合同運輸的貨物簽發的提單，提單持有人不是承租人的，承運人與該提單持有人之間的權利、義務關系適用提單的約定。但是，提單中載明適用航次租船合同條款的，適用該航次租船合同的條款。

　　第九十六條　出租人應當提供約定的船舶；經承租人同意，可以更換船舶。但是，提供的船舶或者更換的船舶不符合合同約定的，承租人有權拒絕或者解除合同。

　　因出租人過失未提供約定的船舶致使承租人遭受損失的，出租人應當負賠償責任。

　　第九十七條　出租人在約定的受載期限內未能提供船舶的，承租人有權解除合同。但是，出租人將船舶延誤情況和船舶預期抵達裝貨港的日期通知承租人的，承租人應當自收到通知時起四十八小時內，將是否解除合同的決定通知出租人。

　　因出租人過失延誤提供船舶致使承租人遭受損失的，出租人應當負賠償責任。

第九十八條　航次租船合同的裝貨、卸貨期限及其計算辦法，超過裝貨、卸貨期限后的滯期費和提前完成裝貨、卸貨的速遣費，由雙方約定。

第九十九條　承租人可以將其租用的船舶轉租；轉租后，原合同約定的權利和義務不受影響。

第一百條　承租人應當提供約定的貨物；經出租人同意，可以更換貨物。但是，更換的貨物對出租人不利的，出租人有權拒絕或者解除合同。

因未提供約定的貨物致使出租人遭受損失的，承租人應當負賠償責任。

第一百零一條　出租人應當在合同約定的卸貨港卸貨。合同訂有承租人選擇卸貨港條款的，在承租人未按照合同約定及時通知確定的卸貨港時，船長可以從約定的選卸港中自行選定一港卸貨。承租人未按照合同約定及時通知確定的卸貨港，致使出租人遭受損失的，應當負賠償責任。出租人未按照合同約定，擅自選定港口卸貨致使承租人遭受損失的，應當負賠償責任。

第八節　多式聯運合同的特別規定

第一百零二條　本法所稱多式聯運合同，是指多式聯運經營人以兩種以上的不同運輸方式，其中一種是海上運輸方式，負責將貨物從接收地運至目的地交付收貨人，并收取全程運費的合同。

前款所稱多式聯運經營人，是指本人或者委托他人以本人名義與托運人訂立多式聯運合同的人。

第一百零三條　多式聯運經營人對多式聯運貨物的責任期間，自接收貨物時起至交付貨物時止。

第一百零四條　多式聯運經營人負責履行或者組織履行多式聯運合同，并對全程運輸負責。

多式聯運經營人與參加多式聯運的各區段承運人，可以就多式聯運合同的各區段運輸，另以合同約定相互之間的責任。但是，此項合同不得影響多式聯運經營人對全程運輸所承擔的責任。

　　第一百零五條　貨物的滅失或者損壞發生於多式聯運的某一運輸區段的，多式聯運經營人的賠償責任和責任限額，適用調整該區段運輸方式的有關法律規定。

　　第一百零六條　貨物的滅失或者損壞發生的運輸區段不能確定的，多式聯運經營人應當依照本章關於承運人賠償責任和責任限額的規定負賠償責任。

一九九二年英國提單法

Carriage of Goods by Sea Act, 1992　　[16th July 1992]

An Act to replace the Bills of Lading Act 1855 with new provision with respect to bills of lading and certain other shipping documents.

Be it enacted by the Queen's most Excellent Majesty, by and with the advice and consent of the Lords Spiritual and Temporal, and Commons, in this present Parliament assembled, and by the authority of the same, as follows:—

1.—(1) This Act applies to the following documents, that is to say—

(a) any bill of lading;

(b) any sea waybill; and

(c) any ship's delivery order.

(2) References in this Act to a bill of lading—

(a) do not include references to a document which is incapable of transfer either by indorsement or, as a bearer bill, by delivery without indorsement; but

(b) subject to that, do include references to a received for shipment bill of lading.

(3) References in this Act to a sea waybill are references to any document which is not a bill of lading but—

(a) is such a receipt for goods as contains or evidences a

contract for the carriage of goods by sea; and

(b) identifies the person to whom delivery of the goods is to be made by the carrier in accordance with that contract.

(4) References in this Act to a ship's delivery order are references to any document which is neither a bill of lading nor a sea waybill but contains an undertaking which—

(a) is given under or for the purposes of a contract for the carriage by sea of the goods to which the document relates, or of goods which include those goods; and

(b) is an undertaking by the carrier to a person identified in the document to deliver the goods to which the document relates to that person.

(5) The Secretary of State may by regulations make provision for the application of this Act to cases where a telecommunication system or any other information technology is used for effecting transactions corresponding to—

(a) the issue of a document to which this Act applies;

(b) the indorsement, delivery or other transfer of such a document; or

(c) the doing of anything else in relation to such a document.

(6) Regulations under subsection (5) above may—

(a) make such modifications of the following provisions of this Act as the Secretary of State considers appropriate in connection with the application of this Act to any case mentioned in that subsection; and

(b) contain supplemental, incidental, consequential and transitional provision;

and the power to make regulations under that subsection shall be exercisable by statutory instrument subject to annulment in pursuance of a resolution of either House of Parliament.

2.—(1) Subject to the following provisions of this section, a person who becomes—

(a) the lawful holder of a bill of lading;

(b) the person who (without being an original party to the contract of carriage) is the person to whom delivery of the goods to which a sea waybill relates is to be made by the carrier in accordance with that contract; or

(c) the person to whom delivery of the goods to which a ship's delivery order relates is to be made in accordance with the undertaking contained in the order,

shall (by virtue of becoming the holder of the bill or, as the case may be, the person to whom delivery is to be made) have transferred to and vested in him all rights of suit under the contract of carriage as if he had been a party to that contract.

(2) Where, when a person becomes the lawful holder of a bill of lading, possession of the bill no longer gives a right (as against the carrier) to possession of the goods to which the bill relates, that person shall not have any rights transferred to him by virtue of subsection (1) above unless he becomes the holder of the bill—

(a) by virtue of a transaction effected in pursuance of any contractual or other arrangements made before the time when such a right to possession ceased to attach to possession of the bill; or

(b) as a result of the rejection to that person by another person of goods or documents delivered to the other person in pursuance of any such arrangements.

(3) The rights vested in any person by virtue of the operation of subsection (1) above in relation to a ship's delivery order—

(a) shall be so vested subject to the terms of the order; and

(b) where the goods to which the order relates form a part only of the goods to which the contract of carriage relates, shall be confined to rights in respect of the goods to which the order relates.

(4) Where, in the case of any document to which this Act applies—

(a) a person with any interest or right in or in relation to goods to which the document relates sustains loss or damage in consequence of a breach of the contract of carriage; but

(b) subsection (1) above operates in relation to that document so that rights of suit in respect of that breach are vested in another person,

the other person shall be entitled to exercise those rights for the benefit of the person who sustained the loss or damage to the same extent as they could have been exercised if they had been vested in the person for whose benefit they are exercised.

(5) Where rights are transferred by virtue of the operation of subsection (1) above in relation to any document, the transfer for which that subsection provides shall extinguish any entitlement to those rights which derives—

(a) where that document is a bill of lading, from a person's having been an original party to the contract of carriage; or

(b) in the case of any document to which this Act applies, from the previous operation of that subsection in relation to that document;

but the operation of that subsection shall be without prejudice to any rights which derive from a person's having been an original party to the contract contained in, or evidenced by, a sea waybill and, in relation to a ship's delivery order, shall be without prejudice to any rights deriving otherwise than from the previous operation of that subsection in relation to that order.

3.—(1) Where subsection (1) of section 2 of this Act operates in relation to any document to which this Act applies and the person in whom rights are vested by virtue of that subsection—

(a) takes or demands delivery from the carrier of any of the goods to which the document relates;

(b) makes a claim under the contract of carriage against the carrier in respect of any of those goods; or

(c) is a person who, at a time before those rights were vested in him, took or demanded delivery from the carrier of any of those goods,

that person shall (by virtue of taking or demanding delivery or making the claim or, in a case falling within paragraph (c) above, of having the rights vested in him) become subject to the same liabilities under that contract as if he had been a party to that contract.

(2) Where the goods to which a ship's delivery order relates form a part only of the goods to which the contract of carriage relates, the liabilities to which any person is subject by virtue of the operation of this section in relation to that order shall exclude liabilities in respect of any goods to which the order does not relate.

(3) This section, so far as it imposes liabilities under any contract on any person, shall be without prejudice to the liabilities under the contract of any person as an original party to the contract.

4.   A bill of lading which—

(a) represents goods to have been shipped on board a vessel or to have been received for shipment on board a vessel; and

(b) has been signed by the master of the vessel or by a person who was not the master but had the express, implied or apparent authority of the carrier to sign bills of lading,

shall, in favour of a person who has become the lawful holder of the bill, be conclusive evidence against the carrier of the shipment of the goods or, as the case may be, of their receipt for shipment.

5.—(1) In this Act—

"bill of lading", "sea waybill" and "ship's delivery order" shall be construed in accordance with section 1 above;

"the contract of carriage"—

(a) in relation to a bill of lading or sea waybill, means the contract contained in or evidenced by that bill or waybill; and

(b) in relation to a ship's delivery order, means the contract under or for the purposes of which the undertaking contained in the order is given;

"holder", in relation to a bill of lading, shall be construed in accordance with subsection (2) below;

"information technology" includes any computer or other technology by means of which information or other matter may be recorded or communicated without being reduced to documentary form; and

"telecommunication system" has the same meaning as in the [1984 c. 12.] Telecommunications Act 1984.

(2) References in this Act to the holder of a bill of lading are references to any of the following persons, that is to say—

(a) a person with possession of the bill who, by virtue of being the person identified in the bill, is the consignee of the goods to which the bill relates;

(b) a person with possession of the bill as a result of the completion, by delivery of the bill, of any indorsement of the bill or , in the case of a bearer bill, of any other transfer of the bill;

(c) a person with possession of the bill as a result of any transaction by virtue of which he would have become a holder falling within paragraph (a) or (b) above had not the transaction been effected at a time when possession of the bill no longer gave a right (as against the carrier) to possession of the goods to which the bill relates;

and a person shall be regarded for the purposes of this Act as having become the lawful holder of a bill of lading wherever he has become the holder of the bill in good faith.

(3) References in this Act to a person's being identified in a document include references to his being identified by a description which allows for the identity of the person in question to be varied, in accordance with the terms of the document, after its issue; and the reference in section 1(3)(b) of this Act to a document's identifying a person shall be construed accordingly.

(4) Without prejudice to sections 2(2) and 4 above, nothing in this Act shall preclude its operation in relation to a case where the goods to which a document relates—

(a) cease to exist after the issue of the document; or

(b) cannot be identified (whether because they are mixed with other goods or for any other reason);

and references in this Act to the goods to which a document relates shall be construed accordingly.

(5) The preceding provisions of this Act shall have effect without prejudice to the application, in relation to any case, of the rules (the Hague-Visby Rules) which for the time being have the force of law by virtue of section 1 of the [1971 c. 19.] Carriage of Goods by Sea Act 1971.

6.—(1) This Act may be cited as the Carriage of Goods by Sea Act 1992.

(2) The [1855 c. 111.] Bills of Lading Act 1855 is hereby repealed.

(3) This Act shall come into force at the end of the period of two months beginning with the day on which it is passed; but nothing in this Act shall have effect in relation to any document issued before the coming into force of this Act.

(4) This Act extends to Northern Ireland.

陽明海運公司提單正面

陽明海運股份有限公司
YANG MING MARINE TRANSPORT CORP.

ORIGINAL

BILL OF LADI

NON- NEGOTIABLE UNLESS CONSIGN

Shipper	Booking No. / B/L No
	Export References
Consignee	Forwarding agent references
	Point and Country of Origin of goods
Notify party	ALSO NOTIFY

*Precarried by	*Place of Receipt	Onward inland routing	
Vessel Voy No flag	Port of Loading		
Port of Discharge	*Place of Delivery	Delivery status	

PARTICULARS FURNISHED BY MERCHANT

MKS & NOS/CONTAINER NOS	NO OF PKGS	DESCRIPTION OF PACKAGES AND GOODS	Meas gross

Declared value $ _____ if Merchant enters value of Goods and pays the applicable
ad valorem rate, Carrier's package limited on shall not apply. See Clause 23 (2)(3) hereof

Place and Date of issue

On Board Date

ITEM NO	CHG	RATED AS	PER	RATE	PREPAID	COLLECT	B/L NO

陽明海運公司提單背面條款

RECEIVED by the Carrier from the Merchant in apparent external goods order and condition (unless otherwise noted herein)the total number of Containers, or if the Goods are not shipped in Containers, the total number of packages or other shipping units specified in the box marked "no . of Pkgs. or Containers" for Carriage subject to all the terms and conditions hereof (including the terms and conditions hereof and the terms and conditions of Carrier's applicable Tariff)from the place of receipt or the port of loading, whichever is applicable, to the port of discharge or place of delivery, whichever is applicable.

In accepting this Bill of Lading, the Merchant agrees to be bound by all the stipulations, exceptions, terms, and conditions on the face and back hereof, whether written, typed, stamped or printed, as if signed by the Merchant any local custom or privilege to the contrary notwithstanding, and agrees that all agreements or freight engagements for the shipment of the Goods are superseded by this Bill of Lading.

1.DEFINITIONS.

The following words whether contained on the front or back hereof have the meanings hereby assigned:

(a)"Carriage" means the whole or any part of the operations and services undertaken by the Carrier in respect of the Goods covered by this Bill of Lading.

(b)"Carrier" means Yang Ming Marine Transport Corporation ("Yang Ming").

(c)"Container" includes any ISO standard container, trailer, transportable tank, flat rack and/or other item of transportation equipment in conformance with ISO standards.

(d)"Freight" includes all charges payable to the Carrier in

accordance with the applicable Tariff and this Bill of Lading.

(e)"Goods" means the whole or any part of the cargo received from the Merchant and includes any equipment or Container(s) not supplied by or on behalf of the Carrier.

(f)"Holder" means any Person for the time being in possession of this Bill of Lading to whom the property in the Goods has passed on, or by reason of, the consignment of the Goods or the endorsement of this Bill of Lading or otherwise.

(g)"Merchant" includes the shipper, Holder, consignee or receiver of the Goods or any Person owning or entitled to the possession of the Goods or this Bill of Lading and anyone acting on behalf of any such Person.

(h)"Multimodal Transport" arises if the Place of Receipt and/or the Place of Delivery are indicated on the face hereof in the relevant spaces.

(i)"Person" includes an individual, group, company or other entity.

(j)"Port-to-Port" arises if the Carriage is not Multimodal Transport.

(k)"Sub-Contractor" includes owners and operators of Vessels (other than the Carrier), slot chartered owners, stevedores, terminal and groupage operators, Underlying Carriers and any independent contractor employed by the Carrier in performance of the Carriage.

(l)"Underlying Carrier" includes any water, rail, motor, air or other carrier utilized by the Carrier for any part of the transportation of the shipment covered by this Bill of Lading.

(m)"Vessel" includes the Vessel named on the face hereof together with any ship, craft, lighter, barge, feedership, ferry or other means of transportation substitute in whole or in part, for the Vessel named on the face hereof.

2.CARRIER'S TARIFF.

The terms and conditions of Carrier's applicable Tariff are incorporated herein, including those provisions relating to Container and vehicle demurrage. Copies of the relevant provisions of the applicable Tariff are obtainable from the Carrier upon request. In the event of any inconsistency between this Bill of Lading and the applicable Tariff, this Bill of Lading shall prevail.

3.MERCHANT'S WARRANTY.

The Merchant warrants that in agreeing to the terms hereof he is, or has the authority of, the Person owning, or entitled to possession of the Goods and this Bill of Lading.

4.EXEMPTIONS AND IMMUNITIES OF SERVANTS, AGENTS, STEVEDORES, AND OTHER SUB-CONTRACTORS.

In contracting for the following exemptions and limitation of, and exoneration from, liability, the Carrier is acting as agent and trustee for all other Persons named in this clause. It is understood and agreed that, other than the Carrier, no Person, firm or corporation or other legal entity whatsoever (including the Master, Officers and crew of the vessel, agents, Underlying Carriers, Sub-Contractors and/or any other independent contractors whatsoever utilized in the Carriage) is, or shall be deemed to be, liable with respect to the Goods as carrier, bailee or otherwise. If, however, it shall be adjudged that any Person other than the Carrier is carrier or bailee of the Goods, or under responsibility with respect thereto, then all exemptions and limitations of, and exonerations from, liability provided by law or by the terms in this Bill of Lading shall be available to such Person.

It is also agreed that the Vessel and each of the aforementioned Persons referred to in the preceding clause are intended beneficiaries, but nothing herein contained shall be construed to limit or relieve them from any liability whatsoever to the Carrier.

5.SCOPE OF THE VOYAGE.

The intended Carriage may include the use of Underlying Carriers and it is expressly agreed that the use of such Underlying Carriers shall not constitute a deviation. In this regard, the Carrier may at any time, and without notice to the Merchant, use any means of Carriage or storage whatsoever, transfer the Goods from one conveyance to another, including transshipping or carrying the Goods on a Vessel other than that specified on the face hereof, proceed by any route in the Carrier's discretion (whether or not the nearest or most direct, customary or advertised route) and proceed to, or stay at, any place or port whatsoever, load and unload the Goods at any place or port (whether or not such port is named on the face of this Bill of Lading as the port of loading or the port of discharge) and store the Goods at any such place or port, and/or comply with any orders or recommendations given by any government or local authority or any Person or body acting or purporting to act on behalf of such government or local authority.

The liberties set out in this clause may be invoked by the Carrier for any purpose whatsoever, whether or not connected with the Carriage of the Goods, including loading or unloading other goods, bunkering, undergoing repairs, adjusting instruments, picking up or landing any Persons, (including but not limited to Persons involved with the operation or maintenance of the Vessel) and assisting Vessel(s) in all situations. Anything done in accordance with this clause or any delay arising therefrom shall be deemed to be within the contractual Carriage and shall not be a deviation.

6.LIBERTIES CLAUSE.

If at anytime the Carriage is, or is likely to be affected by any situation which has given or is likely to give rise to danger, injury, loss, delay, risk of capture, seizure or detention, or disadvantage of whatsoever nature to the Vessel, the Carrier, any Underlying Carrier or Sub-Contractor utilized in the Carriage of the Goods, or if such situation makes it in any way unsafe, impracticable or unlawful or against the interest of the Carrier or the Merchant to commence or continue the Carriage of the Goods, the Carrier may, at any time, in its sole discretion:

(1)Unpack the Container(s) or otherwise dispose of the Goods in such way as the Carrier may deem advisable at the risk and expense of the Merchant;

(2)Carry the Goods to the contracted port of discharge or place of delivery, whichever is applicable, by any alternative route or means of transportation to that indicated in this Bill of Lading, or that which is usual for Goods consigned to that port of discharge or place of delivery. Any such additional Freights and charges shall be for the Merchant's account;

(3)Suspend the Carriage of the Goods and store them ashore or afloat upon the terms of this Bill of Lading and endeavor to forward them as soon as possible, but the Carrier makes no representations as to the maximum period of suspension of the Carriage. Any additional Freight or charges shall be for the account of the Merchant; or

(4)Abandon the Carriage of the Goods and place them at the Merchant's disposal at any place or port which the Carrier may deem safe and convenient, whereupon the Carrier's responsibility in regard to the Goods shall cease. Notwithstanding the abandonment, the Carrier shall nevertheless be entitled to full Freight on the Goods and the Merchant shall pay any additional costs of the Carriage to, and delivery and storage at such place or port.

The situations referred to in this Clause 6 shall include, but shall not be limited to, those caused by the existence or apprehension of war whether declared or undeclared, hostilities, warlike or belligerent acts or operations, riots, civil commotions or other disturbances; storm, flood, earthquake, or any other act of God; closure of, obstacle in, or danger to any canal; blockade of port, or placing of interdiction or prohibition of or restriction on commerce or trading; quarantine, sanitary or other similar regulations or restrictions; strikes, lock outs or other labor troubles whether partial or general; congestion of port, wharf, sea terminal, or the facilities of any Sub-Contractor or Underlying Carriers used in the Carriage covered by this Bill of Lading.

7.CARRIER'S RESPONSIBILITY AND CLAUSE PARAMOUNT.

(A)Port-to-Port Shipments

(1)When loss or damage has occurred between the time of loading of the Goods by the Carrier, or any Underlying Carrier, at the port of loading and the time of discharge by the Carrier, or any Underlying Carrier, at the port of discharge, the responsibility of the Carrier shall be determined in ac-cordance with any National law making the Hague Rules, or any amendments thereto including the Hague-Visby amendments, compulsorily ap-plicable to the this Bill of Lading. The Carrier shall be under no liability whatsoever for loss of, or damage to, the Goods, howsoever occurring, if such loss or damage arises prior to loading onto, or subsequent to the discharge from, the Vessel. Notwithstanding the foregoing, in the event that any applicable compulsory law provides to the contrary, the Carrier shall have the benefit of every right, defense, limitation and liberty set forth in the Hague-Rules, or, if applicable, the Hague-Visby amendments as applied by this Clause during such additional compulsory period of respon-sibility.

(2)Notwithstanding anything contained in the preceding provision, in the event that this Bill of Lading covers shipments to or from the United States, then the Carriage of Goods by Sea Act of the United States ("COGSA") shall be compulsorily applicable and shall (except as may be otherwise specifically provided elsewhere herein)also govern before the Goods are loaded on and after they are discharged from the Vessel provided, however, that the Goods at said times are actual custody of the Carrier or any Underlying Carrier or Sub-Contractor.

(B)(1)Multimodal Transport - With respect to Multimodal Transportation from, to, or within the United States, when the Goods are in the custody of the Carrier, or any Underlying Carrier, such Multimodal Transport will be governed by the provisions of Clause 7(A).

(2)In the event Clause 7(A) is held inapplicable to such Multimodal Transportation from, to, or within the United States, then the Carrier's liability will be governed by and be subject to the terms and conditions of the Underlying Carrier's Bill of Lading together with the Underlying Carrier's Tariff which shall be incorporated herein as if set forth at length. Notwithstanding the foregoing, in the event there is a private contract of Carriage between the Carrier and any Underlying Carrier, such Multimodal Transportation will be governed by the terms and conditions of said contract which shall be incorporated herein as if set forth at length and copies of such contract(s) shall be available to the Merchant at any office of the Carrier upon re-quest.

(3)With respect to all water Multimodal Transport outside the United States where COGSA is not compulsorily applicable, then subject to Cl. 7(E), below, the Hague Rules, and any amendments thereto which are compulsorily applicable including the Hague Visby Amendments, shall apply as per Clause 7(A).

(4)With respect to road Carriage between countries in Europe, liability shall be determined in accordance with the Convention on the Contract for the International Carriage of Goods by Road ("CMR"), dated May 19, 1956; and during rail Carriage between countries in Europe according to the International Agreement on Railway Transports ("CIM"), dated February 25, 1961. With respect to rail or road transportation within a State other than the United States, then liability shall be determined in accordance with the internal law of such State and/or any International Convention which is compulsorily applicable by the laws of such State. In the absence of such laws or conventions then the provisions of Clause 7(B)(5) will apply.

(5)In the event the provisions of this sub-section 7(B)(1-4) are held inapplicable to any aspect of the Carriage covered by this Bill of Lading whether by local law or International Convention or otherwise, the Carrier shall nevertheless be relieved of liability for loss or damage occurring during the Carriage if such loss or damage was caused by any cause or event which Carrier could not avoid and the consequences whereof he could not prevent by the exercise of reasonable diligence.

(C)Unknown Liability - When it cannot be established in whose custody the Goods were when the loss or damage occurred, it shall be conclusively presumed to have occurred during sea Carriage and any liability thereof shall be governed as provided in Clause 7(A) hereof.

(D)Subrogation - When any claims are paid by the Carrier to the Merchant, the Carrier shall be automatically subrogated to all rights of the Merchant against all others, including Underlying Carriers, on account of such loss or damage.

(E)Conflict of Law - In the event the Carriage covered by this Bill of Lading is subject to two or more compulsory national laws, then the national law of the jurisdiction in which any action is brought shall be applicable.

8.CONTAINER PACKED BY CARRIER.

Where the Goods receipt of which is acknowledged on the face of this Bill of Lading, are not already contained in Container(s) at the time of such receipt, the Carrier shall be at liberty to pack and carry such Goods in Containers.

9.CONTAINER PACKED BY MERCHANT - MERCHANT'S RESPONSIBILITY.

Where the Goods have been packed into Container(s) by or on behalf of the Merchant, it is mutually agreed that,

(1)Any statement on this Bill of Lading relating to marks and numbers, number and kind of packages, description, quantity, quality, weight, measure, nature, kind, value, or other particulars of the contents of such Container(s) are as furnished by the Merchant and are unknown to the Carrier and the Carrier accepts no liability in respect thereof. The acknowledgment of the Carrier is confined to the number and apparent order and condition of Container(s).

(2)The Merchant accepts complete responsibility for the packaging, securing, and stuffing of the contents of the Container(s), the closing and sealing of the Container(s) and the fitness of the Container(s) and the contents thereof for Carriage in accordance with the terms of this Bill of Lading. The Merchant hereby undertakes to indemnify the Carrier against any loss, damage, expense, liability, penalty and fine directly or indirectly suffered by the Carrier arising from any improper or inadequate packing, stuffing, securing, closing or sealing, or in fitness of the Container(s) or the contents thereof.

(3)The Carrier shall be at liberty to inspect the Goods without notice at any time or place.

(4)Container(s) shall be properly sealed and the seal identification reference as well as the Container(s) reference shall be shown herein. If the Container(s) are delivered from the Carrier with seals intact, the Carrier shall not be liable for any loss or damage to the Goods unless it is proven that such loss or damage was caused by Carrier's negligence. In case the seal of the Container(s) is broken by Customs or other governmental authorities for inspection of the Goods, the Carrier shall not be liable for any loss or damage or any other consequences arising or resulting therefrom.

(5)The Merchant is obliged to clean the Container(s) at his expense before redelivery to the Carrier so that they are suitable for further service. If the Merchant fails to redeliver the Container(s) as aforesaid, all charges in connection herewith shall be born by the Merchant.

10.CARRIER'S CONTAINER - MERCHANT'S RESPONSIBILITY.

(1)The Merchant shall inspect the Container(s) which are lent, leased, or in any way furnished by the Carrier before the Goods are packed into such Container(s), and the Container(s) so packed by the Merchant shall be deemed to have been accepted by him in good order and suitable condition for the purposes of Carriage contracted herein unless the Merchant provides written notice or remarks in writing concerning the condition of the Container(s). Unless such written notification is given, the Merchant is precluded from filing a claim against the Carrier for any loss or damage to the Goods by reason of insufficient or unsound condition of the Container(s).

(2)The Merchant shall assume full responsibility and indemnify the Carrier for any loss or damage to the Carrier's Container(s) and/or other equipment which occurred while in his possession or in possession of his agents or inland carriers engaged by or on behalf of the Merchant.

(3)The Carrier shall not, in any event, be liable for, and the Merchant shall indemnify and hold the Carrier harmless from and against, any loss or damage to property of other Persons or injuries to other Persons occurring while the Carrier's Container(s) is (are) in the possession of, or being used by the Merchant or Merchant's agents or inland carriers engaged by or on behalf of the Merchant.

11.SPECIAL CONTAINERS AND PERISHABLE GOODS.

Unless specifically requested by the Merchant in writing, the Carrier is not required to provide anything other than a 20 or 40 foot standard dry Con-tainer(s). In the event the Carrier agrees to carry the Goods in a special Container(s) such as a refrigerated, heated or insulated Container(s). Goods of a perishable nature shall be carried in such dry Container(s) without special protection, services or other measures unless it is noted on the reverse side of this Bill of Lading that the Goods will be carried in a refrigerated, heated, electrically ventilated or otherwise specially equipped Container(s). The Merchant is required to give written notice of requested temperature settings of the thermostatic controls before receipt of the Goods by the Carrier. When a loaded Container(s) is received, the Carrier will verify that the thermostatic controls are set to maintain Container(s) temperature as requested. The Merchant is responsible for bringing the Goods to the proper temperature before loading the Goods into the Container(s), for the proper stowage of the Goods within the Container(s), for setting the temperature (including maintenance and repair) during all times before the Container(s) is (are)delivered to the Carrier and after it is (they are)delivered by the Carrier. The Carrier is not responsible for produce deterioration caused by inherent vice, defects in the merchandise or transit times in excess of the produce shelf life. The Merchant is specifically advised that refrigerated, heated, specially ventilated or otherwise specially equipped Container(s) are not equipped to change the temperature of Goods, but solely to maintain the temperature as received from the Merchant. The Carrier is unable to determine whether the Goods were at the proper temperature when they were loaded into the Container(s) or when the Container(s) was (were)delivered to the Carrier. Carrier shall be deemed to have fulfilled its obligations under this Bill of Lading, and shall have no liability whatsoever, if the Goods are carried in a range of plus or minus 2.5 degrees centigrade (4.5 degrees Fahrenheit) in regard to any carrying temperature designated in writing by the Merchant in this Bill of Lading.

Goods subject to deterioration or damage by extremes of heat and/or cold which are shipped by Merchant in standard dry Container(s) rather than in refrigerated or temperature controlled Container(s) which can be supplied by the Carrier, are carried at Merchant's risk and Carrier assumes no liability whatsoever resulting from Merchant's acts or omissions in failing to request the proper Container(s).

12.STOWAGE ON DECK.

(1)The Carrier has the right to carry Goods in Container(s) on deck, whether the Container(s) are owned or leased or have been packed or stuffed by or on behalf of the Merchant or the Carrier. When Goods in Container(s) are carried on deck, the Carrier is not required to specially note, mark or stamp any statement of on deck Carriage on the face hereof, any custom to the contrary notwithstanding. The Goods so carried shall be subject to the applicable Hague Rules as provided for in the Clause Paramount hereof.

(2)Notwithstanding Clause 12(1) above in the case of Goods

which are stated on the face hereof as being carried on deck and which are so carried, the Hague Rules shall not apply and the Carrier shall be under no liability whatsoever for loss, damage or delay, howsoever arising.

13.LIVE ANIMALS, PLANTS, PERISHABLE GOODS.

The Carrier shall not be responsible for any accident, disease, mortality, loss of or damage to live animals, birds, reptiles, fish, plants and perishable Goods arising or resulting from any cause whatsoever including the Carrier's negligence or the Vessel's unseaworthiness and shall have the benefit of all the provisions of this Bill of Lading.

14.DANGEROUS GOODS AND CONTRABAND.

(1)The Carrier undertakes to carry Goods of an explosive, inflammable, radioactive, corrosive, damaging, noxious, hazardous, poisonous, injurious or dangerous only upon the Carrier's acceptance of a prior written application by the Merchant for the Carriage of such Goods. Such applications must accurately state the nature, name, label and classification of the Goods as well as the method of rendering them innocuous, with the full names and addresses of the Merchant.

(2)The Merchant shall undertake to ensure that the nature of the Goods referred to in the preceding paragraph is distinctly and permanently marked and manifested on the outside of the Goods, Container(s) and shall also undertake to submit the documents or certificates required by any applicable statutes or regulations or by the Carrier.

(3)Whenever the Goods are discovered to have been received by the Carrier without complying with the foregoing, or the Goods are found to be contraband or prohibited by any law or regulation of the port of loading, discharge or call or any place or waters during the transport, the Carrier shall be entitled to have such Goods rendered innocuous, thrown overboard or discharged or otherwise disposed of at the Carrier's discretion without compensation to the Merchant and the Merchant shall be liable to indemnify the Carrier against any kind of loss, damage or liability including loss of Freight, and any expenses directly or indirectly arising out of or resulting from such Goods.

(4)The Carrier may exercise or enjoy the right or benefit conferred upon the Carrier under the foregoing whenever it is apprehended that the Goods received in compliance with the terms of this clause may seem likely to become dangerous to the Carrier, Vessel, Goods, Underlying Carriers, Sub-Contractors, Persons and/or other property. The Carrier has the right to inspect the Container(s) and the Goods carried therein at any time and anywhere without the Merchant's agreement and at the risk and expense of the Goods.

15.VALUABLE GOODS.

The Carrier shall not be liable to any extent for any loss of or damage to or in connection with platinum, gold, silver, jewelry, radioisotopes, precious metals, precious stones, precious chemicals, bullion, specie, currencies, securities, negotiable instruments, writings, documents, pictures, embroider-ies, works of art, curios, heirlooms, collections of every nature or any other valuable Goods, whatsoever including Goods having particular value only for the Merchant, unless the true nature and value thereof have been declared in writing by the Merchant before receipt by the Carrier of the Goods and inserted on this Bill of Lading and unless ad valorem Freight shall have been fully prepaid thereon.

16.LOSS, CONDENSATION, ETC.

It is agreed that superficial rust, oxidation or condensation inside the Container or any like condition due to moisture is not the responsibility of the Carrier, unless said condition arises out of Carrier's failure to provide a seaworthy Container to the Merchant prior to loading. If the Merchant requires special arrangements or care for the Carriage of such Goods, he must request same in writing to the Carrier and said arrangements must be noted on the face of this Bill of Lading and all special Freight, as required, must be paid by the Merchant.

17.GOVERNMENT REGULATION AND PENALTY.

The Merchant shall comply with all regulations or requirements of Customs, Government authorities, port and other authorities, and shall bear and pay all duties, taxes, fines, impose, expenses or losses incurred or suffered by reason of any failure to comply with such regulations, or by reason of any illegal, incorrect, or insufficient marking, number or addressing of the Goods, or the discovery of any drugs, narcotics, stowaways or other illegal substances within Containers packed by the Merchant or inside Goods supplied by the Merchant, and shall indemnify the Carrier in respect thereof.

18.NOTIFICATION AND DELIVERY.

(1)Any mention in this Bill of Lading of parties to be notified of the arrival of the Goods is solely for information of the Carrier, and failure to give such notification shall not involve the Carrier in any liability nor relieve the Merchant of any obligations hereunder.

(2)The Merchant shall take delivery of the Goods within the time provided for in the Carrier's applicable Tariff.

(3)If the Merchant fails to take delivery of the Goods, or any part thereof, in accordance with this Bill of Lading, the Carrier may without notice remove the Goods, or that part thereof, and/or store the Goods, or that part thereof, ashore, afloat, in the open or undercover. Such storage shall constitute due delivery hereunder, and thereupon all liability whatsoever of the Carrier in respect of the Goods, or that part thereof, shall cease.

(4)The Merchant's attention is drawn to the stipulations concerning free storage time and demurrage contained in the Carrier's applicable Tariff, which is incorporated in this Bill of Lading.

19.FREIGHT AND CHARGES.

(1)Freight shall be payable at Carrier's option, on gross intake weight or measurement, or gross discharge weight or measurement, or an ad valorem basis, or per Container or package or customary freight unit basis or any other applicable rate as set forth in Carrier's Tariff. Freight may be cal-culated on the basis of the description of the Goods furnished by the Merchant, but Carrier may at any time, weigh, measure and value the Goods and open packages or customary freight units to examine contents. In case the Merchant's description is found to be erroneous and additional Freight is payable, the Merchant and the Goods shall be liable for any additional Freight and expense incurred in examining, weighing, measuring, fumigating and valuing the Goods.

(2)Full Freight to the port of discharge or, in case of through transportation to place of delivery named herein and all other charges against the Goods shall be considered completely earned on receipt of the Goods by the Carrier or Underlying Carrier as the case may be, whether the Freight or charges be prepaid or be stated or intended to be prepaid or to be collected at port of discharge or destination or subsequently, and the Carrier shall be entitled absolutely, to all Freight and charges, and to receive and retain them under all circumstances whatever, whether the Vessel and/or the Goods are lost or not lost, or whether the voyage changed, broken up, frustrated or abandoned.

(3)All Freight and charges shall be paid in full and without any offset, counterclaim or deduction, in the currency named in this Bill of Lading or, at the Carrier's option, in its equivalent in local currency at bank demand rates of exchange in New York as of the date payment of Freight shall be due hereunder. Any error in Freight or in charges or in the classification herein of the Goods is subject to correction, and if on correction, the Freight or charges are higher, Carrier may collect the additional amount.

(4)The Merchant and Goods shall be jointly and severally liable to Carrier for the payment of all Freight, demurrage, General Average, salvage and other charges, including but not limited to court costs, expenses and reasonable attorney's fees incurred in collecting sums due Carrier. Payment of ocean Freight and charges to a freight forwarder, broker or anyone other than the Carrier, or its authorized agent, shall not be deemed payment to the Carrier and shall be made at payer's sole risk.

20.GENERAL AVERAGE AND SALVAGE.

General average shall be adjusted, stated and settled at New York or at the last port of discharge or any other port or place at the Carrier's option according to the York Antwerp Rules, 1994, and as to matters not provided for in these rules according to the laws and usages of the port or place of adjustment, and in the currency selected by the Carrier. Average agreement and bond, together with such additional security as may be required by the Carrier, shall be furnished before delivery of the Goods. In the event of accident, danger, damage or disaster before or after commencement of the voyage resulting from any cause whatsoever, whether due to aggregate or not, for which or for the consequences of which the Carrier is not responsible by statute, contract or otherwise, the Carrier, and the Merchant jointly and severally shall contribute with the Carrier in general average to the payment of any sacrifices, losses or expenses of a general average nature that must be made or measured and shall pay salvage and special charges incurred in respect to the Goods. If a salving Vessel is owned or operated by the Carrier, salvage shall be paid for as fully and in the same manner as if such salving Vessel or Vessels belong to strangers.

In the event the Master considers that salvage services are needed, the Merchant agrees that the Master may act as his agent to procure such services to the Goods and that the Carrier may act as his agent to settle salvage remuneration.

21.BOTH TO BLAME COLLISION.

If the Vessel comes into collision with another Vessel as a result of the negligence of the other Vessel and any act, neglect or default of the master, mariner, pilot or the servants of the owner of the Vessel and in the navigation in the management of the Vessel, the Merchant shall indemnify the Carrier against all loss or liability which might incur directly or indirectly to the other or non-carrying Vessel or owners insofar as such liability represents loss of or damage to his Goods or any claim whatsoever of the Merchant paid or payable by the other or non-carrying Vessel or her owners to the Merchant and set-off recouped or recovered by the other or non-carrying Vessel or her owners as part of their claim against the carrying Vessel or the owner thereof. The foregoing provisions shall also apply where the owners, operators or those in charge of any Vessel or Vessels or objects other than, or in addition to, the colliding Vessels or objects are at fault in respect of a collision or contract.

22.NOTICE OF CLAIM AND TIME FOR SUIT.

Unless notice of loss or damage and a general nature of such loss or damage be given in writing to the Carrier at the port of discharge or place of delivery before or at the time of delivery of the Goods, or, if the loss or damage be not apparent, within three days after delivery, the Goods shall be deemed to have been delivered as described in this Bill of Lading. In any event, the Carrier shall be discharged from all liability in respect of non-delivery, mis-delivery, delay, loss or damage unless suit is brought within one year after delivery of the Goods or the date when the Goods should have been delivered.

23.LIMITATION OF LIABILITY.

(1)All claims which the Carrier may be liable for shall be adjusted and settled on the basis of the net invoice value of the Goods. In no event shall the Carrier be liable for any loss of profit or any consequential loss.

(2)Subject to the Hague Rules contained in the International Convention for the Unification of Certain Rules Relating to Bill of Lading dated 25 August 1924, and any legislation making those rules compulsorily applicable to this Bill of Lading, including the Carriage of Goods by Sea Act of the United States of America, approved 16 April, 1936, the Carrier shall in no event be liable for any loss or damage to or in connection with the Goods in an amount exceeding the limit of U.S. Dollars $500 per package, or where the Goods are not shipped in packages per customary freight unit. If such limitation is inapplicable under local law,the applicable Hague Rules limitation amount in the country in which the action is brought shall be applied. If the shipment covered by this Bill of Lading originates in a country where the Hague Visby Amendments to the Hague Rules are mandatorily ap-plicable, and if suit is brought in such jurisdiction, Carrier's liability shall not exceed 2 SDRs per kilo. If an action is brought in the Republic of China (Taiwan) for Goods originating or consigned to the Republic of China then Carrier's maximum liability shall be 9,000 NT Dollars per package.

(3)The aforementioned limitations of liability set forth in this provision shall be applicable unless the nature and value of the Goods have been declared by the Merchant before shipment and agreed to by the Carrier, and are inserted in this Bill of Lading and the applicable "ad valorem" freight rate, as set out in Carrier's Tariff, is paid. Any partial loss or damage shall be adjusted pro rata on the basis of such declared value and if the declared value is higher than the actual value, the Carrier shall in no event be liable to pay compensation higher than the net invoiced value of the Goods plus freight and insurance.

24.FIRE.

Neither the Carrier nor any Underlying Carrier or Sub-Contractor utilized by the Carrier in the performance of this Bill of Lading Contract shall be liable to answer for or make good any loss or damage to the Goods occurring at any time the Goods are considered to be in Carrier's custody including the period before loading, or after discharge from the Vessel, by reason or by means of any fire unless such fire shall be caused by the actual fault or privity of the Carrier.

25.LIEN.

The Carrier shall have a lien on the Goods, and any documents relating thereto, for all sums payable to the Carrier under this and/or any other contracts and for general average and salvage contributions to whomsoever owed for the costs of recovering same, and for any penalties and assessments charged to the Carrier as a result of its Carriage of the Goods. In order to recover for such charges the Carrier shall have the right to sell the Goods by public auction or private treaty without notice to the Merchant.

26.LAW AND JURISDICTION.

Except as otherwise provided specifically herein any claim or dispute arising under this Bill of Lading shall be governed by the laws of England and determined in English courts sitting in the city of London to the exclusion of the jurisdiction of the courts of any other place. In the event this clause is inapplicable under local law then jurisdiction and choice of law shall lie in either the port of loading or port of discharge at Carrier's option.